国家出版基金项目
NATIONAL PUBLICATION FOUNDATION

新时代外国语言文学
新发展研究丛书

总主编　罗选民　庄智象

心理语言学的新发展

Psycholinguistics: New Perspectives and Development

董燕萍　赵　晨　王慧莉／著

清華大学出版社
北　京

内 容 简 介

本书深入探讨了心理语言学领域的核心议题，涵盖语言理解、产出、习得以及语言能力发展与磨蚀背后的"心理机制"与"神经机制"。心理机制涵盖心理层面的语言表征、运算及其动态变化；神经机制涉及神经层面的激活、连接及其适应性调整。

本书在以下几个方面体现了"新发展"特色：第一，关注近年来的研究新增长点，特别是双语加工、口译加工以及外语效应等领域的最新动态。第二，关注在汉语背景下发表的有影响力的研究成果。第三，在文献的搜集与选择上力求全面与精准，确保了研究内容的时效性和前沿性，为读者提供丰富的学术参考和灵感源泉。

图书在版编目（CIP）数据

心理语言学的新发展 / 董燕萍，赵晨，王慧莉著. —北京：清华大学出版社，2023.12
（新时代外国语言文学新发展研究丛书）
ISBN 978-7-302-63820-9

Ⅰ.①心…　Ⅱ.①董…　②赵…　③王…　Ⅲ.①心理语言学—研究　Ⅳ.① H0-05

中国国家版本馆 CIP 数据核字（2023）第 106015 号

策划编辑：郝建华
责任编辑：郝建华　曹诗悦
封面设计：黄华斌
责任校对：王凤芝
责任印制：丛怀宇

出版发行：清华大学出版社
　　　　　网　　　址：https://www.tup.com.cn，https://www.wqxuetang.com
　　　　　地　　　址：北京清华大学学研大厦 A 座　邮　编：100084
　　　　　社 总 机：010-83470000　　邮　购：010-62786544
　　　　　投稿与读者服务：010-62776969，c-service@tup.tsinghua.edu.cn
　　　　　质量反馈：010-62772015，zhiliang@tup.tsinghua.edu.cn
印 刷 者：大厂回族自治县彩虹印刷有限公司
装 订 者：三河市启晨纸制品加工有限公司
经　　销：全国新华书店
开　　本：155mm×230mm　　印　张：30.25　　字　数：478 千字
版　　次：2023 年 12 月第 1 版　　印　次：2023 年 12 月第 1 次印刷
定　　价：158.00 元

产品编号：088059-01

中国英汉语比较研究会
"新时代外国语言文学新发展研究丛书"
编委会名单

总主编

罗选民　　庄智象

编　委

（按姓氏拼音排序）

蔡基刚	陈　桦	陈　琳	邓联健	董洪川
董燕萍	顾曰国	韩子满	何　伟	胡开宝
黄国文	黄忠廉	李清平	李正栓	梁茂成
林克难	刘建达	刘正光	卢卫中	穆　雷
牛保义	彭宣维	冉永平	尚　新	沈　园
束定芳	司显柱	孙有中	屠国元	王东风
王俊菊	王克非	王　蔷	王文斌	王　寅
文秋芳	文卫平	文　旭	辛　斌	严辰松
杨连瑞	杨文地	杨晓荣	俞理明	袁传有
查明建	张春柏	张　旭	张跃军	周领顺

总　　序

外国语言文学是我国人文社会科学的一个重要组成部分。自 1862 年同文馆始建，我国的外国语言文学学科已历经一百五十余年。一百多年来，外国语言文学学科一直伴随着国家的发展、社会的变迁而发展壮大，推动了社会的进步，促进了政治、经济、文化、教育、科技、外交等各项事业的发展，增强了与国际社会的交流、沟通与合作，每个发展阶段无不体现出时代的要求和特征。

20 世纪之前，中国语言研究的关注点主要在语文学和训诂学层面，由于"字"研究是核心，缺乏区分词类的语法标准，语法分析经常是拿孤立词的意义作为基本标准。1898 年诞生了中国第一部语法著作《马氏文通》，尽管"字"研究仍然占据主导地位，但该书宣告了语法作为独立学科的存在，预示着语言学这块待开垦的土地即将迎来生机盎然的新纪元。1919 年，反帝反封建的"五四运动"掀起了中国新文化运动的浪潮，语言文学研究（包括外国语言文学研究）得到蓬勃发展。中华人民共和国成立后，尤其是改革开放以来，外国语言文学学科的发展势头持续迅猛。至 20 世纪末，学术体系日臻完善，研究理念、方法、手段等日趋科学、先进，几乎达到与国际研究领先水平同频共振的程度，取得了令人瞩目的成绩，有力地推动和促进了人文社会科学的建设，并支持和服务于改革开放和各项事业的发展。

无独有偶，在处于转型时期的"五四运动"前后，翻译成为显学，成为了解外国文化、思想、教育、科技、政治和社会的重要途径和窗口，成为改造旧中国的利器。在那个时期，翻译家由边缘走向中国的学术中心，一批著名思想家、翻译家，通过对外国语言文学的文献和作品的译介塑造了中国现代性，其学术贡献彪炳史册，为中国学术培育做出了重大贡献。许多西方学术理论、学科都是经过翻译才得以为中国高校所熟悉和接受，如王国维翻译教育学和农学的基础读本、吴宓翻译哈佛大学白璧德的新人文主义美学作品等。这些翻译文本从一个侧面促成了中国高等教育学科体系的发展和完善，社会学、人类学、民俗学、美学、教育学等，几乎都是在这一时期得以创建和发展的。翻译服务对于文化交流交融和促进文明互鉴，功不可没，而翻译学也在经历了语文学、语言学、文化学等转向之后，日趋成熟，如今在让中国了解世界、让世界了解中国，尤其是"一带一路"建设、人类命运共同体构建，讲好中国故事、传递好中国声音等方面承担着重要使命与责任，任重而道远。

20世纪初，外国文学深刻地影响了中国现代文学的形成，犹如鲁迅所言，要学普罗米修斯，为中国的旧文学窃来"天国之火"，发出中国文学革命的呐喊，在直面人生、救治心灵、改造社会方面起到不可替代的作用。大量的外国先进文化也因此传入中国，为塑造中国现代性发挥了重大作用。从清末开始特别是"五四运动"以来，外国文学的引进和译介蔚然成风。经过几代翻译家和学者的持续努力，在翻译、评论、研究、教学等诸多方面成果累累。改革开放之后，外国文学研究更是进入繁荣时代，对外国作家及其作品的研究逐渐深化，在外国文学史的研究和著述方面越来越成熟，在文学理论与文学批评的译介和研究方面、在不断创新国外文学思想潮流中，基本上与欧美学术界同步进展。

外国文学翻译与研究的重大意义，在于展示了世界各国文学的优秀传统，在文学主题深化、表现形式多样化、题材类型丰富化、批评方法论的借鉴等方面显示出生机与活力，显著地启发了中国文学界不断形成新的文学观，使中国现当代文学创作获得了丰富的艺术资源，同时也有力地推动了高校相关领域学术研究的开展。

进入21世纪，中国的外国语言学研究得到了空前的发展，不仅及时引进了西方语言学研究的最新成果，还将这些理论运用到汉语研究的实践；不仅有介绍、评价，也有批评，更有审辨性的借鉴和吸收。英语、汉语比较研究得到空前重视，成绩卓著，"两张皮"现象得到很大改善。此外，在心理语言学、神经语言学和认知语言学等与当代科学技术联系紧密的学科领域，外国语言学学者充当了排头兵，与世界分享语言学研究的新成果和新发现。一些外语教学的先进理念和语言政策的研究成果为国家制定外语教育政策和发展战略也做出了积极的贡献。

习近平总书记指出："要着力推进国际传播能力建设，创新对外宣传方式，加强话语体系建设，着力打造融通中外的新概念新范畴新表述，讲好中国故事，传播好中国声音，增强在国际上的话语权。"为贯彻这一要求，教育部近期提出要全面推进新工科、新医科、新农科、新文科等建设。新文科概念正式得到国家教育部门的认可，并被赋予新的内涵和定位，即以全球新技术革命、新经济发展、中国特色社会主义新时代为背景，突破传统的文科思维模式与文科建构体系，创建与新时代、新思想、新科技、新文化相呼应的新文科理论框架和研究范式。新文科具备传统文科和跨学科的特点，注重科学技术、战略创新和融合发展，立足中国，面向世界。

新文科建设理念对外国语言文学学科建设提出了新目标、新任务、新要求、新格局。具体而言，新文科旗帜下的外国语言文学学科的发展目标是：服务国家教育发展战略的知识体系框架，兼备迎接新科技革命的挑战能力，彰显人文学科与交叉学科的深度交融特点，夯实中外政治、文化、社会、历史等通识课程的建设，打通跨专业、跨领域的学习机制，确立多维立体互动教学模式。这些新文科要素将助推新文科精神、内涵、理念得以彻底贯彻落实到教育实践中，为国家培养出更多具有融合创新的专业能力，具有国际化视野，理解和通晓对象国人文、历史、地理、语言的人文社科领域外语人才。

进入新时代，我国外国语言文学的教育、教学和研究发生了巨大变化，无论是理论的探索和创新，方法的探讨和应用，还是具体的实验和实践，都成绩斐然。回顾、总结、梳理和提炼一个年代的学术发展，尤其是从理论、方法和实践等几个层面展开研究，更有其学科和学术价值及现实和深远意义。

鉴于上述理念和思考，我们策划、组织、编写了这套"新时代外国语言文学新发展研究丛书"，旨在分析和归纳近十年来我国外国语言文学学科重大理论的构建、研究领域的探索、核心议题的研讨、研究方法的探讨，以及各领域成果在我国的应用与实践，发现目前研究中存在的主要不足，为外国语言文学学科发展提出可资借鉴的建议。我们希望本丛书的出版，能够帮助该领域的研究者、学习者和爱好者了解和掌握学科前沿的最新发展成果，熟悉并了解现状，知晓存在的问题，探索发展趋势和路径，从而助力中国学者构建融通中外的话语体系，用学术成果来阐述中国故事，最终产生能屹立于世界学术之林的中国学派！

本丛书由中国英汉语比较研究会联合上海时代教育出版研究中心组织研发，由研究会下属29个二级分支机构协同创新、共同打造而成。罗选民和庄智象审阅了全部书稿提纲；研究会秘书处聘请了二十余位专家对书稿提纲逐一复审和批改；黄国文终审并批改了大部分书稿提纲。

本丛书的作者大都是知名学者或中青年骨干，接受过严格的学术训练，有很好的学术造诣，并在各自的研究领域有丰硕的科研成果，他们所承担的著作也分别都是迄今该领域动员资源最多的科研项目之一。本丛书主要包括"外国语言学""外国文学""翻译学""比较文学与跨文化研究"和"国别和区域研究"五个领域，集中反映和展示各自领域的最新理论、方法和实践的研究成果，每部著作内容涵盖理论界定、研究范畴、研究视角、研究方法、研究范式，同时也提出存在的问题，指明发展的前景。总之，本丛书基于外国语言文学学科的五个主要方向，借助基础研究与应用研究的有机契合、共时研究与历时研究的相辅相成、定量研究与定性研究的有效融合，科学系统地概括、总结、梳理、提炼近十年外国语言文学学科的发展历程、研究现状以及未来的发展趋势，为我国外国语言文学学科高质量建设与发展呈现可视性极强的研究成果，以期在提升国家软实力、构建人类命运共同体过程中承担起更重要的使命和责任。

感谢清华大学出版社和上海时代教育出版研究中心的大力支持。我们希望在研究会与出版社及研究中心的共同努力下，打造一套外国语言文学研究学术精品，向伟大的中国共产党建党一百周年献上一份诚挚的厚礼！

罗选民 庄智象

2021 年 6 月

前　言

　　心理语言学不仅涵盖各语言加工单位（如语音、词汇、句子、语篇）的理解和产出，还涵盖各语言加工单位的习得和磨蚀，而"语言"这个词常常涉及一语和二语以及单语和双语的区别，甚至语种的区别，因此心理语言学几乎涵盖了语言学所有的话题。不同于其他语言学分支的是，心理语言学专注于语言加工（理解和产出）和习得（习得和磨蚀）的"心理机制"的探索。心理机制可以理解成某语言现象（如母语迁移）在心智层面的成因，常常体现为心智表征和运算（mental representation and computation），"表征"常常涉及表征结构的问题，而"运算"常常涉及过程和变化。随着脑成像技术的进步及其在语言研究领域的应用，心理机制（此时也称"神经机制"）可体现为神经层面的激活和连接（neural activation and connectivity），同样涉及结构、过程和变化。

　　本专著在研究话题选择方面遵守以下两个原则：第一，涵盖心理语言学的传统核心话题，包括语音、词汇、句子和语篇几个层面的理解（第1、第2、第3、第4章）、语言产出（第5章）、一语习得（第6章）、语言与思维（第9章）。第二，探讨心理语言学新发展的话题，包括双语加工、口译加工（第7、第8章），这也是中国外语界不少老师和学生比较关注的话题。其他新话题（如自闭症儿童和老年人的语言加工、外语磨蚀）没有包括进来，因为相关的研究还不足以独立成章。

　　本专著与所在的系列丛书一致，强调"新发展"。主要体现在以下几个方面：第一，在每章具体内容选择上，尽量选择比较新的内容，例如，第9章"语言与思维"简要介绍经典的"语言相对论"内容，重点介绍"双语优势"和"口译优势"这两个新的研究增长点；第二，尽量找全最新的文献，尤其是近三年的文献；第三，多介绍用汉语发表的本土研究，因为这些研究的新观点在国际同行的英文专著中几乎没有体现；第四，选择了心理语言学领域两个相对比较新的话题，即双语加工、口译加工（第7、8章）。

本专著强调心理语言学研究的特色。首先，心理语言学的话题涵盖面广，所以必须突出心理语言学的研究问题，因此每章第一节专门阐述该章所涉及的主要"研究问题"；其次，心理语言学需要探讨语言现象冰山下的底层机制，因此研究方法是从事心理语言学研究的必要前提条件，这就构成每章的第二节，主要介绍同本章内容密切相关的研究思路和研究方法。其他内容的设置根据各章的话题特色而定，例如，有些章节会有独立成节的理论模型介绍，有些章节有英汉语对比研究介绍等。

本专著得益于三位作者的合作。广东外语外贸大学赵晨教授负责第3、第5、第6章，浙大城市学院王慧莉教授负责第2、第4、第7章，浙江大学董燕萍教授负责第1、第8、第9章和全书内容的策划、写作过程的统筹。由于每章所涉及的文献在丰富性上存在差异，因此不求各章之间在篇幅上的整齐划一。

本专著得益于出版社的支持，感谢清华大学出版社外语分社郝建华编审的耐心等待和持续鼓励、曹诗悦编辑的阅读和修正！感谢杨雨敏、余志斌、周欣安、孙小冰、傅杨等学生在老师们感染新冠期间的鼎立相助！

由于心理语言学涉及面广、文献多，因此本专著仍有不少错漏和不足，还望读者海涵并指正。

董燕萍

浙江大学外国语学院

2023 年 12 月 10 日

目　　录

图 目 录

表 目 录

第 1 章
语音加工研究

1.1 语音加工的研究问题

近期的语音加工研究关注不同语音感知的现象和话题。其中，由于一语或母语语音加工通常相较于二语语音加工更加稳定且准确，因此一语和二语的语音加工研究有着不同的侧重点。由于文献中一语的语音加工研究涉及更加丰富的话题，本章介绍的一语研究主要涉及四类研究问题：（1）语音感知加工是否存在个体差异？这些个体差异由何而来？（2）语音感知和产出是否相关？（3）汉语声调加工的感知过程中，不同声学特征的感知比重有何差异？（4）新生儿、幼儿的语音加工机制如何发展？有何特点？老年人的语音感知如何衰退？语音感知的老化受何种因素的影响？特殊人群（如听障人士、人工耳蜗植入者）的语音感知有哪些特征？受何种因素的影响？

二语语音加工研究中，不同类型语言双语者的二语语音加工研究已获得较为长足的发展。本章介绍的二语研究主要涉及三类研究问题：（1）汉语母语者的二语语音感知的特征如何？其感知特征与什么因素有关？（2）汉语二语者对汉语语音的感知有何特征？（3）二语语音的习得如何影响一语语音的感知？受到何种因素的影响？

1.2 语音加工的研究方法

语音作为语言的主要承载者，具备不同于非语音声音的特殊声学特征。不同的语音声学特征携带着不同的语音信息。在考察语音加工过程中，研究者通常需要在行为或认知神经科学实验中操纵所关注语音特征的相关声学指标，从而考察听者在语音加工过程中的行为表现特征以及相应的神经加工机制。

本小节首先介绍语音中的主要特征和相关声学指标，并对语音加工相关研究中常用的行为、认知神经科学实验方法及其常见的数据指标进行简要介绍。

1.2.1 语音中的特征和指标

语音中包含音段、超音段特征，其中音段特征主要指元音、辅音等构成音节（syllable）的语音成分；超音段特征是指音节以上的声学特征，如音高（pitch）、重音（stress）、语速等。

1. 音段声学特征

音段特征以元音、辅音等音位为主。元音指语言中发音时气流不受阻碍的音位（phoneme），如 /i e o/ 等，由不同的舌位下声带振动发音产生（Mitterer & Cutler, 2006）。元音的响度较大，是音节的主要构成部分。辅音主要指语言中发音时气流受到一定程度阻碍的音位，如 /p k t/ 等，能够构成音节的头部和尾部。辅音由口腔、咽腔、鼻腔、唇、齿、齿龈、硬腭、软腭和小舌等不同的发音部位，以不同的发音方式（如爆破、摩擦等）发音产生，形成不同辅音上各不相同的语音和声学特征（如爆破音声波中包含持阻的静音和爆破时声波的突然放大，而摩擦音通常呈现出与噪音相似的声波和图谱等）。

元音的主要声学特征为第一、第二共振峰（formants）。共振峰指语音的声波中能量集中的频率带，在语音的三维频谱图（spectrogram）中呈现为贯穿元音主要发音频谱的深色粗频率带（如图 1–1 所示）（Ladefoged & Johnson, 2001）。在元音的频谱图中，自下而上会出现第一共振峰（first formant, F1）、第二共振峰（second formant, F2）和第三共振峰（third formant, F3）。元音的共振峰特征能够集中反映元音的音质：第一共振峰与元音舌位高低成反比（舌位越高，F1 越低）；第二共振峰与元音的发音舌位前后成正比（舌位越前，F2 越高）；第三共振峰则与元音的圆唇、卷舌等有关。

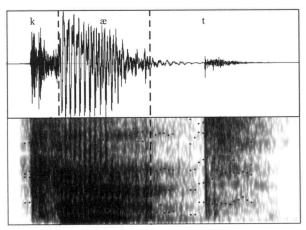

图 1-1　单词"CAT"的声波图（上）和三维频谱图（下）[1]

　　注：声波图中声波范围最大、频谱图中颜色较深的部分为元音 /æ/；声波图中的虚线为三个音的大致分界线；三维频谱图中黑点线所示部分为声波中的共振峰，自下而上为 F1、F2、F3、F4。

　　音长（duration）也是元音研究中常见的指标。一方面，部分元音区别对除了存在音质上的差异，还在元音的音长上存在差异，如英语中的 /i/ 和 /ɪ/ 区别对中，/i/ 音相比 /ɪ/ 音的舌位更高、更前，因而音质上 F1 更低且 F2 更高；在实际语音产出中，/i/ 音的音长通常长于 /ɪ/ 音。因而，元音研究中也常以音长为考察指标。

　　辅音研究中，爆破音的噪音起始时间（voice onset time，VOT）（Mitterer & Cutler，2006；Shadle，2006）是一项重要声学指标。爆破音的噪音起始时间指的是发音从除阻爆破到声带开始振动发音的时间，计算公式为：T（声带振动）–T（爆破音除阻）。对于清辅音（如英语中的 /p t k/），爆破音除阻早于声带开始振动的时间，VOT 为正值，且送气音 /pʰ tʰ kʰ/ 的 VOT 大于不送气音 /p t k/ 的 VOT（后者的 VOT 通常在 20 毫秒以下）。而对于浊辅音（如英语中的 /b d g/），爆破音除阻前

1　单词语音发音取自剑桥英语词典（Cambridge Dictionary）网站，声波图取自语音处理软件 Praat，相关简介可见 1.2.1 语音声学特征分析工具。

声带就已经开始振动，因而 VOT 为负值（如图 1–2 所示）。不同语言中，虽然许多爆破音属于同一音位，但它们通常存在 VOT 差异，例如，英语中的 /p/ 的 VOT 长于法语中的词首 /p/ 音。除了 VOT 的差异，研究者也会根据不同语言中的特殊的语音差异进行探究，如 Idemaru et al.（2012）以日语中不同持阻时长（即爆破音开始持阻到除阻间的时间）的词中爆破音为例考察被试的语音加工特征。

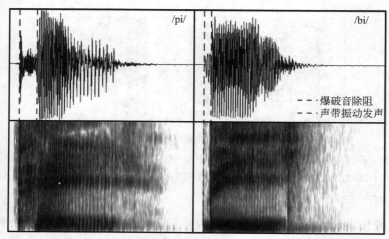

图 1–2　英语中的 /p/ 和 /b/ 的发音 VOT 示意图 [1]

注：虚线表示 p 和 b 声除阻，点虚线表示声带开始振动发声，虚线中间的区域即为 VOT 计算区域。

2. 超音段声学特征

超音段特征主要包含了音高、重读、音调（intonation）、音长等特征。其中，音高指的是声音被听者感知时，从低沉到尖锐的听觉差异（Gandour，1978）。音高的高低取决于声带振动的快慢，声带每秒振动次数越多、声带振动越快，则音高越高。由于喉部生理构造的差异，男性的音高通常低于女性，听感上更为低沉。音高本身是一项非语言学的声学特征。而声调（tone）指的是音高在语言中使用的特殊形式（Gandour，1978），在汉语普通话、粤语等声调语言（tonal language）

1　语音音频来自剑桥英语词典网站，声波图和频谱图取自 Praat 软件。

中有着区分文字和语义的重要作用，如汉语中由同一音位不同声调构成的不同汉字"妈、麻、马、骂"。音高和声调通常以语音的基频（fundamental frequency，F0）为主要的声学指标。

3. 语音的声学特征分析工具

在语音加工研究中，研究者通常需要对被试感知或产出的目标语音特征进行声学分析和加工。由 Boersma & Weeninik（2018）开发的计算机软件 Praat[1]，是进行语音声学特征分析和声学标注的一款功能强大且较为简洁易用的计算机软件。Praat 能够将语音音频文件以声波图和三位频谱图的形式呈现在电脑上，支持研究者进行共振峰、音高、响度、音长等语音声学特征的分析，以及指标数据的标注和提取，并能够对语音进行简单的裁剪拼接等处理。借助 Praat 的声学分析和处理功能，研究者还可以利用 Praat 脚本进行语音研究实验程序的编写。图 1-3 为 Praat 程序界面。

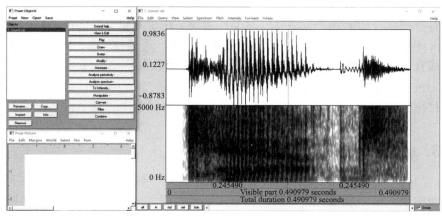

图 1-3　Praat 程序界面

注：Praat 软件基础功能窗口为左侧的 Praat Objects 和 Praat Picture，用户可以从 Praat Objects 窗口读取语音音频文件，可以在右侧的 Edit 窗口查看语音文件的声波图和频谱图，并对语音音频进行分析、编辑等操作，也可以将语音的声波和频谱图输出到 Praat Picture 中查看。

1　来自 Praat 软件官方网站。

1.2.2 行为实验方法：语音感知和听辨任务

1. 语音辨别任务

　　语音辨别任务（discrimination task）要求被试分辨刺激语音是否为同一音位或声调的语音。在该任务中，被试需要先后听两个音（AX 语音辨别任务）或三个音（ABX 语音辨别任务），听完刺激音后，判断刺激音是否一致或多大程度相似，或三个音中哪两个音更相似。在这类任务中，研究者可能操纵刺激音的某些声学特征，以检验被试能否感知其中的差异。被试对不同类型语音的辨别数量和判断相似的百分比为常用的语音感知指标。

2. 语音识别任务

　　语音识别任务（identification task）是另一类常用的语音感知任务。在这类任务中，被试在每个试次中听一个刺激音，并从视觉呈现的备选音标中选择所听到的刺激音。这类任务通常用于测量语音的范畴化感知（categorical perception），研究者常针对对立音连续体（continuum）生成在特定声学特征（如 VOT）上等量递进变化的语音，主要感知指标为被试在不同步数（即从对立音一端到另一端之间的递进次数）上选择目标音的数量和百分比，及其形成的范畴化感知变化的斜率。

3. oddball 实验范式

　　oddball 实验范式（oddball paradigm）是一种通过在连续的标准刺激中插入偏差刺激，要求被试在感知到偏差刺激时迅速做出反应的实验范式，能够检验被试对偏差刺激感知的敏感性（Carbajal & Malmierca，2020；Kropotov，2009）。在语音感知研究中，通常采用听觉 oddball 实验范式检验被试在连续重复语音刺激中对偏差刺激的反应速度和正确率（如 Zhao et al.，2022）。

1.2.3　行为实验方法：眼动追踪任务

眼动追踪技术能够收集被试在视觉呈现的语言加工过程中的注视、扫视等眼动行为，反应被试语言加工过程的特征和加工难度等。在语音加工研究中，研究者通过操纵视觉呈现材料中的语音特征，观察被试对目标材料的注视情况，能够推断被试的语音加工特征和过程。例如，刘雪丽和倪传斌（2022）通过视觉情境范式（visual world paradigm，VWP），观察被试在听词和观察音韵相关实物词的图片时对不同语音相似条件的注视比例，以探究被试的二语学习经历对一语语音加工的影响。

眼动追踪技术也用于汉字语音的研究，即利用传统的自然阅读的范式，通过操纵汉语形声字的呈现（如省略部分偏旁）探究形声字加工中语音加工的情况。例如，迟慧等（2014）利用眼动技术观察汉语形声字加工中声旁的语音信息的作用，通过观察被试对目标汉字的首次注视、总体注视时间等指标，探究被试在加工汉语形声字时声旁语音信息的影响；Tong et al.（2020）将 VWP 范式中的图片刺激替换为不同的汉字，通过观察被试对于不同汉字的注视时长等指标，探究汉字识别中形、音、义信息的激活特征。

1.2.4　认知神经科学实验方法

认知神经科学的实验方法能够进一步为语言加工过程提供大脑和神经机制等生理上的证据，在语音加工研究中应用广泛。

事件相关电位（event-related potentials，ERP）研究（或称脑电研究）能够为语音加工过程研究提供加工时间进程等方面的证据。王小潞和程和奔（2021）在关于汉语二语学习者的脑机制研究综述中提到，N170、P200、N400 等成分与汉语母语者汉字加工中的声旁特性、语音表征加工等方面有关；而对于汉语为二语的学习者，其汉字的语音加工则不同于母语者，主要表现为 N400 和 LPC（late positive component）在时间进程上相对较晚（Yum et al.，2016）。值得注意的是，该综述也提及，汉字语音加工研究需要区分语音 N400 和语义 N400，以正确解读汉字语音加工中的脑电研究结果。汉语声调研究中的失匹配负波（mismtach negativity，MMN）（Payne et al., 2020）数据显示，在 oddball 实验范式中，偏差刺激和标准刺激之间的声学距离大小与 MMN 的波幅大小存在正相关，与潜伏期负相关 [见王蕴佳等（2021）的研究综述]。

脑成像技术的发展也为语音加工研究提供了更丰富的神经科学证据和研究视角。功能性核磁共振脑成像技术（functional magnetic resonance imaging，fMRI）研究发现，汉字的语音加工涉及左侧额中回（left middle frontal gyrus）、左侧额下回（left inferior frontal gyrus）、左侧顶下回（left inferior parietal gyrus）和双侧枕颞系统 [包括梭状回（fusiform gyrus）和顶中回（middle occipital gyrus）] 等脑区；而拼音文字的加工则主要涉及了腹侧前额系统（ventral prefrontal system）、颞顶背侧系统（dorsal temporoparietal system）和左腹侧枕颞系统（left ventral occipitotemporal system）[详见王小潞、程和奔（2021）关于汉语和拼音文字的 fMRI 研究综述部分]。另一方面，近年兴起的功能性近红外光谱技术（functional near-infrared spectroscopy，fNIRS）作为一种非侵入式、相对便携的脑成像技术手段，已成为语音加工研究中的一项有效工具。通过检验被试加工不同语音时脑区中的氧合血红蛋白（HbO）、脱氧血红蛋白（HbR）和总含氧量（HbT）等指标，研究者能够观察被试在加工语音时不同脑区的激活程度等情况 [详见杨海波等（2014）针对应用 fNIRS 技术的语音加工脑机制研究的综述]。

1.3　语音加工的模型和理论

早期的语音加工研究对语音感知的内在机制进行了解释，较为经典的理论和模型包括肌动论（motor theory）和直接现实观（direct realist theory）、队列模型（the cohort model）、踪迹模型（the TRACE model）。现有文献已对这些理论和模型做过详尽解释（如 Carroll，2008；Harley，2014 等），本节仅做简要介绍。

1.3.1　肌动论和直接现实观

言语的肌动论（Liberman，1983，1985）认为，言语感知的对象是语音发音的意图动作（the intended phonetic gestures），这些意图动作在大脑中表征为具有语言学特征的发音动作指令（其中包含了多种语音发音信息，如元音的圆唇，辅音的发音部位、发音动作等）。这样的感知模式需要建立语音信号和发音动作之间系统化的联系，在感知语流时，听者感知的是语流中发音动作的特征模式。此外，肌动论的另一个主要的观点是，大脑中存在独立的语言模块来储存和处理语音感知和加工中发音动作意图的语言学信息。

与肌动论相似，言语感知的直接现实理论（Fowler，1986，1987，1996）或言语感知的生态理论（ecological theory）（Best，1994）关注感知对象的发音，且更为直接地将声带的发音动作（the gestures of the vocal tract）视为言语感知的对象。与肌动论不同的是，直接现实理论认为，言语是一般声音感知的一种，无需独立、特定的感知模块，听者通过声音信号感知发声的对象和发生的动作。因而，对于直接现实论来说，语音的感知无须依赖携带语音信息的心理表征或特定的语音表征作为中介（Best，1995）。

肌动论和直接现实观都将语音发音动作作为语音感知的对象或重要成分，这一观点的必然结果是，言语感知和言语产出存在互动和联结（perception-production link），这对于解释人类在言语交际中出现的协同效应（convergence 或 imitation）（Liberman，1983）和解释二语学习中二语语音感知和产出的准确性等现象有重要的意义。

1.3.2　队列模型

Marslen-Wilson（Marslen-Wilson，1975，1987；Marslen-Wilson & Welsh，1978）提出的队列模型将言语感知过程（尤其是听觉词汇感知过程）描述为三个阶段——通达阶段（access stage）、选择阶段（selection stage）、整合阶段（integration stage），认为言语感知过程是

自下而上为主的加工过程。最初的队列模型认为，在通达阶段，词首的语音信息输入首先激活记忆中的语音表征，从而激活了相应词首（如 t）的一组备选词语（如 tree、tea 等），这些备选词语被称为队列（cohort）。在选择阶段，随着语音信息的继续输入，队列中的备选词语逐个被淘汰，最后剩下一个词语，一个词能够区别于所有其他相似词的加工点称为独特性加工点（the uniqueness point）。而到了整合阶段，词汇的语义信息和句法信息才发挥作用，整合到更高单元的言语加工中。例如，在听和感知 trespass（/trespəs/）这个词时，语流中每个音位逐渐被感知，从 /t/ 开始激活大量 /t/ 音开头的词语，到 /tres/ 过程中逐步排除无关词语缩小队列（如 trespass、trest），最后语音输入达到 /tresp/ 时可能达到独特性加工点，这样队列中仅剩目标词 trespass（例自 Harley，2014）。在自下而上识别言语的基础上，起初的队列模型认为语境影响听力词汇感知的通达和筛选过程，但修正的队列模型（Marslen-Wilson，1987）认为语境仅在整合阶段起作用。此外，在修正的队列模型中，为了解决声音信号失真和错误感知的问题（如 pocket 听成 bocket），Marslen-Wilson（1987）提出，被排除或淘汰的词语可能会在输入更多语音信息后重新加入队列。

1.3.3　踪迹模型

相比于自下而上加工的队列模型，McClelland & Elman（1986）提出的踪迹模型则认为言语和词汇的识别是一个交互激活的过程。根据踪迹模型，词汇信息由语音特征（feature）、音位（phoneme）和词汇（word）三层众多信息单元（unit）网络构成，被称为"踪迹"（trace）。在感知言语时，踪迹中的信息单元被激活（activate）或抑制（inhibit）。语音的特征信息（如爆破、送气）首先激活特征层中的对应信息单元，随着词汇剩下语音的输入，信息单元的激活继而扩散到音位层和词汇层，最终识别相应的单词。各层级中的激活和抑制是双向的，使得语音感知过程中自下而上的语音特征和自上而下的词汇信息能够共同影响感知加工过程。

1.4　语音感知加工研究进展

　　近年来，语音感知研究关注的现象和话题逐渐丰富，从个体差异到不同群体的语音感知对比，从孤立的音段特征到超音段特征，以及语流中的加工。本节主要介绍四个近年来较受关注的话题：语音感知的个体差异、语音感知与产出的相关性、声调感知研究，以及不同年龄和特殊人群语音加工研究。

1.4.1　语音感知的个体差异研究

　　现有的语音感知的相关研究多集中于探讨语音加工的群体效应，而近年来，个体差异的研究也逐渐起步且受到研究者的重视（Yu & Zellou，2019）。个体差异研究的方法侧重关注被试个体的表现相对于被试群体的变异，通过考察这些变异与个体的其他能力或表现的相关和相互预测，研究者进一步厘清感知表现的影响因素，并寻找相关的解释。语音相关个体差异研究通常旨在从说话者或听话者对声学线索的敏感度、认知功能等个体特征出发，考察言语加工过程中个体变异的特征及其影响因素。

　　近年的研究首先验证了语音感知中个体差异的存在及其历时、跨任务和环境的稳定性。Idemaru et al.（2012）以日语母语者对词中爆破音感知为例，考察了语音感知特征的个体差异及其历时稳定性。他们检验了日语母语者对不同爆破音持阻时长对日语双音节 seta 或 setta 的感知，发现被试在对爆破音持阻时长感知的感知线索比重（perceptual cue weighting）上有明显的个体差异。感知线索比重是指语音感知中，不同声学特征对于有效识别特定语音的影响。该研究还发现，这种个体差异在两个月后，以及由不同爆破音持阻时长的短暂干扰（perturbation）后的重测中，仍稳定地存在。针对特殊的语音感知现象，Yu & Lee（2014）探究了协同发音的感知补偿（perceptual compensation for coarticulation）在个体水平上的差异和这些差异在不同实验环境下的稳定性。协同发音的感知补偿是指加工一定语境中的语音时，听话者会依据协同发音的规则对语音进行感知补偿，如母语者通常会将 /u/（相对

于 /a/）前的 /s-ʃ/ 连续体中的语音感知为 /s/。在这一研究中，英语母语者在实验室环境和网络环境中完成语音识别任务和 AX 语音辨别任务，识别或辨别听到的辅音（英语咝音 /s-ʃ/ 的七步连续体中的一个音）—元音（/a/ 或 /u/）音节中的辅音。该研究结果显示，被试在不同的感知任务和实验环境中，均有感知补偿，并且被试的感知特征在不同的任务和环境中均存在个体差异。此外，更近期的研究也验证了不同语言母语者对元音感知的个体差异（如 Clayards，2018；Mokari & Werner，2018）。例如，Clayards（2018）检验了英语母语者对不同元音区别对的识别，发现被试对元音区别对的感知存在明显的个体差异，且这些差异在个体内部是系统化的（被试在不同元音区别对中的感知线索比重正相关）。

结合视觉模拟感知范畴和眼动等任务与新技术，另一部分研究进一步探究了语音感知过程中听话者在不同语音线索的感知比重上的个体差异及其可能的影响因素。例如，Kong & Edwards（2016）探测语音的范畴化感知过程中，感知范畴的差异倾斜度（gradiency of speech perception）是否与两个因素相关：个体对不同声学线索的敏感度及个体的执行功能。感知范畴的差异倾斜度指感知语音区别对的时候，将一个音感知为另一个音的可能性变化曲线的倾斜度。在这一研究中，英语母语者在两场实验中进行一个视觉模拟测量任务（visual analogue scaling task，VAS）和一个预测性眼动任务（anticipatory eye movement task，AEM）。在视觉模拟测量任务中，英语母语者听到不同 VOT 和不同起始基频 F0 的 /ta/–/da/ 语音，随后在视觉呈现的 /d/ 音 –/t/ 音标尺上标出所听到的语音与 /d/ 和 /t/ 的相似度。在预测性眼动任务中，被试听到带 /da/ 或 /ta/ 词语 doggie 或 taco，并在练习中看到两词对应的图片在屏幕上的 Y 型管（上部分一端指向 /d/，一端指向 /t/）中移动，被试在正式测试中根据听到的词观察不透明 Y 形管，并对图片位置进行预测。通过分析两场实验中被试的表现差异以及在感知任务中的感知特征，该研究发现英语母语者在 VAS 任务中表现出较明显的个体差异，即存在不同的感知差异斜率（gradient）。语音感知斜度更低的听者在 AEM 任务中也对 F0 语音线索更敏感。但在这一研究中，研究者尚未发现感知范畴差异的斜率与个体执行功能相关。Kapnoula（2016）的博士论文通过考察被试在 VAS 任务中表现出的感知范畴倾斜度以及他们感知 VOT 等语音信息时的脑电反应，发现 VAS 任务中感知范畴倾斜度越低的被试在感知 VOT 更小的 /b/、/d/ 浊音时 N1 成分更弱、P3 成分更强。这两项研究采用了较新的方法和指标（VAS 任务和 AEM 任务，以及相应的感知范畴差异斜率指标），为母语者语音感知个体差异的存在提供了进一步证据。

　　上述研究虽然已经在语音加工上发现了个体差异，但仍未在语音感知个体差异的影响因素和差异来源问题上有所发现。这可能是由于个体差异往往体现在较为精细的指标上，受到多方面因素的干扰，这对研究者在预测因素的指标选择和无关变量的控制上提出了更高的要求。后续研究可以对潜在影响因素进行更细致的测量，对被试群体各方面特质进行适当控制，增加样本量等。

1.4.2　语音感知与产出的相关性研究

　　语音感知和产出过程息息相关。根据言语感知的肌动论和直接现实观，语音的感知对象是发音意图动作或直接的发音动作，这使得语音感知和产出共享语音的心理表征，并表明语音的感知—产出连接的存在。感知—产出连接对揭示语音加工的内在机制、解释社会语音的音变等具有重要意义。然而，关于感知和产出之间是否连接和如何连接，现有文献尚未有统一的发现。本节将对近十年相关的研究及其发现进行介绍。

　　较早的研究似乎未发现语音感知和产出特征相关。例如，Shultz et al.（2012）考察了英语母语者在感知和产出爆破音（/ba/–/p/）时 VOT 的感知比重和起始 F0 的感知比重，发现被试在感知目标音时 VOT 和 F0 的感知比重有相关趋势，但不显著；而在语音产出上，这两者负相关，且进一步分析未能发现被试在感知和产出上的感知比重有显著相关。更近期的研究部分验证了前人的结果，却又为感知—产出连接提供了部分证据。Kim & Clayards（2019）采用语音辨别任务和模仿任务，考察英语母语者在对元音区别对 /æ/–/e/ 中元音音质和时长两项语音线索的感知比重和产出比重。结果发现，虽然被试感知元音的线索比重与他们的产出语音特征没有明显的相关 [与 Shultz et al.（2012）的发现一致]，但对元音原音质更敏感的被试，其模仿的语音与参考语音相似度更高，这表明感知和产出连接的存在。这些研究显示语音感知和产出之间存在较为复杂的关系。

除了以上音段信息加工的研究，针对超音段语音特征以及双语的研究也为语音感知和产出的相关性问题找到了积极的答案，扩展了这一问题的研究范围。在对超音段语音特征研究中，Leung & Wang（2020）和 Leung（2022）从普通话声调中音高和声调走向入手，探究语音感知和产出之间的关系。他们以声调评价任务为感知任务，要求普通话母语者对一系列在 F0 和 F0 转折点上有差异的第二声 /zhu/ 音节进行评分（即评判刺激语音是否为典型的普通话第二声）。产出任务则是要求被试分别产出四种声调的音节 /zhu/（"猪、竹、主、柱"）6 次。这两项研究发现，在 F0 曲度、F0 斜率和 F0 转折点指标上，普通话母语者的声调感知和产出都显著地相关。相比音高（F0 高度），声调走向（F0 走向）在声调感知中承担着更大的作用，因而在声调走向的指标上，被试也表现出更明显的感知—产出连接。在双语研究中，Schmitz et al.（2018）则从双语者的二语语音加工入手考察语音感知和产出的关系。他们通过多项行为和 ERP 任务测量加泰罗尼亚语（Catalan）—西班牙语双语者对二语语音和非语音声音的感知和产出能力，发现被试的语音感知和产出紧密相关，独立于一般非语音声音的加工能力。上述研究为语音感知和产出的相关性问题提供了丰富的证据。

另一部分研究从特殊语音现象出发考察感知和产出的相关性。Beddor et al.（2018）考察英语母语者在协同发音中语音产出和感知的关系。在这项研究中，英语母语者在眼动任务中听到音韵结构为"辅—元—鼻音—辅（CVNC）"或"辅—元—辅"的词语，并被要求看向词语对应的图片（感知任务），其中，研究者操纵了元音鼻化开始的时间。该研究还要求被试在特定的短句产出任务中产出 CVNC 音韵结构的词语（如 send、sent 等）。他们分析了被试在产出任务中的鼻息特征（反应被试产出的鼻化发音情况）能否预测其在感知任务中不同时间对不同图片的注视比例，结果发现，在产出 CVNC 词语时，元音鼻化较早的被试，在感知任务中也对元音鼻化较早的语音更敏感。这一结果表明，个体的语音感知与自身产出特征相关。在另一项研究中，Pinget et al.（2020）则从荷兰语的地域音变出发，检验不同地区荷兰语母语者的语音感知和产出特征及其联系。他们邀请不同地区的荷兰语母语者在五种不同的产出任务（词汇命名、目标词承载句朗读、句子朗读、图片描述、访谈）中产出目标音（唇齿摩擦音 /v/、/f/ 和双唇爆破音 /b/、/p/），并请被试通过语音识别任务，识别带有 /f-v/ 连续体和 /b-p/ 连续体上辅音的音节（/vi/-/fi/ 或 /bi/-/pi/）。该研究发现，在群体水平上，在产出辅音时清音化（devoicing）越不明显的地区，被试对辅音的感知范畴化越明显；在个体间水平上，被试的语音感知和产出中等程度相关；在个体内水平上，感知层面的清音化早于产出，但浊音清音化的音变完成后，被试虽然在产出上清音化，但在感知上仍将清音和浊音感知为两个不同的语音范畴。这两项针对特殊语音现象和地域语音差异的研究验证了语音感知和产出的相关性，同时，相关的系列研究也能够进一步揭示语音加工的机制。

综上，虽然语音的感知—产出连接具有一定的理论依托，实证研究也提供了较为丰富的证据，但现有研究主要停留在相关性研究层面，仍未更直接地就感知和产出如何关联以及受何影响等问题给出答案。针对这些问题的探究，不仅有利于揭示语音加工的内在机制，对二语语音习得、社会音变等问题的考察也有重要意义。

1.4.3 声调感知研究

在超音段特征加工研究中，近年较为突出的话题包括声调语言（如汉语普通话、粤语等）中声调的感知。汉语普通话包含了四种不同的声调：阴平、阳平、上声、去声（通常被标记为 T1、T2、T3、T4，在音标中标为元音后的对应数字）。除此之外，汉语中还存在轻声（通常标记为 T0 或音标中元音后的 0），轻声通常附着在双音节词中非重读的第二个音节上，其音长和音高相较于重读音节要短和低（赵元任，2002）。声调的差异影响着汉字词的语义，因而在语音感知中具有重要的作用。本节将主要对近十年关于声调和元音的互动作用、声调加工的神经机制及其影响因素，以及轻声的加工研究进行介绍。

声调作为汉语语音中的重要成分，它在语音感知过程中起何种作用，是现有研究关注的问题之一。赵荣等（2016）采用 oddball 实验范式，考察汉语音节感知中声调的作用。在两项行为实验中，汉语母语者听到一系列语音刺激，并在听到与标准刺激不同的音节时按键反应。在实验一中，被试听到标准刺激（/da1/）和三种偏差刺激（与标准刺激在声母、韵母或声调上存在差异的 /ga1/、/du1/ 或 /da4/）。在实验二中，除了同一标准刺激外，五种偏差刺激则分别在韵母（/du1/）、声母加韵母（/gu1/）、声母加声调（/ga4/）、韵母加声调（/du4/）和声韵调（/gu4/）方面与标准刺激存在差异。虽然实验一的结果显示声调对音节的感知作用似乎不明显，但实验二显示，被试对声母加声调、韵母加声调的偏差刺激反应均比单独的韵母条件更快，并且被试对韵母加声调条件的反应也快于声母加声调条件。这些结果表明了声调在汉语语音感知中与音段信息组合起作用，为音段信息和超音段信息的相互作用提供了初步的行为实验证据。

声调通常附着于元音，因此声调本身的感知也很可能受到所附着元音的影响。郑秋晨（2014）采用语音识别任务，探究普通话元音对声调感知范畴边界的影响。这一研究分析了汉语母语者对不同内在音高的元音（/a ɔ ɤ i u y/）上汉语声调 T1—T2 连续体（如"衣/yi1/"和"姨/yi2/"的声调）的感知范畴边界位置和宽度。内在高音指元音的基频音高（高元音的基频通常比低元音的基频高），范畴边界位置指升调和降调时听辨概率曲线的交叉点在声调连续体上节点的位置，而边界宽度指声调听辨概率上 25% 和 75% 所对应的声调连续体上节点的距离。结果发现，被试的声调感知范畴边界位置在低元音 /a/ 上与在其他负载元音有明显的差异。曹冲等（2018）考察不同共振峰元音对声调感知范畴的影响。被试识别 /a–i/ 连续体上的元音所负载的声调，这些声调取自三种不同的声调连续体：T1—T2、T1—T4、T2—T3。结果发现，负载元音舌位越后（越靠近 /a/），声调的识别范畴边界越小，被试越容易将声调识别为调值较高的声调；相反，在感知较高的元音（越靠近 /i/）时，被试则更容易将声调感知为调值较低的声调；在 T2—T3 连续体感知上，元音的影响最为明显。这两项研究都表明元音影响了声调感知，母语者对于附着在不同元音上的声调有不同的感知倾向。

现有研究表明，除音段信息的影响，语言经历或方言背景等因素也可能影响汉语普通话的声调加工。吴倩、王蕴佳（2018）的综述介绍了母语背景、声调感知经验以及年龄、性别等人口学因素对于声调感知的影响。从声调加工发展的角度出发，Liu et al.（2014）对比了汉语普通话母语的学龄前儿童、学龄儿童和青年人单语者对普通话音调的感知，发现典型的 MMN 仅在青年人中出现。这一研究一定程度上表明了语言学习和使用的经验对声调加工能力发展的作用。在近期的研究中，于谦、黄乙玲（2019）采用语音识别和辨别任务，进一步为方言背景影响普通话声调的感知范畴提供了证据。在他们的研究中，博山话、南昌话、广州话以及普通话（或北京话）方言者对不同普通话声调连续体（四个声调组成的六组声调对立组）进行感知判断。研究发现，不同的方言背景给不同声调感知特征（边界位置、宽度，区分高峰、区分率）带来了复杂的影响。比如，广州话方言者与北京话方言者在 T1—T3 上有显著的感知差异，在 T1—T2 中没有；南昌话方言者和北京话方言者在 T1—T2 上有显著感知差异，在 T1—T3 中没有。这项研究也仅能从方言声调系统的差异上为他们的结果找到部分解释。除了这些研究，语言经验和语言背景对声调感知的作用还可以在二语研究中寻得证据（详见 1.5.4 关于汉语二语者的普通话声调加工的介绍）。

　　由于声调本身具备与乐音等非言语声音相似的声学特性，声调加工的神经机制成为另一个重要的研究问题。较早的研究通过认知神经科学方法检验声调加工过程中脑区激活的情况，发现声调感知加工过程中存在右脑偏侧化现象 [详见赵延鑫等（2016）的综述]，这表明声调加工与音乐等一般声音加工的脑机制相似。但更近期的研究结合脑成像和脑电技术的 oddball 范式以及声调辨别或识别任务，验证了左脑在声调加工中的作用。例如，Gu et al.（2013）对比了粤语方言者对粤语声调和非语音音调的感知，发现在被动 oddball 范式中，粤语方言者在粤语音节和非语音声调感知中 MMN 都表现出左脑偏侧化（实验一）；在加工不同响度、时长、音高的非语音声调时（实验二），不同响度和不同时长的偏差刺激引发的 MMN 呈现出右脑偏侧化，而不同音高的刺激则表现出一定的左脑偏侧化。左脑在声调加工中的作用也在 Hsu et al.（2014）的研究中得到证实。结合脑磁图（magnetoencephalography）技术和 oddball 范式，Hsu et al. 检验了普通话母语者对普通话音节的声调感知（标准刺激为 /yi3/，偏差刺激为 /yi1/ 和 /yi2/），发现被试在加工声调区别对（T1—T3）时，在左脑颞上回（superior temporal gyrus）和颞中回（middle temporal gyrus）脑区发现了更大范围的激活——脑磁图失匹配区域（magnetic mismatch field，MMNm），这表明在加工声调，尤其是差异较大的声调区别对时，大脑左半球在起作用。

许多研究从基本声调切入探讨声调加工机制，与此同时，近期研究也更多地关注了轻声这一特殊声调现象的感知，并针对轻声的感知加工线索及其影响因素进行了一定的探究。例如，Li et al.（2014）研究音高、音长，以及词语所处位置等因素对普通话轻声感知的影响。他们考察汉语母语者在 ABX 语音辨别任务中对孤立词、句中中心词以及句中非中心词的轻声词—非轻声词（"蘑菇 /mo2 ku0/—魔箍 /mo2 ku1/"）的感知情况，并合成了在 "菇—箍" 中 T0—T1 连续体上不同 F0（音高）和时长（音长）的语音。结果发现，当词语处于不同状态（孤立或句中）和不同位置时，音高和音长等感知线索比重存在差异。具体而言，音高始终对轻音的感知有较大作用，但其感知线索比重在孤立词中最大，在句中中心词位置时稍小，在句中非中心词位置时仅稍大于时长的比重。在后续研究中，Li & Fan（2015）以另一组声调区别对（T2—T0）二声词—轻声词（"蛇头 /ʂɤ2 tʰəʊ2/—舌头 /ʂɤ2 tʰəʊ0/"）为例，验证音高和时长的作用，他们通过构建和分析轻声感知的声调空间（tonal space），揭示轻声感知的影响因素。声调空间的分析方法指以声调的两项主要声学指标为 x 轴和 y 轴构建二维空间图，以测量不同声调之间的声学距离。该研究首先重复了 Li et al.（2014）中音高对轻声感知的贡献以及轻声词在句中不同位置时音高的作用，并进一步发现，这些语音线索的感知比重似乎与轻声词—非轻声词的声调差异有关：在 T2—T0 词对（如 "蛇头—舌头"）感知中，时长仅在孤立词轻声感知中起作用，在句中时对轻声的感知没有明显的影响，区别于在 T1—T0 声调区别对上的发现。Li 和同事的系列研究，为轻声的感知过程中音长和音高作为感知线索的作用提供了进一步证据。

近年的研究也进一步验证音高、音长和声调相似性等因素对轻声感知的具体影响。例如，邓丹（2019）通过汉语轻声词和非轻声词识别任务，检验音高、音长、调型等因素对轻声感知的影响。研究发现，音长越短，词语越容易被感知成轻声；降调型的轻声词（非上声后接轻声的词，如 "地道"），起始的音高越低越容易被感知为轻声。此外，音长和音高对轻声感知的作用在不同类型的轻声词中表现不一致：当轻声词和非轻声词区别对相似性较低时，音高对轻声感知的影响更明显；而当轻声词和非轻声词区别对相似性较高时，对轻声感知贡献更大的特征则为音长。这一研究揭示了普通话轻声感知中的影响因素，促进了研究者对普通话轻声加工的理解。

现有研究还考察语流中轻声词的感知特征。例如，邓丹、朱琳（2020）考察了汉语连续语流中轻声的感知及其影响因素。在该研究中，被试听到包含调整音高和音长特征的轻声词和非轻声词的句子，并对句子的自然度进行评价。轻声句和非轻声句的自然度评分反映其中的轻声词和非轻声词的感知。结果发现，感知轻声时，音高的感知线索比重高于音长；轻声的感知还会受到轻声词和非轻声词调型的相似性以及轻声词在句中所处位置（句首、句末等）的影响。基于语流的轻声研究贴近现实语言加工情况，能够进一步揭示汉语言语加工中声调的感知与影响。

综合上述介绍，汉语声调感知研究已在汉语声调与元音的互动作用、声调的脑机制以及轻声这类特殊声调方面有了一定的进展。后续研究可继续就声调感知的影响因素及其影响方式、声调加工过程中大脑语言中枢是否起作用等问题做进一步探究。

1.4.4 不同年龄和特殊人群的语音感知研究

对语音的准确和有效感知需要以良好的听觉感知为基础，因此，听觉感知能力的不完全发展、衰退或病变等都可能带来不同的语音加工特征。由此，语音加工研究的视角投向了听力尚处于发育阶段的新生儿或幼儿，听力逐渐衰退的老年人群体，以及听障人群和人工耳蜗佩戴者等特殊群体。但由于该部分研究涉及内容复杂，本节仅做简要介绍。

1. 新生儿或幼儿语音感知研究

听觉是人类最早发展的感觉之一，语音是新生儿习得语言的最早、最直接的途径。因此，语音感知对于新生儿的语言发展十分重要，新生儿的语音感知内在机制也成为一项重要的研究话题。随着神经科学技术的发展，非侵入式和更为便捷的脑神经科学技术为新生儿语音加工的脑机制研究提供了可能。陈钰、张丹丹（2020）关于新生儿脑机制研究的综述，对新生儿语音感知加工研究中涉及的音段和超音段语音特征及相关发现进行了总结，归纳了新生儿对语音序列结构感知研究的发现，并介绍了新生儿对母语和外语感知的脑区反应差异。该综述总结新生儿脑机制研究的发现，并就相关研究问题提出展望。此外，陈钰等（2020）的元分析研究对新生儿语音感知相关问题的发现与争议进行了归纳分析。Werker（2018）则从儿童语言发展和习得的视角，对其实验室关于幼儿语言感知发展的研究进行了综述。

2. 老年人语音感知研究

随着年龄的增长，老年人的听力感知能力和认知功能逐渐衰退，使得老年人的语言加工能力下降。在感知较复杂（如噪声环境）、较快的语音时，老年人感知困难增加。Tucker et al.（2021）详细归纳和综述了语言感知和产出的老化研究，他们梳理了从 20 世纪 90 年代至 2021年的老年人语音感知文献，系统地归纳了以往研究在不同语音声学指标上老年人感知能力的发现。神经科学研究（如 Tremblay et al., 2021）也探究了老年人语音感知能力衰退的脑机制。基于汉语语音感知研究的发展，汪玉霞等（2019）对汉语语音感知能力的老化研究（尤其是噪声环境下的相关研究）进行了综述和介绍；杨小虎、李洋（2020）对汉语声调加工老化的文献进行了总结和归纳。更近期的实证研究进一步考察了汉语声调感知的老化现象，如肖容等（2020）、肖容等（2021）。

3. 针对听障人群和人工耳蜗植入者的语音感知研究

除了听觉自然发展中婴幼儿听觉初期发育和老年的衰退，由于先天或后天的疾病引发的听觉障碍是另一个影响语音感知能力的因素。针对感觉神经损失造成的听力障碍，人工耳蜗（cochlear implants）技术能够帮助患者恢复部分听力。患者佩戴的外部处理器将声音信号转换为电刺激信号，并传送给耳蜗内植入的电极，从而刺激听觉神经以帮助患者感知声音信号（徐丹莹、陈霏，2019）。由于人工耳蜗产生的电刺激引起的听觉神经兴奋与自然声音引起的听觉神经刺激不同，语音信号的强度和频率会有所变化，因此即便实现了部分的听觉重建，人工耳蜗植入者的语音感知仍与普通人存在较大差异。近年来，听障人群，尤其是人工耳蜗佩戴人群的语音感知特征引起了语音加工研究者的关注。徐丹莹、陈霏（2019）的综述中罗列了成人和儿童人工耳蜗植入者感知语音和普通音符的脑电研究，并从医学和生物的视角总结和归纳了人工耳蜗植入者的语音和声音感知特征。Farhood et al.（2017）和 Tamati et al.（2022）也就人工耳蜗植入者的言语感知特征进行了系统性的文献综述。其中，Farhood et al.（2017）主要关注内耳畸形（inner ear malformations）病人接受人工耳蜗植入后的言语感知特征发展和变化；而 Tamati et al.（2022）则关注听觉失聪儿童接受人工耳蜗移植后的语言加工和感知情况。此外，Hunter & Pisoni（2021）归纳和介绍了人工耳蜗植入者的言语感知及其影响因素、相关的感知训练和研究问题，并对后续研究的发展提出了展望。Chen & Wong（2017）总结和归纳了文献中汉语普通话人工耳蜗植入者言语感知的测试材料和方法，并分析了汉语人工耳蜗植入者语音感知的影响因素，为相关研究提供了参考。

1.5　二语语音加工研究进展

双语者在感知语音时，对母语（或一语）[1]的感知通常是准确、稳定的，而感知二语语音时则不然，不同语言背景、二语水平的听者往往具有较明显的个体差异。二语语音感知研究是语音加工研究中的重要部分，本节主要介绍二语语音感知研究的新进展。

本节包括四部分内容。第一部分将对二语语音感知中的经典理论模型和近期更新的理论模型进行介绍。第二、第三部分将分别介绍以汉语为母语的二语学习者及汉语二语者的二语语音感知相关研究。最后，在双语学习的过程中，二语对一语语音加工的影响也逐渐引起了研究者的关注，因此，第四部分将集中介绍二语学习影响一语语音加工的相关研究。

---

[1]　本节中，"母语"（native language / mother tongue）和"一语"（first language）不作严格区分，都表示说话人最先习得并熟练使用的语言，在具体语境中的选择遵循相关文献。

1.5.1 二语语音加工理论模型

在二语语音感知理论中，较经典的模型理论包含母语磁吸模型（Native Language Magnet，NLM）（Kuhl，1991，1993；Kuhl & Iverson，1995）、感知同化模型（Perceptual Assimilation Model，PAM）（Best，1994，1995；Best & Tyler，2006）、语言学习模型（Speech Learning Model，SLM）（Flege，1987；Flege & MacKay，2004）。这些模型解释了母语语音对二语语音感知的影响。而近十五年二语语音感知研究则就更广泛的二语言语感知以及二语语音的发展提出了新的理论模型，如 Strange（2011）提出的自动选择性感知模型（Automatic Selective Perception，ASP）、Escudero & Boersma（2004）、Van Leussen & Escudero（2015）提出并完善的二语语言感知模型（Second Language Linguistic Perception Model，L2LP）。

1. 经典二语语音感知模型

经典的二语语音感知模型集中关注母语语音表征对构建二语语音表征的影响。其中，母语磁吸模型侧重讨论早期语言经验对于二语语音感知的影响；感知同化模型根据二语语音与母语语音的相似性对二语语音区别对进行分类，讨论了二语者感知不同二语语音区别对的特征；言语学习模型则更关注二语语音表征的发展及其影响因素。

1）母语磁吸模型

从成年人和婴幼儿语音感知研究出发，Kuhl（1991，1993）提出母语磁吸模型（Native Language Magnet，NLM），认为早期语言经验（language experience）对于成年人和婴幼儿感知新的语音有"感知磁吸效应"（perceptual magnet effect）。根据这一模型，人类的记忆中存在由早期语音感知经验形成的语音原型（prototypes），并将其作为语音的范例。在感知新的语音时，语音原型会作为"感知磁石"，将感知的语音"吸引"到现存的语音范畴中。Kuhl（1991）发现在感知母语语音变体时，婴幼儿和成年人都判断语音变体与语音原型的相似度比语音变体与非语音原型的相似度更大。在此基础上，进一步的跨语言研究（Kuhl et al.，1992）发现，在感知瑞典语音和英语语音时，六个月大的婴儿在感知母语和二语语音时均表现出母语语音原型的"感知磁吸效应"。根据婴儿听到来自头两侧的语音时的转头行为（head-turn，婴儿经过短暂训练，在听到不同两个不同语音时转头），英语婴儿将英语元音 /i/ 感知为典型的 /i/ 音，将瑞典语元音 /y/ 感知为英语元音 /i/ 的变体；而瑞典婴儿则将瑞典元音 /y/ 变体感知为典型 /y/ 音，将英语元音 /i/ 感知为非原型的瑞典元音。由母语磁吸效应这一模型推断，在感知二语语音区别对时，如果两个语音分别被母语语音体系中的两个不同音吸引，那么这两个语音对二语者来说会存在更明显的感知差异，且感知差异的大小取决于母语中两个原型语音的差异大小。

2）感知同化模型

　　感知同化模型（Perceptual Assimilation Model，PAM）关注母语语音与二语语音的相似性对于二语语音感知的影响，这一模型以言语感知的直接现实观（the direct realist view）（Best，1995）或生态观（the ecological approach of speech perception）（Best，1994）为理论基础，认为言语感知的对象是语音中携带的发音动作信息。Best（1994）认为，听到二语语音时，听者会感知二语语音发音动作与母语语音发音动作的相似性，并将二语语音感知同化为发音动作相似的母语语音。Best 具体讨论了同化效应对于二语学习者感知和辨别不同类型二语语音区别对的影响：（1）当二语区别对的两个语音分别向母语语音中的不同语音范畴同化时，二语学习者通常能够较好地区别两个二语语音；（2）当二语区别对的两个语音向同一个母语语音范畴同化时，语音的辨别难易度则取决于两个语音与母语语音样例（exemplar）的相似程度，即两个二语语音与母语语音相似程度有所差异时，二语学习者能够较好地辨别，但相似程度差不多时，二语者就存在辨别困难；（3）当二语语音区别对的两个语音均无法向任何一个母语语音同化时，二语学习者也能够相对较好地区分，且区分难易度取决于两个语音自身的相似程度。这一模型分情况讨论了母语语音对二语语音感知的影响，对预测和解释二语者的语音感知困难有重要的作用。

　　结合 PAM 的假设和发音语音学（articulatory phonology，AP），Best et al.（2016）对二语语音的相似度分类进行了补充。根据 AP 中的假设，发音器官和发音动作是语音中携带的基础信息，可描述不同语音在发音上的相似性。因此，发音器官间（between-organ）和发音器官内（within-organ）的发音差异能够作为一个相似性标准进行对立音区分。这一理论的补充版本被称为发音器官假设下的感知同化模型（Perceptual Assimilation Model with the Articulatory Organ Hypothesis，PAM-AOH）。

3）言语学习模型

Flege（1995）提出的言语学习模型（Speech Learning Model，SLM）解释二语语音感知范畴的形成和发展。根据这一模型（Flege，1995；Flege & Bohn，2021），母语和二语的语音范畴（phonetic categories）共享同一个音系空间（phonological space），储存在长时记忆中，二语语音和母语语音两种语音范畴形成的机制和过程相似。随着二语语音输入增加，母语语音范畴和二语语音范畴之间的区别逐渐明确。言语学习模型假设中，二语学习者是根据目标语音与一语语音的差异区分语音的。当二语学习者能够感知二语语音和相似母语语音的区别时，学习者能够形成新的语音范畴；二语学习年龄（age of learning）越晚，二语学习者越难感知母语语音和二语语音的差别、相似二语语音的差别。

在近期的修正言语学习模型（the revised Speech Learning Model，SLM-r）中，Flege & Bohn（2021）进一步解释二语自然学习过程中语音体系的发展和变化。根据 SLM-r，语音范畴是基于语音输入的统计学分布（statistical input distributions）形成的，即语言学习过程中，语音范畴是根据语音输入动态调整的。母语和二语语音范畴的形成都采用这一机制，母语感知和二语感知的差异来源于这一机制对母语和二语适用性的差异。相比 SLM，SLM-r 更侧重关注学习者个体的语音接触和学习经验对于其语音体系的影响，不再关注早期学习者（指语言学习关键期前的学习者）和晚期学习者的区别，不再关注高水平"完美"二语学习者。因而，SLM-r 得以解释学习者语言使用情况、语言接触情况等个体差异对于学习者二语语音感知的影响。

2. 近期二语语音感知模型

近 15 年，二语语音感知理论将视角转向了更广泛的二语言语感知问题。Strange（2011）提出的自动选择性感知模型（Automatic Selective Perception，ASP）关注二语者在不同环境下的二语连续语流感知特征；而 Escudero（2005）和 Van Leussen & Escudero（2015）提出并更新的二语语言感知模型（Second Language Linguistic Perception Model，L2LP）则侧重二语者语音习得的发展过程。

1）自动选择性感知

Strange（2011）的 ASP 模型探讨成人二语者在自然或噪声环境下对连续语流中二语语音的感知特征。ASP 模型在协同发音的基础上探讨语音的感知，提出音节为基本感知单位。根据这一模型，语音的感知存在音系模式（phonological mode）和语音模式（phonetic mode），前者指对音节的快速识别和感知，常表现在高水平二语学习者的二语感知中；后者指对音段中具体语音特征的感知，常表现在低水平二语者的二语感知中。此外，听者利用选择性感知程序（selective perception routines，SPR）来处理和整合自己所听到的一语或二语语音信息，这一 SPR 机制源于他们的语言感知经验。随着感知经验的丰富，一语 SPR 高度自动化。但由于感知二语的经验不足，二语者尚未构建稳定的二语 SPR。在加工二语语音过程中，当二语语音的感知环境对二语者的认知资源要求较高时，二语者可能会使用一语的 SPR，从而产生一语干扰（L1 interference）。

2）二语语言感知模型

结合 Escudero & Boersma（2004）的研究，Escudero（2005）提出的二语语言感知模型 L2LP 将感知映射（perceptual mappings）和语音表征（sound representations）两个部分区分开来，以建立不同语言感知系统的对比，并解释和描述了二语语音的学习过程和二语感知的发展。这一模型将二语语言感知的预测、解释和描述分为五个阶段性的成分：最佳一语和二语感知（optimal perception in L1 and L2）、初始状态（initial state）、学习任务（learning task）、发展（develop）、最终状态（end state）。不同的成分依次承接并相互独立。其中，在对一语和二语的感知阶段（成分一），学习者使用一语感知能力理解和预估二语感知的最佳状态，形成学习目标。在二语语音习得的初始状态（成分二），由于学习者尚未开始二语知识的储备，二语语音感知是一个跨语言感知（cross-language perception）的过程，学习者在感知二语语音时借用一语中的感知映射，并将二语语音同化为一语语音（即完全复制假设，Full Copying Hypothesis）。而在学习任务阶段（成分三），学习者开始关注一语和二语的感知差异，他们通过对比一语和二语的最佳语音感知状态，理解一语和二语语音的感知差异。基于对一语和二语感知差异的分析结果，学习者在发展阶段（成分四）构建新的语音感知映射，或对现有的语音感知映射进行调整。在这一发展阶段，学习者采用渐进学习算法（Gradual Learning Algorithm），通过语音的输入和词汇的学习，建立并完善二语语音感知映射和语音范畴。在最终状态阶段（成分五），如果学习者接受了充分的二语输入，他们将实现最佳的二语感知。

通过计算机模拟二语者的语音学习过程和语音感知过程，Van Leussen & Escudero（2015）对 L2LP 模型进行了更新。在 Escudero（2005）的初始模型中，二语学习者依据自身对二语语音中音位数量和范畴的感知构建二语语音的心理表征（即以上所述发展阶段）；而更新的模型中，二语语音表征的构成源于词汇的语义学习（meaning-driven learning），语音表征和词汇表征相互联系，二语者形成的二语语音感知范畴更少。

1.5.2 汉语母语者的二语语音加工研究

许多研究利用二语语音感知理论分析和解释二语（如英语、日语、俄语等）与汉语普通话的语音体系差异，对比不同水平的中国外语学习者在二语语音感知任务中的表现。母语经验、母语和二语语音相似性、感知环境（如安静条件或噪音条件）对二语语音感知准确性的影响也是近期相关研究的关注点。

近期的相关研究考察了汉语母语者对不同语言的感知特征，用现有的二语语音感知模型解释这些特征（如 Feng & Busà，2022a，2022b；Yang & Chen，2019；Yang et al.，2022 等）。Yang & Chen（2019）考察了汉语母语者感知俄语辅音的特征。他们对比了俄语母语者和低、高水平中国俄语学习者感知俄语辅音 /r–l/ 区别对的特征。该研究要求二语者被试进行感知同化任务（perceptual assimilation task），即为二语语音寻找相似的母语语音，并依据感知同化模型 PAM 归类二语语音区别对。结果发现，俄语学习者较难为 /r/ 音找到相似的汉语语音，而可为 /l/ 音找到相似的音（即汉语普通话中的 /l/）。该研究进一步分析了不同组被试在语音辨别任务中对俄语 /r–l/ 区别对的辨别准确率，发现低、高水平学习者均对俄语区别对 /r–l/ 有辨别困难。Yang & Chen（2019）结合 PAM 和 PAM-AOH 解释了这一结果：俄语辅音区别对 /r–l/ 虽然在 PAM 中属于较易区分的未范畴化的区别对（uncategorized contrast），但依据发音和 PAM-AOH 它们应归于较难区分的发音器官内区别对（within-organ contrast），因此二语者存在识别困难。在更近期的研究中，Yang et al.（2022）考察了汉语母语者对俄语词首爆破音的感知。他们首先请中国俄语学习者在感知同化任务中对汉语普通话 /pʰ tʰ kʰ, p t k/（即拼音中的 p t k，b d g）和俄语词首辅音 /p t k, b d g/ 的感知相似度进行评分（实验一）。结果发现，即便是高水平俄语学习者也易于将俄语词首辅音 /b d g/ 感知为普通话中的 /p t k/。在 AX 语音辨别任务（实验二）中，低水平和高水平的俄语学习者均表现出对俄语中 /p b/、/t d/、/k g/ 三组爆破音区别对的区分困难，因此该研究推测二语者可能并未针对浊音爆破音（voiced stop）形成新的语音范畴，容易混淆不送气清音爆破音和浊辅音。Yang et al.（2022）的发现支持了言语学习模型 SLM 的其中一项推测：二语者难以区分与同一一语语音相似的两个二语语音。他们的发现也为 SLM 这一推测补充了必要的前提描述：只有二语者能够感知到某个二语语音和一语语音的差异时，二语者才能够为这一语音建立新的语音范畴。除了 Yang et al.（2022）的系列研究，Feng & Busà（2022a，2022b）考察了中国意大利语学习者的二语辅音感知，并检验了 SLM 对于二语语音感知特征的解释。这些研究突出了现有理论假设（如 SLM）中的一些重要前提，丰富了二语语音感知理论的证据。

　　然而，现有的理论模型并不能够完全准确地预测二语语音感知的特征和表现，部分研究发现了与理论假设不一致的结果，并解释了这些结果的可能原因。例如，Lan（2020）探究了高水平中国英语学习者对英语辅音及汉语普通话相似音的辨别。该研究首先依据 PAM，基于二语者对英汉擦音和塞擦音的相似度评价，将英汉对立音归类。而后，Lan 通过语音辨别任务检验二语者对英语语音区别对的辨别难易程度。该研究发现，虽然英汉语音的相似程度以及对立音归类与二语者的辨别准确率在许多语音区别对（如 /tr–tʃ/、/ʒ–r/）上相关，但 PAM 并不能够预测英语二语者对部分对立音（如 /dʒ–dr/）的辨别正确率。因此，该研究也提出，在解释二语语音感知特征时，邻近发音和字形等差异也需要列入考虑。这类研究对于理论的解释和应用做出了必要的补充。

另一部分研究考察方言背景和母语背景对二语语音感知的影响。任宏昊（2022）采用了语音识别任务和语音辨别任务，对比了中国日语学习者（包含普通话者和粤语方言者）和日语母语者对日语中促音或非促音的二 / 三拍最小区别对的感知特征。结果发现，相比普通话被试，粤语方言者的感知水平与日语母语者的感知更相似，这可能与粤语中存在和日语类似的语音结构有关。Guo & Chen（2022）也发现了不同方言背景（北京话、长沙话、粤语）的汉语母语者对英语词汇重读的感知存在明显的差异。此外，通过对比汉语母语者和英语母语者对半声调语言日语的感知差异，Wu et al.（2017）检验了不同一语背景（声调语言汉语、非声调语言英语）和二语语言经历对日语（半声调语言）声调感知的影响。他们采用了双耳分听（dichotic listening）的方法对比五个群体对日语声调的感知：日语母语者、汉语母语的日语学习者、英语母语的日语学习者、无日语学习经验的汉语母语者和英语母语者。双耳分听的方法指对被试的左、右耳分别播放不同的音频，要求被试识别其中一只耳朵中播放的目标语音。他们发现，相比英语母语者，汉语母语者的表现与日语母语者更相近，表明了汉语声调语言的特性对声调的学习有一定的促进作用；并且，相比无日语学习经验的英语母语者，英语母语—日语二语学习者也在声调的感知上与日语母语者更相近。这些研究都表明母语背景和二语学习经验都影响着二语语音感知。这些影响可能与母语的类型、母语与二语的相似性、母语与二语的语言距离等因素有关。

为了进一步探究二语语音感知的加工机制，研究者通过叠加噪声考察汉语母语者的二语语音感知特征和具体感知线索。龚箭等（2015）对比了中国英语学习者和英语母语者在不同类型的噪音条件下对英语辅音的感知差异。被试在安静、0dB 英语竞争语音（English competing speech）和 0dB 语音形态噪音条件（speech shaped noise，SSN）下识别包含在元音—辅音—元音音节中的 23 个英语辅音（如 /aba/ 中的 /b/）。通过分析二语者的辅音感知正确率以及不同区别特征（发音行为、发音部位、发声特征、咝声特征）的信息传递值，研究者们发现，中国英语学习者在感知二语语音时对不同区别特征的使用策略处于弱势，如在 SSN 噪音环境下，二语者似乎更缺乏利用咝声特征感知摩擦音的经验，因而感知的准确率低于英语母语者。在后续研究中，龚箭等（2016）进一步对比了不同类型噪音对二语辅音感知的影响，考察了汉英辅音系统的差异对二语辅音感知的影响。通过与龚箭等（2015）采用相同的英语辅音识别任务，他们分析了二语者的英语辅音识别混淆矩阵（confusion matrix）。结果发现，相比二语者，英语母语者在噪声环境下对不同英语辅音的感知准确性优势与汉英辅音体系的相似性紧密相关。在感知没有汉语相似音的英语辅音时，英语母语者与二语者在噪声中的感知差异减小。这部分研究的发现揭示了汉语母语者在二语语音感知经验和感知能力上的弱势，提示了中国外语学习者的二语语音教学中的语音感知训练的重点和难点。

综合上述，现有研究考察了以汉语为母语的二语学习者的二语语音感知特征，并结合相关理论解释母语背景对二语语音加工的影响。但目前这些研究主要从个别语言入手检验二语语音感知的情况，后续研究或可以考察二语者对不同类型二语的语音感知差异，进一步检验现有发现的稳定性和普遍性。此外，在二语语音感知的线索等问题上，现有研究已有初步的发现，后续仍可进一步考察二语者对不同语音感知线索的感知比重随二语经验和水平发展如何变化等问题，以揭示二语语音感知的内在机制。

1.5.3　汉语二语者的二语语音加工研究

随着二语语音加工研究日渐成熟，研究者也更多地将视角投向了以其他语言为母语的汉语学习者。由于声调学习是汉语二语学习中常见的难点，近年的汉语二语语音加工研究除了关注元音、辅音等音段特征，也更多地考察了声调的感知和加工。

　　首先，部分研究探究了汉语二语者对汉语辅音、元音的感知特征，并为二语语音加工理论提供了证据。例如，Wang & Chen（2019）请英语母语的汉语学习者判断英汉辅音的声学距离（实验一），并通过语音识别任务检验汉语二语者对汉语辅音的感知正确性（实验二）。该研究分析了英汉辅音的感知声学距离与二语者的感知准确性是否相关。他们发现被试在语音识别任务中，与母语语音相似性最低的四个辅音 zh/tʂ/、q/tɕʰ/、c/tsʰ/、x/ɕ/ 识别正确率最低，而识别汉语辅音中与英语相似度较高和最高的辅音 ch/tʂʰ/、s/s/、z/ts/（相似度较高）和 r/z/、sh/ʂ/（相似度最高），被试的识别正确率分别居中和最高。这些结果表明，被试能够较准确地感知与母语语音较相似的二语语音，而感知没有相似母语语音的二语语音时，则存在感知困难，这些发现支持 PAM 和 SLM。

　　另一些研究考察了不同二语水平的二语者感知汉语元音、辅音以及声调的差异。Hao（2018）检验了未接触汉语的英语母语者、以英语为母语的汉语普通话初学者和高级学习者三个群体对普通话元音和声调的感知准确性。他们发现，普通话二语者能够较准确地辨别元音区别对和 T1—T4 声调，但都较难辨别声调区别对 T2—T3。这一研究中，不同水平的普通话二语者未表现出明显二语语音感知差别，这可能是由于不同语言的语音本身有一定的相似性，这些语音实验多在安静环境中播放清晰的语音刺激，使得语音差异易于感知。为了进一步区分不同二语学习者对汉语语音的感知差异，并提高语音感知实验的生态效度，研究者采用噪音听辨实验探究二语者对汉语语音感知差异。徐灿等（2018）研究了汉语母语者和以韩语为母语的中、高水平汉语学习者在安静和噪音条件下的汉语元音和声调感知。他们通过语音识别任务测量了被试在安静、语音型噪音和语音调制型噪音（包含 –4dB 和 –8dB 两种噪音强度）的条件下听辨元音—声调组合的准确性。结果发现，在安静条件下，汉语二语者的感知正确率与母语者没有显著差异，但在语音型噪音下二语者的感知正确率则明显下降，低于母语者。这些研究的发现相互佐证，拓展了研究者对汉语二语语音感知的了解。噪音语音感知研究也为噪音等非理想感知条件在二语语音感知研究中的应用提供了示例。

　　上述研究主要关注感知正确率这类指标，另一部分研究用感知范畴和脑电反应指标测量汉语普通话二语者的声调感知与母语者的差异。例如，Shen & Froud（2016，2018）通过行为实验和 ERP 实验检验了英语母语者对汉语声调的感知。他们首先发现，相比未接触汉语的英语母语者，二语者在语音辨别和识别任务中对汉语声调的范畴感知都与汉语母语者更相似（Shen & Froud，2016）。此后，他们利用 ERP 技术结合听觉 oddball 实验范式检验了以英语为母语的汉语学习者、未接触汉语的英语母语者、汉语母语者对不同汉语声调的感知差异（Shen & Froud，2018）。他们将 T1—T4 和 T2—T3 两个声调区别对分别切分为八步的连续体，并从中选取了范畴间（cross-category）和范畴内（within-category）的两种偏差刺激。利用这些不同的声调刺激，该研究测量被试在被动听觉实验中的 MMN 成分和偏差刺激判断任务中的 P300 成分。结果发现，相比汉语和英语母语者，汉语二语学习者在加工声调时更加敏感。相较于以正确率为指标的行为研究，这些研究从更精细的感知范畴角度和神经科学视角揭示了汉语二语者对声调的感知与母语者的差异，有利于进一步分析二语声调感知中的加工机制。

　　汉语二语者在判断二语声调时所依据的声学线索尚未明确，近年的研究也探讨了这一问题。例如，Wiener（2017）考察了以英语为母语的汉语普通话学习者在 AX 语音辨别任务中感知汉语声调时不同声学线索的感知比重。他们分析二语者在学习汉语 1、2、3 个月后感知汉语声调的反应时和敏感度（以由正确、错误和错过判断等数据计算的 d' 为指标）。结果发现，汉语二语者在感知汉语声调时声调的音高（pitch height）和方向（pitch direction，指升调、降调等声调变化方向）两个维度的影响较明显，音高的感知比重相比声调变化方向更大。随着二语学习时长的增加，二语者在感知汉语声调时对声调方向的注意逐渐提高，对音高的注意逐渐下降。这方面研究挖掘了汉语二语者的声调感知线索问题，对于汉语二语的声调教学与二语声调加工内在机制有一定的启示。

　　汉语普通话二语学习者的母语语言类型（声调语言或非声调语言）对汉语普通话声调感知的影响也是一个重要的研究话题。Hao（2012）检验了声调语言母语（粤语方言）、非声调语言母语（英语）的普通话二语者感知和产出普通话语音的差异。他们采用语音识别任务测量了两组被试对普通话声调的感知正确率，发现被试对 T1、T4 的感知正确率高于 T2、T3，英语母语者对 T4 的感知准确率显著高于粤语母语者。通过分析被试的具体识别错误，该研究发现，英语母语者相比粤语母语者更容易将 T3 识别为 T4，粤语母语者则更容易将 T1 和 T4 误认。这一结果初步表明不同声调类型的母语影响了普通话声调感知。Hao 进一步分析粤语和普通话声调的相似性，发现粤语母语者对 T1、T4 区分困难的原因可能是他们将这两个声调同化成相近或相同的粤语声调。这一研究发现将母语对二语语音感知的影响拓展到超音段特征层面，通过行为实验为母语背景对普通话声调感知的影响提供证据。更近期的研究中，Yu et al.（2019）通过行为实验和 ERP 实验检验了声调或非声调母语对于二语普通话声调感知的影响。他们首先通过语音识别任务测试了普通话母语者、声调语言母语者（来自泰国和越南）和非声调语言母语者（来自印度尼西亚和吉尔吉斯斯坦）对普通话声调 T2—T4 连续体的感知。实验一发现，二语普通话高级学习者对汉语声调的识别范畴与普通话母语者相似。实验二进一步采用多特征 oddball 实验范式，检验以不同类型语言为母语的汉语学习者在感知汉语声调时 MMN 波幅和潜伏期的差异。结果发现，以声调语言为母语的普通话二语者感知声调的 MMN 波幅和潜伏期与普通话母语者更相像。这些研究探究声调语言和非声调语言母语对汉语普通话声调感知的影响，能够为二语语音加工理论提供拓展性证据。

为了进一步考察汉语二语语音感知能力的发展变化，一些短期历时研究探究汉语二语者在不同学习阶段的感知特征（如 Wiener，2019）或考察针对性听觉感知训练前后和过程中二语者的声调感知能力变化（如 Sun et al.，2018）。Wiener（2019）在汉语课程的不同学习阶段检验汉语二语者的语音感知特征。英语母语者在中级普通话课程第 1 周后和第 10~12 周后进行门槛范式（gating paradigm）测试。在门槛范式中，高频汉字、低频汉字被切分成多个逐渐完整的语音片段，如第 1 个门槛语音刺激是语音的前 20 毫秒，第 2 个是前 60 毫秒（20+40），第 3 个是前 100 毫秒（20+80）……第 8 个是完整语音。被试根据听到的语音片段判断目标汉字是什么。该研究发现，在第 2~5 个门槛语音片段的识别中，相比低频汉字，二语者对高频汉字的感知准确率更高。声调错误分析发现，二语者在第 1 周主要存在声学识别错误（acoustic-based errors，即将目标字的声调识别为起始 F0 相似的另一个声调，如将 zhou2 识别为 zhou3），但在学习汉语 10~12 周后，二语者在最后 4 个门槛中更多地出现概率识别错误（probability-based errors，即将目标字的声调识别为更常见的另一个声调），这表明随着学习的推进，二语者在识别二语语音时更多地依赖二语知识。该研究的发现表明二语学习中可能存在一定的统计学习机制（statistical learning mechanism）。Sun et al.（2018）发现日语母语者经过听觉感知训练后，在感知汉语时，对 T2 和 T3 的感知范畴更趋近汉语母语者的感知。总之，历时研究作为一种重要的研究方法，为汉语二语语音加工研究带来了丰富和可靠的证据。

此外，由于语音感知是二语学习中重要的环节，近年也有研究关注汉语声调感知特征与语言习得能力的相关性。例如，Ling & Grüter（2020）采用语音识别任务和结合眼动技术视觉情景范式的词语识别任务，检验了汉语二语语音识别中声调感知和词汇识别的相关性。他们在视觉情境任务中给被试呈现 3 个不同的物件，分别是目标词图片、竞争词图片和干扰词图片，其中，竞争词包含与目标词相比的三种情况：声调不同、声调和音位不同、音位不同。结果发现，以英语为母语的汉语二语者识别二语词语时，声调不同的竞争词对于加工目标词的干扰最大；对声调范畴化感知更明显的汉语二语学习者更少地受到声调不同竞争词的影响。这项行为研究为语音感知和二语词汇加工的相关性提供了实证证据。从认知神经科学视角，Yang & Li（2019）采用 fMRI 技术检验了英语母语者的汉语语音感知能力和声音感知能力与二语词汇学习的相关性。他们通过一系列听觉感知任务检验英语单语者的听觉感知能力（包含语音音高、非语音声音音高、韵律、音调等辨别任务），随后对被试进行了六周的汉语假词语音感知训练，最后利用 fMRI 和声音—图片关联判断任务，检验被试在语音加工过程中的脑区活动。他们发现声调和音调感知能力能够强化在听觉词汇学习中有重要作用的背侧通路。这些研究都表明，语音感知作为语言加工中的重要环节，也许能够预测汉语二语的学习效果。

综合上述，汉语二语的语音感知研究在近年有较为丰富的成果。关于汉语普通话二语语音加工和习得的研究仍有丰富的成果未能在本节中介绍，Yang（2021）收录了近年丰富的相关文献，可供进一步参考。

1.5.4　二语语音对一语语音感知的影响

二语的学习和使用很有可能会反向地影响一语。因此，近年来二语语音影响一语语音加工的研究起步。相比掌握两门字母语言（如英语－法语、英语－西班牙语等）的双语情况，汉语－英语这类双语情况研究能够提供更加丰富的信息。这是因为，汉语普通话和英语在声调系统、文字系统上都存在明显的差别，汉语为声调语言、采用表意文字，而英语为非声调语言、采用表音文字，相关研究能够揭示差异较大的二语对一语语音加工的影响。本小节主要对二语影响一语语音感知的研究进行概述，并将着重介绍被试群体为汉语普通话－英语双语者的研究。

针对二语影响一语加工问题，研究者首先在一语和二语均为字母语言的双语者中有所发现。一方面，许多研究发现不同二语水平的听者在加工一语语音时存在差异（如 Alcorn，2018；Cabrelli et al.，2019；Carlson，2018；Gorba，2019）。Gorba（2019）考察了三组不同英语学习经验的西班牙语母语者对爆破音 VOT 的感知差异。该研究发现，英语学习者感知西班牙语 /b–p/ 时 VOT 阈值对爆破音 VOT 的感知差异显著高于西班牙语单语者，与感知英语 /b–p/ 时的 VOT 阈值更相似。Carlson（2018）对比了短期和长期英语学习者、西班牙语单语者在 AX 语音辨别任务中感知词首 /s/ 的表现（由于西班牙语没有 /s/ 为词首的单词，西班牙语母语者通常会在感知 /s/ 词首英语单词时误感知 /s/ 前有 /e/ 音）。结果发现，相比短期英语学习者和西班牙语单语者，长期学习英语的西班牙母语者在感知词首 /s/ 时，在 /s/ 前误感知 /e/ 音的情况较少。

然而，并不是所有研究都发现了二语对一语语音加工有显著影响。Gorba & Cebrian（2021）针对英语－西班牙语的双语者的研究未能得出与 Gorba（2019）一致的发现。他们对比了英语和西班牙语单语者、三组不同西班牙语水平的英语母语者对不同 VOT 爆破音的感知差异，并未发现不同水平的西班牙语学习者在感知 /b–p/ 和 /k–g/ 清辅音和浊辅音的 VOT 范畴时与西班牙语单语者有显著差异。这些研究结果的不一致可能反映了二语语音对一语感知影响的不稳定性。

对于汉语而言，二语英语（字母语言、非声调语言）是否影响一语汉语普通话（非字母语言、声调语言）的语音加工也是重要的研究话题。Li et al.（2016）采用语音识别任务对比了在美国学习的汉语双语者和无出国经历的汉英双语者在无噪声和各种精心设计的噪声条件下的汉语元音和声调感知，结果发现，在美国学习的汉英双语者在多数噪声条件下能够更准确地感知汉语元音和声调，但在安静条件下两组人没有区别。作者认为，这可能是因为在美国学习的汉英双语者获得了英语语音加工能力。Quam & Creel（2017）则结合眼动追踪技术探究了汉英双语者的汉语元音和声调感知特征，发现长期学习英语的双语者感知一语声调时准确率降低。从神经科学的角度，Zinszer et al.（2015）采用 fNIRS 技术检验汉英双语者的汉语声调感知范畴差异，发现二语学习经历和水平（即最早接触英语的年龄和被试自评的英语听说水平）与被试加工一语声调时的脑区激活水平相关。这些研究都针对不同的语音特征，为二语语音对一语语音加工的影响提供了行为和神经科学层面的证据。

此外，近年的研究进一步从更多项语音特征（Zhao et al.，2022）以及更精细的一语加工过程切入探究二语水平的影响（刘雪丽、倪传斌，2022）。Zhao et al.（2022）探究了二语英语水平是否影响中国英语学习者判断汉语语音的准确性和速度。在听觉 oddball 实验范式中，他们在刺激序列 /da1/ 音中插入了三种偏差刺激音：辅音变体 /ga1/、元音变体 /du1/、声调变体 /da4/，以检验被试对于一语辅音、元音、声调三种语音特征的感知准确性与敏感性。他们用牛津快速分级测试（Oxford quick placement test，OQPT）测量被试的二语英语水平。结果发现，被试的二语水平显著地预测被试在一语感知中对偏差刺激音的总体反应时，二语水平越高，对偏差刺激的感知加工速度越快。

此外，刘雪丽、倪传斌（2022）利用眼动追踪技术探究了不同二语水平的中国英语学习者加工汉语语音的时间进程差异。被试在视觉情景范式中观察屏幕中的四幅图片（目标图、竞争图和两幅干扰图）的同时，听到目标图汉语名称的语音刺激，并根据语音刺激点击对应图片。竞争图依据图片英文名称和中文名称的相似性分为两类：相关竞争图（音节相似、音首相似、音韵相似）和控制竞争图（无相似性）。被试在语音刺激呈现 0~2000 毫秒内对竞争图的注视比例反映了二语语音的激活情况，关键时间窗为早期（0~440 毫秒）、中期（440~1180 毫秒）和晚期（1180~2000 毫秒）。该研究发现，被试对语音相关竞争图的注视比例在中期与对控制竞争图的注视比例存在显著差异，这种差异于晚期消失，表明二语英语语音相似性主要影响一语汉语语音加工中的中期阶段。该研究也发现，二语水平相对较低的学习者在加工一语语音时，主要在音节和声调等词汇层面受到二语语音影响；而二语水平较高的学习者则在词汇层面和音首、音韵等亚词汇层面受到影响。该期刊论文来自刘雪丽博士论文，更详细的内容见 Liu（2020）。

上述研究表明，不论双语者所掌握的二语与一语的类型是否相同，现有研究都观察到了二语语音对一语语音感知的影响。然而，目前的研究大多无法明确一语语音感知在不同二语水平群体上的差异是由于二语语音感知训练促进了语音感知敏感度或影响了整体语音感知模式，还是源于一语和二语语音表征的竞争，抑或是由于二语语音表征对一语语音感知产生的某种影响。后续研究或能够进一步检验二语对一语的具体影响方式和来源。

1.6 小结

本章对近年语音感知加工相关的理论、方法和实证研究进行了介绍。通过行为实验（包括眼动实验）、脑成像技术（磁共振、脑电等），现有研究为一语和二语语音加工相关问题提供了丰富的证据，增进了我们对语音感知加工的理解。然而，语音加工研究仍有许多优化的空间和挖掘的前景。在一语语音加工研究方面，近年研究已发现了较稳定的个体差异，但针对语音感知上个体差异的来源与具体影响因素等问题，这些研究尚未有明确的回答和足够的证据。语音感知和产出虽然在许多研究中表现出相关性，但感知和产出的连接机制及其影响因素等问题也尚待进一步挖掘。在二语语音加工研究中，现有研究验证了二语语音加工理论，但这些研究大多基于个别语言对双语者的语言感知，一语和二语语音相似性的系统性研究仍不足，后续研究或能进一步对比分析不同二语群体的二语语音加工，以厘清二语语音加工是否存在共性特征，以及揭示何种因素带来了不同的双语群体在二语感知特征上的差异。二语语音影响一语语音的研究则较多地采用检验二语水平预测一语语音加工的思路，未能提供二语影响一语足够直接的证据，也未能揭示这种影响的低层认知心理机制，未来的研究可能需要通过更精细的实验设计以检验二语学习后一语语音感知的变化是否源于二语语音，以及二语语音以何种形式影响了一语语音感知。

　　语音感知加工研究的发现加深了我们对于一语和二语语音加工特征及其内在机制的了解，同时，针对二语的语音感知研究也为二语语音教学带来了启示。例如，语音感知和产出的连接（见 1.4.2）似乎表明，在语言学习过程中，准确地感知二语语音与一语语音的差异与习得更地道的二语发音息息相关；同时，准确的语音产出也可能有助于提高对语音的感知敏感度。

第 2 章
词汇加工研究

2.1　词汇加工的研究问题

若要全面理解词汇是如何进行加工的，需要对词汇加工的时间进程以及词汇的内部表征在何时被处理进行阐释，这包括但不限于字母、音节、语素等高阶词汇表征。就此而言，词汇表征在何时被加工的问题可以从刺激词呈现并识别的顺序来详细说明。例如，词汇识别中最经典的争论之一是关于自下而上（bottom-up）和自上而下（top-down）加工之间的区别，即词汇加工是否从正字法表征开始，以自下而上的分层方式进行加工直至词汇通达，或者更高层阶的语言信息，如语音和语素结构是否对早期正字法加工产生自上而下的影响。这场争论在引入具有精确时间分辨能力的脑电（EEG）和脑磁（MEG）技术后再次引起了认知神经科学的关注。然而，由于人脑的复杂性，词汇处理过程通常表现为线性分布，从较简单的微观特征（如字母串）到更复杂的高级表征（如整词加工）。

自下而上加工的主要理论立场是正字法表征本身具有充分的描述性，可以解释视觉词汇识别中大量的行为数据（Norris et al.，2000）。自下而上的加工理论所持的基本原则是"自上而下的加工无法有效地解释词汇或亚词汇的加工方式"（Norris et al.，2000）。同时，传统研究中支持自下而上加工的效应，如词汇优势效应（word superiority effect）的确可以用自下而上加工理论进行解释。根据这种观点，视觉词汇加工主要集中于正字法加工，因此其识别过程在很大程度上是通过单独考虑词汇本身的表面结构特性（即字母、字母序列）来决定的。自下而上的处理方式在研究人类和狒狒共享的低级视觉模式识别系统时得到了证实，即处理通用视觉形式和人类特有的字母符号的方式是一致的（Frost & Keuleers，2013；Grainger et al.，2012；Ziegler et al.，2013）。自下而上理论的根本原则是假设结构模块化，即正字法表征的加工处理在原则上不能被其他语言维度渗透。此外，正字法系统内的处理也是自下而上的加工方式，即从低级特征到完整的正字法单词。自下而上理论的另一假设是时间模块化（Andrews，2010），假设词汇识别系统被简单地设置为以词汇加工的顺序进行，直到识别出正字法信息。只有当正字法表征处理结束后，其才能与各种其他语言特性，如语音表征、语素表征、语义表征联系起来（Davis，2012）。但是，只要时间模块被限制在初始正字法编码完成之后发生，这种加工模式就可以允许自上而下的交互，因此正字法加工处理结束时间和"语言"处理开始时间的分界线变得更为模糊。

自上而下的加工理论则主张在所有加工层级下，低阶（即正字法加工）和高阶（即语音、语素、语义等）之间的加工进程是完全交互的（Hinton & Salakhutdinov，2006）。例如，一些字母可能与语音和意义相关，以及字母串受到词汇、词法和语音结构的限制。这些限制决定了字母如何进行排列以及词汇识别系统如何学习这些特征，以实现快速和准确的词汇阅读。特定语言的视网膜 – 知觉学习效应（retinal-perceptual learning effects），即不同视网膜偏心率下处理字母的跨语言差异（Nazir et al.，2004）表明，源于语言整体结构的阅读习惯确实会影响视觉通路早期阶段的功能结构，从而支持自上而下的加工观点。由于不同语言的特征在于正字法、语音和语义表征（以及其他表示形式）之间的不同关系（Frost，2012b），因此允许这些表征在早期发挥作用的交互模型可以更好地解释在早期正字法处理中观察到的实质性的跨语言差异（Frost，2012a）。

在本章中，我们将重点关注词汇通达是如何产生的，如何评估一个词的熟悉程度，如何识别它，以及如何获得它的含义。Balota & Chumbley（1990）将词汇识别理解为一个词的含义只有在它被识别后才可能被通达。Johnson-Laird（1975）则提出词汇通达的程度可能会有所不同，因为有时几乎无法检索到一个词的任何信息。Gerrig（1986）扩展了这一思路，认为在不同的上下文中有不同的"词汇通达模式"。因此，一个可行的词汇识别理论需要指定输入词汇的构成部分，并解释这些部分是如何进行处理和组装以进行相应的词汇识别。"词汇由什么组成"以及"词汇由什么加工"一直被认为是认知科学研究（和争议）的焦点，并且传统上通过结合心理学的实验设计和行为数据（如反应时间）进行评估。近年来，功能性磁共振成像（functional Magnetic Resonance Imaging，fMRI）等技术的引进为定位视觉词汇识别所涉及的神经回路提供了新的思考，如在词汇识别过程中激活了哪种类型的表征，以及读者最终是如何识别词汇的（Plaut，2002；Plaut & Behrmann，2011；Rogers et al.，2004）。

从理论上讲，词汇识别包括书面文字和口头文字的识别及加工机制，这意味着它不仅涉及视觉文字识别，而且侧重于声音获取、阅读和拼写学习的过程。尽管口头语言的过程在很大程度上与书面语言的过程一致，但两种操作之间的分界点在于语音信号通过逐个音素即时发展，而书面文字可以进行整词提取。鉴于本章重点关注通过视觉特征识别词汇，接下来的章节将重点揭示视觉词汇加工过程。关于二语词汇视觉加工，详见第 8 章 8.6 节。

2.2　词汇加工的研究方法

传统研究方法主要通过行为实验以识别和加工词汇，但这类实验存在固有的局限性。例如，反应时间仅通过间接行为反应（如通过按键决定时间）提供词汇加工最终状态。因此，诸如正确率和反应时等行为数据不能直接观察到词汇的各类表征如何被激活以及其内部加工的时间动态。此外，此类研究方法存在数据污染的风险，即词汇的前后加工可能受到决策指令等其他认知能力的影响。尽管存在这些限制，目前所开发的心理学实验范式可以间接洞察不同加工阶段的时间进程，以及解释词汇如何进行自上而下或自下而上的加工。例如，在掩蔽启动任务（the masked priming）中（Forster & Davis，1984），在靶刺激词呈现前是一个快速呈现的掩蔽启动刺激（例如，mln−melon）。通过调整启动刺激的不同呈现时间（例如，通常在 10 到 60 毫秒之间）以及操纵其和靶刺激词之间的结构关系（例如，正字法、语音、语义和其他表征），研究人员可观察到具有不同属性（如正字法和语音表征）的刺激词在各时间阶段的加工进程（Ferrand & Grainger，1994）。这种实验方法的基本原理是，获得特定启动效应所需的最短启动持续时间反映了激活该词汇信息所需的时间（例如，正字法、语音、语义信息等）。然而，此方法也有一定的局限性，如缺乏生态有效性（Tzur & Frost，2007）。更具生态学有效性的研究方法是，在记录参与者眼球运动的同时，在正常默读的情况下呈现单词（Rayner，1998）。例如，边界效应（the boundary effect）范式被用来操纵副中央凹预览和靶刺激词之间的关系。具体来说，一旦视觉注视点穿过位于目标词旁边的不可见"边界"，副中央凹预览就会被靶刺激词取代。由副中央凹预览的不同结构操作引起的靶刺激词注视持续时间的差异反映了副中央凹中已经处理的词汇信息（例如，正字法和／或语音和／或语义）（Bélanger et al.，2013）。有充分的证据表明，语音（Frost，1998；Rastle & Brysbaert，2006）、语素（Deutsch et al.，2003，2005）和语义（Duñabeitia et al.，2009）等高级表征会影响整个视觉词汇识别过程的早期阶段。此证据挑战了时间和结构模块化的传统自下而上的观点（如上述，视觉词汇主要是根据熟练读者的正字法信息来识别的，而检索语音和语义信息随后）（Davis，2012；Frost，2012a）。

运用 EEG 和 MEG 的方法可以在毫秒范围内考虑词汇加工，因此具有高时间分辨率的优点。结合适当的设计，此类技术可以揭示视觉词汇识别所涉及的神经过程的时间顺序，追踪从低级视觉感知到字母感知以及高级词义加工的时间过程（Hämäläinen et al.，1993）。这两种技术都会利用大脑中某些认知事件触发的同步神经元活动，即早期事件相关电位。行为数据如反应时间提供了整个词汇识别系统加工的最终结果。与其不同的是，MEG 和 EEG 都提供了对导致最终结果产生的连续性测量。此外，MEG 还提供了时间与空间上的约束，允许对时间进程和加工位置的信息进行某种综合。视觉词汇识别的早期标记之一是左侧化的 N150/N170 成分（left-lateralized N150/N170 response），可将正字法表征（如真词和假词）与其他刺激（如符号）区分开（Bentin et al.，1999；Duñabeitia et al.，2012；Maurer et al.，2005）。运用 MEG 在下枕颞叶皮层中也发现了在此时间窗内对字母的选择性反应（Allison et al.，1994；Nobre et al.，1994；Tarkiainen et al.，1999，2002）。值得一提的是，此成分只发现于正常读者，而不是阅读障碍儿童（Helenius et al.，1999；Simos et al.，2002，2005，2007）。因此，有人提出，左侧化的 N170 可能是与典型视觉词汇识别相关的自动反应，并且它可能与使用 fMRI 在 VWFA（the putative visual word form area）左侧梭状回中发现的激活相关联（Brem et al.，2010；Rauschecker et al.，2012）。事实上，目前所有的证据都支持这样的说法，即在刺激词开始后大约 150 毫秒，视觉系统仅对字母组合的频率做出反应，而词汇和语音效应在很久以后才发挥作用（Simos et al.，2002；Solomyak & Marantz，2010；Szwed et al.，2012）。然而，也有证据表明，高级语言表征已经在刺激开始后 100 毫秒（即 170 毫秒之前）发挥影响。例如，100~200 毫秒范围内的 ERP 成分对词汇频率敏感（Assadollahi & Pulvermüller，2003；Carreiras et al.，2005；Dambacher et al.，2006；Hauk et al.，2006；Sereno & Rayner，2003）。因此，从时间测量角度看，ERP 测量（而非 fMRI 测量）所揭示的视觉词汇识别的早期加工似乎容易受到高阶词汇信息的调节。另一个早期的 ERP 成分是 N250，它最初被发现在掩蔽启动任务中对正字法相似性较为敏感（Carreiras et al.，2009；Holcomb et al.，2007）。然而，随后的研究表明 N250 也受到词汇因素的调节，尤其是发现该 ERP 成分不仅对字母本身敏感，而且对字母的语音状态敏感，即目标字母是辅音还是元音（Carreiras et al.，2007，2008，2009）。例如，Carreiras et al.（2009）认为辅音的掩蔽启动（例如，mln–melon）和完整词汇的掩蔽启动（例如，melon–melon）在 N250 成分中没有显著差异，而元音的掩蔽启动（例如，aio–amigo）和固定词的掩蔽启动（例如，amigo–amigo）却在 N250 成分上有显著差异。这是因为辅音在预测单词的正字法表征比元音更具词汇约束力（Duñabeitia & Carreiras，2011）。这种效果表明自上而下的词汇加工方式能够调节 N250 的幅度。在较晚期的 N400 成分和行为实验中的反应时数据也显示了相同的模式。这表明词汇信息的不断累积（和 / 或词汇竞争）所产生的掩蔽启动效应在刺激开始后的 250 毫秒内开始显著。不仅如此，转置字母启动效应（transposed-letter priming effect），如词 – 词组合（例如，casual–causal）和假词 – 词组合（例如，barin–brain）同样诱发了 N250 成分，从而进一步支撑了自上而下理论，即高阶语言信息影响并限制早期正字法加工（侯友、白学军，2012，2013；黄鹤等，2009）。

　　fMRI 技术具有较高的空间分辨率，因此可用于研究词汇加工的大脑回路运行机制。阅读回路由具有三条主要通路的网络组成：（1）左侧背侧通路（the left dorsal pathway），包括枕叶（occipital）、缘上回（supramarginal）和角回（angular gyri），以及左后颞叶皮层（the left posterior temporal cortex，通常称为 Wernicke 区），与正字法映射到语音表征（即 GPC 解码）相关；（2）左腹侧通路（the left ventral pathway）整合左梭形（left fusiform）、中颞叶和前额叶（middle and anterior temporal）皮质三角部；（3）左后下额叶皮层周围的左下额叶皮层（the left posterior inferior frontal cortex，通常称为 Broca 区），与言语感知、理解和表达有关（Price，2012）。尽管如此，关于这些路径中信息流的方向的特征仍然存在激烈的争论。具体来说，关于高阶词汇表征究竟在多大程度上影响正字法信息的相对早期加工进程，目前文献尚无定论。此类问题最核心的争论点是关于左侧梭状回（the left fusiform gyrus）的作用，即假定的视觉词形区域（pVWFA）（Cohen et al.，2000，2002）。从解剖学角度出发，这个大脑区域被认为是一个相对"早期"的词汇处理区域。与假字或辅音字符串相比，单词或假词所诱发的左梭状回激活程度更大（Baker et al.，2007；Binder et al.，2006；Dehaene et al.，2002；Glezer et al.，2009）。因此，人们普遍认为左梭状回参与正字法处理。然而，关于这个大脑区域代表什么特定信息以及它是否能够支持自上而下的加工理论，仍存在争议。有研究者认为 pVWFA 是特定于视觉刺激的亚词汇中枢，它主要涉及自下而上的加工，并存储视觉词汇和抽象词的正字法表征（Dehaene et al.，2002，2005，2011）。然而，另一种理论认为 pVWFA 的激活受词汇的高阶语言表征（如语音、语素和语义）调节（Price & Devlin，2003，2011）。这两种方法提供了截然不同的加工观点：前者与时间和结构模块化的概念相兼容，即词汇阅读被认为依赖于一系列的大脑区域激活，而这些区域对正字法表征的层次结构敏感（例如，字母或不同长度的字母串），由自下而上地加工并最终识别词汇；后者认为词汇加工是一个完全交互的处理系统，高级语言表征可以调节早期的正字法加工。

　　基于此，自下而上加工理论的支持者认为 pVWFA 的激活反映了词汇处理的最初阶段，且该阶段不受语音和语义等高阶词汇表征的影响（Dehaene & Cohen，2011；Simos et al.，2002；Solomyak & Marantz，

2010）。然而，越来越多的证据表明早期 pVWFA 的视觉加工受这些高阶表征所影响。例如，左侧梭状回对词汇频率等心理语言变量较为敏感（Kronbichler et al.，2004）。此外，在词汇或图片掩蔽启动实验中，VWFA 也相应地被激活（Kherif et al.，2011）。但尽管如此，关于视觉词汇识别处理是自下而上进行加工的理论仍占有一席之地（Bar，2003，2007；Bar et al.，2006；Gazzaley et al.，2007；Kveraga et al.，2007；Zanto et al.，2011），这是因为关于词汇加工在大脑回路中如何流动的关键区别在于时间性的"早"与"晚"（Logothetis，2008）。然而，尽管可以很好地控制刺激呈现的时间（如掩蔽启动、fMRI 技术），但血氧水平依赖性（the blood-oxygen-level dependent，BOLD）反应的时间分辨率太低，故无法明确地区分正字法表征与其他高阶表征的加工顺序。因此，fMRI 用于整合词汇加工过程所消耗的时间过长，这也同时体现了 MEG 和 EEG 的固有优势。

2.3　词汇提取模型

词汇提取模型最早发展于 20 世纪下半叶。彼时的研究者往往通过框式图或者箭头图建构模型，以此来解释词汇阅读是如何加工并完成的。随着信息技术的兴起，研究人员开始借助计算机程序开发阅读加工的计算模型。正如 Coltheart（2005）所言，"计算模型不仅可以执行特定形式的认知处理，也是人类执行相关认知任务的方式。"本节将介绍若干种词汇阅读模型及其衍生。

2.3.1　词汇提取的双通道模型

Baron（1979）提出了两种独立的词汇通达机制，即"词汇特异性表征"和"正字法表征"，相应的模型则被称为双通道加工模型。总体而言，所有双通道模型共享一个基本假设，即存储在心理词典（mental lexicon）中的真词或熟词可直接通达，而陌生词汇或假词则需要根据特定规则进行加工合成（正字法表征转换为相应的语音表征）。其中，基于 McClelland & Rumelhart（1981）以及 Rumelhart & McClelland（1982）的交互式激活和竞争（the Interactive Activation and Competition，IAC）模型所建构的 DRC（A Dual Route Cascaded Model of Visual Word Recognition and Reading Aloud）模型最为著名。该模型最初通过双路径架构的框式和箭头图进行阐释（Coltheart et al.，1993），随后 Coltheart et al.（2001）将其转型，并由 Coltheart（2005）进行深入探讨并进行概述性阐释。

以图 2-1 中的单词 "PINT" 为例，DRC 模型对字母串中的组成成分进行从左到右的分析。具体而言，词汇路径（lexical pathway）用于查找熟词或真词，从搜索心理词典中的正字法和语音表征开始，此时储存在词典中的高阶词汇表征与正字法表征直接映射并输入到语义。而亚词汇路径（sub-lexical pathway，用于组合加工陌生词或假词）则进行从左到右的逐词加工。需要注意的是，尽管 Coltheart（2005）认为亚词汇路径比词汇路径启动时间稍晚，两种加工通道并非层级加工，而为级联加工。虽然两种加工路径都有助于言语的产生，但不同种类加工方式的交织会导致在音素层面产生加工冲突。例如，亚词汇路径若用于语

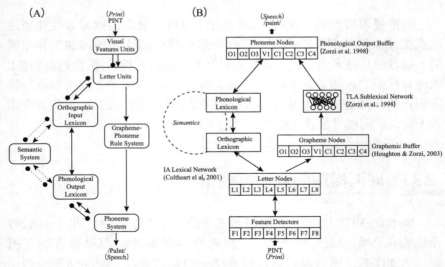

图 2-1 单词 "PINT" 的加工路径

A 为 DRC（A Dual Route Cascaded Model of Visual Word Recognition and Reading Aloud）模型；B 为 CDP+（new connectionist dual processing model）模型。

音不规则单词的发音产出，则会产生错误的语音表征，在此种情况下，只有通过词汇路径才可产出正确的词汇发音。通过调整路线之间的参数设置，Coltheart（2005）认为此类加工冲突可通过在模型的各级抑制和激活的相互作用中得到解决。

一方面，DRC 的词汇路径以心理词典为基础，将正字法表征与语义表征分开存储（Coltheart et al.，2001）。词汇结构中的字素由正字法映射入心理词典中的语音表征，再由正字法系统（orthographic input lexicon）输入回字母串的所有字素单位。同样，词汇中的音素映射入心理词典的音素单位，再由语音系统（phonological output lexicon）转化为相应的字母组合（Coltheart，2005）。然而，如果在心理词典中未检索到输入词汇，则其语音产出必须根据词素音素转换规则（grapheme-phoneme conversion rules，GPC）进行组合排列。因此，DRC 模型的核心结构为定向表征激活（localist representations）和级联加工（cascaded）的结合。在级联加工过程中，后一层级的加工及激活扩散不需要建立在上一级别完成处理的基础上，即没有阈值设定或激活前提（Cembrani，2010）。另一方面，DRC 的亚词汇路径基于字素 – 音素的规则映射。在"基于规则算法"的前提下，研究者可以对未知单词进行加工（Pritchard et al.，2012）。从本质而言，DRC 以字素的最通用规则进行编码。例如，假词的阅读既定为完全规则发音。在模型的训练系统中，该既定的规则永不会偏离且没有已知的数据库或者算法可以应用于推断词汇的 GPC 规则。因此，此路径亦被称为"硬线"（"hard-wired"）（Pritchard et al.，2012），其中包括语境规则（例如，在字母"e"、"i"或"y"之前，"c"读作 /s/，在其他情况下则读作 /k/）和产出规则（例如，"n"在 /k/ 前读作 /ŋ/）（Coltheart et al.，2001；Pritchard et al.，2012）。尽管例如字素 /oo/ 在某些情况下读作 /ʊ/，DRC 只识别最常见的读音规则（如 tool 的发音，/oo/ 读作 /u:/），因此该规则常用于假词的阅读。

如前文所述，正字法和语音表征（即字素和音素）在词汇阅读模型中起到至关重要的作用。然而，除词汇结构的排列加工，也应考虑字母组合背后的含义及理解。在 DRC 模型中，语义系统作为旁支路线与正字法和语音系统相连接。这表明语义信息作为次要路径，在词汇加工仅是可选元素。在模拟关键模型时，DRC 模型同样没有将语义考虑在内

（Coltheart，2005）。因为鉴于 DRC 对语义表征的忽视，很难在双通道模型中解释或模拟语义信息如何与其他表征的交互。总体而言，DRC 模型的建构有其优缺点。双路径的架构有利于研究常见的心理语言学因素，包括但不限于词频效应（frequency effect）、词长效应（length effect）、词汇化（lexicality effect），以及语音规则性（regularity effect）。然而，语义系统的缺乏使整个模拟系统不完整。同时，DRC 假设诸如假词阅读的固定规则却没有解释如何获取此类读音规则，使得模型的模拟过程及其计算程序从心理学角度上变得不可信。

为了修正诸如 DRC 等模型的不足之处，CDP+（new connectionist dual processing model）模型基于 DRC 的双通道路径（Perry et al.，2007），在 CDP（connectionist dual processing）模型内部设计了嵌套式亚词汇路径（hybrid model）（Zorzi，2010）。与 DRC 不同的是，CDP+ 在亚词汇路径下具有联结主义架构，这使得 CDP+ 成为一种混合模型。具体而言，CDP+ 模型构建了一种"完全平行的简单两层关联网络"（a fully parallel simple two layer associative network）。该网络不存在隐藏单元（hidden unit）且可以通过模拟后学习正字法与语音之间的映射。如图 2-1 所示，在 TLA（two-layer phonological network）网络中，正字法信息被解构为字 – 音节对应（graphosyllable template），然后并行分布式处理激活 TLA 并生成合理的亚词汇语音表征。视觉表征首先被检测并解析为字母串，然后将字母分别映射在起始位置（onset）、核心位置（nuclear）和结尾位置（coda）。这种从左到右的序列化加工可以有效地解释词汇的顺序加工，因此在模拟词长效应方面表现优秀（Perry et al.，2007）。例如，模拟 CDP+ 共包括了 7383 个字母组合和 6663 个音素组合。亚词汇加工路径包括了一个用于定位字母与字素的首位字素缓冲区（graphemic buffer）（Houghton & Zorzi，2003），以及一个用于定位音素的末尾音素缓冲区（phonological output buffer）。最终音素的选择取决于音素的激活水平，且必须超过特定的阈值。总的来说，CDP+ 模型本质上是一种嵌入联结主义架构的双通道模型。词汇路径与 DRC 模型一致，以心理词典中的已储存的词汇表征为基础。亚词汇路径下嵌套联结主义框架，通过 TLA 调节字素 – 音素的连接网路。从这一点上看，CDP+ 模型要优于 DRC 模型，因为前者将联结主义部分整合到定向模型中（localist model），不仅能够很好地解释词频效应，还为假词建立了更为合理的学习模型（Perry et al.，2007）。

2.3.2　独立学习的双通道模型

上述双通道模型主要集中于词汇的解码机制，然而并未对词汇学习以及不同类型单词在知识积累层面进行阐释。近年来，独立学习双通路级联模型（ST-DRC）（Pritchard et al.，2018）以及独立学习联结主义双通路加工模型（ST-CDP）（Ziegler et al.，2014）将模型的解码能力与词汇习得明确地联系起来。基于独立学习假设，Share（1995）认为儿童可利用字素 – 词素的映射规则来解码新词（或从实验角度解码假词）并将其刻入记忆中。就不规则词汇而言，语境补充了部分译码功能。ST-DRC 和 ST-CDP 对于词汇学习的诠释具有重要的相似性，尤其是它们都认为词汇的语音表征必须被激活，以此来触发正字法学习（orthographic learning）。然而，这两种模型对于正字法表征如何激活，以及词汇知识何时有助于不规则的单词阅读发展方面的阐释有所不同。

ST-DRC 将独立学习纳入 DRC 框架。如前文所述，在 DRC 中，有两条主要的加工途径：亚词汇路径，包括指定字素 – 音素映射的字素音素转换规则或对应关系（GPC）；词汇路径，包括词汇（词级）表征，并通过两个子路径——从正字法直接映射到语音表征的非语义路径，以及从正字法间接映射到语音信息的词汇语义路径来实现字素到词素的转换。在 DRC 中，规则单词的语音形式可以通过任何一条路径正确地产出，但不规则单词只能通过其中一条亚词汇路径来实现准确阅读。同理，ST-DRC 模型的训练也是从 GPC 规则和词汇语义的内置表征开始。然而，与 DRC 不同的是，ST-DRC 的独立学习机制意味着字素 – 音素的映射是发展的，而不是内置的（Pritchard et al.，2018）。对于语音规则的单词而言，通过亚词汇路径的字素解码激活相应的词汇语音表征，从而单词被识别并创建新的正字法表征（即正字法学习），但这对于不规则读音的单词是不可能的。ST-DRC 和 DRC 均假设从音素到语音表征的抑制加工水平相对较高，这意味着仅基于 GPC 规则的加工无法激活高于学习所需阈值的相应词汇的语音表征。同时，规则音素与不规则音素的不匹配也导致了语音抑制的产生。然而，在 ST-DRC 中，语音不规则的单词学习却是可能的，因为语境信息（从理论上讲，可能是语义或句法）能够促进靶刺激词的语音表征激活。在 ST-DRC 模拟中，更强的语境支持和更具体（或者说，不那么模糊）的语境有助于更好的学习。通常来说，语境或语义信息可能有助于规则词汇的阅读发展，特别是在早期的发展阶段（在 ST-DRC 中通过减少 GPC 规则进行模拟）。但语境在 ST-DRC 中的重要性意味着词汇语义知识会影响阅读发展，特别是对于不规则词汇。然而，亚词汇路径仍然很重要，因为在模拟中即使 GPC 规则的激活程度有限，其也会比没有规则带来更好的学习效果。这意味着解码技能的差异会对新的规则和不规则单词的阅读有一定的影响，且读音规则在单词中发挥更显著的作用。问题的关键在于，由于激活词汇的语音表征是学习的关键，词汇语音信息的差异会影响规则和不规则的单词阅读能力的产生和其进一步的发展。

与 CDP+ 模型的结构框架相同，ST-CDP 是包含了一个亚词汇路径（两层关联网络）和词汇路径（非语义）的连接主义双通路模型。与 ST-DRC 一样，当儿童阅读新遇到的单词时，通过激活词汇语音表征会学习新的正字法表征。这意味着词汇语音知识的差异会影响规则和不规则读音的单词的阅读发展。然而，与 ST-DRC 模型相反的是，ST-CDP 模型假设音素到语音表征的抑制程度相对有限，即较低水平的语音抑制。因此，在遇到一个新的单词时，可通过亚词汇路径进行字素 – 音素映射来激活一组词汇语音表征。在 ST-CDP 模拟中（Ziegler et al.，2014），该模型为大约在 32000 个单词中的 80% 词汇成功创建了正字法表征。然而在分析中，Ziegler et al.（2014）在训练词汇中或多或少对"拼写 – 声音歧义"（或不规则）词汇没有做出明确区分，这意味着解码和词汇语音知识对拼写 – 声音歧义单词的帮助并不明确。如果假设通过亚词汇映射可以激活语音的家族语音（包括异常单词发音），那么 ST-CDP 解释将正如 ST-DRC 一样，意味着解码技能的差异会影响规则和不规则单词阅读的发展。与 ST-DRC 不同的是，语义知识并非内置在 ST-CDP 模型中，但它假设儿童可以使用语境、句法或语义信息，从通过解码激活的一组候选词中选择正确的发音。Ziegler et al.（2014）并没有报告语义信息对单词学习的影响在拼写 – 声音歧义上可能有所不同。但总的来说，他们的结果表明正确的语音表征在大部分时间往往是最活跃的。

2.3.3 三角模型

并行分布式模型（parallel distributed processing model of visual word recognition and pronunciation，PDP）最初由 Seidenberg & McClelland（1989）提出，Plaut（1996）进一步探索，而后由 Harm & Seidenberg（2004）将语义组件添加到模型中。与 DRC 一样，PDP 以交互式激活和竞争（IAC）模型（McClelland & Rumelhart，1981；Rumelhart & McClelland，1982）为基础。PDP 基于分布式表征，这意味着该模型支持信息的分布式存储，而不是心理词汇中的映射存储表征。该网络由输入层（input layer）、中间层或隐藏层（intermediate or hidden layers）、输出层（hidden layers）组成（Seidenberg & McClelland，1989）。

值得一提的是，PDP 基于联结主义网络，其中"神经元状单元或节点连接在一起，以便单个单元与其他单元有许多链接"（Eysenck & Keane，2015）。这些节点是互连的，且可以通过激活或抑制来相互影响。同时，单个单元获取所有输入链路的加权总和，即如果加权总和超过某个阈值，则向另一个单元产生单个输出。尽管一个节点可以从许多其他节点接收输入，这些节点的连接并不都具有同等的重要性或"权重"。连接的权重是不断学习和模拟的，并且可能随时间而改变，这取决于在训练中呈现模式的频率和形式。如图 2-2 所示，在 PDP 中，单词"MAKE"的加工基于三元组（Seidenberg & McClelland，1989）。在正字法层面，单词"MAKE"会激活单元 _MA、MAK、AKE 和 KE_（下划线代表单词边界）。在音素层面，语音特征的三元组同样被激活，如鼻音（nasal）、元音（vowel）、塞音（stop）。然后，该单元根据存储的条目（单词的开头、中间和结尾各一列条目）激活潜在的字母组合。字素表征有 400 个单位，音素表征有 460 个单位以及 200 个隐藏单元（或内部表示单元）充当字素输入和音素输出单元之间的中介。因此，三层之间存在成千上万的连接。与双通道模型不同的是，PDP 是建立在学习之上的，且该模型是在 2897 个由三个或更多字母组成的单音节词的语料库上进行训练。这些词在模型中训练的频率取决于词本身的字素和音素表征。经过训练后，PDP 在真词上的表现非常出色，错误率仅为 2.7%（2897 个单词中仅有 77 个单词读错）。读音错误均属于规则性错误（不规则词的发音与规则词相似，例如，brooch 的发音为 /bruːtʃ/）、元音不正确或辅音不正确。Seidenberg & McClelland（1989）未报道假词的错误率，但 Besner et al.（1990）根据 McCann & Besner（1987）的刺激词报告了 51% 正确率的假词训练。值得一提的是，Coltheart（1993）使用基于 DRC 的学习模型在同一组单词上的表现优于 PDP。Seidenberg & McClelland（1990）则认为该语料库明显小于成人的平均词汇量（2897 vs. 30 000 个单词）。如果使用 30 000 个单词作为输入，该模型就会正常运行。

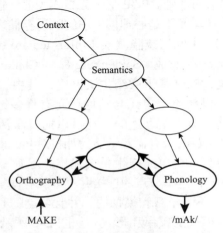

图 2-2　PDP 模型中单词 "MAKE" 的加工过程

　　Plaut（1996）对 PDP 略加修改并解决了假词阅读表现不佳的问题。他指出，基于指定位置的方法（将字母分配给特定位置，如单词最开头的第一个位置）与联结主义架构不兼容，因为此模型假设特定位置的知识而不是模型训练的整体。因此，他放弃了基于三元组的方法，而是选择了字素和音素单元。为了避免放错字母，设计了起始位置–核心位置–结尾位置（onset-nucleus-coda）方案。这个改进的模型在 123 个假词上进行了测试。Plaut（1996）得出的结论是，该模型可以"在本质上和熟练的读者一样阅读可发音的假词"，假词正确率高达 90.8%，但这是基于从分析中删除了一些有问题的单词之后所计算出的。一般而言，PDP 并不意味着存在带有单个单词条目的心理词典。相反，该模型取决于单元之间连接的不断调整。这也是模型中解释频率和规律性效应的方式，即通过"在同一方向重复调整连接权重"，其中高频词和规则词的连接调整得更频繁，从而对模型的影响更大。

　　PDP 通常被称为三角模型。如图 2–2 所示，该模型具有一种呈三角形结构的由正字法、语音和语义信息组成的特性。与 DRC 相同的是，PDP 也有两条加工路线：一条是从正字法到语音表征的直接路线；另一条是通过语义 / 语境从正字法到语音的间接路线。从某种程度上说，PDP 是一个双路径模型，但与 DRC 不同的是，这种双路径加工机制不是建立在单词和假词的单独处理之上，而是建立在通过语义操作的第二条路径上。Seidenberg & McClelland（1989）不相信真词和假词处理有不同的路线："我们所提出的模型的一个关键特征是假设有一个单一的、统一的程序从正字法表征中计算语音表征，且适用于不规则词、规则词以及假词。"Seidenberg & McClelland（1989）版本的模型只实现了从正字法到语音表征的路线（图 2–2 中以粗体标记）。通过语义表征的第二条路线由 Harm & Seidenberg（2004）所建构。他们基于在线语义数据库 WordNet（Miller，1995）实现了一个具有语义表征的语义系统。Harm & Seidenberg（2004）使用了包含 6103 个单词的训练语料库，生成了 1989 个语义特征。每个单词的语义特征数量从 1 到 37 不等。相较于双通路模型忽略了语义，PDP 中的正字法 – 语音 – 语义的综合加工方式更为理想。Harm & Seidenberg（2004）指出，他们的模型试图解决"被认为是认知的方面"，这意味着他们不仅关注阅读，还关注模型的整体结构和合理性。他们所解决的一个主要问题是语音中介性语义通达（phonologically mediated semantic access）。该模型模拟了正字法与语义的直接映射以及通过语音表征通达语义信息。这一基本过程以儿童阅读习得为基础——他们首先学会将声音与意义联系起来，然后在他们学习阅读时添加正字法信息。因此，首先在 PDP 中计算和训练语音 – 语义通达，然后将正字法作为附加组件添加。假设正字法 – 语音 – 语义是儿童所倾向的路线，快速阅读的压力可能导致正字法 – 语义路线增加而没有语音中介。如前所述，PDP 根据训练中收到的输入建立和调整其连接权重。该模型通过反向传播（back-propagation）进行学习。Eysenck & Keane（2010）将反向传播定义为"一种允许模型网络通过将实际响应与正确响应进行比较，以此来学习将特定输入模式与给定输出模式相关联的机制"。Harm & Seidenberg（2004）将这种方法与现实生活中的情况进行了比较，在这种情况下，教师会向学生提供正确的发音。PDP 基于这样的假设，即结构是逐渐通过训练产生的，而不是预先设定的。

联结主义模型基于三角模型，目前并未将独立学习纳入其中。因此，三角模型可能不适用于儿童在阅读发展开始时如何开始学习正字法信息（Armstrong et al.，2017）。如上所述，联结主义的三角模型各不相同，但都受非线性、适应性和分布式表示原则的指导。他们假设阅读系统在正字法、语音以及语义表征可在连接网络上运行，无需明确的词汇表征（Seidenber & McClelland，1989）。模型包括在接触训练词汇表中单词的情况下开发连接结构的系统，并提供学习算法以缩小输出和目标语音信息之间的距离。接触一个词会导致网络连接的权重发生变化，并且更频繁地体验该词将有助于学习的变化。然而，将输入激活与输出激活联系起来的函数的非线性意味着随着输入激活的增加，输出激活也将趋向于接近极限（ceiling effect）。这或许是三角模型不适用于正字法习得的原因之一（Dilkina et al.，2008）。

PDP 是一种使用分布式表征而不是心理词典的联结模型。模型内连接的权重根据提供的输入不断调整，例如上述数据库是一个包含 2897 个单词的训练语料库。尽管 PDP 在真词上的表现非常出色，但在假词上的表现却有些差强人意。心理词典的缺失使频率效应等心理语言变量的解释变得更为复杂，但 Seidenberg & McClelland（1989）坚持认为这些现象可以参考 PDP 中固有的其他因素来解释，如模型的频率敏感训练。无论如何，PDP 是迄今为止唯一实现了语义系统的模型。

2.4 汉英词汇对比与加工

词汇加工策略取决于阅读的目标语言（Frost，2012b）。目前大量研究表明不同的正字法结构涉及不同的阅读策略（Biederman & Tsao，1979；Frost，1994；Frost et al.，1987；Perfetti & Zhang，1991；Toma & Toshima，1989；Wang，1988）。

语言系统在两个维度上会有所不同，即正字法表征和正字法深度。正字法表征是指每个字形符号所表示的语言单位。例如，在英语、法语和西班牙语等字母系统中，每个字母通常代表一个音素，尽管字素－音素的对应有所不同；拼音文字系统非常适合亚词汇加工策略，因为词汇是通过字素－音素对应（GPC）规则实现的。汉语作为一种词素音节系统（morpho-syllabic writing system）是截然不同的，因为词汇由交织的笔画组成。因此，每个图形符号对应一个语素。汉字的结构不利于语音编码，因为其中大部分可以单独作为单词并整体分配给单个图形符号（Hamada & Koda，2008）。尽管大约 39% 的汉字包含可以提供声音或意义提示的部首，但相对来说并不可靠（Perfetti et al.，2005）。此外，对中文阅读发展的研究发现了词频在汉字识别中的重要作用（冯杰等，2021；滑慧敏等，2017；刘志方等，2015；宋悉妮等，2022）。大多数拼音语言中的字素与音素的关系允许基于规则的映射处理，可独立于从心理词典中检索到的特定词汇信息。相反，在汉语中，语音信息只有在根据个人存储的单词知识识别出单词后才能获得。例如，在一项中文阅读研究中发现了读音规则和频率之间的相互作用，其中低频字符比高频字符具有更强的交互性。正如 Seidenberg（1985）指出的，"更为直接的语音信息编码只适用于为低频、更慢识别的词汇提供优势"。相应地，Hamada & Koda（2008）曾报道相比于韩语母语者，汉语母语者受词频效应影响更大。因此，通过视觉形式识别汉字至关重要。

正字法深度指的是字母与语音对应的一致性程度。根据 DRC 模型，视觉词汇识别基于两条路径。不规则和熟词的加工是通过词汇路径实现的，其中可能从整个单词或词汇语义知识中检索语音和正字法信息。同时，这种策略会随着阅读能力的提高而更具有适应性（Rodriguez et al.，2016）。相比之下，规则和不熟悉的单词或假词阅读可能依赖于亚词汇路径，将每个字素转换为相应的音素。然而，字素－音素映射可能不仅受到单词的语音规律性、频率和词汇性的影响，还受到语言正字法深度的影响。越透明的正字法，越有可能涉及亚词汇路径，而越不透明的正字法，越有可能通过激活词汇路径并从心理词典直接检索语音信息（Ziegler & Goswami，2005）。因此，不透明语言，如中文中的词汇阅读策略是整词加工，而透明语言，如英文中的阅读策略是串行加工（Rodriguez et al.，2016）。

根据这一假设，如果词汇阅读策略可以通过语言的正字法深度进行调节，则可以合理地预期它们会对新词学习产生影响。为了解释正字法深度如何影响跨语言系统的词汇阅读策略，心理语言组块理论（psycholinguistic grain size theory）认为，与透明语言相比，不透明语言的词汇阅读策略应该更多地采用正字法和语音之间的直接映射。相比之下，阅读具有透明正字法的词汇会更加强调亚词汇字素 – 词素的映射（Ziegler & Goswami，2005）。值得注意的是，Ziegler et al.（2001）假设词长效应（length effect）可以检测在阅读具有不透明或透明正字法词汇时是否倾向于词汇或亚词汇加工路径。词长效应可以被视为短刺激词和长刺激词之间的差异。此外，这种影响也可以在重复阅读（repetition）中进行研究（Maloney，2008）。随着重复阅读的进行，短词和长词的命名时间差异逐渐缩小，相应地，词长效应随着重复次数的增加而逐步减弱。因此，词长效应对词汇加工的影响在第一次接触新词时会更显著。此时读者正在通过使用亚词汇策略阅读单词，因此需要更多时间将每个字素解码为音素。一旦词长效应消失，就意味着通过词汇路径开始进行词汇加工，该策略涉及并行解码单词的所有字母。基于在阅读任务中多次接触单词后词长效应逐步削减，后续研究可以使用此效应作为正字法表征的量度，用来研究正字法深度在阅读策略中的作用（Kwok & Ellis，2014）。

读者在阅读或学习二语词汇时依赖词汇或亚词汇加工路径的程度取决于他们的第一语言背景，且具有不同一语背景的二语读者采用不同的语音解码策略（Muljani et al.，1998）。更重要的是，Hamada & Koda（2008）认为若一语阅读策略在二语词汇加工中发挥作用，则必须根据二语正字法系统的特定要求进行调整，例如，当一语和二语正字法系统完全不一致时，需要修改一语阅读策略。Hamada & Koda（2008）测量了韩语母语者和中文母语者在英语词汇加工中的语音解码效率。相比一语背景与英语一致的韩语双语者，中文双语者对英语的语音特性表现出较低的敏感性，而对词形特征具有很强的敏感性。随后，Hamada & Koda（2011）通过比较韩语母语者和中文母语者进一步探讨英语作为二语在正字法学习方面的异同。同样，韩语实验组比中文实验组对英语新词的语音表征表现出更高的敏感性。因此，Hamada 等进行的上述研究表明韩语双语者和中文双语者在处理二语为英语的词汇语音表征和词形属性时，所利用的词汇加工策略之间存在差异。此外，Hamada（2017）研究了三个不同一语背景的群体在英语多音节词识别方面的跨语言差异，即阿拉伯语母语者、中文母语者和英语母语者。在一项单词搜索任务中，三组双语者被要求识别嵌入在初始、中间或结尾位置的三音节假词中的目标词。从单词搜索的准确度方面，阿拉伯语被试对结尾位置表现出更强的偏好，中文组的被试表现出对中间位置的偏好，而英语母语者在这两个位置之间没有差异。然而，本研究中单词搜索速度的结果未能表明群体差异，其中所有群体都表现出对初始位置的强烈偏好，这说明二语英语词汇的加工并不一定会受到一语正字法系统的影响。Hamada（2017）解释说这些研究的所有参与者均为前来美国学习的留学生，且在收集数据时都参加了强化英语课程，因此一语正字法表征的相对强度可能会随着时间的推移而变化，且随着二语熟练度的提高而削弱。总而言之，英语作为拼音文字，与汉语的正字法系统有本质上的差异。同时，一语的正字法加工策略也会对二语词汇加工和新词习得产生影响，但同时可能受到二语熟练度的调节。

2.5　对教学的启示

正字法系统是人类文明进化的产物，不同正字法系统在其视觉符号如何表达语言方面差异极大。然而，所有的正字法系统本质上都是言语表达的一种代码，学习阅读词汇就如需要破解代码一样去进行言语沟通。理解了这一点，也就理解了人类如何从视觉符号中获取丰富的语言知识并进行沟通交流。以往研究对于词汇教学经常援引教育哲学法，集中于讨论儿童如何能更好地学习将正字法系统的视觉符号与言语表达联系起来。然而，最为关键的一点是，学习这种联系的最合适方法不是由教学理念决定的，而是由所需要学习的正字法系统的性质决定的。例如，对于有不止一种文字的语言（如日语），读者可能需要学习多种代码以采用不同的方式映射到言语表达中。正字法系统总体分为三大类：字母系统（alphabetic，其中符号代表单个发音或音素，如英语）、音节系统（syllabic，其中符号代表整个音节，如日语平假名）和形音系统（morphophonemic，其中符号代表意义和声音的元素，如中文）。特定语言出现特定正字法系统的原因不尽相同（Kamusella，2008）。然而，Katz & Frost（1992）认为，每一种语言都有适合它自己的正字法系统，即"大多数语言都获得了它们应得的正字法"（most languages get the orthography they deserve）。例如，汉语的特点是音节数量少，因此具有大量同音字，或意思不同但发音相同的单词（同音异义词）。例如"si"，它既可以表示数字"四"，也可以表示死亡，这也就是为什么有些中国酒店的楼层会从三层直接跨到五层。设想一下，如果汉语是用字母书写的（即如上述，字素–音素对应），那么在言语表达中的歧义将反映在书面语言中，这就会导致许多同形异义词或具有不同含义的单词拼写完全一样。因此，汉字的发展以其独特的正字法系统避免了这种歧义。相比之下，Katz & Frost（1992）认为，印欧语系的语言（如英语）的特点是音节数量多且复杂。在这些情况下通过字素–音素的简单映射即可进行言语交流（Frost，2012b）。在字母系统中，语言的音素由字母或字母组（字素，例如，b → /b/、ph → /f/）表示。如果儿童能够解码符号与声音的关系，那么他们就有能力将书面词汇翻译成口头语言，并获得其语义信息。相反，如果儿童无法理解字母语言中的符号–声音映射，则采用的方式是将阅读习得变成配对联想学习，此时他们会试图记住单个书面词汇的含义。尽管这种策略可能适用于相对较少的单词（如不规则单词），但很难想象它会扩展到成年读者可以识别的数万个英语单词（Brysbaert et al.，2016）。

在拼音文字中，学习字素–音素映射的优点之一是每一次学习经历都有益于日后的词汇学习。例如，学习"vet"的发音可以帮助儿童学习其他单词，如"van"和"vow"。这种泛化能力在汉语中实属有限。汉字是由可以为泛化提供一定基础的语音和语义成分构建的，但是这些成分中的信息可能具有相当低的可靠性（Lü，2017）。而与字母系统相比，所需记住的这些语音语义组件要多出数倍。据估计，有895个语音成分和214个语义成分构成了4300个左右的字符，且这些字母满足识字要求（Katz & Frost，1992）。由于小学阶段学习汉字的难度和速度缓慢，国内于1958年引入了拼音书写系统。国内的拼音教学与早期的汉字学习的同步有效地促进了小学儿童的阅读能力（Lin et al.，2010）。

值得注意的是，即使在字母系统中，不同的正字法深度或符号（字素）和代表声音（音素）之间的透明度也存在很大差异。浅层正字法（如西班牙语）的特点是字素和音素之间存在一致的关系（又如意大利语），而深层正字法的特点是字素和音素的关系存在实质性的差异（如英语）。

然而，即使在深度正字法中，单词的发音仍然受到拼写 – 发音关系的支配。为了将其转化为定量术语，Coltheart et al.（2001）和 Ziegler et al.（2001）曾报道了大约 80% 的英语单音节词可以使用一组相对较小的字素与音素相关规则来发音。对于其余 20% 的词汇，通常只有一个字素偏离其最常见的发音（例如，pint、have、chef）。然而，关于此类的研究大多数是用单音节词进行的，且目前研究人员才开始考虑具有多个音节的字母串中的拼写和声音之间的关系（Ktori et al.，2018；Mousikou et al.，2017；Perry et al.，2007）。

　　研究英语阅读学习过程通常关注字素和音素之间的显著不一致性（Share，2008）。然而，重要的是要认识到这种不匹配性可以有多种形式，最终可能会对阅读教学产生影响。英语中常包含有特殊的读音关系的单词，例如，friend、yacht、aisle 和 plaid。但在某些情况下，词汇中的家族词可以减轻明显的读音不一致现象。例如，与 cash、stash 和 dash 相比，wash 中的元音显得不寻常。但是，这个元音发音与其他以字母"w"开头的单词（例如，want、wand、watt）相同。同样，虽然 thread 中的元音发音与 beach、leap 和 seat 中的元音发音不一致，但它与其他以字母"d"结尾的词（例如，bread、stead、dead）却是一致的。如果考虑这些支线规则，则英语拼写的一致性会增加（Kessler & Treiman，2001）。此外，由于保留了视觉文字中的形态规律（例如，magic vs. magician；Treiman & Bourassa，2000），也出现了相应的许多拼写发音不一致的情况。在确定正字法深度是否对字母系统中的阅读习得有影响的研究中，Seymour et al.（2003）比较了儿童在第一学年结束时大声朗读 13 种欧洲语言中的单音节词和假词的情况。结果显示正字法深度有很大影响：用英语阅读的儿童远远落后于使用浅层正字法（如芬兰语）的语言阅读的儿童。然而，由于不同国家儿童开始上学的年龄不同，很难从这种性质的跨语言比较中得出关于正字法深度影响的确切结论。在 Seymour et al.（2003）报告的数据中，英国儿童在测试时比其他组的儿童小 2 岁，并且各组阅读教学的性质也可能存在差异。Spencer & Hanley（2004）通过当时威尔士的学校教育系统进行的自然实验来研究正字法深度。儿童可以就读威尔士语或英语授课的学校。与英语相比，威尔士语的正字法较浅，但在两种类型的学校中，孩子们的入学年龄相同，阅读教学形式也相同，且社会经济地位大致相当。在阅读教学的第一年的三个时间点进行的朗读测试结果显示，孩子们学习威尔士语阅读有显著的好处。这些数据表明，正字法深度对于学习阅读的初始阶段获得语音知识有重大影响。然而，目前没有证据表明，是因为正字法的浅层建构才导致这种早期字素–音素转化为后来的阅读理解优势。此外，尽管正字法深度会影响学习拼写到声音映射所花费的时间，但词汇阅读背后的认知因素在不同的欧洲语言中几乎是相似的（Caravolas et al.，2012；Ziegler et al.，2010）。

　　基于此，在未来的词汇阅读教学计划中，采用系统性语音教学可以指导学生如何处理正字法系统中字素和音素之间的关系。如上所述，在拼音文字中，相对狭窄的字素与音素相关知识体系使儿童能够解码他们语言中的大多数单词。假使儿童拥有足够大的词汇量，则可以基于声音的表征来获取这些词汇的含义。相反，在汉语中，如果教学的重点是教儿童直接将视觉符号与其含义联系起来，那么学习阅读就需要记住数千乃至数万个单独的文字。因此，至少在拼音文字中，系统性的语音教学应被视为字母系统下代表言语产出方式的自然逻辑结果。当语音课程以有序的方式教授字素–音素对应时，即为系统，且这种教学在浅层正字法中比在深层正字法中更直接和更有效。例如，在英语中，26个字母代表大约 44 个音素，因此相关的字素–音素对应包括单字母字素（例如，d → /d/、f → /f/）和多字母字素（例如，ch → /ʧ/、ai → /eɪ/、eigh → /eɪ/ 和 ng → /ŋ/）。当然在特定情况下，也有单个字母映射到两个音素的情况，如 x → /ks/。如前所述，英语在其拼写–语音映射方面存在相当大的差异，导致大多数系统性的语音课程专注于更常见的对应关系（有关英语单音节最常见的字素–音素关系表，请参阅 Rastle & Coltheart，1999）。系统性语音教学方法的建议目前被美国（National Reading Panel [NRP]，2000）、澳大利亚（Rowe，2006）和英国（Rose，2006）等国家所采用。然而，此方法仅在英格兰得到全面实施，根据 Rose（2006）审查的结论，公立学校有法定义务在孩子刚开始上学时（通常在儿童 4 岁时）提供系统性的语音教学。学校是否遵守这项义务是通过在阅读教学的第二年结束时对所有儿童进行拼音检查来衡量的（此时儿童年满 5 岁或 6 岁）。此项筛查要求儿童大声朗读 20 个单词和 20 个假词。假词对于评估纯拼音知识至关重要，且不会对单个单词的记忆产生任何影响。这些建议还为美国的立法提供了信息，包括 2001

年的《不让一个孩子掉队法案》(*No Child Left Behind Act of 2001*) 和《让每个学生都成功法案》(*Every Student Succeeds Act*)，系统的语音教学被纳入核心州教学大纲。然而，在美国，阅读成绩的实施和问责制取决于各个州，并非所有州都采用了相同的方法（请参见 corestandards 网站），这使得阅读教学差异可能导致美国各地阅读成绩的巨大差异。经济绩效中心（the U.K. Centre for Economic Performance）曾报道了一种确定语音教学与更广泛的读写能力之间是否存在因果关系的方法。具体来说，由于系统性语音教学政策在英格兰进行了试点，随后又在不同学区实施，因此可以评估这种变化对儿童在 5 岁、7 岁乃至 11 岁时在阅读理解测试中表现的影响。Machin et al.（2016）记录了政策的变化对 7 岁以下儿童阅读理解的强烈影响。因此，系统性的语音教学有助于所有儿童在阅读教学中相对较早地学习视觉符号，并且这种明确的教学对某些地区的儿童尤为重要。

2.6　小结

本章介绍了近年来关于词汇加工进程的热门话题。一方面，一些研究者认为视觉词汇识别以自下而上的方式进行，由正字法表征加工开始，逐级加工到高阶语言表征，如语音、语素和语义等，并直至词汇通达。另一方面，与自上而下观点截然相反的是，高阶表征已对早期正字法加工产生影响。因此在任何处理层级中，词汇加工的各类表征相互交互。时至今日，越来越多的研究支持自上而下词汇加工理论。

其中，行为实验（如反应时间）、EEG/MEG 和 fMRI 技术通常被认为是研究视觉词汇加工的常用方式。在诸如掩蔽启动等范式中，传统方法如反应时间可以有效地反映出词汇加工各时间阶段的加工进程。然而，行为实验数据有受到诸如行为决策等认知行为影响的风险，因此缺乏生态效度。EEG/MEG 技术具有高时间分辨率的优点，可以有效地追踪词汇加工所涉及的时间顺序及其神经加工进程机制。早期的 N150/N170 反映出早期的视觉加工可以将正字法表征与其他高阶表征相区分。随后的 N250 和 N400 成分则相应地反映出语音和语义的敏感性。此外，fMRI 技术具有高空间分辨率的优点。目前，依托于此技术，关于

pVWFA 的讨论日益增多，即此区域在反映早期正字法表征加工的同时是否受高阶语言表征所影响。因此，其本质仍是基于自下而上或自上而下理论的讨论。

同时，本章对不同的视觉词汇模型以及言语产出模型进行了介绍。心理语言学变量对于视觉词汇的加工有不同的影响。一方面，亚词汇路径受单词规律性的影响，因此，规则和不规则单词的大脑激活差异模式通过字素－音素的映射所体现。另一方面，词汇途径更多对词频、习得年龄等词汇因素敏感，即词汇频率越高，阅读习得年龄越大，则整词加工效率越高。这些证据表明词汇识别遵循双路径加工模式。此外，三角模型认为词汇加工不存在第二条加工路径。与双通道模型不同的是，三角模型认为正字法到语音语义的加工遵循单一且统一的程序，且适用于任何类词汇。值得注意的是，三角模型考虑了词汇的表征，在这一点上要优于双通道模型。然而，假词阅读在双通道模型模拟中的表现要优于三角模型。因此，基于连接网络的三角模型可能不适用于正字法表征如何习得。

然而，在不同的正字法系统下，拼音文字（如英语）和拼义文字（如汉语）的加工路径是有差异的。字素－音素是否具备一致性决定了特定正字法的透明度，并且因语言而异。包含具有简单和一致的音素－字素关系的正字法被归类为透明或浅层正字法。相反，如果音素－字素关系不明确或两者之间有多种选择，则正字法被归类为不透明或深层正字法。如上述，英文透明正字法依赖于音素到字素的处理，而汉语正字法的不透明性则通过整词访问词汇表征。透明正字法主要涉及语音处理，因为现有的极少数字素－语素不一致使得人们不需要从心理词典中检索单词。相比之下，深层正字法涉及许多不遵循常规语音正字法规则的单词，因此词汇处理对于检索单词的正确发音至关重要。因此，在透明语言中，语音意识的获得和自动化相比于不透明语言更快。相反，在快速命名任务（词汇访问的标准度量）中的性能在不透明语言中比在透明语言中更快、更稳定。

尽管数十年来积累了关于词汇加工的大量科学证据，证明字素－音素的解码技能是学习词汇阅读的基础，但在课堂教学仍然存在阻力。首先，教师可能对正字法系统的性质了解有限，这意味着他们可能无法理解拼音文字为什么适用于字母系统，而拼义文字却并不适用。其次，目前关于词汇阅读在不同正字法系统下的加工仍缺乏完整的理论支持。因此，从基础字素–音素映射技能到复杂的集合表征熟练阅读理解的过程是不平衡的，需要理论指导和科学实践。深刻了解正字法系统对于词汇的习得至关重要。有效的教学和研究应建立在对所教授的正字法系统及其所代表的更广泛语言结构的详尽知识之上。在教学方面，教师培训计划如果不让未来的教育工作者具备这些知识，那么教学的方式方法仍有很长一段路要走。在研究领域，探索儿童如何学习并理解他们的正字法系统的复杂结构，以及这些结构如何代表相应的声音和意义，尤其是对于结构复杂和多音节词汇的认知过程，仍需要更深入的研究。

第3章
句子理解研究

3.1　句子理解的研究问题

　　句子理解研究的核心问题是解决模块论和互动论之间的争议。所谓模块论有两层含义：第一层含义是指语言是一个独立于一般认知原则之外的模块，语言加工封闭在语言内部，语言模块之外的一般认知原则不影响句子加工；第二层含义是指语言模块由一些次模块组成，如词汇、语义、句法模块等，语言加工采取由较低模块向较高模块的、自下而上的方式进行，上一层模块不影响下一层模块的加工（Ferreira & Clifton，1986；Frazier，1987；Frazier & Fodor，1983；Frazier & Rayner，1982）。而互动论认为句子理解是各个模块相互作用的结果（MacDonald et al.，1994；Trueswell et al.，1994）。基于这个基本问题，研究者探讨了语言因素（包括句法、语义、语音等信息）和非语言的认知因素（如工作记忆、百科知识等）在句子加工中所起的作用，并产生了许多不同的理论模型，这些模型可以分为模块论模型和互动论模型两类（详见3.3节的介绍）。

　　二语习得者的句子理解过程也越来越受关注，主要涉及以下几个问题：（1）在二语学习者大脑发生的认知过程是否在本质上不同于或相同于母语者？（2）成年二语学习者是否有可能达到母语者的水平？（3）哪些因素会影响二语句法的在线加工？（4）中介语的语言表征和中介语的加工是怎样的？（蒋楠等，2016）

3.2　句子理解的研究方法

3.2.1　自控步速阅读

自控步速阅读（self-paced reading，SPR）是由 Just et al.（1982）首创的阅读范式，主要用于实时语言理解研究。SPR 的原理是通过电脑记录阅读者对每一个句子片段（segments of sentence）的阅读时间，以此推测理解加工过程及其认知负荷，从而验证某种实验假设。在该范式下，句子被分成不同区域，并依次呈现，被试准备好阅读下一区域的时候，就按下键盘按钮；每当一个新区域出现时，前一个区域就会消失，这样被试就不能同时看到一个完整的句子，以此模仿句子的输入过程。在这个过程中，阅读速度由被试控制，当最后一个词消失时，电脑屏幕将展示理解性问题，以确保被试认真阅读了句子内容。

3.2.2　眼动实验方法

自控步速阅读是一种非自然、非真实的阅读方式，而眼动追踪技术是一种较为复杂但又能够在很大程度上确保阅读自然的技术，也广泛运用于句子理解研究。基于 Just & Carpenter（1980）"眼–脑"假设，眼球运动可以推断并揭示大脑的内在认知加工过程。眼动追踪技术的一大优点是，它可以收集更多的数据用于更加全面地了解句子加工的实时进程，这些数据指的是眼动仪记录下来的眼动指标。在句子理解中，常用的主要眼动指标为注视和眼跳两大类。注视是指眼睛视线停留在某一物体上时长在 200~300 毫秒（闫国利等，2013）。在眼动数据的分析中，研究者将考察的关键区域，如单词、短语等划分为兴趣区，根据兴趣区类型和注视点的时间分布，得到与注视时长相关的指标。这些指标包括首次注视时间、凝视时间、总注视时间等（闫国利等，2013），它们反映句子理解中不同阶段的加工过程（Godfroid，2020；闫国利等，2013）。其中，首次注视时间、凝视时间反映的是信息加工的初期情况，总注视时间反映兴趣区内的整体加工情况。眼跳是指人们在阅读时眼睛快速运动，其速度一般为 500°/ 秒。眼跳距离指的是眼跳前后两个注视点之间的距离。眼跳距离可以分为向前眼跳距离和回视眼跳距离。回视次数有两个指标：回视入次数、回视出次数。回视入次数指的是从后面的兴趣区回到之前的兴趣区的次数，反映当前区域信息进行整合的情况；回视次数是指被试眼睛从兴趣区左侧区域进行回视的次数，反映了当前区域早期加工的困难情况以及前面信息的整合情况（闫国利等，2013）。

3.2.3　ERP 实验方法

事件相关电位技术（event-related potential，ERP）反映的是人类认知过程中大脑相应的神经生理变化，因其时间分辨率较高的优势，能够解决语言加工的时间进程及相关问题。句子加工中 ERP 研究的特点为：实验材料通常设置为语义 / 句法正确与语义 / 句法违背的条件，通过两者比较，观察语义 / 句法违反处相对于正确条件下诱发的 ERP 成分，从而推断句子加工的认知神经机制。与语言相关的 ERP 成分有 N400、P600、LAN、ELAN 等。

N400：负走向波，在中央区与顶区最大，而且右半球的振幅比左半球稍大。N400 通常作为观测语义在句子加工中作用的指标。研究表明，语义相关的违反词会诱发一个波幅较大的 N400 效应；而语义一致条件会诱发一个波幅较低的 N400 效应（Kutas & Hillyard，1980）。N400 反映了将词汇语义整合到语言输入信息所建立的背景中的过程。

P600：当被试阅读句法歧义句时，会产生不同于 N400 的晚期正波 P600，也可称为句法正漂移成分（syntactic positive shift，SPS），即关键词出现之后的 600 毫秒左右出现一个正成分。P600 效应通常发生在句法加工中，如违反语法规则的情况（Osterhout & Holcomb，1992）或者没有语法错误但句法结构比较复杂的情况（Osterhout et al.，1994；Tanner et al.，2017）。因此，P600 反映了晚期句法整合或者句法再分析过程。

LAN：左前负波（left anterior negativity），发生在关键词出现后的 300~500 毫秒，更多反映的是形态句法的加工，如名词单复数不一致

（Kotz & Friederici，2003）、使用动词错误和代词错误（Coulson，1998）。

ELAN: 早期左前负波（early LAN），潜伏期在 150~200 毫秒，反映的是早期对词类（名词、动词）的加工进程（Friederici，2002，2011，2012）。但也有研究者对此表示质疑，如 Hagoort（2005，2013）认为，句法加工并不存在"最初的句法结构分析"。

事件相关电位技术有以下缺点：ERP 空间分辨率较低，只能达到厘米级，且不宜研究复杂的认知活动。ERP 只有在刺激非常简单且任务只涉及基本认知过程时才更有说服力。

3.2.4 核磁功能技术 fMRI

功能性核磁共振成像（functional magnetic resonance imaging，fMRI）通过大脑局部血流及葡萄糖代谢来了解脑功能的变化，因此利用 fMRI 可得到大脑在执行阅读任务时的功能映射图。与言语加工有关的主要大脑区域包括大脑的额叶和颞叶等，其中位于额下回的布罗卡区、颞上回、颞中回起着重要的作用。此外，顶叶的部分区域和角回在言语加工中也发挥着一定的作用。

fMRI 的缺点是：fMRI 探测具有滞后性，其测量的血氧变化信号一般滞后于神经活动 4.8 秒，且时间分辨率低，只能达到数百毫秒数量级；fMRI 对实验环境要求较高，容易出现形变或信号失真，且对伪迹敏感，如被试的轻微头动都可能影响整个实验数据。

3.3 句子理解的理论模型

3.3.1 两阶段模型

两阶段模型认为在句子理解的过程中，句法分析经过两个阶段。第一阶段对句法信息进行加工；第二阶段则需要使用其他信息（语义信息、语用信息）来加工句子，这两个阶段都是相互独立的。两阶段论的代表模型为花园路径模型（Franzier & Rayner，1982）。花园路径模型认为语言加工是由一些模块组成的，每个模块在功能上彼此独立，负责特定的加工。在句子加工的早期阶段，只有句法信息发生作用，而语义和语用等信息仅在加工的后期阶段才发生作用。该模型假定句法分析包含两个阶段，句法加工早于语义加工，语义和词类信息主要被用来证实或拒绝最初阶段的假设（Frazier，1987；Frazier & Rayner，1982）。在花园路径模型中，句法分析主要遵循起码连接原则（the principle of minimal attachment）和后封闭策略（late closure strategy）。

1. 起码连接原则

起码连接原则，又称"局部连接策略"（local attachment）。该原则认为，人们在句法分析时，更加倾向于把新输入的词汇匹配到使用最少节点的句子成分中。如例 1 所示，句子片段 1（a）可以有两种句法结构：第一种是用连词连接的短语；第二种是连词后面的名词当成另外一个名词短语的开始。实际上，人们更加倾向于 1（b）方式的句法结构解读，因为 1（b）的句法节点数量少于 1（c）。

例 1 (a) Ernie kissed Marrcie and her sister …

(b) Ernie kissed [Marrcie and her sister] …

(c) [Ernie kissed Marrcie] and [her sister…]

2. 后封闭策略

后封闭策略指人们尽可能把新输入的项目连接到邻近的句法结构中，以减少工作记忆负担（Frazier，1987），如例 2 所示：

例 2 (a) Tom said that Bill had taken the cleaning out yesterday.

(b) Tom said that [Bill had taken the cleaning out] yesterday.

(c) Tom said that [Bill had taken the cleaning out yesterday].

对于句子 2（a），可以有 2（b）和 2（c）两种解释：在 2（b）中，副词"yesterday"依附在主语上；在 2（c）中，副词"yesterday"依附在从句。依据后封闭原则，人们更加倾向于第二种解释。

3.3.2　基于制约的模型

和两阶段模型不同的是，基于制约的理论模型认为在句子理解中，各种信息（语义信息、句法信息、话语信息等）能够全部或至少部分能立即被加工进程所使用，而句子加工就是这些信息相互作用、相互制约和相互满足的结果。

1. 交互模型

交互模型假定句法和语义在理解过程中相互作用（MacDonald et al.，1994；Tyler & Marslen-Wilson，1977）。这种观点认为话语意义随着句法分析同时展开，并且之前的语义操作可促进后面的句法分析决策。例如，在 Marslen-Wilson（1975）的跟读任务研究中，被试能够在错误的词语还没有完全结束，就自发改正材料中故意安排的发音和语法错误。这表明语音、语义信息以及语境等都会在语言处理中发生作用。

2. 词汇框架模型

词汇框架模型强调动词词条中的词汇信息对句子理解的作用，这些信息包括词汇与词汇之间相结合所需要的句法与语义信息。在识别词汇的过程中，句法与语义信息在一定程度上并行激活，相互作用，相互制约（Trueswell & Tanenhaus，1994）。这种相互作用和相互制约的关系具体表现在名词短语与题元角色的语义适切性、动词与特定词汇或者词条使用频率对句法分析的影响上。例如，Trueswell & Tanenhaus（1994）探讨了语义适切性对歧义句消解的影响，如例3所示：

例 3 (a) The defendant examined by the lawyer turned out to be unreliable.

    (b) The evidence examined by the lawyer turned out to be unreliable.

    (c) The defendant that was examined by the lawyer turned out to be unreliable.

    (d) The evidence that was examined by the lawyer turned out to be unreliable.

在缺省关系从句（reduced-relative clause）3（a）、3（b）句中，动词 "examined" 既可以理解为使用频率更高的过去式形式，也可以理解为使用频率更低的过去分词形式，因此为缺省关系从句的歧义区。在 3（a）句中，动词前面的名词为有生性名词 "defendant"，有生性名词与题元角色中的施事角色的语义适切性高，因此读者会偏向将动词解读为高频的过去式形式。这说明对句法分析起即时作用，人们选择了高频率用法；相比于控制句 3（c），人们阅读 3（a）句时，在歧义区 "examined" 无显著差异，而在解歧区 "by the lawyer" 将出现加工困难。在 3（b）句中，动词前面的名词为无生性名词 "evidence"，无生性名词与题元角色中的受事角色的语义适切性高，由此产生的语境是动词偏向被动句解释，动词 "examined" 的低频率用法激活与高频率用法进行竞争，因此相比于控制句 3（d），人们在歧义区 "examined" 出现加工困难，而在解歧区 "by the lawyer" 无显著差异。

3.3.3　经典模型的补充

1. 识解假设（指称理论）

识解假设（Construal Hypothesis）为经典花园路径理论的补充（Frazier & Clifton，1996）。识解假设保留了句法分析分阶段进行的思想，但认为语境会影响句法解析的结构偏好，并且句法解析器有时可以同时构建多种结构。这种解释与基于制约的模型的不同在于语境信息的影响和多种句法结构构建受到一定条件的限制，而且大多数时候遵循花园路径模型的句法分析策略，如按照迟关闭原则和最小依附原则的方式确定结构的选择。

该假设认为句子成分有两类：主要成分和非主要成分。主要成分指的是建构句子必不可少的成分，如动词及其核心论元等；非主要成分是指对于句子结构来说不一定是必须的成分，如关系从句和修饰成分等（牛萌萌、吴一安，2007；赵晨，2013）。识解假设认为在句子加工过程中主要成分和非主要成分采用不同的挂靠策略：主要成分采用最近挂靠原则；而非主要成分采用 "识解原则（construal principles）"。该原

则主要内容如下:

（1）只要有可能，就应将新输入的语言单位看作一种主要成分。否则，就将其作为非主要成分归入到当前论旨范围（current thematic domain）进行处理。所谓当前论旨范围指的是支配题元角色的最近成分。

（2）运用结构性（structural）和非结构性（non-structural）的原则处理当前论旨范围中的非主要成分。非结构性的原则包括指称原则（语篇中已经存在所指）、Grice 的合作原则（避免歧义）以及语言规则等（牛萌萌、吴一安，2007）。识解原则是最近挂靠原则的一个变体。它认为在解读 NP1 + of + NP2 + RC 歧义句的过程中 RC 的挂靠受一系列因素的制约，如指称原则、合作原则等。

下面以例 4 来说明识解原则如何解释关系从句的挂靠。

例 4 (a) Someone shot the daughter of the actor who went to a private clinic.

(b) Someone shot the daughter with the actor who went to a private clinic.

(c) Someone shot the daughter of the actor who went to a private clinic to give birth to her first-born child.

就 4（a）而言，关系从句 "who went to a private clinic" 是一个非主要成分，应该放到当前论旨范围进行处理。由于 of 是属格，不能分配题元角色，因此当前论旨处理范围是动词 shot 的题元角色分配词的最大投射，也就是名词词组 the daughter of the actor。那么关系从句（RC）到底挂靠 NP1 还是 NP2 呢？根据指称原则，RC 应该挂靠在话语主体上，因此这些语言的读者将 RC 挂靠在 NP1 上。但是，英语有两种属格：N1 of N2 和 N1'N2。如果人们不想表达歧义，就会用 N1'N2。当人们不用 N1'N2，而使用 N1 of N2 时，就会将 RC 挂靠在 NP2 上，因为除了指称原则，说话人还应该遵循合作原则。就 4（b）而言，with 是一个能够分配题元角色的介词，因此当前论旨处理范围为 the actor，因此 RC 就挂靠 the actor（Frenck-Mestre，2002）。就 4（c）而言，RC 挂靠在 NP1 "the daughter"，是因为随后的语篇信息明确指出它是话语主体。

2. 非限制性竞争模型

非限制性竞争模型综合了两阶段模型和基于制约的模型两者的特点。与基于制约的模型一样，非限制性模型并不限制各种信息（语义信息、语用信息、话语信息等）对句法分析初期的影响。在该模型中，多种句法结构平行构建，但当一种句法结构分析明显强于其他句法结构分析时，该句法分析被采纳；如果该句法分析与后面的信息不符时，则需要进行重新分析（Traxler et al., 1998；van Gompel et al., 2000）。因此，非限制性模型是两阶段的再分析模型，但该模型同时也采纳基于制约的模型的观点，即在句法分析初期，句法信息和非句法信息同时影响句子加工。van Gompel et al.（2001）采用眼动实验考察了 VP 挂靠、NP 挂靠和整体歧义句（既可挂靠 NP，也可挂靠 VP，如例 5 所示）的加工过程。实验结果表明，被试在加工句子时，语义偏向为 NP 挂靠的，加工难度最大；语义偏向为 VP 挂靠的，加工难度次之；整体歧义的，加工难度最小。该结果既不符合两阶段模型的预测，也不符合基于制约的模型的预测，研究者将其解释为"非限制性竞争模型"。

例 5 (a) The hunter killed the dangerous poacher with the rifle not long after sunset.（歧义句）

(b) The hunter killed the dangerous leopard with the rifle not long after sunset.（VP 挂靠）

(c) The hunter killed the dangerous leopard with the scars not long after sunset.（NP 挂靠）

3. "足够好"分析模型

"足够好"分析模型（good enough parsing）认为语言表征是通过简单的启发式算法（世界知识）和深层的句法算法（句法知识）之间的复杂相互作用形成的，同时也认为语言表征往往是不完整的，缺乏细节的，即建立的语言表征只需足以处理当前的任务即可；并且只有当任务需要构建完整句法表征时，才需要形成完整的句法表征（Christianson et al., 2006；Ferreira & Patson, 2007；Mata et al., 2014；Hossein & Ferreira, 2016）。例如，就句子"The dog was bitten by the man."而言，如果阅读者运用句法分析，应该不会将该句的内容解释为"男人被狗咬了"。而在 Ferreira（2003）实验中的英语母语者和 Lim & Christianson（2013）实验中母语为韩语的英语二语学习者能够对原始句子进行正确的句法分析，但是他们将句子中题元角色的位置互换。根据"足够好"理论，他们受到了世界知识（启发式算法）的影响，而世界知识主导了最终的解释。

此外，与 Ferreira（2003）研究中的母语者相比，Lim & Christianson（2013）研究中的二语学习者将其母语（韩语）中的类似句子翻译成第二语言（英语）时，主题角色分配错误相对较少。这两项研究的不同之处在于，二语学习者被要求听句子并将句子翻译成英语，而母语者只被要求回答关于主题角色分配的问题。这表明，翻译任务有可能增加说话者在理解过程中建立更详细的表征所付出的努力，从而使句法构建强于世界知识。

3.3.4 基于神经基础的句子加工理论

近几十年来，随着研究技术的迅猛发展和研究方法的不断更新，句子加工研究经历了从理论层面到行为层面，再到认知神经心理层面的发展过程（李霄翔、季月，2014）。大量电生理和脑成像技术实验研究考察了句法和语义加工的神经基础，基于这些研究成果，研究者在经典句法加工的理论模型基础上提出了新的理论假设。

1. 三阶段论模型

Friederici（2002）基于大量的 ERP 研究提出了句子理解的三阶段模型。该模型将句子加工分为三个阶段。第一阶段为基于词汇类别信息的句法初始构建，并且独立于语义加工，时间大约在 100~300 毫秒，表现为 ELAN 成分的出现，其主要来源为额下回和颞上回前部。第二阶段是语义加工阶段，时间大约在 300~500 毫秒，以 N400 的出现为标志，主要处理语义层面的加工。语义加工和句法加工是相互独立的，前者负责词语间的语义关系，后者负责词语间的句法关系；功能定位涉及左侧额叶和颞叶的一系列脑区，其中左侧额下回的 BA44/45 区与句法加工有关，而靠前些的 BA45/47 区与语义加工有关，参与语义加工的还有左侧颞中回。第三阶段是信息的整合阶段，大约出现在 500~1000 毫秒，以 P600 的出现为标志，涉及的脑功能区域为颞上回和颞上沟的后部区域（杨玉芳，2015，2017）。

　　该理论对理解句子加工机制有着重大的意义，并且不同实验范式和不同语言 ERP 研究都证实了该理论对句法和语义关系的解释。然而，也有不少研究对三阶段理论进行了补充和修正。例如，Kolk 等（Kolk et al，2003）认为执行控制在句子理解中也起到重要作用，并由此提出了监控假设理论（Monitoring Hypothesis）。该理论认为，P600 的大小可能受到句法和语义加工的影响，P600 并不纯粹为句法再加工的特异性指标，即便语义错误但句法正确，也会出现 P600 成分。语义 P600 和句法 P600 效应主要来源于人脑感知的错误与自身分析解释产生的矛盾，反映的是广泛意义上的语言理解过程中的认知监控（王瑞乐等，2010）。

2. 扩展论元依存模型

　　扩展论元依存模型（Extended Argument Dependency Model）阐述了句子论旨角色分配的认知过程。该理论认为，论旨角色分配是句法和语义相互作用的结果，句子加工可以分为三个阶段（Bornkessel & Schlesewsky，2006；李霄翔、季月，2014；杨玉芳，2015）。第一阶段处理词汇范畴的句法信息，发生在词汇出现后的 150~200 毫秒。句法加工仅限于句子加工的第一阶段，后面的两个阶段都是独立于句法加工的。第二阶段负责加工动词和论元之间的关系，完成题元角色的指派。在第一阶段的基础上，根据题元的生命性、词序和动词特征等信息进行题元指派，并根据句子中的词汇、情景和长时记忆中的储存信息进行分析。第三阶段分为两个过程：总体映射（general mapping）和适合性分析（well formedness）。总体映射过程将前两阶段的信息和加工结果进行整合，适合性分析过程按任务要求对句子形成最后的解释。该模型认为第二阶段在 ERP 上表现为 N400 效应。在第三阶段的两个过程中，P600 都会出现，但性质不同。在总体映射过程中出现的是语义 P600，在适合性分析过程中出现的是句法 P600。扩展论元依存模型指出了语义 P600 和句法 P600 的差异所在，而且有着不同的加工机制。

3. 记忆 – 整合 – 控制模型

　　记忆 – 整合 – 控制模型（MUC 模型）认为句子理解中信息加工取决于其从记忆中提取的情况，即当语义信息先从记忆中提取时，就先加工语义；如果句法信息先从记忆中提取，则先加工句法。该主张表明 MUC 模型并不支持句法优先的观点（Hagoort，2005；2013）。该模型将句子加工分为：记忆（memory）、整合（unification）和控制（control）。记忆成分指的是长期存储在记忆里的词汇语义、音系和句法等信息；整合则是负责将提取的词汇信息整合成更复杂的成分，这种整合发生在句法、语义和音系等多个层面；最后则是执行控制功能的参与。

　　MUC 模型基于词汇框架理论，认为心理词典的每个词性都与结构框架相关，所有的句法节点（名词短语、动词短语等）都是从心理词典提取的。在句子理解的过程中，这种词汇框架形成动态整合，直到形成一个平衡的状态。

3.3.5　影响句子理解的因素

1. 语言因素

1）生命性

　　语言中生命性的分化是自然界客体的生命性范畴在语言系统中的映射，并且在词汇、语义和句法等层面都有反映（贾广珍等，2013）。名词的生命性信息不仅影响了句法加工，也影响着题元角色的构建。因此，名词生命性对于理解句法和语义的交互作用有着重要的作用。

　　Frazier & Rayner（1982）通过操控句首名词的有无生命性，考察歧义句的加工。他们发现当句首为有生命名词时，与非歧义句相比，歧义句在解歧区短语的反应时显著变长。而当句首的名词为无生命名词时，歧义句与相应的非歧义句相比，解歧反应时没有明显的差异。Trueswell et al.（1994）采用眼动技术，也发现了句首名词的生命性对句法歧义消解的影响。他们进一步发现句首名词和动词之间的语义合理性同样会影响句首的无生命名词对歧义消解的作用，即当句首无生命名词倾向于作为动词的典型受事时，省略关系从句中的句法歧义能够很快消解。这两个实验都证实了名词的生命性能够影响句法歧义的消解，对句法加工产生影响。二者的不同之处在于，他们认为生命性信息对句法加工的作用时间不同，Frazier & Rayner（1982）认为生命性信息在再加工的过程中才发挥作用，Trueswell et al.（1994）认为生命性信息能够被即时地利用（MacDonald et al.，1994）。

而在近年来的事件相关电位的研究中，N400 效应和 P600 效应也出现在题元角色的构建过程中。Frisch & Schlesewsky（2001）发现，与施事为有生命名词而受事为无生命名词的句子相比，当施事和受事都是有生命名词时，被试利用生命性建构题元关系时会遇到困难，在第二个名词上引发了较大的 N400 效应。Philipp et al.（2008）采用汉语中 SOV 的"把"字句和"被"字句，考察了两个名词的生命性，结果在第二个名词上发现了生命性的效应，即句子"王子被绳子勒死了"与句子"王子被挑战者勒死了"相比，无生命名词"绳子"引发了 N400 效应。该研究证实了名词的生命性对于题元角色的分配起着重要的作用。

2）动词论元结构

动词论元结构是学习者词汇知识的重要组成部分，是特定动词所带有的句法成分信息，包括语法角色（主语、宾语等）和指派的施事和受事信息，以及论元结构的相对频率信息。动词结构的次范畴化信息（及物性或者不及物性）、动词论元结构的相对频率在句子加工中有着重要的作用。van Gompel & Pickering（2001）从动词的次范畴化信息探讨句子加工进程，实验材料如例 6 所示：

例 6 (a) After the dog struggled the vet and his new assistant took off the muzzle.

(b) After the dog scratched the vet and his new assistant took off the muzzle.

实验结果发现，歧义区"the vet and his assistant"在 6（a）不及物动词"struggled"比在 6（b）及物动词"scratched"之后出现更大的加工困难；但在"took off"兴趣区内，6（a）中句法加工相对于 6（b）

更简单。由此表明动词次范畴化信息在句法早期加工中没有强偏向性，但仍然发挥了作用，这一结果支持了基于制约的理论。

此外，Traxler（2005）通过自定步速范式考察了动词次范畴化信息对暂时歧义句的影响，并重点关注动词次范畴化以及论元合理性信息对句子重新分析的作用。实验材料如例 7 所示：

例 7 (a) When Susan fell (,) the policeman stopped and picked her up.

(b) When Susan tripped (,) the table crashed to the ground.

(c) When Susan tripped (,) the policeman stopped and picked her up.

实验中，每个刺激材料有两个版本：带有逗号的解歧句；没有逗号但当被试读到主要动词（如 stopped、crashed）时，歧义解除。研究发现，当在潜在的直接宾语不合理的区域或者句法解歧区域时，句子加工难度变大，这表明动词次范畴化信息没有影响早期句法分析，被试在不及物性的动词句中，仍然倾向使用直接宾语的句法分析，符合花园路径的迟关闭和最小依附原则。然而，Jennings et al.（1997）在跨通道命名范式下，发现动词次范畴偏向对句法的早期分析影响。

其他的研究如 Trueswell（1996）和 MacDonald（1994）均发现动词过去分词的使用频率越高，其相对应的论元结构越可用，从而影响读者在阅读时的早期句法分析，支持了基于制约的理论模型。Trueswell（1996）以省略关系代词的关系从句作为实验材料（如例 8 所示），实验材料中以 -ed 结尾的动词根据其作为过去分词的频率可以划分为高频率动词（如 accept）和低频率动词（如 entertain）。实验结果表明高频率动词在解歧区 "by+NP" 阅读时间上并无显著差异；但对低频率动词而言，解歧区在关系代词省略句中显著长于非省略句，表明动词自身的论元结构在句子加工的早期阶段就得到了即时利用。

例 8 (a) The friend (that was) accepted by the man was very impressive.

(b) The audience (that was) entertained by the comedian left in high spirits.

3）题元角色

题元角色包含重要的词汇性限定信息，在各类歧义句的理解中起着重要作用。具体表现为，句子加工存在基于结构的可能性、词汇信息和语境等多种线索，将局部短语名词短语（local NP）赋予为动词的一个题元角色的过程。动词及动词结构对题元角色的选择有严格的要求，句法加工器需要对动词指派的题元角色进行评判，并且需要对比句法结构中的题元角色和动词自身能指派的题元角色（余林、舒华，1999）。MacRae et al.（1998）使用自控步速实验探讨了题元角色信息对句子加工的影响（如例 9 所示）。实验控制了第一个名词作为动词的施事（动作的发出者）的典型性。在 9（a）中，"crook"是动词"arrest"的典型受事，而 9（b）中，"cop"是"arrest"的典型施事。实验结果发现在典型施事句中，在解歧区"by the detective"上出现加工困难，说明在该句解析过程中，句法加工器加工到动词时更加倾向"动词＋直接宾语"的句法结构。这表明被试在句法加工过程中即时利用了名词作为动词施事的语义信息。

例 9 (a) The crook arrested by the detective was guilty of taking bribes.

(b) The cop arrested by the detective was guilty of taking bribes.

4）动词终结性

动词自身的词汇属性对句子在线理解有着重要的作用。例如，动词的语义包括事件的起始、持续和终结（Krifka，1992）。根据动词表征的事件是否具有内在的时间终点，动词可以分为终结动词（telic）[如 10（a）所示] 和非终结动词（atelic）[如 10（b）所示]（Vendler，1967）。而动词的这种终结性特征影响着英语母语者对暂时歧义句的加工。

例 10 (a) The actress spotted by the writer left in a hurry.

(b) The actress chaperoned by the writer left in a hurry.

例如，O'Bryan（2003）通过"单词迷宫"任务考察了强制性及物动词终结性对缺省关系从句理解的影响（如例 10），在这个任务中，被试首先看到的是句子中的第一个词，紧接着每次呈现两个词，其中一个词可以整理到合理的句法中。被试的任务就是通过选择最合适的词来组成一个完整的句子。实验发现，相比非终结性动词，终结性动词的条件下被试反应时更短，表现出加工优势，说明动词的终结性信息在句子理解中起着即时作用。

Malaia et al.（2012）则通过 ERP 技术，对 O'Bryan（2003）行为实验进一步深入研究，考察了 20 名英语使用者的句子加工的实时进程是如何受动词终结性影响的。在实验中，被试阅读宾语关系从句的缺省句，其中动词为终结性动词或者非终结性动词。实验结果发现，动词的终结性影响了句子加工的时间进程：相比于终结性动词，被试在非终结性动词条件下，在施事前的定冠词区域（例如，"the writer" 中的定冠词 "the"）出现了波幅更大的 N100 成分，这种早期的负波成分通常反映的是短语结构违背情况。此外，N100 成分的潜伏期也受到动词的终结性影响，即 N100 波峰在终结性动词条件下的出现比非终结性动词晚 10 毫秒，Malaia 等将这种加工上存在的差异解释为，在终结性动词的句子中，事件中的受事得到激活，即句子加工过程中即时利用了动词的终结性信息。

5）结构复杂度

句法歧义会导致加工困难，无歧义的句子也会存在加工困难。其中，关系从句的加工困难在句子加工中得到广泛研究。例如，在英语中，King & Just（1991）发现主语从句 [例 11（a）] 相比主语从句 [例 11（b）]在动词区域 "attacked" 的阅读时间更短，表明主语从句加工相对宾语从句加工更加容易，更具优势。

例 11 (a) The reporter who attacked the senator admitted the error.

(b) The reporter who the senator attacked admitted the error.

关于句子结构复杂性加工困难有多种解释。其中，Gibson（1998，2000）提出局部句法依存理论（Dependency Locality Theory，DLT），其核心思想是整合成本，即句子理解过程中将当前词整合到已有句法结构中需要消耗认知资源。在上述关系从句中，动词 "attacked" 与主语 "the reporter" 的距离越长，那么需要的整合资源也越多；显然，主语从句中二者的距离短于宾语从句二者的距离，从而句法加工更加简单。然而，Hale（2001）将结构复杂性在句子加工的影响归于 "惊异度"（surprisal）。惊异度是基于语言结构使用概率的概念，用于解释当前词汇与前语境预测不符合时的资源消耗，是一种向前预测（forward-looking）所需的资源消耗。

2. 非语言认知因素

1）工作记忆

工作记忆是一个对信息进行暂时存储和操作的记忆系统，包含中央执行系统，以及语音回路和视觉空间模板两个从属系统（Baddeley，1986）。与语音回路相应的工作记忆为言语工作记忆，包含了存储、复述和执行三个功能成分。一些研究表明，工作记忆的存储和处理是成功理解句子的关键因素（Daneman & Merikle，1996；Kemper & Sumner，2001；Payne et al，2014）。Payne et al.（2014）探讨了年龄和个体差异对句子理解的影响，在他们的实验中，被试是 18 岁到 81 岁不等的成人，实验任务为阅读句子。例如，句子 "The son of the princess who scratched himself/herself in public was humiliated." 中，关系从句 "who scratched himself" 既可以挂靠高位名词短语 "The son"（NP1）上，也可以挂靠低位名词短语 "the princess"（NP2）上；或者从句的挂靠位置并不确定，如句子 "The maid of the princess who scratched herself in public was humiliated."。结果发现，在逐词阅读和理解上，高位挂靠（NP1）的句子加工要难于低位挂靠（NP2）的句子加工。工作记忆能力和阅读经验均对句子理解产生影响。更重要的是，和工作记忆广度高的被试相比，工作记忆广度低的被试在理解低挂靠（NP2）的句子时存在劣势，而工作记忆广度高的被试在理解低挂靠（NP2）时表现更好，并且在高年龄组的影响效应最大。他们认为，工作记忆对高低挂靠的理解偏向有着重要作用。

此外，Gernsbacher & Faust（1991）提出，抑制机制是一般理解能力的组成部分。也就是说，理解能力较差的人在抑制不相关信息方面的效率较低，这种技能与工作记忆的中央执行功能有关。Yoon（2015）考察了工作记忆如何影响人们理解多重否定句的语义合理性，结果发现，相比抑制控制能力弱的人，抑制控制能力强的被试群体在处理复杂句子时表现更好。

Just & Carpenter（1992）也讨论了工作记忆的个体差异以及它们与语言理解的关系。他们发现，工作记忆容量较小的人更有可能在句子中表现出"花园路径效应"（例如，"The evidence examined by the lawyer. ..."）也就是说，具有较大工作记忆容量的人可能会更好地识别这种语义线索，并将其与句法信息结合起来，以解析并避免"花园路径效应"。显然，他们的结果与两阶段模型并不一致，而是认为句法加工和其他信息共享同一个认知资源库。相反，Waters & Caplan（1996）认为言语资源库应该是特定的，言语资源库负责自动化或强制性的语言加工，包括声学信号转换、词汇通达、句法分析、题元角色指派；而推理、搜索语义信息等其他任务则来自其他的认知资源库。

2）年龄

语言理解是一个复杂的过程。对大多数儿童和成人来说，理解是毫不费力的甚至是自动的过程，其速度之快令人震惊。然而，理解能力会随着年龄的增长而改变。一些研究表明，在书面句子理解的任务上，老年人通常比年轻人做得更差（DeDe et al., 2004）。同样，尽管对词汇和语义的自动处理在整个生命期都很稳定，在没有任何听力障碍的情况下，老年人的听觉单词识别能力也会出现下降（Federmeier et al., 2003）。语言理解上的老龄化差异可能源于语言任务一般都由语言因素和非语言因素组成，涉及感官过程（如听力或视觉）、认知过程（如工作记忆能力）以及语言加工过程，这些都可能在衰老的过程中受到不同影响。因此，年龄对语言理解能力的影响需要考虑到知觉、认知和语言等因素的作用。即使是没有听力障碍的老年人与年轻的成年人相比，也会表现出知觉处理速度减慢的现象（Federmeier et al., 2003；Giaquinto et al., 2007）。

3. 语境

语境在句法加工中有着重要的作用。语境在句法加工的作用时间点涉及语言加工是模块化的还是相互作用的基本问题。Duffy et al.（1988）采用眼动追踪技术，发现当阅读包含两种语义的歧义词时，在前语境无语义偏向和弱语义偏向的条件下的阅读时长要比强语境信息条件下更长。另外，当语境倾向词汇次要意思时，阅读其所需的时间比歧义词两种语义均衡的条件更长，即证明了语境信息在句法信息中的即时作用。

　　而在汉语中，朱小平（1991）考察了 20 名中国大学生被试在汉语
语境下的词汇识别情况。结果表明，语境类型显著地影响了目标词识别
速度，即相关语境条件促进被试的词汇识别速度，无关语境条件则抑制
被试的词汇识别速度。高限制相关语境条件下的反应时快于低限制相
关语境条件，高限制无关语境条件下的反应时则慢于低限制无关语境条
件。这表明不仅句子语境与目标词之间是否存在语义关系会影响对目标
词的识别，而且语境和目标词之间语义联系的不同强度也将改变对目标
词的识别速度。

3.4　汉语句子加工研究进展

3.4.1　汉语歧义句加工研究

　　句法歧义是一种普遍存在的语言现象，其加工过程反映了句法分析
和句法重新分析的过程，涉及语言理解基本问题，即语言加工到底是模
块化的，还是相互作用的？汉语的歧义现象比较普遍，其句子歧义大体
可以分为两类：一是同形但层次不同，也就是说，词和词序均相同，但
在结构上可以做多种层次的切分，这类歧义也称为句法歧义，即产生
多个句法解释；二是同形且层次相同，不可以做多种层次的切分，即歧
义的多重解释来自词汇的不同用法而不是来自句法解释上的不同（陈永
明、崔耀，1997；杨丽霞等，1999）。

　　陈永明和崔耀（1997）考察多种解释的意义频率和语境位置对句
子歧义解析过程的影响。歧义句的多重解释在日常生活中的使用频率不
等，构成歧义句的主要意思和次要意思。例如，"她是去年生的孩子"，
主要意思为"她是去年刚出生的孩子"，次要意思为"她在去年刚生了
个孩子"。研究发现，歧义句主要意义的判定速度和准确率显著快于次
要意思的判定速度和准确率，并不受语境有无及前语境或后语境的影
响。这表明被试在加工歧义句的多重意思时，歧义句的主要意思比次要
意思易于形成表征和提取。此外，语境对句子歧义的解析有不同的效应，
前语境对歧义解析的促进效应大于后语境。周治金等（2003）也发现了

语境在歧义句消解过程中的作用，他们以汉语同形且切分层次相同的歧义句为实验材料，采用句子验证任务着重探讨前语境或后语境在歧义句歧义消解过程中的作用及其时间进程。结果表明：抑制机制受语境位置的制约，前语境的抑制作用优于后语境；ISI 为 300 毫秒时，对歧义句不适当意义的抑制已经发生但尚未完成；ISI 延长到 1000 毫秒时，对歧义句不适当意义的抑制进一步加强。李寿欣等（2013）采用意义适合性判断任务，进一步考察了语境位置对不同认知方式个体歧义句理解过程中抑制内部干扰的影响。实验一采用固定速度的阅读范式，以反应时为指标；实验二采用自控速的阅读范式，分析被试在阅读过程中的眼动指标。结果表明，对歧义句不适当意义的抑制作用方面，前语境优于后语境；在歧义句理解的初始阶段，场独立个体能够更好地利用前语境信息抑制内部无关信息的干扰，而场依存个体要到句子加工的后期花费更多时间才能完成对内部干扰的抑制。

此外，一些研究也发现了工作记忆对歧义消解的影响。杨丽霞等（1999）探讨歧义句多种解释的相对使用频率和被试工作记忆能量在歧义句加工中的作用，再次证明了意思相对频率在歧义句加工中的显著作用，即主要意思比次要意思更易于提取。但是，工作记忆能量效应对歧义句加工有明显的制约效应，并且受到任务难度的影响。阎国利等（2004）采用眼动记录法，考察工作记忆对歧义句短语"VP+N1+的 +N2"组成的句子加工的影响。歧义短语"VP+N1+ 的 +N2"类型有两种分析：偏正结构分析、述宾结构分析。例如，"扣留田亮的房子"可以分析为：（扣留田亮）的房子（田亮被扣留）；扣留（田亮的房子）（房子被扣留）。在该实验中，构成按偏正续接和按述宾续接的暂时歧义句：扣留（VP）田亮（N1）的房子（N2）可能（无解歧）迫使（解歧 1）他尽快（解歧 2）还清拖欠银行的欠款（按述宾续接句）；扣留（VP）田亮（N1）的房子（N2）可能（无解歧）坐落（解歧 1）在南方（解歧 2）的那座小山的山脚下（按偏正续接句）。在该实验中，首次注视时间和第一遍加工时间作为反映初始表征形成过程的指标，续接方式在这两个指标上的效应都不显著。然而，在总注视时间、注视次数和加工次数三个反映整个句子进行整合、理解的过程的指标上，续接方式在名词 1 和解歧区域的主效应显著，当述宾型短语按照述宾结构续接时，对句子的理解比较容易。阎国利等（2004）认为，被试在看到解歧词时，同时保持着两种解释的表征；而在句子整合、理解时，歧义结构的相对合理性起重要作用，相对合理性较高时，更加容易理解。另外，高工作记忆容量有利于句子的理解，但对两种解释的提取和保持的作用并不显著。

吴彦文等（2004）通过两个实验以合理型主题信息条件下的句子为对照材料，以其他型主题信息条件下的句子为实验材料，考察合理型和非合理型主题信息条件下汉语歧义句意义建构的时间进程和特点。结果表明：（1）合理型主题信息可以顺利地建构一个稳定的基础心理表征；不合理型主题信息则没有这种效应；矛盾型主题信息则引导读者重构一个新的心理表征。（2）在合理型主题信息条件下，语境主要起到证实主题信息区和歧义区所建构的基础表征的作用；而在不合理型、矛盾型主题信息条件下，语境的作用首先是验证所建构的基础心理表征和歧义句的意义频率，然后有效建构歧义句的意义。

孙兵和刘鸣（2005）通过两个实验探讨了汉语句子理解中的直接宾语（DO）／句子补语（SC）类暂时句法歧义句的认知加工特征。实验一采用自定速移动视窗技术，发现歧义句和无歧义句解歧区的阅读时间存在显著差异。实验二增加了论题适合性因素以探讨非句法信息在句子理解加工中的影响，发现论题适合性信息影响歧义区和解歧区的阅读时间。实验结果表明：在汉语句子加工中存在 DO ／ SC 暂时句法歧义效应；研究者认为论题适合性信息即时参与对句子的加工并对句法歧义效应产生影响，因此符合"基于制约"的理论预期。

于秒等（2016）采用眼动技术，探讨被试对"数量 + 名词 1+ 的 + 名词 2"（"Q+NP1+ 的 +NP2"）类歧义结构构成的整体歧义句及其消歧后构成的解歧句的加工情况。该类歧义结构属于同形但层次不同，其中"数量"可以修饰"名词 1"也可以修饰"名词 2"。例如，"四个体院的学生"，可以后续接语境"参加会议真是不容易"构成整体歧义（整体歧义句），也可以通过替换量词从而消歧构成解歧句："四所体院的学生参加会议真是不容易"（解歧句 1）或"四名体院的学生参加会议真是不容易"（解歧句 2）。该研究将实验材料划分成 4 个兴趣区，"数量"部分为兴趣区 1，解歧区（"数量"位于整个歧义结构的前面，相当于一种前语境，因此"数量"增加了被试对其后信息加工的概念预期，又由于汉语量词和名词搭配的非任意性，导致了"数量"部分直接起到了解歧的作用）；"名词 1"为兴趣区 2，"名词 2"为兴趣区 3，"数量 + 名词 1+ 的 + 名词 2"为兴趣区 4。实验结果表明，在兴趣区 1、兴趣区 2 和兴趣区 4 上，三种水平的句子存在一个基本一致的差异趋势，即除了首次注视时间外，解歧句 2 的注视时间和回视入次数均大于解歧句 1 和整体歧义句，而解歧句 1 和整体歧义句差异不显著。研究者认为，整体歧义句与解歧句 1 在注视时间和回视入次数上无显著差异表明，歧义结构的句法分析最初平行激活并且竞争，其中一种分析在短时竞争中迅速胜出，而得到更多的激活。这一研究结果支持了短持续竞争模型（McRae et al. 1998；Spivey & Tanenhaus，1998）。

3.4.2　汉语关系从句加工研究

关系从句是一种重要的句子类型，其句法结构特殊，是探讨大脑言语加工过程中词汇、句法、语义、语境等不同成分的作用的有效材料（Gibson & Wu，2013）。汉语关系从句在语言类型学上具有 SVO 语序和中心名词置尾的特殊属性，是句子认知研究的热点和核心问题之一。目前，对汉语关系从句加工研究主要集中在主语和宾语从句的加工优势以及加工优势形成的原因等问题上。主语关系从句的加工优势在中心语前置的印欧语言中基本得到一致的证实，研究者从不同的理论角度对中心语前置的主语加工优势进行了许多不同的解释（刘涛等，2011；杨梅、严晓朦，2019）。汉语关系从句的研究主要探讨各种因素对句子加工的影响，从而验证相关句子加工理论。相关理论有以下三类。

第一类是可及性层级结构（accessibility hierarchy）理论。Keenan & Comrie（1997）基于对 50 种语言的关系从句句法结构的考察，认为各种语言中名词短语关系化存在可及性层级，即主语 > 直接宾语 > 间接宾语 > 旁格 > 属格 > 比较宾语，其关系化程度按层级结构中从左到右的顺序依次递减，其中主语的可及性最高，更容易被关系化。

第二类是视角转移（perspective shift）假设。MacWhinney（1982）从句法语义角色转变角度提出该假说，认为句中的视角发生转移时就要消耗更多的加工资源。例如，加工英语宾语关系从句"The reporter that the senator attacked dislike the editor."时需要转移两次视角，第一次从主句主语转移到从句主语，第二次从从句主语的视角返回到主句主语；而在加工主语关系从句"The reporter that attacked the senator dislike the editor."时，主句主语同时也是从句主语，加工时不需要视角转移，所以主语关系从句消耗资源少，比宾语关系从句加工容易。

第三类是结构距离假设。O'Grady（1997）从句法层级结构的距离长短的角度提出该假设，认为待整合成分在句法层级结构上距离的远近决定了句法结构的相对复杂性，相隔的句法节点越多，句法结构距离越远，加工代价越大。如在汉语宾语关系从句中，填充词与空位间的结点数多于主语关系从句，其结构距离长于主语关系从句，加工难度也更大。

此外，还有一些基于经验的假设，例如，常规语序假设（MacDonald & Christiansen，2002）认为主语从句符合基本语序 SVO，因而更容易加工；与之类似的观点则认为关系从句出现的相对频率也能解释主语从句的加工优势（MacDonald，1994）。

不同的解释强调不同的因素对关系从句加工的影响，因此对于这些因素的探讨有助于我们深入探讨关系从句的加工机制。汉语关系从句加工研究主要从语言因素和非语言因素探讨句子加工的认知机制。

1. 语言因素对汉语句子加工的影响

1）从句使用频率

汉语语料库对从句使用频率的研究在结果上高度一致，即汉语主语从句使用频率在口语、小说、新闻等语料中均高于宾语从句（Hsiao，2003；李金满、吴芙芸，2013；盛亚南、吴芙芸，2013；吴芙芸，2011）。吴芙芸（2011）推断，基于语料库的使用频率可能与加工难易度相关，汉语主语从句应该具有加工优势。与之相反，王慧莉和邸文铎（2013）采用 ERP 技术，对比分析了汉语中修饰主语的主语关系从句和宾语关系从句的加工理解过程。结果发现，ERP 成分在从句区域都出现了显著差异，但主语关系从句诱发更大的 ERP 成分，表明主语从句加工难度更大，这与汉语语料库数据研究结果并不一致，即使用频率高可能并不反映加工的难易程度，从而支持了宾语从句加工的优势。

2）生命性效应

研究者发现，主语从句和宾语从句在自然语料中，分布最广的是由有生主语和无生宾语构成的对比生命度（李金满，吴芙芸，2013；吴芙芸，2011）。而双有生这种罕见的匹配在心理语言实验中被普遍采用，这种生命度可能因相似而诱发干扰作用或者增加工作记忆的负荷（吴芙芸，2011）。例如，周统权等（2010）对失语症患者的研究发现，当从句动词主语和宾语都为有生命名词时，失语症患者对主语从句关系的理解难度更大；而当从句主语和宾语在生命性上存在等级时，即关系从句中主语为有生命名词而从句宾语为无生命名词时，关系从句的加工难度都会相应降低。刘涛等（2011）采用 ERP 技术考察汉语关系从句的神经加工机制。实验结果发现，当从句主语和宾语均为有生命名词时，主语从句和宾语从句中心语位置诱发的 N400 差异显著，宾语从句中心语位置的 N400 成分更大；从句主语为生命性名词、从句宾语为非生命性名词时，在从句中心语位置，N400 差异更加显著，二者的加工难度差异增大，对宾语加工的难度也更大。何文广、陈宝国（2016）采用眼动追踪实验技术，考察核心名词生命性格局"非生命性－生命性"、"生命性－非生命性"两个水平对主、宾从句加工难度的影响。结果显示，"生命性－非生命性"的格局中，宾语从句加工相对主语从句加工更简单；而在"非生命性－生命性"格局中，主、宾从句加工难度差异并不显著。

3）指量词的位置

汉语的基本语序属于 VO，但关系从句核心名词罕见地置尾（Dryer，2011），且指量词在关系从句中的位置灵活。盛亚南和吴芙芸（2013）考察真实口语语料，发现指量结构与关系从句共现分布：主语关系从句中，指量结构倾向前置；宾语关系从句中，指量结构倾向于后置。吴芙芸和盛亚南（2014）通过基于字词的在线句子生成实验，考察以英语为母语的汉语学习者的指量词的选择模式。研究发现，汉语二语学习者均倾向使用前置指量词，而且不受关系从句的类型影响；在产出后置指量词中，他们更加偏好宾语关系从句，这与母语研究中宾语从句的语序是一致的。

4）语境

语境对句子加工有重要的影响。Gibson & Wu（2013）采用自定步速阅读实验范式，考察了语境对汉语关系从句的加工影响，实验结果发现，主语从句的阅读时间长于宾语从句的阅读时间；而宾语从句在语境的条件下，阅读时间显著变短，显现宾语从句加工优势。吴芙芸、盛亚南（2016）进一步对 Gibson & Wu（2013）的实验进行完善，发现当对限定词的有无进行操控时，主语关系从句相对于宾语从句更容易加工。

2. 非语言因素对汉语句子加工的影响

1）工作记忆

工作记忆在句子加工中起着重要作用，句子加工的过程涉及复杂的认知加工，并受限于工作记忆容量。例如，鲁忠义和范宁（2006）从工作记忆容量在语言理解上的个体差异的角度，考察了工作记忆广度和无关记忆任务对句子主题水平（心理词典之外的高层加工）语境效应的影响。实验结果发现，工作记忆广度较高的读者能够出现句子语境效应，而在无关记忆任务的干扰之下，这种语境效应消失；对于工作记忆广度较低的读者而言，在有无外部记忆负荷的两种条件下都没有出现句子主题水平的语境效应。这表明工作记忆容量对那些需要较多认知资源的加工过程产生显著的影响，也支持了工作记忆容量限制理论。

同样，Chen et al.（2008）采用自定步速阅读范式考察了汉语主语从句和宾语从句加工机制（如例 12 所示），结果发现工作记忆对句子加工有调节作用。实验中，汉语关系从句为中心语后置语言，在主语从句12（a）中，句首动词"质疑"提示此句可能为关系从句，需预设三个句法中心词，即"质疑"的宾语、从句标记词"的"、主句谓语，而宾语从句12（b）的句首名词为"学生"，只需预设一个谓语动词。此外，主语从句12（a）中的"老师"与空位线性距离长于宾语从句12（b）。根据局部句法依存理论（Gibson，1998，2000），句子加工过程中需要消耗一定的认知资源用于存储句法中心词和整合即将加工的词（空位）及其依附的中心词（填充词）。因此，汉语中主语从句的加工难度可能大于宾语从句的加工难度。

例 12 (a) / 质疑 / 学生 / 的 / 老师 / 介绍 / 校长 / 给委员会认识 /（主语从句）

　　　(b)／学生／质疑／的／老师／介绍／校长／给委员会认识／（宾语从句）

　　该实验结果发现：工作记忆水平较高的被试组，在汉语主语从句和宾语从句加工中，并未表现出显著的加工差异；而在工作记忆水平较低的被试组，主语从句加工难于宾语从句加工，即汉语中宾语从句加工比主语从句加工更具有优势。这一结果证实了局部句法依存理论，也在一定程度上支持了工作记忆容量限制理论。

2）年龄

　　语言理解是一个复杂的认知过程，对于大多数儿童和成年人而言，语言理解的发生可能毫不费力，甚至是自动的过程；而对于老年人而言，随着年龄的增长，语言理解能力随之减弱。因此，年龄也是影响句子理解的因素之一。

　　He et al.（2017）考察了汉语母语者在儿童、青年、老年三个年龄组的宾语关系从句和主语关系从句的加工差异，关系从句类型如例13所示：

　　例 13 (a)［追赶小狗的］兔子碰到山羊（主语位置嵌套主语从句，SS）
　　　　　(b)［小狗追赶的］兔子碰到山羊（主语位置嵌套宾语从句，SO）
　　　　　(c) 山羊碰到［追赶小狗的］兔子（宾语位置嵌套主语从句，OS）
　　　　　(d) 山羊碰到［小狗追赶的］兔子（宾语位置嵌套宾语从句，OO）

　　实验结果表明，对于年龄偏小的儿童组（48~78 个月），主语关系从句的理解要难于宾语从句的理解，并且这种难度不受关系从句中主／宾语的嵌套位置调节；相比于宾语位置嵌套的关系从句，儿童组被试更容易理解主语位置嵌套的关系从句。另外该儿童组实验发现，5~6 岁为儿童掌握复杂句法结构的关键期。而对于青年组和老年组，在主语关系从句中，对主语位置嵌套的主语关系从句（SS）的理解难于宾语位置嵌套的主语从句（SO）；相比青年人，老年人在理解关系从句时表现出更大的加工困难，而在主语位置嵌套宾语从句和宾语位置嵌套宾语从句的句子类型中，青年组和老年组没有显著差别。研究者将青年组和老年组的这种差异解释为两者在工作记忆上的不同。实验结果再次表明关系从句的理解是一个复杂的认知过程，更多的因素，诸如句法、语言类型、个体差异、语言经验等都需要考虑在内。

然而，Yang et al.（2020）基于语料库对 4 岁（48 个月）汉语儿童在线理解关系从句的研究，发现汉语儿童对于不同关系从句的理解难易程度与其在语料库中分布频率正相关，即儿童更容易理解主语从句，这表明句法处理的偏好与语言结构的输入频率有关，这一偏好则支持了"基于经验"的假说，这与 He et al.（2017）实验中儿童组的句子理解表现并不一致，表明年龄也是影响句子理解的重要因素。

3.4.3　汉语异常句加工研究

近年来，关于汉语异常句加工的研究主要来源于 ERP 技术的电生理实验。例如，Ye et al.（2006）采用 ERP 技术，考察汉语句子理解中语义与句法加工的实时过程。在实验中，被试将听到"把"字句，这些句子为正常句，以及语义违背、句法违背和语义句法均违背的异常句，如例 14 所示：

例 14 (a) 设计师制作新衣，把布料裁了。（正常句）
　　　 (b) 伐木工开采森林，把松树裁了。（语义违背句）
　　　 (c) 设计师制作新衣，把裁了。（句法违背句）
　　　 (d) 伐木工开采森林，把裁了。（句法语义违背句）

实验结果发现，句法违背句 14（c），即介宾结构短语中缺失宾语的异常句，诱发了早期左前负波，并随后融入左前负波和中心 – 顶叶负波；语义违背句 14（b），则诱发了 N400 成分；而句法语义均违背的异常句 14（d），则诱发了和句法违背句 14（c）相似的左前负波，并诱发相比违背句 14（b）、14（c）条件更大的中心 – 顶叶负波。在句法违背句 14（c）和句法语义均违背 14（d）的异常句中，均未发现 P600 效应。该实验结果表明汉语"把"字句的句法加工（大约在 50 毫秒）早于语义加工（大约在 150 毫秒），在早期窗口（150~250 毫秒）两者相互独立，但在晚期窗口（250~400 毫秒）两者发生交互作用。另外，在三种异常句中，观察到的广泛分布的负波，均发生在 N400 的潜伏期内，反映的是句末位置的题元角色的整合过程。

Zhang et al.（2010）则在前者的研究基础上，拓展到对汉语一般主动句 SVO 的句法违背、语义违背、句法语义均违背的异常句的句法和语义的加工研究，考察句法构建过程优先于语义加工这个核心问题。该实验发现，即使在句法词类违背的条件下，语义整合仍然能进行；且与单一的句法违背相比，语义和句法违背的异常句诱发的 N400 效应更大。该实验结果表明了语义整合在汉语句子理解过程中的独立性，语义加工并不需要句法的许可才能进行，因此并不支持句法优先理论。

研究者还在汉语的"被"字句的异常句加工中，证实了汉语句子理解的语义加工的独立性。Zeng et al.（2020）的研究结果显示，语义和句法双重违背的异常句诱发了 N400 成分，表明语义分析的进行并不受句法分析的失败影响，在汉语被动句"被"字句的加工理解过程中，并不支持句法优先于语义加工；相反，语义句法双重违背句诱发的更大波幅的 N400 成分，表明词汇 – 语义整合在汉语句子理解中扮演着重要的角色。

3.5 二语句子加工研究进展

3.5.1 二语句子加工理论

1. 浅层结构假设

浅层结构假设（Clahsen & Felser，2006）指出，即便是高水平成年二语学习者，也与母语者在句法分析时存在不同。高水平成年二语者往往在构建和操作句法表征时出现问题，在实时处理过程中对句法信息使用不足，并且比母语者更加依赖语义、语用、概率、表层信息。该假说提出之后，引发了许多实证研究和讨论。Clahsen & Felser（2018）又对该假设做了进一步的补充和修正，认为二语学习者的语法知识不如母语者的语法知识那么"强劲"，但是这种差异是可以量化的梯度差异（gradient differences），并提出可以通过考察句子加工时不同信息线索对母语和二语习得者的影响来探讨两者之间的差异。他们也指出，浅层结构假设的进一步完善可以将双语者的习得年龄作为一个连续变量（age of acquisition，AoA）来探讨语法知识是如何习得的。此外，二语习得者的语法加工相比母语者在时间进程中可能会有所延迟，或者晚于非语法信息加工（Clahsen et al.，2013；Felser & Cunnings，2012）。

Ver´ıssimo et al.（2017）采用遮掩启动范式，考察 AoA 因素在土耳其语 – 德语双语者加工基于语法的屈折词和基于词汇的派生词的影响，从而探讨语言习得是否有敏感期的问题。实验结果表明，AoA 因素对屈折词的启动效应是高度有选择性的，这种高度有选择性的影响并没有出现在对派生词的启动效应上。AoA 选择性的影响具体表现为，对于5 岁及 5 岁以下的学习者，屈折词的启动效应与母语者一致，但是这种启动效应随着习得年龄的增长而减弱。研究者将这种现象解释为形态句法特征的习得受成熟期因素的制约。

一语和二语的句子加工差异在时间进程的实验中也得到了证实。Felser & Cunnings（2012）采用眼动追踪技术，考察英语中的反身代词加工时，发现管辖约束理论（Chomsky，1981）中的 "Condition A" 能够被一语者快速利用，而在二语的加工进程中的使用相对滞后，这使得研究者将其推断为 "二语者的话语层面的约束早于句法层面的短语约束"。而二语者对非句法信息的加工在句子加工的进程中早于句法信息的加工。例如，Roberts & Felser（2011）考察的主语、宾语歧义句中，语义不合理信息对二语学习者的句法加工产生了即时作用，而在母语者中，语义不合理性的影响相对二语者出现得更晚或者效应缺失；Clahsen et al.（2015）在考察二语的形态加工时，发现语义限制在二语者中早于一语者出现。

2. 接口假设

基于成人二语习得者难以达到本族语水平这一现象，以及二语发展过程存在的困难，Sorace 等（Sorace，2011；Sorace & Filiac，2006）提出接口假设，认为语言接口特征比句法、语义等各自的内在语言属性更加复杂，难以习得。二语学习者能够完全习得纯句法知识，能够习得内接口（语言系统内部各模块之间，句法、语义、形态、音系）语言知识，但外接口（语言系统和语言系统以外因素，比如句法 – 语用接口）知识难以习得。接口假说认为外接口知识的习得发生在语言与非语言层面的信息匹配之间，需要消耗更多的认知资源，与本族语使用者相比，二语习得者有限的认知资源会导致二语加工的自动化程度降低，使得句法知识的提取和整合出现问题，而不是句法知识表征存在缺陷，从而出现"对错交替"现象。

支持"接口假设"的实证研究大都以代词的指代问题为研究对象（常辉，2014）。Sorace & Filiaci（2006）考察了母语为英语的高水平意大利语学习者对主语代词的习得情况，研究发现，高水平意大利语学习者在空主语代词上的表现与意大利语母语使用者相似，而在显性主语代词上的表现与母语者相比则差异显著，具体表现为不恰当地扩大显性主语代词的使用范围，在话题没有改变或使用空主语更恰当的语境中过度使用显性主语代词，而且更多地接受显性主语代词指代语境上不恰当的话题，并表现出不定性。研究还发现，德语学习者也会出现这种代词问题。例如，Wilson（2009）通过眼动技术对德语母语者、高水平德语二语学习者和居住在英国的德语使用者进行德语指示代词和人称代词的考察。研究结果表明，所有被试在人称代词指代上的表现相似，而德语二语学习者和居住在英国的德语使用者在指示代词上表现出不定性。在德语中，人称代词指代主句主语，并且依赖句法层面；而指示代词指代主句宾语，指示代词的指代依赖语用层面，指代内容不能是话题。这表明德语二语学习者和母语磨蚀者在句法 – 语用接口知识的习得和使用上都存在问题。

3. 统一竞争模型

MacWhinney（2000，2012）则融合了一语和二语习得，提出了统一竞争模型（unified competition model）。该模型认为，句子加工是一个基于各种语言和非语言线索的动态竞争并在竞争中将句子功能和意义进行匹配的过程（马炳军、常辉，2021）。该模型认为晚期二语学习者可以依赖大脑中残存的神经可塑性（neuronal plasticity）达到母语者的加工水平（Alemán-Bañón，2014；Gillon-Dowens，2010）。例如，Gillon-Dowens（2010）采用 ERP 技术，考察了 22 个晚期母语为英语的高水平西班牙语学习者在长期沉浸的二语环境下形态句法（数、词性的一致性）的加工过程。研究结果发现，西班牙语二语学习者和西班牙语母语者在形态句法加工过程中表现相似，在 ERP 成分上表现为 LAN 效应和 P600 效应。

　　吴芙芸和吕俊（2016）通过考察汉语二语学习者对指量词的汉语关系从句的学习来检验二语学习者能否达到母语加工水平。他们采用限时作文和实时产出两个任务实验，考察了韩国留学生在产出汉语关系从句时的指量词的分布态势。研究结果显示，高水平韩国汉语学习者在离线写作时的表现近似汉语母语者，能够习得汉语主语关系从句中的指量词前置倾向；但在线生成主语关系从句时，指量词位序无任何分布倾向，这表明母语迁移（指示词后置）可能削弱指量词的前置优势，支持了统一竞争假说。

3.5.2　英语二语句子加工研究

1. 语言因素对二语句子加工的影响

1）动词次范畴化信息及论元结构相对频率的影响

　　Juffs & Harrington（1996）最早考察了母语为汉语的英语二语学习者是否对"花园路径句"敏感，该实验使用了四种类型的句子作为实验材料，如例 15 所示：

例 15 (a) After the children laughed, the clown performed more tricks.

(b) After the children arrived, the clown performed more tricks.

(c) After the children ate the pizza got cold.

(d) After the children cleaned the house looked bright and welcoming.

　　在上述句子中 15（c）和 15（d）是花园路径小句，这两句的宾语 NP 分别挂靠在动词"ate"和"cleaned"上，当读到第二个动词时，NP 则需要从第一个动词的管辖内移除进行重新分析。实验结果发现，高水平汉语二语学习者能够即时使用动词的题元角色信息。

　　在 Frenck-Mestre & Pynte（1997）的研究中，英语和法语的一些对等动词的次范畴化信息存在不同：英语中，单词 obey 允许做及物动词和不及物动词，而其在法语中的对等翻译词 obéir 则只能做不及物动词使用。该眼动研究表明，二语学习者既能采用母语者的句子加工策略，同时又发现了一语对二语加工的影响。

2）语义或语用合理性

基于浅层结构假设，如果二语学习者在句子理解中不单纯依赖句法信息，而是更多倾向使用语义和语用信息，那么语义（语用）的合理性将在低水平的二语学习者的句子加工中扮演重要的角色。Roberts & Felser（2011）考察了二语句子加工中花园路径歧义句和语义合理性的关系。例如，"The inspector warned the boss / the crimes would destroy many lives." 中，"the boss" 为有生名词，是动词 "warned" 的合法宾语；但是 "the crimes" 为无生命名词，就不再为 "warned" 的合理宾语。实验结果表明二语学习者较母语者更加显著地受到语义合理性的影响。

3）动词终结性

动词的终结性特征具有句法 – 语义接口属性，同样影响到二语学习者对句子的理解加工过程。例如，赵晨（2018）考察了动词事件结构中的终结性和及物性对高水平中国英语学习者英语暂时歧义句在线加工的影响。研究发现，如果关系从句动词为终结动词，其后介词和名词短语的阅读时间显著少于非终结动词；如果从句动词为及物动词，其后介词和名词短语的阅读时间与非及物动词没有差异。结果表明动词的终结性影响了二语句子的即时理解。

而 Yin & Kaiser（2013）运用语法判断任务调查了不同水平中国英语学习者对动词终结性的习得情况，结果发现中国英语学习者很难习得英语动词属性中的终结性，即便是英语水平较高的英语学习者，也没有达到母语者的水平，这意味着中国英语学习者在动词属性的终结性习得上没有达到英语母语者水平，该实验结果在一定程度上支持"接口假设"。

2. 非语言认知因素对二语句子加工的影响

1）工作记忆

工作记忆一直都是关注二语习得中个体差异的研究者感兴趣的热点话题。工作记忆是一种在线处理和分析信息（单词、语法结构等）的能力，对于信息的在线处理和分析能力越强，进入离线长期记忆的信息就越多。因此，学习者拥有较高的工作记忆容量时，就可以同时关注语义和形式，并在实时处理中保留更多的信息，促进之后的离线学习。Hopp（2014）对比研究工作记忆容量不同的成年二语学习者和一语学习者在在线任务和离线任务中，对两类歧义句的关系从句的高低挂靠选择偏好，例如，在 "The director congratulated the instructor of the schoolboys **who was** writing the reports." 中，紧随关系代词之后的助动词可以即刻消解关系从句的高低挂靠的歧义，称之为局部解歧（local disambiguation）；而在 "The student had liked the secretary of the professor **who** had almost killed **himself** in the office." 中，解歧词反身代词与关系代词之间有其他词汇如动词等介入，这种情况称为非局部解歧（non local disambiguation）。实验结果表明，二语学习者在离线任务中表现出对关系从句挂靠的偏好，这一偏好受到工作记忆容量的调节。工作记忆广度越小的二语学习者，越多地表现出对关系从句高挂靠的偏好，这与工作记忆广度低的学习者采取的语块策略有关。在在线任务中，对于工作记忆负荷更低的局部解歧句，二语学习者第一遍注视时长和总注视时长更短，表现出低挂靠偏好；对于工作记忆负荷更高的非局部解歧句，低工作记忆广度的二语学习者并未表现出关系从句高低挂靠的偏好。此外，工作记忆对母语者和二语学习者的关系从句高低挂靠偏好的调节方向一致，一语和二语这种广泛的相似性，并不支持浅层结构假设。

　　Zhou et al.（2017）考察汉语母语的英语二语学习者，其工作记忆容量在语法判断任务和翻译任务中对复杂句法结构（主语提取句 / 宾语提取句）加工的影响。与以往通过测量阅读广度来评定工作记忆不同，该研究则是通过 OSPAN 任务来测量工作记忆容量大小。研究结果表明，工作记忆强的二语学习者在语法判断任务中反应更快，而在翻译任务中则准确率更高。与之不同的是，Foote（2011）的研究并没有发现工作记忆容量大小和被试句子理解加工能力存在相关性。她采用自控步速范式考察英语 – 西班牙语的双语者在数性一致（符合语法）和不一致条件下（不符合语法）的句子理解的反应，发现被试对句子是否违反语法的敏感程度和工作记忆容量无关。

2）习得年龄

语言习得的"关键期假设"（Lennegerg，1967）认为大脑的可塑性随着年龄的增长而减弱，从而决定了青春期后的成年学习者在二语的语音、语义、语法和句法最终所能够达到的水平。这一假设得到了许多研究的证实——习得年龄对二语的句法加工有着非常重要的影响。

Liu et al.（1992）考察了汉英双语者和英汉双语者句子加工的迁移策略模式，研究发现晚期二语学习者为正迁移提供了强有力的证据：晚期汉英双语者将汉语中基于有生性的句子加工策略迁移到英语的句子加工，晚期英汉双语者则能够将英语中的基于词序策略迁移到汉语句子加工；而对于早期的双语学习者，则呈现出灵活的加工策略，他们能够在汉语句子加工中利用有生性信息，而在英语句子加工中更多地利用词序信息，并且出现了负迁移，即将二语的加工策略迁移到一语的句子加工。这些不同的句子加工模式表明了习得年龄即接触二语的语言经验同样对句子加工产生重要影响。

Weber-Fox & Neville（1996）通过 ERP 技术考察在 1—3 岁、4—6 岁、7—10 岁、11—13 岁和大于 16 岁开始接触英语的汉英学习者在语义违反和句法违反条件下的句子加工过程。实验结果发现，在语义违反的条件下，所有的汉英双语者和英语者相似，出现 N400 效应，但 11—13 岁和大于 16 岁年龄段接触英语的汉语学习者的 N400 波峰的潜伏期相对更长。在句法违反条件下，1—3 岁开始接触英语的双语者，没有像单语者一样在早期（125 毫秒）负波增强，但在 300—500 毫秒时他们和单语者一样，负波在左颞和顶叶部位达到最大，并且在 500 毫秒左右出现广泛分布的正向转移；4—6 岁和 7—10 岁开始接触英语的双语者同样不存在由短语结构异常而诱发 N125 效应增强，而后期（300—500 毫秒）的负波在左半球最为突出，但没有显示出明显的电极部位效应，这两个阶段的双语者在 ERPs 中观察到的后期正迁移与单语者相似；11—13 岁接触英语的双语者的 ERPs 显示出明显的 N125 增强效应，但与单语者和早期接触的双语者不同，这种效应在右半球更大，此外，在 500—700 毫秒之间没有晚期的正向转变，而是在 700 毫秒左右开始有非常晚的正向增加；最后，尽管大于 16 岁接触英语的双语组与 11—13 岁接触英语的双语组有类似的英语学习年限，但他们的 ERPs 对短语结构的异常表现出更明显的不同，晚期学习组的反应对任何成分都没有显示出左半球的特殊性，N125 的增强在右半球较大，300~500 毫秒之间的负性增加是双侧的，并趋向于在右半球较大。此外，16 岁以上的双语组的反应在晚期并没有正向转变。

3）二语水平

二语学习者的句子加工策略会随着语言水平的提高而动态发展。MacDonald & Heilenman（1992）基于英语和法语的语法差异，考察了英语母语者随着法语学习水平的提高，句子加工策略有了相应发展。在英语中，英语母语者更加依赖词序而指派施事角色，而法语中该指派任务依赖于动词一致性、词序和有生性。实验结果表明，随着语言接触越多，熟练程度提高，二语学习者的句子加工策略更加向母语者靠近。

同样，Keating（2009）采用眼动追踪技术考察母语为英语的西班牙语二语初级学习者、中级学习者和高级学习者的语法词性一致性（gender agreement）的掌握情况。研究发现，只有高级二语学习者对性数不一致违背反应敏感，并且和母语者不同的是，即便是高级二语学习者，他们只对相邻两词之间词性不一致敏感，当两个词距离更远时，对语法的敏感并不显著。Jiang（2004，2007）的实验结果表明，中级到高级的中国英语二语学习者对数的一致性违背并不敏感。这两项研究都支持了浅层结构假说。然而，Coughlin & Tremblay（2013）也考察了不同语言水平和工作记忆对二语学习者形态一致性的影响。实验测试了法语二语水平为中、高级的英语母语者在加工数的一致和不一致时，发现只有高水平的二语学习者和母语者在对数的一致性违背表现出相似的敏感，这种敏感不受数一致的词之间的长、短依存关系影响。

Rossi et al.（2006）通过 ERP 技术考察了语言水平对德语和意大利语晚期双语者句子加工的影响。实验的刺激材料均为含有词类违反、形态句法一致性违背其中一种情况或两种情况的简单主动句。实验对象为高、低两个水平的德语双语者和意大利语双语者。实验结果表明，两种语言均发现高水平的二语学习者和母语者一样，在所有的句法违反条件下出现相同的事件相关电位成分。对于词类的违反，出现了早期左负前波成分（ELAN）以及晚期 P600 成分的再分析过程；对于语法错误，则出现了左负前波（LAN）以及 P600 成分；而对于涉及词类违反和语法错误结合的情况，其脑电成分与仅有词类违背的情况相同。对于高水平的二语学习者，波幅上和母语者略有不同，句法加工的时间进程基本和母语者相当；而对于低水平的二语学习者，他们与母语者表现为质的不同，他们的句法加工的时间进程并没有出现 LAN 成分，并且 P600 成分在各个条件下都延迟出现。这些发现表明，高水平的二语学习者确实能够接近母语者水平。

曾涛和赵龙（2021）则采用移动窗口技术，考察不同水平的二语学习者对暂时歧义句的加工情况。实验操纵了英语水平（高／低）、动词倾向（直宾倾向动词／从句倾向动词）及补语类型（有／无"that"线索），结果发现，直宾倾向动词的加工难度高于从句倾向动词的加工难度，且补语类型为名词短语时，高低水平英语学习者之间的差异最为明显，并且影响语言信息提取及整合的时间进程：高水平学习者具有更多的句法自主性，能在加工早期完成各类信息的加工和整合，且当词汇的句法信息与 that 线索相匹配时更具加工优势；低水平二语学习者并不具有句法解读能力，他们更多地利用词汇语义信息来进行预测处理，往往只能在加工晚期利用句尾补偿策略完成句子理解。

3.5.3 汉语二语句子加工研究

汉语句法加工研究主要包括汉语二语句子加工策略，"把"字句、"被"字句、关系从句和话题句的加工等。汉语二语句子加工研究主要围绕"浅层结构"假设和"接口假设"展开。

1. 汉语主动句、被动句和"把"字句的加工

"把"字句是汉语特有的句式，因其特殊性和重要性而备受学者关注。被动句在任何语言中都存在，具有跨语言可比性，汉语有长被动句（"张三被李四打了"）和短被动句（"张三被打了"）。由于"把"字句和被动句可以相互转换，经常把它们放在一起研究。关于"把"字句、被动句习得的早期研究，往往以描述学生的偏误为主（靳洪刚，1993；李大忠，1997）。靳洪刚（1993）将"把"字句的习得分为三个阶段。第一阶段，英语学习者把英语的语法概念带到汉语中，把"把"字句看成

简单的"主 – 宾 – 动"的语法句式；第二阶段，二语学习者意识到"把"字句的运用与语用及主题有关；第三阶段，二语习得者逐渐清楚地认识到汉语是一种主题突出语言。黄月圆和杨素英（2004）则通过三项"把"字句专题测试，探讨母语为英语的汉语二语学习者"把"字句的习得情况。研究发现，英语二语学习者对"把"字句的终结性和完成性的关键语义有明显的意识，这种意识与语言习得中的"情状假设"普遍倾向一致。黄月圆等（2007）通过自然作文语料和专题测试语料考察习得者产出和理解汉语"被"字句，同样发现"被"字句的习得过程中受终结优先普遍倾向的制约。

李凌和高立群（2012）采用移动窗阅读范式考察高水平日韩学习者对汉语 SVO 句、"把"字句和话题句的加工。研究结果表明，汉语二语学习者受到的句法和语用影响大于汉语母语者，而语义对母语者的影响大于二语学习者。这种结果可能是因为汉语是严重依赖语义的语言，相比较而言，日语和韩语对语义的依赖程度没有汉语那么高。杨洋（2012）采用 ERP 技术考察了汉语母语者和德国二语学习者对汉语长"被"字句的加工，以验证"句法优先说"和"语义中心说"。实验材料为正确句、语义单违反句、词类单违反句和语义词类双违反句。结果表明，语义词类双违反句条件下，母语者诱发了明显的语义加工 N400 效应，与"句法优先说"不符，学习者出现了较晚的 N400 效应，且波幅较小，后期持续性负波在每个违反条件下都存在，也与"句法优先说"不完全吻合。

2. 汉语双宾句、"被"字句的启动效应研究

曹贤文和牟蕾（2013）通过图片描述任务，考察汉语二语者的"把"字句和"被"字句启动效应。研究发现，"把"字句的启动效应强于"被"字句，汉语水平对这两种句式启动效应的影响不显著。同样，查芸芸、吴思娜（2014）通过图片描述任务发现，无论用主动句、"把"字句还是"被"字句启动，被试都产出更多的主动句结构。但对于母语者而言，存在汉语句法启动效应，"把"字句启动效应显著；但高水平的二语学习者主动句的句法启动效应更强，"把"字句的启动效应更弱，"被"字句的启动效应没有显著差异。

张金桥和王明月（2013）采用组词成句的启动范式，考察中级留学

生在句子、短语和词三种启动条件下汉语句子产出中的句法启动效应。研究发现，句子和短语启动条件下，"给"字句和"把"字句启动效应显著；而在词启动条件下，"给"字句没有句法启动效应，但"把"字句启动效应显著。实验结果表明，句子和短语均能激活句法信息；但在词启动条件下，只有语法标记强的词，如"把"字句才能激活句法信息。

3. 汉语关系从句研究

汉语二语加工研究较多的句法结构是关系从句，主要探讨主语关系从句和宾语关系从句的加工优势。Cui（2013）采用自定步速阅读任务和问卷，考察母语为中心语前置语言（英语、西班牙语、法语）和中心语后置语言（日语、韩语）的中级汉语学习者对汉语关系从句的加工。问卷结果表明，所有的被试都表现出主语关系从句比宾语关系从句更难加工；自定步速阅读结果表明，对修饰主句主语的主语关系从句的加工比宾语关系从句更慢，相对于母语中心语置后的语言，母语中心语在前的汉语学习者加工宾语关系从句更难。Xu（2014）采用自定步速阅读任务、书面句子补全任务和句子组合任务，考察了母语为英语的学习者对汉语主语关系从句、直宾关系从句、间宾关系从句、介词宾语关系从句的加工，研究结果与"名词短语可及性层级"一致，主语关系从句比宾语关系从句更容易加工，其中"指示词＋量词＋主语"关系从句结构加工得最快。

4. 其他研究

洪炜（2012）通过句子接受度测试和选词填空测试考察了汉语二语学习者对近义词语义差异和句法差异的习得情况，研究发现二语学习者对近义词句法差异的习得好于语义差异的习得；而在各种句法差异中，凸显度较高的差异点的习得好于凸显度低的差异点的习得，表明差异凸显度是影响二语学习者近义词习得的重要因素，差异凸显度越高，习得越容易。另外，句法差异的习得早于语义差异的习得，汉语二语者随着语言水平的提高，不仅能够依靠句法线索区分近义词用法，而且能够利用上下文语境对语义差异进行分析。

袁博平（2012）通过汉语二语学习者（英语母语者、日语母语者）

掌握汉语 wh- 不定代词的研究，来探讨汉语二语语法中 wh- 不定代词在语义和句法界面上是否与制约成分连接并妥善制约的问题。研究发现，汉语二语学习者（英语母语者、日语母语者）无法完全掌握汉语 wh- 不定代词在语义和句法层面的界面关系，在这些二语学习者的语法认知中，并非所有的制约成分都能对 wh- 不定代词进行妥善制约。袁博平认为，他们的句法与语义之间的界面出现了断层或线路不通，即成人二语语法存在缺陷，这一分析也支持了 Sorace & Filiaci（2006）提出的接口假设。袁博平（2015）再次围绕"接口假设"，考察了汉语的"非宾格动词与非作格动词"、"存在极性词（existential polarity words）"、"疑问词话题化"、"到底……"等语法点中内部接口"句法 – 语义"和外部接口"句法 – 语篇"、"句法 – 语用"的习得情况。研究发现，就区分汉语中的非宾格动词和非作格动词而言，英语母语者的汉语二语语法中并未建立起句法 – 语义接口，但 Yuan（1999）在对超高级组的二语学习者进行个体分析时，发现 4 名超高级组中的被试能够区分汉语中的非宾格和非作格动词。同样，Yuan（2010）的"存在极性词"研究表明高级组的学习者呈现出了与汉语母语者类似的表现。类似地，在 Yuan & Dugarova（2012）考察的疑问词话题化的研究中，二语学习组与汉语组无显著差异，因此该研究认为二语习得中的不稳定性和不确定性的根源并不一定是接口本身，而是界面所需的信息处理量。

洪炜等（2021）通过句图匹配任务考察汉语二语学习者句子加工的心理模拟程度，即将世界百科知识和经验激活并整合进句子语义的能力，来探测二语者的语义整合能力。实验任务为要求被试判断图片中物体是否在句子中提到，不要求被试关注物品形态。实验逻辑为如果图片中物品的形态信息显著影响被试的反应时和正确率，则说明被试在句子阅读加工时激活了心理图像并进行了有效的心理模拟。实验结果表明，高水平的汉语二语学习者与汉语母语者类似，在句子暗示的物品形态信息与随后图片呈现物品形态不一致时，再认速度和正确率显著下降；但中级水平汉语二语者与母语者的语言整合水平有显著差异。

何美芳等（2019）采用眼动技术，从语言类型学角度出发，考察不同语言类型的二语学习者对汉语动结式（resultatives，S-V-O-AP）的加工，并将其与汉语母语者对比。实验中涉及两种动结式：强动结式（strong resultatives）和弱动结式（weak resultatives）。如例 16 所示，

16（a）中对应为强动结式，即动词和形容词的意义完全独立开来，最终造成的结果不能从动词的语义中推测出来；16（b）中对应的动结式动词为造成的最终结果负责，尽管并不一定暗示或引发某种变化。例如，动词"dye"（染）并不包含"pink"（粉红色）的概念，但却包含"color"的概念。

例 16（a）张三擦干净了桌子。

　　　（b）张三哭湿了手绢。

实验结果表明，在强动结式和弱动结式类型的在线加工中，汉语母语者的首注视时间及第一遍阅读时间都没有显著差异，但弱动结式的总阅读时间与注视时间都少于强动结式，说明从动词语义中能推测出补语所代表的结果时加工更流畅，其语义的整合是基于动结式的即时加工，这一加工过程已经高度自动化；而二语者对动结式的注视时间更长，回视较多，反应了再加工的难度。另外，不同母语类型的二语者加工模式也存在明显差异：对于母语中有强动结式的二语者，他们对强、弱动结式的加工时间和效果相同；对于母语中无强动结式的二语者而言，其加工模式与母语者相反，表明二语者更加倾向延时的整合加工。因此，汉语动结式加工具有显著的类型学效应。

张广勇和王俊菊（2019）采用语法判断任务调查汉语水平和量词类型对四种量词结构（指量结构、不定量结构、数量名结构和形容词插入结构）习得的影响。研究发现四种量词结构习得存在差异，二语者最先习得数量名结构，之后依次为指量结构、不定量结构，形容词插入结构最难习得。该研究印证了 Sorace & Filiaci（2006）提出的"接口假设"，即二语者在内部接口（句法－语义接口）可以达到母语者水平，如数量名结构和指量结构；但在句法－语用等外部接口方面存在缺陷。

石高峰和杨彩影（2021）考察了汉语母语者和汉语二语学习者对动词句法框架的信息加工机制，以及不同水平的二语习得者对动词句法框架的习得过程。结果发现，同一句法框架条件下，汉语母语者对动词的优势句法框架句的加工速度显著快于动词的非优势框架句，表明动词句法框架的使用频率是影响句子加工的重要因素；而二语者和母语者相比，在句子加工中动词本身的句法框架得到激活，表现为动词的优势句法框架信息在动词的优势句法框架句和非优势句法框架句的加工过程中都得到激活，但在非优势句法框架句的加工中，动词的优势句法信息加工存在激活 – 抑制，并且二语者的动词句法框架信息激活程度未达到母语者水平；另外随着二语水平的发展，二语者的句法框架信息加工能力不断增强，但即使是高水平的二语者与母语者相比，仍存在较大差异。

3.6　小结

　　本章对句子理解的相关理论进行了较为全面的介绍。首先是经典的句子理解理论模型，包括两阶段论模型和基于制约的模型；随后介绍了对这两个模型进行补充和完善的理论模型，如识解理论、词汇框架理论、非限制性竞争模型等，之后介绍近年来大量的认知神经研究带来的理论的最新发展，如三阶段论模型、扩展论元依存模型、MUC 模型等。

　　基于以上理论产生了大量的实证研究。3.3 小节从影响句子理解的因素介绍了近年来的相关研究，这些因素大致可以分为语言因素和非语言因素。其中，语言因素包括生命性影响、动词论元结构、题元角色、动词终结性和结构复杂性，非语言因素包括工作记忆、年龄、语境等。3.4 小节则简要回顾了汉语句子加工的进展，主要包括汉语歧义句加工、汉语关系从句加工以及影响汉语加工的各类因素。3.5 小节介绍了二语句子的加工，首先介绍了二语句子加工的相关理论：浅层结构假说、接口假说以及统一竞争模型。影响二语加工的因素包括来自一语的影响：动词次范畴化以及论元结构的使用频率等语言因素，也包括工作记忆、习得年龄等非语言因素。接着，重点介绍了汉语二语句子加工的最新进展。

　　然而，当前的句子理解理论大都是基于印欧语的实证研究，未来跨语言以及不同类型学研究或将为句子理解研究提供更多的视角。汉语作为一门独特性的语言，其研究将有助于了解人类语言的发展及其奥秘（杨梅、严晓朦，2019）。

第 4 章
语篇理解研究

4.1　语篇理解的研究问题

　　语篇理解是语言和思维互动的过程，在这个过程中，我们不仅需要理解单独的词和句子，还需要对句子间的表征加以整合，从而实现语篇的连贯性理解。连贯和衔接是构建语篇有效、连贯的心理表征的两大手段，也是语篇理解研究的最基本的问题。基于这两个基本问题，语篇理解研究的主要问题还包括语篇理解理论、语篇理解策略、语篇理解记忆、语篇图式、会话理解、汉英语篇对比及理解加工。

4.1.1　连贯

　　连贯往往需要通过推理来构建事件之间在逻辑和心理上的连续性，推理涉及从字词到句子到整个语篇理解的各个环节（Virtue & Sundermeier，2016）。语篇推理加工是语篇心理表征连贯性的保证（王震、范琳，2012）。Haviland & Clark（1974）提出，语篇推理是指读者无法从语篇中获得而必须从工作记忆或长时记忆中提取信息，在语篇的句子之间建立连贯性的过程。例如，"她吃完饭了。碗已经空了。"读者需要结合词汇"吃"的意义，以及世界知识"饭盛在碗里"作出推理，后文的空碗是吃完饭产生的。

　　语篇中包含大量隐含信息，读者在阅读文本时通常会根据自己的需要进行不同类型的推理。基于不同的侧重点，研究者将推理划分为不同类型。

　　首先，根据推理中所需的不同知识种类，推理分为基于语篇的推理

（text-based inference）和基于知识的推理（knowledge-based inference）（Carlson et al.，2014），如语篇中的回指推理主要是基于语篇知识的推理，而因果推理主要是基于世界知识的推理。

其次，按照阅读进程的方向和推理产生的信息之间的不同关系，推理可划分为前向推理和后向推理。前向推理是指读者描述语篇中将要发生事件的预期性表征，也称作前向因果推理或预期推理（Singer & Ferreira，1983）。此类推理可以使读者更加容易地整合预期事件的信息，加快后续匹配信息的加工进程，使阅读得以顺畅进行。后向推理为当前语句和先前语句提供因果联系，又称为后向因果推理、连接推理、搭桥推理或因果搭桥推理（Singer et al.，1994）。

再次，依据推理在语篇表征建构中的作用，可以区分必要推理（necessary inference）和精加工推理（elaborative inference）。必要推理是指维持局部连贯的推理；精加工推理则是指维持语篇整体连贯的推理。根据推理需要在语篇中获取的信息容量，精加工推理又可进一步划分为内涵推理和外延推理。内涵推理指的是读者在推理中需要利用语篇的大量信息来激活心理表征；外延推理指的是读者根据语篇中有限、少量的信息产出的推理。

最后，根据推理生成的时间进程的不同，推理可以划分为延时推理和即时推理。如果读者在完成阅读语篇任务后进行的策略性推理，就被称为延时推理；反之，如果读者在语篇阅读的过程中实时地整合和建构语篇意义，则被称为即时推理。

此外，视角不同，推理类型则不同。有些推理类型虽然没有具体归入某一分类，也受到广泛关注，如主题推理。该类推理是读者阅读语篇时形成的关于语篇的结构、要点和主题的加工活动，能帮助其建立关于语篇的综合心理表征，保证语篇以较为稳定的方式存储于记忆中（范琳、刘振前，2005）。

与此同时，近年来神经科学研究的发展也为上述语篇推理的理论研究提供了神经基础。

最早引起研究者注意的现象是右脑损伤所导致的失语症影响语篇推理能力。Brownell et al.（1986）首先报道了右脑损伤患者难以根据后句对已经由前句形成的知识进行修正。Beeman et al.（1994）发现 RHD 患者虽然可以生成句子的字面语义表征，但不能将各项表征联系起来做出推理。这项研究结果表明，右脑是推理的关键区域，可能承担着处理粗略语义的功能，负责建立句子语义信息之间的关联。在此基础上，Beeman et al.（1994）提出了粗略语义理论，这对右脑在推理中的功能具有理论上的开创性。还有一些研究认为，右脑只是借助工作记忆的功能参与推理，而非直接进行语义推理。右脑损伤所造成的工作记忆能力低下，使 RHD 患者只能在显性线索提示的条件下进行推理（Lehman-Blake & Tompkins，2001；Prat et al.，2011；Tompkins et al.，1994）。此外，一些研究认为前额叶区在语篇推理中发挥重要作用（Ferstl & Cramon，2001；Friese et al.，2008；Keil et al.，2005；Sieborger et al.，2007）。

另有一些研究者认为语篇理解依靠神经功能网络的作用。该类研究认为，推理过程十分复杂，需要多种神经活动（如小句理解、语义联系、推理判断等）的参与和配合才能完成语篇理解。目前学界主流的语篇加工神经模型是语篇平行加工网络模型（Mason & Just，2006）和扩展语言网络模型（Friese et al.，2008）。语篇平行加工网络认为，多个与传统语言区分离的脑区分别负责处理推理的不同模块，其中右颞中回和颞上回负责粗略语义加工网络，双侧背外侧前额区负责连贯监控网络，左侧额下回和左侧颞叶前部负责语篇整合网络。扩展语言网络模型认为，负责语篇的神经功能网络包括左侧前额皮层、韦尼克区及周边颞叶和左侧背内侧前额叶皮层。理解任务的类型决定了外侧前额皮层和右脑的参与程度，语篇推理很有可能与前/后顶内侧区相关。但目前采用该范式的研究尚未得出统一的结论。Xu et al.（2005）发现，被试在理解无关词列、不相关句子和连贯语篇时，激活范围逐步扩大：句子条件激活额叶岛盖和双颞极，语篇条件则进一步激活外侧裂区域，包括楔前叶、中前额叶皮层和颞–顶–枕背侧区。同时，随着语境逐渐复杂，右脑逐步被激活，在语篇条件下激活程度达到最大。

4.1.2 衔接

1. 语句内衔接

人们在语篇建构过程中面临着各种复杂语境，需要实现的语篇目的多种多样。在语言系统由虚拟向现实的转换过程中，语篇建构者需启动长时记忆的虚拟语言知识，并与特定语言环境相结合来完成话语交际，以达到交际目的。认知语言学认为，任何意义都有其特定的结构形式。用这种观点看，人与人之间的交际过程同时也是观念被激活的过程，更是对语言知识的提取与选择过程，所选结果暂存入短时工作记忆中。因此，在整个言语活动过程中，概念都处于动态发展之中。甚至在复杂语境下，哪怕是构建十分简单的话语，人们所要激活的观念及其相互关系也十分复杂，一时间很难把握，很难驾驭，所以必须要发展一套与索引相似的语言符号，以便将启动的概念与关系进行整理与管理，以使得激活后的概念关系能完整、有序地存储于工作记忆中，由此完成话语交际，实现话语目的。正是由于这个原因，我们把语篇中所包含的概念与联系作为一种特殊形式进行编码处理，形成了具有一定结构特点的词汇、词组和句组等。这套索引符号就是认知语言学中所界定的语篇中的一种衔接手段。基于此，王洪亮等（2021）提出"语篇衔接连续体"的概念，把小于语句和超语句的衔接统一看作是一个连续体，都是组织概念和知识的形式和手段，在人的认知能力、语言能力等方面都起着举足轻重的作用。

在以英语为代表的印欧字母语言里，语句层面的衔接主要体现为以主谓一致关系为框架，以时、体、态、性、数、格以及其他功能词为辅助的语法体系。一个语句，如果把上述句法衔接手段抽取掉，只会剩下一堆杂乱无章的概念和关系，缺乏架构的支撑，甚至不能称其为一个命题。这种缺乏衔接的话语被隐喻性地称为"只有血肉，没有骨架的话语"。这表明语法体系自身是语篇衔接的一种重要手段，组词成句时，语法成分构建是从长时记忆向临时工作记忆启动与选择的过程。除了小句以外，短语层面上的衔接形式也是激活与选择的关系。语法是衔接的基本手段和主要方法，语法规则与语法知识通过框架、网络等方式储存在人们长时记忆之中，它在人的认知能力、语言能力等方面是最为活跃的一部分，起着举足轻重的作用。一门语言不论其语法知识或语法体系多么庞杂，同其他实体概念及知识相比，均为很小的部分。用很小一部分知识来组织和构建大量的其他实体概念与知识，这是人类认知和语言经济性的体现。世界上的语言，不管是相对成熟还是较为原始的语言，它的语法均能承载实际交际、建构话语等功能，这是语法体系作为话语衔接手段有效性的具体体现。

2. 超语句衔接

从认知经济性的角度来看，超语句的话语衔接主要体现为如何再次提及或使用已经出现过的话语要素的过程。分析过程应该是着手发现已经出现过的语言要素以及结构模型以何种方式被再次使用、修正或者压缩包装，具体的过程包括"再现、替代以及省略"等各种语言手段的综合运用。下面我们将通过分析再现衔接，探讨语篇衔接的选择性、过程性、动态性以及认知性相结合的分析范式。

最为简单和经济的再现手段是对前述中所呈现的词或结构进行简单的复现，包括词汇重复和结构重复。重复手段的使用必须与情境性、信息性等标准相结合，否则分析过程将会片面，无法令人信服。在构建话语时，人们并没有选择无原则地重复，原因是这样做既不符合认知经济性原则，也不能提供有用的新信息，同时也不符合语篇的信息性原则。

再现衔接除包含简单重复外，还有大量"部分重复"，它是指一些基本语素或者词素在话语的不同语法环境下反复出现，分属于不同的词类的情况。在印欧字母语言中，这种情况尤为常见。从语言的认知经济性角度来看，简单或局部重复使已活化概念再次使用或保持在线，是人类最主要的语言认知策略与方法之一。在语篇构建中，恰当运用重复这一衔接手段，能够提升语篇经济性。但是，如果在话语中过多地运用重复，语篇的信息性就会下降，从而损害语篇有效性。鉴于此，人们通常会选择另外两种再现的衔接手段——"排比"和"解释"。

在认知与再现视角下，"排比"是重新激活表层的语言形式，使其处于在线的状态，但却填充以不同概念内容的话语建构过程。作为一种话语衔接手段，"排比"与"重复"的区别在于"排比"可以兼得语言的经济性和信息性并能产生语用效果，进而满足语篇建构者的语用目的。与"排比"不同，"解释"意味着具体论述内容相同或者相似，而语言表达形式不同。"解释"似乎更多受到情境性、语篇互文性等因素的制约。

4.2　语篇理解的研究方法

　　语篇理解的研究方法可归为离线测量和在线测量两类。这两种分类标准主要以对被试阅读的测量是发生在完成语篇阅读之后还是在语篇阅读过程中。离线测量是阅读完语篇后进行的测验；在线测量则是对语篇理解的即时过程进行观察和研究。

4.2.1　离线测量

1. 回述法

　　回述法（recall）指被试在完成阅读语篇的实验任务之后，根据实验要求，自由回述（free recall）或依据所给线索回述（cued recall）所读内容。其目的是观察被试在推理过程中进行的思维活动。如果读者在阅读中产生了推理，这些原本隐含的推理信息就有可能出现在回述中。

2. 再认法

　　再认法（recognition）的基本做法是，被试在阅读一个段落的过程中或者是阅读后，立即被呈现一个或多个代表目标推理概念的探测词（probe word）。这个段落有可能是推理段，也有可能是控制段。被试必须用按键的方式表明这个目标词是否在段落中出现过。再认法的实验原理是：如果被试在阅读推理段时推理概念被激活，被试区分推理所得信息和显性信息的难度就会增加。在推理段中，探测词没有在语篇中出现，被试就很难做出判断，也有可能做出错误的判断；在控制段中，探测词在语篇中出现过，被试就容易做出判断。对探测词的再认潜伏期包括测试词的词汇提取时间、将探测词对照语篇记忆的时间和被试做出判断的时间。

4.2.2 在线测量

1. 阅读时间法

阅读时间法主要通过比较同一个目标句或关键句在推理段和控制段下的不同阅读时间来探索被试的理解过程。该类实验一般采用动窗技术，以阅读时间为研究指标。动窗技术可以实现读者的自控速阅读和语篇的快速序列呈现。自控速阅读是指计算机呈现实验材料，被试通过按键自行决定阅读速度，完成材料阅读任务，由计算机自动记录其反应与反应时。当被试完成当前内容的阅读后，再作一次按键反应，出现下一内容。被试两次按键的时间间隔即是被试对实验材料的反应时间。快速序列呈现范式是指电脑屏幕每间隔一定时间，在同一位置（通常为屏幕中央）依次呈现一系列刺激项目（通常为字母、数字、词语、图片等），接着用相同形式的后续刺激掩蔽前一次呈现的刺激。以预期推理的研究为例，实验者设计阅读材料，使关键句所表达的内容与目标预期推理即实验中设定的预期推理相矛盾。如果被试在阅读中激活了与目标预期推理一致的预期推理，那么，他们在阅读与推理相矛盾的句子时就会用更长的时间。这样，比较被试在推理段和控制段中关键句的阅读时间，就可以推断被试在阅读中是否产生了推理。

2. 启动技术

在启动范式中，被试在计算机上完成语篇阅读任务后，进行阅读测验项目的连续配对。语篇内的命题（语境或启动词）作为配对中的第一个成分率先呈现，另一命题（目标部分）在第一个命题消失后随即呈现。被试需快速且准确地判断目标刺激的真假性或作再认判断，由计算机记录他们的反应时与正确率。若语境或启动词等启动项目能够启动目标，目标的反应时应该短些。项目间的关系越密切，启动效应越大。

启动范式认为，知识在人的大脑中是以网络结构的形式储存的，网络结构中关系密切的节点相距较近。当结构中某一节点被激活，激活就沿连线向四周扩散，先扩散到与之相近的邻近节点，再扩散到其他节点。也就是说，知识是根据语义联系程度表征在长时记忆中的一种网状联结。

根据所考察的心理联结的性质，一般将启动范式分为概念性启动和评价性启动。概念性启动旨在考察启动和目标之间的概念性联结，即语义联结。该类启动所激活的是陈述性的记忆内容，对目标词的效价没有特别要求。概念性启动实验一般采用词汇判断任务，即判断目标词是不是真词，有时也采取口头报告任务。评价性启动是指测量态度的启动程序，也被称为情感启动。评价性启动旨在考察启动与目标之间的评价性联结，而不像概念性启动那样关注语义联结。因此，其关键特征是目标在效价上的变化。

3. 反应时法

反应时法是通过测量并比较被试对目标词汇做出反应的时间来探测推理的产生。反应时法一般利用自定步速阅读技术，被试通过电脑对阅读段落进行自定步速阅读，并由电脑记录反应时。反应时法主要包括命名、词汇判断、语义分类、同一性判断四种基本方法。

命名法是指被试在完成语篇阅读任务后，需大声读出一个字、词，或是一个项目的名称，记录其词汇提取和发音时间，即命名时间或称命名潜伏期。命名法可以测定识别一个字或词的时间，以及影响字词识别的各种因素。命名法的最大优点是符合正常的阅读情况。

词汇判断任务要求被试对目标刺激是否是真词做出迅速判断，并记录其反应时和正确率。词汇判断法要求被试加工词汇的视觉信息、语音信息，以确定输入的刺激是否是词（或字），因而对探索词汇通达的过程有重要的作用。在研究词汇的视觉特征、语音特征和词频对单词识别的影响时常使用这种方法。

语义分类任务要求被试对一个词是否属于某个范畴做语义判断。如刺激词是"向日葵"，要求被试判断"向日葵"是否属于"植物"这个范畴。

同一性判断任务要求被试判断同时呈现或相继呈现的词对是否相同。同一性判断包括形、音、义三个方面。这种方法可用来研究词汇的形、音、义等信息的提取，以及这些信息的相互作用。

4. 共时内省法

共时内省法（或称有声思维法）要求被试在进行阅读任务的同时，说出大脑思考的内容，由主试进行录音并进行分析，从而揭示被试在阅读时的策略采用信息、短时记忆信息以及被试意识层面的语篇表征信息。但共时内省法具有干扰正常阅读过程、易受读者语言表达能力差异的变量影响等局限性。

5. 眼动记录法

眼动记录法是指通过眼动仪在被试阅读过程中记录眼动指标数据的一种方法。眼动指标数据是实时认知加工的指标之一，通常从兴趣区中被提取出（Godfroid，2020）。眼动指标可分为早期眼动指标和晚期眼动指标。早期眼动指标主要包括首次注视时间、凝视时间、单一注视时间等，反映了对目标词进行编码时信息激活等自动加工和低水平加工；晚期眼动指标主要有重读时间、整体注视时间、注视次数、回视次数等，反映了未激活并整合至不断变化的语篇表征中的信息加工情况（Cook & Wei，2019）。

眼动记录法能够极大限度地保障被试的自然阅读过程不被干扰，被视为最接近自然阅读过程的研究方法（Cop et al.，2015）。与 ERP 和 fMRI 技术相比，这种方法更为契合自然阅读条件，同时提供了高时间分辨率和各种加工指标（van Moort et al.，2020）。这主要是得益于眼动技术可以在保障将书面文字完整地呈现在电脑屏幕的同时，使被试能够按照自己的阅读习惯和速度完成文本理解，但关于书面文字的 ERP 研究则依赖逐字的序列视觉呈现文字（Godfroid，2020）。

6. 事件相关电位

事件相关电位是指施加一种特定的刺激，作用于感觉系统或脑的某一部位，在给予刺激或撤销刺激时，在脑部所引起的电位变化。与语言相关的脑电成分（如 N400、LAN、P600 等）的变化能反映语言认知过程的变化，由此可以反映语篇加工强度和加工过程。ERP 的时间分辨率极高，可以展现大脑神经活动在数毫秒内的细微变化（杨唐峰、俞瑭，2011），从而精确地揭示出语篇认知加工中不同信息作用的时间进程。同时，ERP 是一种无创性技术，可在被试不执行任何实验任务的条件下连续、即时地记录被试的脑电活动，直接为语篇理解提供神经生理活动的指标。但是，采用该技术进行语篇认知研究也有一些不利因素，如空间分辨率低，操作较为耗时、被试易疲劳，刺激呈现的方式受限等。

7. 功能性磁共振成像

功能性磁共振成像（functional Magnetic Resonance Imaging，fMRI）是指通过磁振造影测量神经元活动所引发的血氧浓度变化，从而实时观察脑功能变化。如果某一脑区在单位时间内血氧消耗量比正常状态时大，就说明此脑区是处于被激活状态的，而且依据单位时间内血氧消耗量的大小可以分辨出不同的激活程度。通过设计语言刺激方案，观察语言刺激与脑区的范围、激活程度之间的关系，可以研究语言功能与人脑之间的关系。

与其他成像手段相比，fMRI 具有如下优点：第一，fMRI 为无创性方法，简便易行。第二，它可以同时提供结构和功能的图像，能够进行准确的功能定位。第三，它具有非常高的空间分辨率，且能实时跟踪信号的改变。第四，有大量的成像参数供研究者自由控制，以实现各种特点效果的描记。但 fMRI 时间分辨率不高，实验设备造价昂贵，且对被试的要求较高，如不能有脑损伤病史、身体内不能植入金属、不能有幽闭空间恐惧症等。

4.3 语篇理解理论

语篇理解研究至关重要，因为句子很少孤立存在，离开了语篇容易产生歧义，甚至语义模糊，我们必须通过加工语篇来理解句子。语篇理解不是被动的过程，而是主动的认知加工。读者在语篇理解的过程中，会参与复杂的认知过程，包括建立心理表征，以捕捉语篇本身的特征。早期语篇理解研究聚焦于读者对语篇内容的记忆以及阅读引起的记忆表征。随着语篇研究方法的发展，出现了多个语篇理解理论。

4.3.1 建构 – 整合理论

建构 – 整合理论（Construction-Integration Model）（Kintsch，1988;

Kintsch & Van Dijk，1978）是最为著名也是研究最广泛的语篇理解理论。Kintsch 在 1988 年首次提出了建构－整合模型，它将符号特征与连接主义技术相结合，是一种混合模型，强调自下而上、数据驱动的理解过程，与计算机程序类似。之后，Kintsch（1998）将建构－整合模型扩展成一个一般的认知加工框架。

1. 语篇的三层表征

建构－整合理论认为语篇理解并不是一系列句子理解后的简单相加，而是读者对语篇内的各句子间、语篇内容与读者的语法及世界知识进行整合。Kintsch（1998）根据语篇中所涉及的心理加工水平，提出了语篇理解的三层表征：表层表征、命题性文本基础表征以及情境表征。

表层表征是关于语篇中单词或句子等语言单元的表征，其本质上是一个短语结构树，捕捉文本中的确切单词及其句法关系。命题性文本基础表征是关于命题的表征，主要通过命题和命题之间的关系来表达，也称为命题表征（Mackintosh & Jennifer，1985）。文本基础表征则是指描述文本所代表的命题的心理表征。文本基础表征接近文本本身的逐字形式，但它可以包括一些文本中没有明确提到的信息，因此在建构－整合文本基础时，一些表面信息会丢失。而情境表征指的是语篇所描述的人物、事件、行为等的认知表征，是建构－整合系统的最终目标。

2. 建构－整合过程

建构－整合理论认为，语篇理解包括建构和整合两个过程。所谓建构过程，即读者激活词汇的概念和语义，形成命题，再从已有的知识中提取相关内容来构建命题之间的联系，形成关于命题的文本基础表征。而整合过程是指，读者将语境纳入进来，确定信息的激活程度，排除不必要的信息。整合的结果是，语篇中一些命题处于高激活状态，而另一些命题处于低激活状态。高激活的节点包含了语篇的主要内容，从而形成连贯的语篇表征。

概括地说，建构－整合系统构建了三个独立的心理表征。表层形式模型表示文本中的确切单词及其句法关系。文本基础表示从表面形式中提取的一组关联命题。情境模型包括文本中直接明确陈述的信息，以及读者以推理形式提供的信息。文本按周期加工。在每个循环中，理解者输入一些命题文本，与输入文本相关的知识将自动激活。在整合阶段，读者将新命题与先前加工的命题连接起来，得出推论，并更新其情境模型。

4.3.2　建构主义理论

建构主义观点认为，意义依赖于人而不是文本，语言输入只提供"线索"，读者使用这些线索和他们的世界知识来建构意义（Bransford & Johnson，1972）。Gernsbacher（1990）提出的结构－建构框架理论和Graesser et al.（1994）提出的语篇推理的建构主义理论影响较大。

1. 结构－建构框架理论

结构－建构框架理论（Gernsbacher，1990）是一种语篇加工理论，与建构－整合理论相同，结构－建构框架理论试图解释读者如何建构语篇之外的心理表征。该理论可以应用于对口头和非口头材料（如图片故事）的理解，并呼吁采用认知机制来解释语篇是如何被理解和记忆的。Gernsbacher（1990）认为，负责话语理解的过程也负责其他可能与语言没有直接关系的认知任务。

根据结构－建构框架理论，语言理解的目标是为被理解的信息建立一个连贯的、精神上的表征或结构。语篇理解包含三个基本过程：奠基（lay foundation）、映射（mapping）和转移（shifting）。

奠基是语篇理解的第一阶段。读者在奠基后，才能为更大单元的心理表征奠定基础，如句子、段落、图片和故事情节等（Aaronson & Ferres，1983；Aaronson & Scarborough，1976；Foss，1969；Gernsbacher，1983；Haberlandt，1984）。

奠基完成之后，需要通过映射将新加工的信息投射到奠基基础上。这些心理结构的构建模块是记忆节点。信息的连贯与否，关系到记忆节点的激活。当传入的信息激活另一组节点时，被激活的另一组节点可能会形成新的子结构的基础，这就是转移加工。

2. Graesser 的建构主义理论

Graesser et al.（1994）提出的语篇理解建构主义理论主要关注理解中的推理问题。建构主义理论的主要假设来自语义后搜索原则，该原则描述了自上而下的语篇理解过程。

后搜索原则包括三个假设：读者目标假设，即读者有目的地建构意义表征；连贯假设，读者试图建构在局部水平和整体水平上都连贯的意义表征；解释假设，读者试图解释语篇中提到的行为、事件和状态的原因。

Graesser et al.（1994）总结了 13 种基于知识的推理，其中 6 种推理在绝大多数情况下是即时发生的：指代推理、格结构角色分配推理、因果先行词推理、高级目标推理、整体主题推理和主人公的情感反应推理。而 5 种推理在绝大多数情况下是非即时发生的：后果推理、类别名词的归类推理、工具推理、次级目标或行为推理、状态推理。

4.3.3　记忆基础理论

记忆基础理论又称基于记忆的加工观点，主要是针对读者是否重新激活远距离语篇信息的问题而提出的。基于记忆的加工观点认为，人们对文本中第一个字符的记忆要好于后面的字符，这可能反映出一种首要效应——在人们加工一段文本之后，对最后遇到的文本部分比之前出现的文本部分记忆得更好（Gernsbacher et al.，1989）。但是，它与其他理论取向在对语篇加工的本质理解上有所不同（Kintsch et al.，1990）。

1. 共振加工模型

Myers & O'Brien（1998）提出了共振加工模型（Resonance Model），该模型的基本假设认为共振过程是自主的、消极的、快速的，最初不会受到随后的整合阶段的影响。

文本通过共振过程激活长时记忆中的信息（Hintzman，2001），这与文本传达的信息与长时记忆中存储的信息匹配或关联的程度有关。共振加工模型支持激活和整合之间的自主性，证明了信息可以被重新激活，但在理解（即整合阶段）中不能发挥可衡量的作用。然而，需要注意的是，理解过程的完整模型必须能够解释记忆中信息的重新激活以及将信息构建为连贯表示（Graesser et al., 1994; Singer et al., 1994; Suh & Trabasso, 1993）。

2. 双加工理论

莫雷等（2012）通过实证研究提出了文本阅读的双加工理论。该理论对文本阅读的主要争议进行了整合，其核心观点是文本的自然阅读过程是连贯阅读与焦点阅读的双加工过程。读者的信息加工活动取决于阅读材料。

读者的主要目的是维持文本的语义连贯，建立连贯的文本表征。在连贯阅读过程中，如果进入的文本信息没有引发焦点信息或与焦点无关，连贯阅读加工活动会维持文本语义的局部连贯或整体连贯。焦点阅读则是指读者为了把握文本，对文本中的目标信息、因果信息等形成焦点，随后进行焦点加工。焦点阅读主要使读者把握文本的基本要旨，从而形成逻辑连贯。

基于文本阅读双加工理论的主要观点，研究者进一步提出了"协调性整合"的概念（王瑞明、莫雷，2011）。协调性整合有两种：一种是通过局部连贯推理进行局部连贯的语义整合；另一种是自动激活已经进入长时记忆的文本信息进行的语义整合。协调性整合是一种自动化的过程，读者在文本阅读过程中，并不能意识到这种信息整合方式的发生（王瑞明等，2008）。

4.3.4 事件标记模型

事件标记模型（Event Indexing Model）是一种关于人们如何从叙事文本中构建情境模型的理论（Zwaan et al., 1995）。根据该模型，情景模型的焦点是理解"人物的目标和行动……以及在现实世界或虚构世界中发生的事件"（Zwaan & Rapp, 2006; Zwaan et al., 1995）。事件标记模型考察了事件的五个维度：事件发生的时间框架（时间）、参与事件的角色（主角）、当前事件与前后事件的因果关系（因果关系）、事件发生的空间位置（空间）、事件如何与主角的目标（动机）相关。

事件标记模型将事件概念化为激活的记忆节点，事件由一组记忆节点和它们之间的连接组成。每个内存节点都针对前面提到的五个维度进行编码，当每加工一段新的文本时，将评估它与先前激活的内存节点的关系。

根据事件标记模型，如果五个维度中的一个或多个存在不连续性，则当前事件节点被停用，新节点被激活。该过程类似于结构 – 建构框架中的转移过程，层中的不连续性应产生可测量的加工成本（因为转移到新的事件节点上的工作将比继续传入信息映射到先前激活的事件节点更复杂）。事实上，人们加工产生不连续性文本的速度比直接映射到先前激活的记忆节点的文本要慢（Zwaan et al.，1995）。

4.3.5　风景模型

van den Broek et al.（1999）模拟了阅读时概念激活的动态过程，提出了风景模型（Landscape Model）。风景模型认为语篇理解是一个动态激活的过程。读者借助背景知识对语篇中不断出现的概念、命题、意象进行加工。这种即时加工引起概念和命题不断激活和衰退，其概念结点在工作记忆中时隐时现，变化的心理表征又为随后的阅读加工提供资源，构成一个网络。阅读完成时，没有新的激活与波动，由此形成了一个记忆表征，存储于长时记忆中（陈启山，2009）。

1. 风景模型的动态性

当读者阅读文本时，会激活文本所代表的概念以及这些概念之间的关系。然而，由于注意力资源有限，读者在任何时候都只能关注文本中的词汇、概念或关系的子集（Just & Carpenter，1992；Kintsch & van Dijk，1978）。在阅读循环中，有四种信息会被激活：当前文本的加工信息、之前的可用信息、当前文本的表征、读者的背景知识。

当前文本的作用是显而易见的，但其他三个来源也会影响阅读过程中概念的激活。同样地，读者经常在阅读周期中重新激活信息（Goldman & Saul，1990；O'Brien et al.，1986，1995；Suh & Trabasso，1993；

Thurlow，1990；van den Broek et al.，1996）。此外，有充分的证据表明，读者通常会自动激活与其阅读内容相关的背景边缘知识（Kintsch，1988；McKoon & Ratcliff，1992；Sharkey & Sharkey，1992）或理解所需的背景知识（Lucas et al.，1990；O'Brien et al.，1988；van den Broek et al.，1996）。

因此，读者可以在阅读时使用这四种来源中的一种来激活概念。群组激活和基于连贯的提取会导致信息通达。群组激活是指当一个命题被激活时，当前激活的所有其他命题都变得与之相关。阅读循环中激活某一概念（激活概念），则其所有的群组概念也会被相应激活。而基于连贯的提取指提取信息以达到与读者一致性或目标标准相匹配的目的。读者既可从当前的语篇表征中提取，也可从背景知识中提取，还可通过回视等方式从正在阅读的语篇中提取。

2. 风景模型建构的心理表征

风景模型认为成功的阅读结果是建构一个连贯的心理表征。风景模型建构的心理表征的形态主要受概念激活、Delta 学习规则以及群组竞争因素影响。概念激活是决定语篇表征形态的最重要的因素，既反映了该概念在语篇表征及阅读理解中的相对重要性，也反映了记忆表征中两个概念的联系强度。Delta 学习规则是人工神经网络研究中的一种神经网络算法，它描述了神经元所接受信息权重的梯度下降趋势（Tzeng et al.，2005）。概念在表征结构中如网络般互有关联，激活某一概念可以引致此概念群组内其他相联系概念的激活，这些被激活概念与激活概念之间的各关联路径会互相竞争资源，由此表现出的群组竞争会影响被试对语篇内容的心理表征。

4.3.6 多文本阅读理解

多文本阅读理解，即整合同一主题下多个不同文本的信息，从而形成连贯心理表征的认知加工活动（Bråten et al.，2014）。多文本阅读理解具有以下几个方面的特征：呈现形式以零散的多个独立文本为主；各文本内容之间往往存在冲突或者冗余；整体阅读目标以立论目标而非总结目标为主；心理表征形式以"整合心智模型"和"跨文本模型"为主（林文毅，2018）。

1. 多文本阅读的呈现形式

多文本阅读理解中，同主题的语篇素材会以多个单独文本的形式呈现，其呈现方式的不同，会导致读者在加工时的差异。此外，读者对多文本不同信息源的理解和整合更为平衡，所形成的心理表征也更为连贯，从而促进读者在写作任务中对于各文本来源信息更好的记忆与引用（Kämmerer & Gerjets，2014）。

2. 多文本整合模型的心理表征

多文本阅读理解是将不同来源和内容的多文本信息整合为统一心理表征的认知过程（林文毅，2020）。Britt & Rouet（2012）基于多文本阅读理解的相关研究，提出了文档模型理论。该理论将多文本阅读理解的心理表征分为（组合）心智模型和跨文本模型。

（组合）心智模型包含对各个文本信息的理解与推理，以及各个文本信息之间存在的相似性或矛盾点，并将其整合在一起，形成连贯的心理表征。跨文本模型则以各个文本的源信息为主，包含著者信息、文字信息以及修辞任务等。两者联系紧密，通过跨文本连接相互联系，形成网络。

多文本阅读理解的心理表征模型具有独特且复杂的特征。独特性表现为跨文本模型，对于文本来源的心理表征在单一文本阅读理解中极为少见，但在多文本阅读理解中是整合（林文毅，2018）。

4.3.7　D-ISC 模型

在单文本和多文本整合模型的基础上，Braasch et al.（2012）通过实证研究发现，差异是一种机制，可以诱导读者构建文本的心理表征。读者在阅读过程中的源能力存在差异，源能力有助于读者理解加工语篇。读者加工文本时，运用的源特征信息越可靠，越能更好地加工理解信息（Anmarkrud et al., 2014；Bråten et al., 2009；Britt & Aglinskas, 2002；Goldman et al., 2012；Graesser et al., 2009；Wineburg, 1991）。

D-ISC 模型（Discrepancy-Induced Source Comprehension）及其理论假设描述了当读者与不同信息源呈现的潜在矛盾或有争议的信息交互时读者的认知过程。当多个信息源对一种情况描述不一致且不明确时，读者可能难以构建一个连贯的、综合的情境心理模型。此种情况下，读者将战略性地转移注意力资源，以构建包括源特征信息在内的心理表征。而当文本对某主题信息达成一致时，或当差异细微难以察觉时，读者可能会构建一个连贯的文本或多个文本中描述的情境心理模型（Braasch et al., 2016；Kurby et al., 2005）。

4.4 语篇理解策略

语篇理解涉及一系列复杂的心理过程，它需要识辨词语，对句子结构进行语法分析，提取句子的意义，对语篇信息进行表征等。理解语篇必须理解句子和语篇之间的连贯性。连贯性是语篇最重要的特征之一。连贯既是全篇的，也是局部的。从全篇的角度看，语篇连贯需要体现语篇的整体性。读者在语篇理解时的心智活动是语篇宏观结构的生成过程，其运作模式有"自上而下"和"自下而上"两种方式。

4.4.1 "自上而下"

"自上而下"的理解指的是读者通过利用自身现有的语言知识和相关经验对语篇进行认知加工，即理解文章的主题和结构以及作者的意图等。在语篇理解的过程中，"自上而下"强调语篇主题的重要性。如果语篇整体是连贯的，那么一定有一个主题统领全篇，同时有实现语篇主题的宏观结构。换句话说，"自上而下"的理解就是寻找类似主题这样能够控制结构和语义单位的语言标记，激活了它们，也就达到了对篇章的局部或整体的贯通。

"自上而下"的信息处理模式决定了背景知识在语篇理解中的必要地位。读者在阅读中，根据已有的语言知识和背景知识进行语篇理解，从而赋予语篇意义。在这个过程中，读者心智中已有的概念图式与所阅读的材料需要进行双向交流，读者所具备的知识和理解能力都与读者对语篇的理解有着直接而密切的关系。由此，只要读者头脑中储存了与语篇相应的背景知识，具有一定的思考以及推理能力，在清晰的主题的指引下，他们就可以非常快速且准确地掌握语篇的主要内容。因此，"自上而下"的运作模式具有高速、高效、省力的优点。但要注意的是，上述的理解过程均建立在理想状态下，如果其中的任一环节出现了问题，那么"自上而下"的理解模式就无法运转。也就是说，如果读者不具备与语篇有关的背景知识，或者其理解能力欠缺以至于无法依据有限的主题来推知语篇内容，那么读者便很难通过"自上而下"的模式来把握语篇大意。

4.4.2　"自下而上"

"自下而上"的语篇理解策略认为，语篇加工是按照从低到高的序列进行的：从低级的字母加工逐步发展到词组、句子以及语篇的高级加工过程。语篇加工过程始于语音层上的音位和音节的识别；然后，在词汇层上，利用对音位和音节的识别来提取语义记忆中的词条，在句法层上，进一步把单词组织成构成成分并形成短语结构；最后，在最高的层次即语篇层上，把短语或句子连接组织在一起，获取语篇的整体意义。高层次操作以低层次操作为基础和前提，但所有低层次操作均不受高层次操作的影响。

"自下而上"的策略认为，句子的意义受词组、词、词素等各成分的意义以及句子构成方式的影响。换言之，句子的整体意义与成分意义通过组合方式建立起一种函数关系，正因为所涉及的要素都是最基本的，因此完全可以对有关要素进行穷尽性的研究。因此，运用"自下而上"的阅读策略，基于有限的词汇和有限的组合方式，可以进行无穷的语句的推演，从而建立各种各样的语篇。在语句推演的过程中，每一个步骤都是可行的，条件和结果之间具有必然可推导的关系。从这个角度上说，"自下而上"的策略不仅有其存在的合理性，而且有其必要性，它能够在"自上而下"的策略出错时进行有效的检查，来保证理解的顺利进行。

但是，该策略忽视了高层次结构对辨认和识别低层次要素的明显作用，因而需要消耗大量的认知心理资源，致使心智负担较重。在单位时间内，由于工作记忆容量的限制，这种加工方式很难达到对语篇整体性的把握。试想一下，如果每一次的"自下而上"都是由最底层的读音层或者单词层出发来理解语篇，的确需要消耗大量的心理资源，也很难在短时间内完成理解和阅读。

从局部的角度看，如果语篇中的句子存在语义联系，那么这个语篇就是连贯的。Clark & Haviland（1977）提出的已知 / 未知策略（given/new strategy）是读者建立局部连贯的主要策略。已知信息是指听话人（或读者）已经知道或者可以知道的信息，未知信息是指听话人（或读者）不知道或不熟悉的信息。根据已知 / 未知策略，语篇中的句子理解可以划分为三个阶段：确定目前句子中的已知和未知信息；找出记忆中或上文中与已知信息相关的命题，即先行命题；在记忆中把未知信息固定到先行命题上。其中，第二阶段最为关键。如果读者无法找到已知信息的先行词，会造成理解上的困难。根据不同的情况，已知 / 未知策略具有以下四种不同变体。

1. 直接匹配

直接匹配通常是语篇连贯的最简单的情况，即目标句的已知信息可以直接匹配语境中的另一句子的先行词。

例 1 (a) I bought a book form Candice.

(b) The book is amazing.

在理解目标句时，首先需要区分已知信息和未知信息。在例 1（b）中，定冠词"the"表明了"the book"是已知信息，而"is amazing"是未知信息。紧接着，需要在记忆里搜索与已知信息"book"相关的先行命题，也就是在语境句例 1（a）中，搜索与"book"相关的信息。最后把"The book is amazing."固定在先行命题上，即与前面存储的信息匹配起来，完成理解。

虽然直接匹配是最简单的一种句子关系，但不能简单地直接将其归结为寻找某一特定词。有时，先行词并非是与已知信息相同的词，而是相同的意义或概念。

例 2 (a) Zak hopped into a waiting car and sped around the corner.

(b) The old car lost a wheel and smashed into a building.

例 2（b）中已知信息是 "The old car"，例 2（a）中没有与之完全对应的部分，即不存在先行词，只是意义对应。在更多情况下，直接匹配是意义对应。

2. 搭桥推理

某些情况下，有些句子的已知信息中没有一个直接对应的先行命题，但句子之间仍相互关联，同时并不妨碍读者对于句子的理解。在这种情况下，读者需要进行搭桥推理（bridging inference）。

例 3 (a) Could you please open the door?

(b) I lost my keys.

在这两个例句中，已知信息在语境中找不到直接匹配的先行词，但是通过 "lost my keys" 这一信息，读者可以推测出钥匙丢失没有办法开门的信息。读者使用搭桥推理的策略可以帮助其在已知信息中缺少直接的先行词的情况下把句子连接起来。这种技巧不会损害语篇连贯，因为读者自己由搭桥推理所得出的信息会恢复那些由作者省略了明确信息而丢失的连贯。所以，经过搭桥推理所得到的语义连贯和树立语篇整体印象有密切的联系，远远超出印在纸上的所有词语加起来的"完整性"。

3. 重新恢复已知信息

这一策略是指目标句所指内容在上文已经提到过但已不在前景中时，读者（听话人）要想准确理解，必须回顾并重新恢复那些必须与目标句相匹配的信息。试比较例 4 中的两句话：

例 4 (a) I'm trying to find a white dog. There is a tag on his neck that says Fred. Yesterday that dog bit a little girl. <u>She was scared but wasn't really hurt.</u>

(b) Yesterday a white dog bit a little girl. It got away and we are trying to find it. There is a tag on his neck that says Fred. <u>She was scared but wasn't really hurt.</u>

这两段话的目标句均为划线部分。在例 4（a）中，目标句里的 "She" 易懂，因为其先行词就在上一句中，可直接匹配，无须搭桥。例 4（b）目标句的 "She" 却不易理解，因为其先行词在两句之前，相隔很远。当一个句子指向前面提到过的而又不在眼前的人或物时，读者需要恢复和目标信息匹配的信息。

4. 确定语篇的新话题

上面介绍的三种策略变体的共同点，是目标句的一部分与先行命题相关联。但是当目标句的信息为全新的，且目的是为语篇确立新话题时，读者需要通过对已知信息引入新信息，使得新增加的成分成为后面句子的先行命题，从而完成语篇理解。当读者看到明示的标志语时，如 "Now, I want to move onto…" "This concludes our discussion of…" 等，应做好迎接新话题的准备。

4.5　语篇理解记忆

近年来，语言理解过程中记忆机制的作用一直是心理语言学领域的研究重点之一。一般来说，语言加工理解可以分为两大类：句子理解记忆与语篇理解记忆。此外，按照信息存储和保存的实效性，又可将记忆分为工作记忆和长时记忆（刘兆敏、郭春彦，2013）。因此，下文从工作记忆和长时记忆两个方面探讨记忆机制在语篇理解中的作用及影响。

语篇指的是实际使用的语言单位，是 "一次交际过程中的一系列连续的话段或句子所构成的语言整体"。对语篇的解读其实是学习者对篇章内容进行心理解码的复杂过程。对语篇信息的理解是使用人类信息加工系统的认知过程。

　　语篇记忆一般可分为三种方式：表层表征、命题表征和情境模型。表层表征主要指语篇中句子的词汇及语法的准确理解；命题表征包含语篇中确切意义的一系列命题，说明了确切词句之外的意义；情境模型指对语篇中所描述事情状态的模型，当我们理解语篇中的命题意义时，自然地，我们对语篇描写的世界也建立了一个心理或情境的模型。这三种方式中，除特别重要的信息外，表层表征保存时间最短；命题表征保留时间较长，它既包含各种命题信息，也包含对命题进行的推测；情境模型是根据语篇中各部分的因果或空间关系建立起来的，记忆时间最长。

　　语篇理解与记忆相辅相成。对语篇的理解有助于长时记忆；同时，带着记忆的目的去加工语篇，也会更易于理解。两者共同作用于语篇的加工过程。可以说，在某种程度上，语篇理解等同于语篇记忆。

4.5.1　工作记忆概念与结构

　　工作记忆是对信息进行暂时存储和操作的记忆系统，在复杂的认知系统中起着重要的作用。新输入信息需要依靠工作记忆来进行编码、储存和提取。当感觉记录器中的信息进入到短时记忆后，短时记忆中的信息经过加工后转变为长时记忆，这些信息包括人们存储的一般性世界知识及经验等。

　　20 世纪 70 年代，研究人员通过实验研究，建立了工作记忆理论体系，认为工作记忆模型主要包括语音回路、中央执行系统和视空间模板。其中，语音回路主要负责与语音相关的信息；中央执行系统主要负责对所输入信息进行调节和控制，是工作记忆的重要组成成分；视空间模板负责对视觉信息的加工（Baddeley，2000，2003）。当前，这一工作记忆模型已成为国内外研究者公认的工作记忆模型。

4.5.2　工作记忆在语篇理解中的作用

　　语篇理解的过程实际上就是把一个个分散的命题建立连续表征的过程。语篇作为一个由主项连接起来的命题网络存储在记忆中。新信息输入时，读 / 听者要将当前输入信息与先前建立的命题表征和长时记忆中激活的情境记忆和语义记忆相结合，建立更为完整的命题表征，并不断对已有命题表征进行更新和完善。

当读者读到语篇信息时，由视空间模板所控制的视觉便会感知到这些信息，形成注意的焦点。在对注意力进行最初加工的阶段，视空间模板与语音回路会同时发挥作用。首先，一些关键词会通过视空间模板激活长时记忆中的表象或与之信息相关的图式；与此同时，语音回路中语音复述功能也会促使该信息不断延长其在长时记忆中加工的存储时间，使其不断形成完整表征，而语言材料中的零碎信息是不会最终保留在表征结构中的。同时，相关研究表明：工作记忆容量的有限性也会对阅读理解产生影响，研究者常用阅读广度来衡量其记忆容量的大小。阅读广度较大的被试能够在进行信息加工的同时保持信息的激活，在利用提取结构搜索长时记忆中相关图式结构的同时，还能维持对明确信息的激活，而低阅读广度被试则把记忆单位局限在对单个单词或短语的理解上，结果是降低了工作记忆容量。相反，阅读广度高的被试将注意力集中于整个语篇的理解上，对不同信息不断进行组块，进而扩大了工作记忆容量。因此，阅读广度高低不同的被试在语篇理解上存在差异性。

当然，记忆机制还包括长时记忆，这将在 4.5.3 小节进行详细介绍。而工作记忆又可以通过记忆机制中的语音回路的语音复述功能将其转换为长时记忆存储在大脑中；同时，两者又可以通过情境缓冲器来对信息进行整合加工，为信息进入长时记忆进行加工存储奠定基础。

此外，抑制机制同样在语篇理解过程中发挥重要的作用（杨小虎，2005）。在语篇理解过程中不可避免地会激活过多或冗余的信息，如在嘈杂的列车上看书，人们通常认为在这一过程中存在一种特殊的机制来阻止过多信息的激活与加工，这就是抑制机制。同样地，按照不同信息的抑制水平，可将抑制机制分为三大类，分别是：词汇通达与抑制、回指理解抑制与前指理解抑制、句法加工与抑制（张易，2021）。

4.5.3　长时记忆与语篇理解

长时记忆指一般性世界知识通常以图式结构形式存储于长时记忆

中。长时记忆包括语义记忆和情境记忆两种。过去一直认为长时记忆的信息是以联想的方式进行组织的。20 世纪 30 年代，Bartlett（1982）将"图式"的概念引入心理学领域，提出了图式理论，他认为识记是把新信息整合到个人的图式（即经验）中，使信息进入存储系统。20 世纪 70 年代，托尔文提出将长时记忆分为情境记忆与语义记忆两种，认为两者存在一定的差异。前者存储的是时间、地点等自身经历的信息，而后者则存储词语、概念等一般性世界知识。在长时记忆中存在两种信息组织方式，即：信息编码和表象编码。前者主要通过词来对信息进行加工，并按照语义、意义等进行分类组块，以帮助记忆；而后者则主要是通过利用视觉、味觉等形象组织材料帮助记忆（徐永，2019）。在长时记忆中，信息的提取方式有两种，分别是回忆与再认。但这两种提取方式都依赖于提取策略，即需要一定的线索与中介。在这方面，一般认为存在两种理论：搜寻理论和重建理论。搜寻理论认为，信息提取需要根据信息的意义等来搜索记忆痕迹，并使其重新活跃，最终成功回忆起有关信息；重建理论则认为记忆的过程需要读 / 听者主动积极构建，存储的不是完整成熟的记忆，而是相关记忆成分或元素，而回忆的过程就是将相关的记忆分子重新构建成完整记忆信息的过程。这两种理论看似冲突，但都受到了人们的肯定。通常人们认为，搜寻理论适用于情境记忆，而重建理论则适用于分析语义记忆。

因此，对于语篇理解而言，长时记忆不可或缺。只有将新输入信息与之前加工过的命题及先前存储在长时记忆中的图式结构不断匹配，并根据当前新输入信息不断更新图式结构，才能确保在语篇理解过程中形成连续的心理表征结构，填补语篇中缺省内容，构建起语篇中句子之间或段落之间的连贯性，达到语篇理解的最终目的。

4.6　语篇图式

基于认知语言学的图式理论不断完善，人们越来越关注其在语篇理解过程中作用。在此，我们将结合图式理论，具体分析其在阅读理解及听力理解过程中所发挥的作用及扮演的角色。无论是在听力理解还是阅读理解的过程中，图式理论的运用可以帮助听者 / 读者对所听 / 读的语篇内容进行更好地理解与记忆。

4.6.1　图式理论简介

　　图示概念最初是由德国哲学家康德提出的。在康德的《纯粹理性批判》中，"图式"用以诠释如何将概念与感觉、感性与知性、个别与一般关联起来，而将主客体统一所需要的途径便是"图式"最初的概念。图式理论先后经历了 Bartlett 的发展以及 Rumelhart 的完善，发展至今已经有两百余年的历史。目前，作为认知心理学的重要概念之一，人们通常将图式结构分为三大类，分别是语言图式、内容图式与形式图式。此外，图式结构有以下主要特点：（1）它来源于重复，是在先前的经验中形成的；（2）图式可由部分特征激活；（3）图式的反映具有多层次性，需要注意的是，此处并不是僵化地重复，而是要不断进行更新、补充与完善；（4）图式呈网状分布，大中有小，无限嵌套，相互联系。

4.6.2　图式结构下的语篇理解

　　图式对语篇连贯有着非常重要的意义。要想产生或理解语篇，读者就必须具备一定的先存知识，即图式。实际上，阅读理解是一个输入信息和读者头脑中的知识（或称先存知识）产生共鸣的动态交互过程。也就是新的信息同脑中固有的知识即"图式"联系起来产生共鸣，达到分析、阅读理解的目的。图式从宏观结构的角度考察语篇的理解和记忆。作为语义记忆中的一种结构，图式规定了信息的一般排列方式。

　　图式结构中，不同种类的图式在语篇理解过程中发挥的作用各不相同。首先，内容图式主要指读者所具备的与语言内容有关的信息。在日常生活中，人们或许都有过这种经历：当阅读较为熟悉或擅长的领域的文本内容时，与阅读陌生内容相比，进行语篇理解或记忆就变得相对容易。这主要是因为在我们阅读自己较为熟悉的语篇时，可以通过自己已有的图式结构来对文本内容进行推断和推测，便于掌握语篇内容，进行理解与记忆。其次，语言图式指读者具有有关语言能力的背景知识，如可以通过修辞手法、词汇与句法等层面来分别阐释对语篇连贯所产生的影响。最后，形式图式指存储在人脑中有关语篇类型、修辞的组织及结构方面的知识等，常见的形式图式有记叙图式、描写图式、说明图式及议论图式等（王茜，2020）。

根据图式理论，英语阅读和听力语篇的理解效率都能得到提升。无论是听力还是阅读，均属于输入型技能，在阅读理解过程中是一种无形的语篇内容构建，通过提取书面信息，结合自身经验理解和记忆，更为清晰和直观地表达出作者的意思。读者需要结合原先存储的知识（即图式）来完成当前语篇的加工理解，构建新的信息机制。而在听力语篇理解过程中，读者需要结合自身已有知识和经验去感知和记忆信息，探究说话者的真正意图，形成良好的互动，最终完成听力理解过程。

在阅读理解过程中，最常见的是"自上而下"与"自下而上"两种模式（Guo et al.，2010）。"自上而下"模式进行阅读理解，即读者在阅读文本前需要积累一定的背景知识，结合自身已有知识经验对文本信息内容进行进一步推测；而"自下而上"模式则是指按照字母、单词、句子、段落到篇章的顺序达到对整个语篇的理解。事实上，无论是以"自上而下""自下而上"还是两者相交叉的方式来阅读，其目的都是为了增加对语篇内容的熟悉度，进而实现语篇的理解。而这正是激活图式的过程。

听力的理解也遵循以上三种模式。在听力过程中，听者可以先根据所给出的关键词，对本篇听力文章进行预测；也可以通过听主旨和具体信息从整体上实现对语篇特定信息的理解。与阅读理解过程相似，无论是通过哪种模式进行听力信息的理解过程，其目的都是为了对听力内容做出预判，以便听懂并进行精听。由此可见，听力信息的输入过程同样也是图式理论中激活图式、完整认知的过程。

综上所述，无论是在书面阅读过程中还是听力理解过程中，读／听者均需要不断结合自身已有知识与经验，将先前知识经验（即图式）不断地与当前新信息进行结合，并不断更新图式结构，最终构建连贯的心理表征，完成阅读或听力理解过程。因此，图式结构在语篇理解过程中具有举足轻重的地位，只有读／听者先前具有一定的背景知识及经验，才能对当前新输入信息进行进一步理解加工，才有可能构建出完整的心理表征，确保语篇信息连贯，最终达到语篇理解这一目的。

4.7　会话理解

语言表达的含义可以分为两类：字面意义与隐含意义。字面意义是指单词或词语所表达的表面意义，它很容易被人们所感知和理解。但对于隐含意义而言，人们较难感知，即使感知到，如果不结合上下文及具体语境，很难理解说话人所表达的内在含义。会话含义以字面意义为基础，但表达出比字面意义更多的信息，需要听话人在交谈过程中结合自身背景知识及具体语境及场合进行适当推理，才能准确理解说话人所想要表达的内在含义。对此，国内外许多研究者都进行了大量研究与分析，其中比较著名的是 Grice（2002）提出的合作原则。他认为人们的互相交际总是遵循一定的目的，能够达到默契，这之间存在着双方都共同遵守的原则——CP 原则（Cooperation Principle），即合作原则。CP 原则分为数量准则、质量准则、关联准则及方式准则。

合作原则认为，如果在交谈过程中，任何一方谈话者如果违反偏离了其中某一准则，就会产生会话含义。但在任何情况下，都要求谈话双方必须遵循合作原则，显然不太可能。因此，为弥补合作原则的不足，Brown & Levinson（1978）提出了礼貌原则。该理论从礼貌性的原则阐述了可以违反合作原则的条件，即想间接、含蓄地表达话语含义时。之后，Sperber & Wilson（1995）提出关联理论，主张从关联的角度去理解会话含义。

4.7.1　抑制机制在会话含义中的作用

本小节主要从心理语言学视角详细阐释抑制机制在会话含义解读中的作用。在对信息进行加工过程中，一方面需要激活图式结构中存储的相关信息，另一方面还要对无关信息或干扰信息进行抑制，只有这样才能保证无关信息不进入工作记忆，为必要信息的存储加工提供充足资源与空间，确保必要信息加工过程顺利进行。Harnishfeger & Bjorklund（1993）提出的资源有限模型认为，实现认知操作和信息存储所能利用的资源是有限的，而且是不随年龄增加的。因此，如果抑制机制效率降低，则会导致非必要信息占用工作记忆存储空间，导致认知效率降低。

此外，抑制机制只允许那些符合目标路径的信息进入工作记忆，而抑制非目标路径的信息激活，从而阻止那些无关信息进入到工作记忆中。如上所述，会话含义既包含字面意义，同时也含有隐含意义。因此，从字面意义到隐含意义的过程必然会涉及对长时记忆中有关信息的激活及无关信息的抑制过程，那么，抑制机制必然要发挥作用，只有这样才能保证信息的顺利加工。在具体语境中，对于说话人所表达出的几种不同的会话含义，听话人要根据具体语境和场合并结合自己的背景知识来选取恰当的含义，同时将不适合该语境下的意思排除在外。如孩子上学时，爸爸这时说："外面下雨了！"，这在孩子看来是一个莫大的好消息，可能因为下雨就不去学校了。但在妈妈看来，可能是让她准备一把雨伞。在这种情况下，听话人在听到这句话时，字面意义和隐含意义会被同时激活，这时就需要根据具体语境来激活与会话语境相关的信息，同时需要抑制机制的参与来对无关的意义进行抑制，防止进入到工作记忆参与下一步信息加工过程。

由此可见，在会话含义解读过程中，抑制机制发挥着重要的作用：与会话含义相关的意思会被优先呈现出来，同时对其他非相关信息进行抑制，确保对会话含义的准确理解。

4.7.2　理想化认知模型在会话含义中的作用

理想化认知模型（Idealized Cognitive Model，ICM）是美国著名语言学家 Lakoff（1987）提出的认知理论术语，他认为人类往往依据结构来组织知识和表征现实，每一种 ICM 都是一个完整的结构化整体，也就是一个格式塔（gestalt）。其中认知模型（Cognitive Model，CM）是人们认识事物、理解世界过程中所形成的一种相对定型的心智结构，是组织和表征知识的模式，由概念及其间的相对固定的联系构成。CM 具有四大特征：开放性、选择性、关联性与普遍性。CM 与情景和语境存在一定的联系，但同时又相互区别：情景是现实生活中的情形；语境是话语可被理解的一组背景知识，是一种与存储在长期记忆中信息有关的一种心智现象；而 CM 则是一组相关情景和语境，存储在人类大脑某一领域中所有相关知识的表征，是形成概念和范畴的基础。因此，一个

CM 往往可包含很多情景、语境和概念，一个概念范畴对应 CM 中的某一个成分（Nalmon et al., 2021）。此外，CM 还可以按照其复杂程度，分为基本认知模型与复杂认知模型两大类。基本认知模型包括空间、时间、颜色、温度等最基本的 CM；复杂认知模型可以由几个基本认知模型组成，常见的是分类模型。而结合后的复杂认知模型又可分为"结构性结合"与"完形融合"；前者主要指其构件成分能够独立存在，其结构整体意义是其所包含成分的意义的函数；后者则指构件成分不能独立存在，整体意义不能通过对构件成分部分意义的整合而得到，必须要通过心智的整合运作才能获得。

ICM 有四大原则：（1）命题结构原则，详细解释 CM 中所涉及的概念、特征以及概念间关系，具有判断的特点，是客观外界在心智中的事实性映射，不需要使用任何想象性手段；（2）意象图式原则，在对现实世界体验的基础上通过互动所形成的前概念意象，比表象更为抽象和概括，其中 CM 和 ICM 主要指意象图式；（3）隐喻映射原则，一个意象图式或者命题模型可从一个认知域映射到另一个认知域对应的结构上，该模型可用于对更多事件，特别是对抽象事件的概念化、推理和理解，从而进一步扩大了认知范围；（4）转喻映射原则，转喻主要指在同一认知领域中用较易感知的部分来理解整体或整体的另一部分。命题模型主要是一种客观模型，其他三者则具有主观性质。前两个模型解释了 ICM 的主要基础和内容，后两个模型则是对 ICM 的扩展。

ICM 由多个 CM 构成，主要表征的是理想化感知框架，具有想象性、创造性和灵活性，但由于它是人类在认知世界过程中创造而来，因此，它与真实世界并不一定完全相吻合。因此，它是一个更为概括的术语，可包括 CM、认知域、框架、图式、脚本、常规等。

从认知心理学角度看，人对外部客观世界的认识分为感觉、直觉与表象三类。感觉与直觉都是以当前事物为基础，而表象则是在没有客观实在情况下留给人们脑中的印象。人们在长期的生产生活中，形成了自己独有的知识经验，存储在人们的长时记忆中，即一般性世界知识，这是人们对世界普遍认识的高度浓缩。在现实生活中，人们通过互动体验形成了基本的意象图式，即认知模型（CM），多个 CM 合并就形成了 ICM（Howe & Pasnak, 1993）。多个 ICM 之间相互联系，当人们激活 ICM 其中一个点时，就会相应地激活与之相对应的知识。因此，可以利用 ICM 来提高认知效率，合理分配认知资源。

总之，人们在过去生产生活中形成的经验性知识与世界知识的 ICM，在会话含义的正确理解过程中扮演着重要的角色（Lakoff，1987）。当然，无论是 ICM、抑制机制，还是工作记忆、长时记忆等机制，都在语篇理解过程中发挥着重要的作用，对语篇理解起到了推动作用。总结来说，语篇理解过程可以看作是记忆机制、抑制机制共同发挥作用的过程：在语篇理解过程中，新输入信息不断输送到工作记忆中，但只有必要信息才能进入到工作记忆并暂时存储，抑制机制同时会阻止非必要信息进入工作记忆，为必要信息的存储与加工节约记忆资源，从而完成信息的加工，为语句及语篇的理解奠定基础。因此，在语篇理解过程中，记忆机制与抑制机制缺一不可，两者同时发挥作用，只有这样才能确保语篇信息的顺利加工，使读 / 听者真正理解语篇内容，并在理解的基础上，将输入信息不断存储在长时记忆中，成为读 / 听者一般性世界知识的一部分。同时，只有这样才能形成提取结构，从而在以后读 / 听到相似文本材料时，能够迅速激活大脑中存储在长时记忆中的世界性知识，从而能够对文本信息进行下一步预测，从而更好地理解新输入信息。实际上，将 4.5 和 4.7 这两个小节结合起来，就是整个语篇理解的完整过程及其中各个机制的具体作用。

4.8　汉英语篇对比及理解加工

近年来，心理学家证明，人们对某些逻辑语篇结构的记忆和理解图式有较普遍的规律。国内外不少学者对英汉语修辞之差异做过很多分析和论证，他们的研究成果基本趋于一致：英语修辞主要以线式逻辑结构为主要模式，而汉语修辞则是典型的螺旋式逻辑模式。

4.8.1　汉英语篇对比

中西方属于两大不同的文化体系，而文化心理的诸多特征会通过思维模式集中体现出来。Kaplan（1966）对不同国家文化的思维模式进行了调查和分析，他指出，语篇的组织方式具有语言和文化的特殊性，反映了人的思维模式。中国人由于受"天人合一"及"关系"取向的影响，思维方式以直觉、具体和圆式为特征，思维方式是螺旋型。西方的思维模式主要源于其盎格鲁－欧洲文化，线性逻辑是西方古代修辞和语篇结构的特点，也基本代表了现代西方修辞的特点和语篇结构的主要模式，其思维方式是直线型（linearization）。因而，汉语语篇发展倾向于迂回发展，而英语语篇发展则是以直线为主。总的来说，汉语语篇呈现出一种隐含式的特点，而英语语篇则是直接切入正题。此外，汉英语篇在逻辑连接方式、衔接与连贯方式上均存在着不同。

4.8.2 汉英语篇理解加工

言语理解的过程是一个复杂的认知过程。言语理解包括了不同层次的理解：词汇、句子和话语（王丹、杨玉芳，2004）。随着认知心理学理论的不断发展，对语言学习的研究和手段也越来越多。20世纪80年代初，认知心理学家改变了传统的关于文本阅读只是文本描述的看法，而将其视为读者对于文本的心理建构和提取。

整合和连贯是语篇理解的重要问题，前人针对整合过程提出了延迟性假设（Bouma & Voogd，1974）和即时性假设（Just & Carpenter，1980；Thibadeau et al.，1982）的观点。极度延迟假设将语篇理解视为一种等待过程，读者只有获取全部信息后，才能理解语篇。而即时性假设则认为，无论在何种加工层面，如词汇水平（包含单词的编码和语义的通达）、句子水平（句法加工、角色分配、命题结构）、文本水平（句间集成和文字表现），对它们的理解处理都是即时的。有研究者发现，读者或听者可以即时地将词汇整合到语篇中（Salmon & Pratt，2002；van Berkum et al.，2003）。

1. 语篇理解中的词汇加工

中英文在词的构成规则，音、形、义的联系，以及语法规则上都有着极大的不同。关于行为和神经方面的研究都表明印欧语系和非印欧语系的语言理解包含了相当不同的语言加工过程（Chen，1996；Chen & Juola，1982；Chen & Zhou，1999）。

许多研究者开始探索词汇在汉语理解加工中的作用，并取得了相关进展。大量的认知科学研究表明，词在阅读认知加工过程中起着非常重要的作用，因此在阅读中一个重要的过程就是把词从文本中切分出来（李兴珊等，2011）。词间空格、词素特性、词意识、词汇预期均可作为词切分的依据（胡睿、肖少北，2021）。沈德立等（2010）以小学生为被试，通过阴影标记范式，探讨词切分对汉语语篇理解的影响。白学军等（2010）研究不同词切分条件对美国留学生汉语阅读的作用，结果均发现词间空格在某种程度上可以作为一种切分线索，可通过帮助中文读者进行切分来促进汉语的阅读。

闫国利等（2013）则提出了"主观词"的概念，即读者阅读时表征的语义单元反映读者对词的主观表征，并通过眼动技术探讨主观词存在的心理现实性以及主观词的加工特征，其研究结果发现了主观词存在的心理现实性，以及"词优效应"和加工优势的效应。

2. 语篇背景和语境中词汇的加工

汉字的意义常常高度依赖语境，而且语义和句法的特性是由上下文句子的语境所提供的，而在英语中语义和句法特性却是单个词汇所固有的。

王穗苹等（2006）从英文语篇理解中发现的即时性加工机制入手，针对中文语篇理解中相关背景信息的激活与整合到底是即时发生还是延时进行这一问题进行了探讨，通过自定步速逐行阅读技术重点探讨句号是否为影响整合过程的一个重要因素，并结合眼动实验精确分析语篇阅读理解中信息整合加工产生的确切时程，得出结论：中文语篇理解中整合加工的过程开始得非常迅速，是一个即时引发而非延时进行的过程。

语篇理解涉及语义整合，句子语境的作用以及句子语境与歧义词不同意义的交互作用是理解词汇歧义消解的关键，也是词汇歧义消解模型争论的实质。语境影响词汇加工这一现象既存在于视觉加工中（Camblin et al.，2007），也存在于听觉加工（Holt & Lotto，2002；Leonard et al.，2001）和跨通道的视－听加工中（Dick et al.，2010；Li et al., 2009）。Camblin et al.（2007）采用眼动方法和 ERP 技术，考察了句子阅读中词汇信息与语篇信息的相互作用。结果发现，在语篇理解中，语篇一致性效应在认知加工的早期和晚期均对眼动指标和 ERP 指标产生较强的影响。虽然与语篇不一致的词汇在句子水平上与语境一致，但仍对词汇的加工产生干扰，体现了整体语篇语境对词汇加工的即时影响。Holt & Lotto（2002）考察了双耳倾听和双耳分听条件下语音的语境效应，结果发现，即便双耳分别呈现语音的语境和目标音节，仍存在语音的语境效应。Leonard et al.（2001）探讨了大脑右半球损伤病人和正常人使用口语语境信息加工句子中词汇的特点，发现右脑损伤被试也能一定程度地使用听觉语境信息。不仅如此，语境信息的作用还存在于跨视 – 听通道的自动加工中，来自视觉图片的语境信息与口语的韵律信息能够在早期阶段发生整合加工（Li et al., 2009）。由此可见，语境的作用普遍存在于言语理解过程中。

任桂琴等（2012）采用眼动方法与 ERP 技术相结合的手段，分别从行为反应层面与神经生理层面对语境的限制强度以及语境的偏向性对句子语境在词汇识别中的作用进行了深入的分析。结果发现，在高限制性句子语境中，词汇的意义是由字形激活的，而在低限制性句子语境中，字形、语音在词汇通达的早期均起到了关键性的作用，句子语境是影响汉语词汇识别的一个重要因素。

阅读语篇要将当前加工的词汇整合到局部语境和整体语境中（陈双等，2015）。局部语境不连贯会在早期阶段引起加工困难（Ferguson & Sanford, 2008；Warren et al., 2008）。整体语境即时影响了整合过程。有研究者（Hald et al., 2007；Nieuwland, 2013；Nieuwland & Martin, 2011）发现，语篇背景可以即时调节读者对局部内容的理解，在背景的作用下，局部违反诱发的 N400 变小了。还有研究者发现，语篇背景甚至可以消除局部违反引起的理解困难（Duffy & Keir, 2004；Filik, 2008；Filik & Leuthold, 2008；Nieuwland & van Berkum, 2006）。陈双等（2015）使用局部违反范式，通过眼动实验考察了语篇背景对不同类型句子语义整合过程的影响，结果发现，语篇背景对信息整合产生影响动态。结合局部信息的特性，语篇背景可能作用于阅读理解的早期或晚期阶段。

3. 语篇理解中的句图信息加工

　　针对句图信息加工机制问题，Carpenter & Just（1975）提出的成分比较模型（Constituent Comparison Model）认为，句子 – 图片任务中信息的对比加工可分为内部表征和心理操作两个阶段。句子和图片信息整合的难易取决于两者表达的语义内容是否一致，整合过程不受任务性质影响。Feeney et al.（2000）发现句子、图片同时呈现时，语义的一致性会影响被试的反应时间，这支持了 Carpenter & Just（1975）的研究结论。此外，Feeney et al.（2000）还发现，语义失配效应受到其他因素调节，表现出交互作用。Underwood et al.（2004）考察了句子 –图片任务范式中信息提取和整合的过程，实验发现，当句子和图片同时呈现时，句子和图片语义不一致会显著增加被试的注视时间、注视次数和反应时间，这与 Henderson et al.（1999）的研究结论一致；句图继时呈现时，存在顺序效应，即句子和图片呈现的先后顺序影响被试的反应时间和眼动特点，先呈现句子会减少被试在句图整合任务中的反应时间、注视时间等，但没有表现出语义失配效应。因此，Underwood et al.（2005）认为句子和图片的信息整合过程受多种因素影响，不能仅用一个因素来解释，并在后续研究中进一步证实了该结论。句图整合过程受多种因素影响，如句子结构的影响，这与其关于视觉情景范式下图片 –句子信息整合的口语理解研究结论一致。

　　但是，上述的研究以英语为主，国内学者结合汉语句子特点也进行了相关研究，如陈永明和彭瑞祥（1990）较早采用"句图"范式探讨了汉语句子的理解过程。实验发现，汉英句子理解的时间模式是一致的，验证肯定句的时间较短，验证否定句的时间较长；句图关系一致的验证时间快于句图关系不一致的验证时间。张金桥（2004）研究汉语句子心理表征项目互换效应时发现，句子类型和句图关系存在交互作用，句图关系一致的句子的反应时间要慢于句图关系不一致的句子。句图关系类型效应表现出的分歧可能和实验所用句子类型以及句图呈现方式有关。从研究结论看，汉语研究部分证实了 Underwood（2005）和 Knoeferle（2006）的实验结果，指出了句子类型、句法和语义复杂性对句子理解或验证时间的影响。

　　结合前人的研究，陈庆荣等（2008）针对个体是如何加工不同句子成分，以及如何观看图片完成信息采择和句图信息整合问题，通过采用眼球追踪分析法考察了"句子–图片"验证范式下，汉语句图信息整合过程中句式和语义关系类型的作用。研究发现汉语句图信息整合过程中，句图继时呈现未消除语义失配效应，语义不一致干扰了句法难度低的句式的句图信息整合；肯定、双重否定、否定句式的句法难度呈渐增态，句式影响句图信息的整合过程。汉语句图信息整合过程中，语义失配效应具有任务的特异性。对于不同句法难度的句式而言，语义一致和不一致的影响程度不同，这表明 Carpenter & Just（1975）提出的成分比较模型不具有一般性。

4. 语篇的情绪信息加工

情绪在心理学领域研究较多，近年来研究者越来越关注情绪在语篇理解中的作用。Egidi & Gerrig（2009）通过诱导出被试的积极情绪或消极情绪，让被试阅读积极结尾或消极结尾的故事，结果发现被试情绪的不同会使得他们对故事的结尾形成相应的不同的预期。Egidi & Nusbaum（2012）又以 N400 为指标，通过促进与情绪的配价一致的信息整合，来测试情绪是否会影响话语理解过程中的语义加工，实验发现理解者情绪会对语篇中的语义整合产生影响。León et al.（2010）通过让被试阅读带有情绪信息的故事，研究了语篇中的情绪信息的一致性对 ERP 成分的调节作用，结果发现与语篇的情绪信息不一致的词语相对于一致的词语诱发了更大的 N100/P200 和 N400，而在单独呈现的句子中这种效应则消失，表明情绪确实对语义整合产生了影响，而且这种影响是基于语篇水平的。Egidi & Caramazza（2014）通过 fMRI 测试了快乐和悲伤情绪对语篇理解的影响，结果发现，情绪会影响大脑信息积累中较弱的区域，语言理解可以根据人们的情绪而涉及不同的网络，这突出了大脑重组其功能的能力。Horchak et al.（2014）通过 fMRI 测试了快乐和悲伤情绪对话语理解的影响，结果发现，语言理解可以根据人们的情绪而涉及不同的网络。Schauenburg et al.（2019）使用 ERP 技术，运用情感控制理论模型，比较了语篇加工中情绪在内容处理过程中的作用，结果发现，情感不连贯会干扰早期语义处理。

此外，情绪语境也会影响语篇理解。Filik et al.（2015）通过研究语篇理解与情绪相关运动动作（手朝向和远离身体的运动）时发现，语境中呈现的积极情绪词和消极情绪词会影响运动反应，而孤立呈现的效价词则不会，语言在情绪状态下的基础可能受到话语水平因素的影响，情绪模拟可能有助于语言理解。Zhang et al.（2021）使用 ERP 技术考察了一致的情感语境对语篇理解中情感词加工的影响，结果表明，一致的情感语境削弱了语义分析，并导致在语篇理解的后期进行更详细的情感评估。这些发现有助于阐明情感语境对语言理解的影响。

在汉语语篇研究中，鲁忠义和马红霞（2011）采用移动窗口技术探讨了情境模型加工中主角情绪与时间转换因素对情境模型加工的影响，结果发现放松 – 担心（情绪转换）条件的阅读时间长于放松 – 放松（情绪延续）条件的阅读时间。段红和文旭（2014）通过对中文诗歌的探索，运用"情绪 – 认知"机制为语篇生成补充了新的认知理据，在语篇水平上体现了语言如何似于主体的情绪状态，深化了语篇生成的理解。张秀平等（2017）研究表明，读者在语篇阅读中可以在线、自动地推测出语篇情绪信息，追踪情绪信息的变化，并对其进行更新。语篇理解相关的模型及一些 ERP 的实证研究表明，语篇情绪理解至少包括两个重要的加工过程：一是对语篇情绪信息的实时监控；二是对当前情绪信息的评估与更新。相关的 fMRI 的研究表明，语篇情绪理解除了需要经典的情绪加工网络，还需要多个脑区网络的参与，如语篇理解网络、心理理论网络。张素敏（2019）考察了语篇情绪信息加工中"续译"对外语效应的作用，结果表明，语篇中的情绪信息加工存在外语效应，但"续译"能显著抑制这一效应而促进学习者的情绪信息加工。

5. 汉英语篇理解涉及的脑网络

语篇理解涉及了广泛的脑区网络。Mar（2004）总结了故事理解的成像研究，认为额叶、运动皮层、颞叶和扣带回都与故事理解相关。听觉语篇加工的脑区网络包括颞上回、扣带回前部和邻近的额叶中部，扣带回后部及相邻的楔叶，还有双侧额下回和前运动皮层。Ferstl et al.（2008）通过语篇加工成像研究元分析，确认了不同研究中语篇加工共同激活的脑区，包括颞叶前部、颞上沟周边区域、颞下回、额下回和额下沟、前辅助运动皮层和小脑。

受历史和文化的影响，不同的书写系统具有各自的特点，汉字表意，而英语单词表音。汉语阅读的脑激活区域与拼音文字不同，汉语阅读比拼音文字需要更广泛的神经网络协同活动，该网络涉及左右脑，其中左脑额中回是汉语阅读的核心区域，也是汉语的核心缺陷部位，推测与汉字方块形状以及汉字读音单音节性质有关（李秀红、静进，2010）。Tan et al.（2005）在元分析中，研究了中、英文在语音任务下的大脑神经机制差异，研究发现左侧额中回在中文阅读中起着特别重要的作用，而这一脑区在英语认知加工中却显得不重要。研究者认为左侧额中回是负责汉字的形、音、义之间的转化和存储汉字语音形式的区域，尤其参与对语音的检索功能，这一发现也被称为大脑语言中枢的文化特异性理论。Bolger et al.（2005）汇总了包括拼音文字、汉语和日语阅读加工的研究，研究结果发现，左侧额中回负责汉语语音的加工，大脑加工这些语言具有相似的脑网络，但也肯定了大脑加工汉语有自己独特的脑网络。

以往的研究发现，左侧额中回在汉语加工中起到关键的作用，而在英语等拼音形式的语言中却没那么重要（Siok et al.，2004；Tan et al.，2005）。Liu et al.（2006）使用命名任务和范畴判断任务，采用三种方式（分别为给出汉字形、音、义的信息，只给出形和音的信息和只给出形和义的信息）实验，结果发现三种学习方式下，英语被试均表现为左侧额中回显著激活，而且给出形、音、义信息的条件比另外两种条件在左侧额中回上激活显著。Chen et al.（2016）通过汉字判断任务发现，左侧额中回负责正字法工作记忆的加工。

在汉语阅读中，双侧顶上小叶、枕中脑回和梭形脑回表现出更多的激活，而参与英语阅读较多的区域是左侧额下回、颞上回和顶下小叶。研究中的另一个一致发现是，与英语相比，汉语阅读中的左额中回参与程度更高。Cao et al.（2016）通过汉英读写两种任务，发现汉字书写方面左侧额中回的一些新功能：左侧额中回对汉字的激活比英语强；汉语和英语材料下，左侧额中回对书写任务的激活比阅读强。然而，书写运动和视觉正字法的加工是相互包含的，并且这两种加工需要提取的信息在书写中都比阅读中更多，在汉字中都比英语更强。

Zhao et al.（2017）从一个新的视角对阅读汉字的元分析进行了研究。研究者从前人对阅读汉字的脑成像研究分离出刺激对比和任务对比两种，并且把左侧额中回分离出传统意义上的左侧额中回（前侧）和靠近中央前回的左侧额中回（后侧）。研究发现，后侧的左侧额中回主要受刺激对比的控制，而前侧的传统意义上的左侧额中回主要受任务对比的控制，其在高水平的语言加工上的激活强度比在低水平的视觉加工上的激活强度高。研究者认为左侧额中回对汉字的激活是由于实验任务造成的，即实验任务需要一般性认知加工的参与，左侧额中回起到视觉空间分析的作用。

6. 汉英语篇加工中的副中央凹预视效应

在语篇理解研究过程中，不少学者通过眼动技术进行了大量的实证研究，发现了副中央凹预视效应。副中央凹预视效应指当读者正注视某个词（即位于中央凹的词 n）时，可以获得词 n 右侧词（即位于副中央凹词 n+1 或词 n+2）的部分信息（白学军等，2011）。大量研究表明，英语的读者能对当前注视词（词 n）右侧一个词（词 n+1）进行加工，在副中央凹加工中所获取的预视信息对随后的阅读产生了重要的影响（Rayner，2009；Schotter et al.，2012）。

鉴于汉英语篇的不同，相关实验的研究结果也与拼音文字不完全一致。例如，臧传丽等（2013）通过探讨在中文默读和朗读条件下副中央凹获得的信息量的差异，发现朗读比默读占用更多的资源，副中央凹信息可以提高朗读和默读过程中的阅读速度，副中央凹信息量对中文朗读和默读都起着调节的作用。闫国利等（2015）通过消失文本范式操纵注视词的呈现时间，记录儿童（10—12 岁）与成人（18—23 岁）阅读消失文本和正常文本时的眼动行为，考察中文阅读中读者获取文本视觉信息速度的发展变化，结果发现，儿童在阅读时认知加工速度比熟练读者慢，除了表现在信息获取的空间范围，还在一定程度上表现在视觉信息获取的速度方面。

刘妮娜等（2017）通过采用消失文本范式分别操纵文本消失的位置，同时设置正常文本作为控制条件，研究中文阅读中副中央凹区域文本信息加工时程，研究结果支持阅读眼动控制的并列加工模型。张慢慢等（2020）采用边界范式，通过操纵前目标词的加工负荷（高、低）与目标词的预视（相同、假字）来考察快速读者与慢速读者的中央凹加工对副中央凹预视的影响，初步揭示了中文成人读者的阅读速度与中央凹词汇和副中央凹预视之间的关系，为检验"中央凹负荷假设"进一步提供了个体差异方面的证据，也为当前阅读眼动控制模型在解释中央凹负荷对预视的作用及其个体差异方面提供了中文阅读的证据。

4.9 小结

本章在阐述语篇理解的基本研究问题和基本研究方法之后，围绕语篇理解策略、语篇理解记忆、语篇图式、会话理解、语篇理解理论、汉英语篇对比和理解加工几个主题进行了详细介绍和阐述。

语篇理解涉及一系列复杂的心理过程，连贯性是语篇最重要的特征之一，语篇连贯需要体现语篇的整体性。当前，语篇理解研究方法层出不穷，每种研究方法都有其自身的优势和局限，但都为该领域注入了新的活力。在语篇理解策略方面，以"自上而下"和"自下而上"策略为主，有研究者在此基础上，提出了几种不同的变体形式。

此外，语言理解过程中记忆机制是近年来心理语言学领域的研究重点之一，相关实证研究逐渐增多。语篇理解离不开语篇记忆，两者相辅相成，因此，在某种程度上，语篇理解等同于语篇记忆。语篇图式理论在语篇理解过程中起到重要作用，将图式理论运用于具体语篇理解过程中，有助于对语篇内容更好地进行理解与记忆。会话理解主要需要理解两个层面的意义：字面意义与隐含意义。抑制机制和理想化认知模型在会话理解中起到不可替代的作用。

语篇理解理论包括建构–整合理论、建构主义理论、基于记忆的加工观点、双加工理论、事件标记模型、风景模型、多文本阅读理解模型、D-ISC 模型。各理论大多从对语篇的加工过程以及心理表征展开，并得到了一定的实证支持，但也存在着不同。例如，图示加工模型强调自上而下的加工，而建构–整合理论认为，语篇理解是一个自下而上加工和自上而下加工交互的过程。此外，在先前理论的基础上，也产生了双加工理论、多文本阅读理解模型和 D-ISC 模型及其理论。

以往的汉英语篇对比研究多从学术角度开展，但近年来，认知心理学家开始将语篇理解视为读者对语篇的心理构建与提取，关于汉英语篇的加工机制研究正逐步增多。大多研究多从词汇加工、语篇背景、语境词汇、句图信息、情绪信息整合方面入手，汉英语篇对比研究呈现多样化态势，并取得了一定的成果。

第 5 章
言语产出研究

5.1　言语产出的研究问题

　　言语产出涉及大量的加工活动：人们需要在工作记忆中激活多个想法，但只会将其中一个想法编码为概念，并投射到语言，为之选择相应的词汇，这些词汇在句法结构的框架下产生意义，快速且有效地传递交流意图。整个言语计划需要转换为语音表征（话语或者手势语），并最终以话语形式表达出来。换言之，言语产出涉及一系列加工过程。那么，言语产出涉及哪些过程？这些过程是如何运作的？这是言语产出研究的重要问题。很多理论模型试图回答这个问题。本章将重点介绍 Dell（1986）的交互激活模型、Fromkin（1971）的独立阶段模型、Garrett（1975）和 Levelt（1989）的言语产出模型。

　　此外，言语产出系统与其他认知系统的交互也越来越受关注。言语产出与其他系统的关系为探讨模块论和互动论的争论提供了新的视角。例如，言语产出中自我监控系统是基于外部的感知系统还是属于言语产出的一部分？手势语也是言语产生研究领域关注的内容，其主要研究问题是，手势语和语言产出系统是相互独立的，还是相互作用的？这些都是言语产出领域关注的问题。

5.2　言语产出的研究方法

5.2.1　言语失误分析

　　早期的言语产出研究主要基于对言语失误（speech error）的分析。言语失误分析主要基于语料库以及用实验手段引发的言语失误。通过对言语失误进行分析，研究者推断言语产出中词汇提取以及句法计划的特点，从而建立言语产出模型。

　　言语失误的分析传统始于 Meringer & Mayer（1895）发表的言语失误语料库。他们对言语失误进行描述并将其分为语义、语音、混合、交换、期望和保留失误，等等。Brown & McNeill（1966）首先提出了舌尖现象（tip-of-the-tongue，TOT）。对该现象的研究逐步成为言语失误分析的重要内容。TOT 表现为说话者不能说出某个单词，但认为自己知道那个单词，就在自己的舌头上，却说不出来。几乎所有年龄段的人都会经历 TOT，老年人尤为明显，他们报告自己不能说出自己熟悉的单词。Fromkin（1973）通过言语失误语料对语言产出过程进行分析，并发表了一系列研究成果，建立了早期具有影响力的言语产出模型，很好地解释了言语失误。Garrett（1975，1976）聚焦在言语产出的语法编码阶段，针对句法计划，提出了独立两阶段模型。Garrett 发现单词交换的错误中，单词的语法功能和语法类别得到保留，（例如，"he forgot it and left it behind" — "he left it and forgot it behind"）；而声音形式的交换，则忽略了语法类别，发生在两个邻近的单词之间（例如，"rack pat" — "pack rat"）。这表明在句子产出中存在两个模块水平的加工，一个水平为句法功能的分配，另一个水平为形式（词素和音素）顺序的组织。Dell（1986）基于言语失误分析提出了一个关于言语产出的重要模型，该模型解释了言语失误类型在统计上的分布。

5.2.2　词图干扰范式

　　词图干扰范式（picture-word interference paradigm）的基本原理

是利用词汇产出研究中发现的语义干扰效应（semantic interference effect）（Glaser & Dungelhoff，1984；Rosinski，1977；Schriefers et al.，1990）。语义干扰效应是指若图片名称和干扰词在语义上相互关联（例如，在命名"lion"的图片时，呈现干扰词"tiger"），则会显著减慢图片命名的速度，表现为言语产出潜伏期增加（Griffin & Ferreira，2006；Schriefers et al.，1990）。通常认为，词汇产出分为词注（lemma）选择和词形提取两个连续并相对独立的阶段（Garrett，1988；Levelt，1989）。由于在词注选择阶段，产生某一个词的意图会导致一组相关词注同时激活，而语义相关干扰词会加剧选择困难，从而延长反应时间。因此，若在句子产出中某个词的位置发生语义干扰效应，则说明被试在发音之前进行了词注选择（Levelt et al.，1999；Roelofs，1992）。

词图干扰范式的基本操作过程是，实验者向被试呈现图片的同时呈现一个视觉或听觉干扰词，要求被试尽量忽略干扰词，按规定句式快速、准确并流利地描述图片。研究者通过操纵干扰词与图片物体名称的语义相关或无关来考察命名潜伏期的变化，从而确定被试是否对该名词进行了词注选择。词图干扰范式最初用于研究词汇产出的机制和时间进程，之后应用于句子产出的研究中：通过考察句子中不同位置的名词或动词的干扰效应，推测言语组织阶段语法编码的计划单元（Meyer，1996，1997；Schriefers et al.，1998；Wagner et al.，2010；Zhao & Yang，2013；赵黎明 & 杨玉芳，2013）。此外，该范式还可以与眼动技术结合，通过综合分析命名潜伏期数据和注视比例数据探讨言语产出过程（Hwang & Kaiser，2014）。

使用该范式考察名词干扰效应的典型案例是 Meyer（1996）的研究。该研究给荷兰语被试呈现两个水平排列的图片并呈现听觉干扰词，要求被试从左到右命名图片上的物体并产出句子，例如，"The dog is next to the arrow."。结果发现在两个名词上都有语义干扰效应，从而推断语法编码的计划单元为整个句子。使用该范式考察动词干扰效应的典型研究是 Hwang & Kaiser（2014），该研究为了验证句子产出中语法功能指派的两种假设——词汇假设（lexical hypothesis）和结构假设（structural hypothesis），要求英语和韩语母语者描述一组双角色简单及物事件的图片，结果表明英语存在显著的动词语义干扰效应，而韩语中没有这一效应。这说明在发音前英语动词词注得到提取，而韩语没有。这一结果也得到了眼动数据的支持。研究者由此得出结论：词汇假设和结构假设都不是普遍有效的，动词在语法功能指派中的作用与不同语言的语法结构及性质有关。

5.2.3 图片移动范式

图片移动范式的基本原理是利用了概念配置（conceptual configuration）和其对应的最佳语言表达之间的一致性原则（congruency principle）。对于同向运动事件（conjunctive movement events），被试倾向用并列名词短语做主语的句子描述事件，例如，"Star and triangle move up."；而对于反向运动事件（disjunctive movement events），被试倾向用两个并列句描述事件，例如，"Star moves up and triangle moves down."（Levelt & Maassen，1981）。此外，运动时间上的刺激开始异步性（Stimulus Onset Asynchrony，SOA）也会导致不同句法结构产出比例的变化（Timmermans et al.，2012）。该范式能够使被试自然产出不同的句法结构，从而有效避免被试产出不符合实验者意图的句型（Bock，1996）。

该范式的操作过程是向被试呈现两幅或三幅图片组成的阵列，其中一幅或两幅图片缓慢运动到指定位置，要求被试用一句话描述图片移动的情况。图片的排列方式在早期的研究中呈三角形，之后的研究中大多呈水平排列，要求被试从左到右描述图片。图片主要有几何图形、真实物体的简笔画和用七巧板拼接形成的不规则形状三种。研究者可以对图片运动方向（同向或反向）和运动时间（同步或异步）进行操纵，也可以对图片名称提取的难易度进行操纵。通过分析命名潜伏期和产出句式比例，考察句子产出中计划单元大小。该范式适用于研究语法编码计划单元的范围及其影响因素，如时间压力、对话情境和工作记忆广度等。此外，通过操纵图片移动时间的异步性，该范式还适用于对语法编码的动态过程进行深入考察（Smith & Wheeldon，1999；Swets et al.，2013；Swets et al.，2014；Timmermans et al.，2012）。

该范式的典型研究案例是 Smith & Wheeldon（1999）的实验。被试观看一幅包含三个物体的动图，根据物体的移动情况分别产出并列名词短语做主语的句子（例如，"The dog and the foot move above the kite."）和简单名词短语做主语的句子（例如，"The dog moves above the foot and the kite."），结果发现并列名词短语句的命名潜伏期显著长于简单名词短语句。由于两句的长度和加工难度基本一致，只有主语短语的复杂度不同，因此该研究认为计划单元不是整个句子，而是第一个名词短语。另一项典型研究是 Timmermans et al.（2012）的研究，该研究利用两幅图片移动时间的异步性对语法编码动态递增过程进行考察。研究发现，概念运动方向和身份信息的时间可及性以及句法复杂度都对计划单元的范围产生影响，从而导致不同句法结构产出比例的变化。

5.2.4　图片预览范式

图片预览范式的基本原理是，如果提前预览需要计划的言语信息，将会促进对该信息的加工，从而使命名潜伏期变短。相反，如果预览的内容是不需要计划的，那么预览行为将不会对言语计划产生影响或影响很小，进而不会使言语潜伏期发生显著变化（Allum & Wheeldon，2009；Smith & Wheeldon，1999）。因此，预览范式有助于了解哪些信息被计划，哪些信息没有被计划，从而可以检测计划单元大小。

该范式的操作过程是在正式刺激图片阵列出现之前，提前让被试观看其中一幅或多幅图片，目的是通过提前激活与该图片相关的概念或词汇信息，以此来考察此类信息对言语计划的影响（Allum & Wheeldon，2009；Konopka et al.，2018；Smith & Wheeldon，1999；Wheeldon et al.，2013）。与词图干扰范式观察语义干扰效应引起潜伏期延长相反，预览范式主要观察提前加工带来的潜伏期缩短效应。预览的图片内容可以是常见物体的简笔画，也可以是单词。此外，该范式通过操纵预览时长控制提前加工的信息量，例如，Allum & Wheeldon（2009）让被试预览图片 2000 毫秒，让他们有时间提取相关概念和词汇信息，而Konopka et al.（2018）只让被试提前观看及物事件图片 500 毫秒，确保他们只获得概念信息，而没有时间进行词汇和句法提取。该范式既适用于探究概念信息和语法编码的计划单元范围（Allum & Wheeldon，2009；Wheeldon et al.，2013），也适用于分析造成潜伏期差异的原因（Konopka et al.，2018；Smith & Wheeldon，1999）。由于预览范式可以把部分加工内容（如词汇选择）从总体句子加工中剥离出来，因而该范式常用于探究言语计划子计划的加工过程。

该范式的经典案例之一是 Smith & Wheeldon（1999）的研究，该研究利用预览范式来探讨潜伏期效应产生的具体原因。潜伏期效应指在句子加工难度基本一致的情况下，产出并列名词短语做主语的句子比产出简单名词短语做主语的句子的潜伏期长。例如，句子 "The dog and the foot move up and the kite moves down." 的潜伏期比 "The dog moves up and the foot and the kite moves down." 长。被试提前预览图片上的三个物体两秒钟，这样被试对物体对应的词汇信息进行提前提取，从而消除了词汇加工差异对潜伏期的影响。结果发现，预览后的潜伏期时长差异基本消失，这说明观察到的潜伏期效应主要来自词注提取上的差异。

该范式的另一项经典案例来自于 Konopka et al.（2018）的研究，该研究考察语言经验如何影响双语者一语和二语句子产出的言语计划。他们让英荷双语者分别用英语（L1）和荷兰语（L2）描述一组双角色简单及物事件，并同时记录被试的眼动轨迹。实验一发现，双语者在使用二语时，言语计划的概念编码阶段比使用一语时显著延长，相应地语法编码阶段也延迟开始。接着，该研究通过三个预览实验探究被试使用二语时是哪类信息计划导致了这一延迟。结果发现预览图片（实验二）和预览动词（实验四）都使这一延迟消失，而预览施事对应的名词（实验三）时，延迟依然存在。研究者们因此得出结论，延迟不是因为要对施事的相关信息进行充分计划，而是由于要对题元角色的关系信息进行充分编码，从而为选择合适的动词做准备，这说明二语言语计划是层级递增的。

5.2.5 事件相关电位技术

事件相关电位（ERP）技术是通过脑电仪记录语言理解和产出时的

脑电信号（EEG），具有时间分辨率高、能探测语言加工的神经机制的优点。目前也有研究尝试将该技术运用到句子产出领域，对语法编码计划单元的范围进行深入探究（Zhao & Yang，2016）。

ERP 技术运用到句子产出研究中的原理是将词汇产出研究中发现的语义区组效应（semantic blocking effect）及 ERP 证据运用到句子产出研究中。语义区组效应是指命名一组同一语义类别图片的潜伏期显著长于语义类别不同组或随机组，这一效应反映了口语产出中词汇提取是一个选择竞争的过程（Belke et al.，2005；Bock & Levelt，1994；Howard，2006；Morgan & Meyer，2005；Murfitt & McAllister，2001）。运用 ERP 技术发现，该效应与 200 毫秒左右的 ERP 成分有关，主要发生在颞叶和额叶位置（Aristei et al.，2011；Maess et al.，2002）。

在句子产出研究中运用 ERP 技术的具体操作过程是：要求被试用规定的句子描述两幅垂直排列的图片，例如，"猩猩和船都是红色的"（CNP 句）或"猩猩下面的船是红色的"（PP 句）。在语义同质区组中，同一位置的图片在每个试次都存在语义相关，而在语义异质区组中不存在语义相关，另一位置的图片在两种条件下始终不存在语义相关。若语义同质条件下的句子命名潜伏期显著长于异质条件下的命名潜伏期时，发生语义区组效应，则说明被试在发音前对该位置的名词进行了词汇选择。在行为实验的同时收集 ERP 数据，主要对 200 毫秒左右的时间窗进行分析（Zhao & Yang，2016）。该项技术适用于口语句子产出中词汇计划单元范围的研究。此外，由于在 300—400 毫秒的时间窗中的 ERP 成分可能反映了句法加工效应，未来可以探索用于句法构建加工情况的研究（Zhao & Yang，2016）。虽然发音产生的肌肉运动对脑电信号的干扰很大，但言语计划主要发生在发音前，因而 ERP 技术对探索言语计划的神经生理机制具有一定的参考价值。

将 ERP 技术用于句子产出计划单元的研究非常鲜见，具有代表性的是 Zhao & Yang（2016）的研究。该研究考察了 CNP 句和 PP 句的词汇计划单元，结果发现两类句子在第一个名词上都有潜伏期和 ERP 上的语义区组效应，而在第二个名词上都不存在语义区组效应，说明被试在发音之前都只对第一个名词进行了语法编码，支持严格递增假说。这项研究对 ERP 技术在句子产出中的应用进行了尝试，虽然还存在很多争议，但具有一定的借鉴意义。

5.3 言语产出的早期理论模型

5.3.1 独立阶段模型

1. Fromkin 的言语产出模型

Fromkin（1971，1973）将言语产出过程分为六个独立的阶段，认为言语计划存在先后顺序，是序列进行的，因而言语失误往往发生在特定的阶段。这六个阶段概括了言语产出的过程（张清芳，2019）：

（1）确定要表达的意义：选择命题表征，形成概念意义，产生要传达的内容。

（2）选择句法结构，用特定词汇构建句子，为名词、代词、副词、动词等确定位置。

（3）产生句子的语调，将语调与句法框架相匹配。

（4）插入实词：从心理词典中检索出名词、动词、形容词并插入相应位置。

（5）插入功能词：添加功能词，如冠词、连接词和介词，添加前缀、后缀。

（6）指定音段信息：根据音韵规则表达句子中的音段信息。

Fromkin 的言语产出模型很好地解释了言语产出过程中的言语失误。例如，*a laboratory in our own computer（a computer in our own laboratory）的错误发生在阶段4，即插入实词阶段，名词 computer 与名词 laboratory 发生交换，交换的单词以原来单词的重音模式进行发音，这一错误则表明阶段3和阶段4是独立进行的。*singing sewer machine（singer sewing machine）则发生在阶段5，在添加后缀的时候，发生错误的单词在内容、重音以及句法结构上均未发生变化。阶段6的言语失误证据则来自语音错误，如 *blake fruid（brake fluid）中，两个单词的两个辅音进行了错误交换。

2. Garrett 的言语产出模型

　　Garrett（1975，1976）的言语产出模型（如图 5-1 所示）认为言语产出过程由不同的独立阶段组成，并且这些阶段是序列进行的。在言语产出的过程中，说话者首先形成概念信息 M1、M2、M3……Mn，然后对这些有意义的概念选择性地投射到语言。在语言层面，句法计划分为两个重要的阶段：功能加工（functional level）和位置加工（positional level）。在功能加工阶段，具有特定语义内容的单词（名词、动词、形容词、副词等实词）将被分配到不同的句法角色上（主语、宾语等），此时并不对单词的顺序进行加工；在位置加工阶段，选择具有句法作用的功能词（如冠词、连接词、介词等），并对单词的顺序进行加工。最后，这些语言形式转化为声音符号，形成话语。

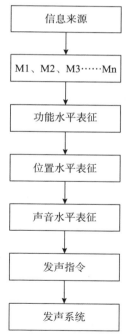

图 5-1　Garrett（1975）的言语产出模型

　　该模型可以解释言语失误。一部分交换产出的言语失误肯定发生在同一加工阶段，因为不同加工阶段之间不存在交互作用。这一观点主要来源于言语失误分析中音韵交换错误和单词交换错误，如 a weekend for MANIACS（言语失误）– a maniac for WEEKENDS（目标语）。在该言语失误中，名词 weekend 和名词 maniacs 发生互换，但复数词素 "-s" 则遗留在原来的位置，而且复数词素被读作 /z/，而不是 /s/。这种现象被称为滞留错误（stranded error），表明词根或者源词素是独立通达的；且复数后缀发音发生了相应的调整，以适应新的音韵环境，说明了语法成分的音韵化发生在言语产生的后期（张清芳，2019）。

5.3.2　交互激活模型

Dell（1986）的交互激活模型基于激活扩散的理论观点，将言语生成划分为语义层、句法层、形态层和语音层，涵盖了词汇通达、表征建构和句子生成的过程。

1. 词汇通达网络模型

Dell（1986）的词汇通达网络模型被称为"两步交互激活理论"（two-step interactive activation theory）（如图 5–2 所示），即从语义到语音经历了两个阶段：词汇选择和语音编码。该理论将语义到语音的提取过程分为三个层次（Dell et al.，1997）：最上面是语义层，表征语义特征；中间是词汇层；底层表征音位，由首音（onset）、核心元音（nucleus）和尾音（coda）构成。在词汇选择阶段，语义特征的节点及其相关的语义节点产生激活，并扩散到相应的单词节点，然后再扩散到音素节点。而在语音编码阶段，目标词汇和其他相关的非目标词汇均存在语音激活，但是只有目标词汇才能发音。模型的"交互性"则指这些节点之间的联结是双向的，且只有促进效应而没有抑制效应产生。激活则沿着从高层次向低层次或者从低层次向高层次这两个方向进行扩散。图 5–2 展示了这个激活过程，词汇层的词条是 "CAT""DOG""RAT""MAT""FOG"，其中 "CAT""DOG""RAT" 在词汇语义水平上共享 "哺乳动物""有生性" 等语义特征。当目标项 "CAT" 的语义特征被激活时，激活将扩散到 "CAT" 的词汇水平，

"DOG""RAT"也在一定程度上得到激活。词汇水平上激活的节点激活与其相连的所有节点，即激活扩散到音素层面的联结，同时激活可以反向扩散至语义层面。在该过程中，"CAT"语义特征再次激活，"DOG""RAT"也激活与之相连的语义特征节点。"CAT"在音素水平激活 /k/、/æ/、/t/，"DOG"和"RAT"分别激活 /d/、/ɒ/、/g/ 和 /r/、/æ/、/t/。该模型解释了混合错误，即相比只有语义联系的"DOG"或者只有音素联系的"MAT"，具有语义联系和音素联系的"RAT"将有更高的激活程度，从而替代目标词"CAT"。

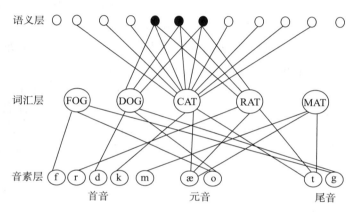

图 5-2　交互激活词汇网络（Dell et al., 1997）

2. 表征建构

Dell（1986）的交互激活模型同时描述了在给定高层表征的情况下，低层表征是如何通过激活扩散机制建构的。"当前节点"（current node）是该模型理论的一个重要概念，它指的是立即要被加工成低层表征的高层表征项目。由于激活扩散往往可以在多个层面上发生，因此通常会有多个当前节点。每个层面的表征都存在一个正在通向低层表征的高层表征项目。当低层表征的构建开始时，当前节点为其高层表征中被首次标记的节点。当高层节点向低层节点扩散时，当前节点最先被激活，它的激活水平随着信号激活而提高，这种激活水平的提高正如当前节点通过扩散来激活与其相关的节点一样。在这一过程中，与低层相关的规则正在构建一个有关范畴（如名词范畴、动词范畴等）的框架。在框架中创建了一个范畴槽之后，插入规则就开始运作，以填补这个槽。这些规则查看了所有被标记为指定范畴的节点的激活水平，然后选择激活程度最高的节点，立即将其激活度降低到零（以防止其被反复挑选），并对节点进行标记（其顺序由框架决定），最后改变高层表征的当前节点。这何时发生取决于从高层表征到低层表征所映射的性质，如果节点发生更新，那么标签紧跟在先前的当前节点之后的节点就会成为当前节点。

以 "people need food" 为例说明句法表征构建过程。当 "people" 和 "need" 被选择和标记之后，句法规则系统则需要寻找一个名词，而 "food" 应该是激活程度最高的名词。此时，假设低层表征（如形态表征）也开始被构建，那么 "people" 在句法层面的词汇节点也被高度激活，成为当前节点，而它的激活状态与继续构建的句法表征无关。但是在句法表征阶段，动词 "need" 根据句法插入规则，需要选择名词范畴内的项目，即选择所有符合名词范畴且被激活的单词节点，这意味着可能处于最高激活状态的名词 "people" 被再次选择，"food" 因此被代替，从而出现了重复的言语失误 "people need people"。

3. 句子生成

Dell（1986）将句子生成分为句法、形态和语音三个层面，如图 5–3 所示。以句子 "Some swimmers sink." 为例，在句法层面，单词节点（词注）构成句法表征。这些词注连接到句法框架内的插槽（slot），然后对表层结构的短语结构进行编码。图 5–3 展示了正在构建的范畴框架。量词插槽和名词插槽已经填入 "some" 和 "swimmer"，量词 "some" 和可数名词 "swimmer" 将激活表达复数概念的节点，并将其附着在名词 "swimmer" 后面；动词的插入规则正在寻找激活程度最高的动词，谓词 "sink" 在该句产出中的激活程度最高，因此该词被选中并接收下一个标记指令；与此同时，其他语义相关的单词节点（如 "drown"）也在一定程度上得到激活，与当前的 "sink" 节点进行竞争，但该激活程度较 "sink" 低一些。

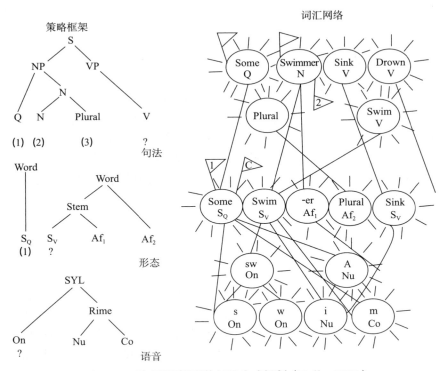

图 5-3　交互激活模型的句子生成机制（Dell，1986）

　　在形态层面，"sink" 和 "swim" 属于动词词干，"some" 属于量词词干，"-er" 为派生词词缀，"-s" 为表复数意义的屈折词词缀。在该句中，"swimmer" 的形态框架（包含动词词干和派生词词缀）已经完成构建，与此同时，动词词干的插入规则正在检索激活程度最高的动词词干。在以上词干中，"swim" 的激活程度高于 "sink" 的激活程度，因此 "swim" 被选择，而 "some" 虽被激活，但其形态类别为量词词干。动词词干 "swim" 被选之后，词缀范畴中最活跃的词缀 "-er" 被选择贴上标签。句法表征的当前节点更新为 "swimmer"，并为其单数形式选择复数语素，生成复数的句法表征 "swimmers"。

　　在语音层面，当前节点 "some" 被激活，并通过扩展激活来检索其因素。初始辅音的插入规则是检索并选择初始辅音或群集。同时，即将出现的词素的节点也被激活。

5.4 言语产出过程

　　言语产出主要包括概念生成（conceptualization）、语法形成（formulation）和发音（articulation）三个阶段（Levelt，1989）。在概念生成阶段，说话人根据说话意图生成言语计划。言语计划是表征了事件角色及其关系的概念结构，但是概念结构是非语言的概念信息，它必须投射到语言进行语法编码才能被表达。在语法编码阶段，说话人将概念信息投射到语言进行词汇选择、结构建构、语音音韵编码形成内部言语，最后将内部言语转化为公开说出的话语。目前关于言语产出过程的研究主要围绕这些过程展开，下面分别论述。

5.4.1　言语计划的生成机制

　　言语计划的生成是言语产出的第一阶段（Levelt，1989）。人们在做言语计划时可能产生多个概念或者想法，但只有其中的一部分将转化成语言。在这个复杂的加工过程中，说话者如何在一系列概念中解析出一个事件，并将事件构建成一个言语计划？言语计划的生成机制包括从场景的感知到事件结构概念化的加工过程，涵盖感知、概念与范畴化、抽象推理等研究中（Konopka & Brown-schmidts，2014）。

　　当前心理语言学主要关注言语计划是如何生成的，即前言语语信转换或投射到语言的过程以及该过程的时间进程。研究者对于这个问题的讨论可以追溯到 Wundt（1900）和 Paul（1986）对于句子产出的探讨。Wundt（1900）认为说话者必须在发声之前计划好一个完整的概念结构信息。例如，在描述"卡车拖汽车"的场景时（如图 5-4 所示），说话者首先可能需要对事件要旨进行编码（一个物体正在移动另一个物体），并且对场景中涉及的角色概念化（卡车为施事角色，即动作的发出者；汽车为受事角色，即动作的承受者）。这一过程完成之后再进行下一个加工过程，即语法编码。但是，Paul（1986）认为说话者能够首先对单个角色进行概念化（如卡车或汽车），并且立即对该概念进行语言层面的编码，即提取相应的词注，并且将其投射到句子的主语位置；场景中的事件结构的编码以及其他角色识别也同步展开。

图 5-4　卡车拖汽车示意图（Konopka & Brown-Schmidt，2014）

　　然而，言语计划和大脑中产生的想法（thought）一样难以操作，又和语言层面的编码一样进展得十分快速，因此，对言语计划内容和时间进程的研究很难通过传统实验范式解决。近年来，眼动追踪技术因其有较高的时间分辨率以及能够最大限度地记录说话者自然状态的产出，并且能够通过眼球运动推断被试在言语计划时间进程中的认知活动，在言语产出领域得到较为广泛的应用（Just & Carpenter，1980）。眼动研究具有高度一致的发现，即眼球运动模式与言语之间存在紧密的联系——绝大多数的说话者都是按照他们要谈论的顺序来注视图片场景中的物体。研究围绕起始点（starting points）选择、计划单元等言语计划生成机制的核心问题展开。

1. 起始点

　　言语产出中，句子既是由呈线性排列的单词组合而成，又是基于句法的层级结构聚合而来（Chomsky，1986）。说话者既可以按照句子的表层词汇排列顺序，对角色逐个进行概念化，并立即对其相应的词注进行提取；也可以先构建一个概念结构框架，然后再进行语言层面的编码。因此，说话者是直接将首个生成的单个概念还是将对于整个事件结构的理解（谁对谁做了什么）作为语法编码中词注提取的起始点，是言语产出中的重要研究问题。很多有影响的言语产出模型所达成的共识是，说话者不必要在发声之前完成所有的言语计划，也就是说，言语计划是递增式的（Bock & Levelt，1994；Kempen & Hoenkamp，1987）。

　　线性递增（linear incrementality）理论认为，说话者在概念生成阶段所计划的概念为一个单位（角色），并将其作为语法编码的起始点对其进行词注提取，即概念计划和语言层面的编码在很大程度上交织（interleave）在一起，如图 5–5 所示。该理论强调注意控制（Gleitman et al.，2007；Tomlin，1997）和个体概念凸显因素（conceptual salience）对于起始点选择的作用，如个体概念的形象程度（Bock & Warren，1985）、信息已知性（Arnold et al.，2000）、有生性（Altman & Kemper，2006；Tanaka et al.，2011）以及具体程度（Grieve & Wales，1973）等。例如，Gleitman et al.（2007）采用视觉捕获范式（attention capture paradigm）和眼动追踪技术来检验知觉凸显信息（perceptual salience）是否会影响概念生成阶段的起始点选择。实验发现，说话者注意力成功受到 70 毫秒 的黑色方块的线索捕获，并且在目标图片呈现的 200 毫秒内，说话者的注视点显著地停留在线索所在的区域内，该区域内的角色被选为句子产出的起始点。由此证明，说话者不必将整个事件结构理解完再进行语法编码，从而可以推断概念生成阶段的计划内容可以仅为一个事件角色，概念生成与语言层面的编码存在一定程度的层叠。

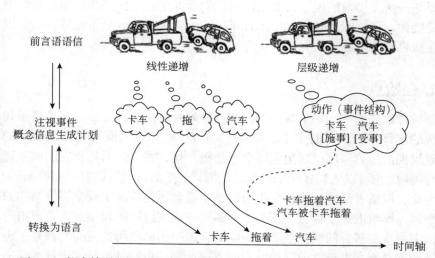

图 5–5　概念编码和语法编码示意图（Konopka & Brown-Schmidt，2014）

层级递增（hierarchical incrementality）理论认为，说话者首先要对场景中的事件结构进行理解，明白谁对谁做了什么（who-did-what-to-whom），然后对事件中的角色进行识别，选择起始点。Griffin & Bock（2000）要求被试对简单及物事件进行描述，同时记录他们的眼动注视轨迹。他们将 400 毫秒作为概念生成与语法编码的分界点。结果在目标图片呈现的 0—400 毫秒中，说话者没有表现出对事件中两个角色的注视偏好，而是在两个角色之间来回注视，说明被试先理解事件主旨。Konopka et al.（2014）对起始点的选择问题进行了更为系统的研究，认为概念层面的信息生成受到多种因素的共同影响，如视觉凸显度、事件结构的难易程度等，言语计划在概念层面的生成应该是灵活的。实验中采用了和 Gleitman et al.（2007）类似的注意力捕获范式，并且通过描述事件结构时使用的动词个数来控制事件结构的难易度，即对于场景的动作进行描述时，使用的动词个数越少，其一致性就越高，该事件结构的理解越容易；对场景的动作进行描述时，使用的动词个数越多，其一致性就越低，该事件结构的理解越困难。研究发现，当事件结构越简单时，说话者倾向层级递增的计划策略；当事件结构越复杂时，说话者更加倾向线性递增的计划策略。

2. 计划单元

　　关于概念层面的计划单元大小的理论大都来自对起始点的研究。概念生成阶段的计划单元大小指的是说话者能够平行地准备概念信息的数量。线性递增理论中，计划单元为单个概念；而层级递增理论认为计划单元还包括对事件结构的构建，计划单元大于单个概念。因此，基于递增理论的言语产出模型关注的核心问题包括，概念层面语义块的大小是固定的还是受相关因素影响而发生变化，以及语义块的最小单位大小等问题。

　　早期对计划单元的研究大都来自离线的言语失误分析。Garrett（1975，1980）认为单词交换错误是说话者在发声之前同时计划多个信息造成的。例如，在产出句子"This spring has a seat in it."（目标语："seat has a spring"）过程中，单词"spring"和单词"seat"发生位置交换，该现象说明"spring"和"seat"的信息编码同时发生，并且在插入句子框架时发生了错误。此外，一些研究也表明概念层面的计划单元可能为一个分句（Bock & Cutting，1992；Ford，1982；Ford & Holmes，1978）。这些离线的语误分析可能来自语言层面的编码计划，因此并不能很好地阐明概念层面的计划单元的大小问题。随后的研究采用在线的图片描述任务（Smith & Wheeldon，1999）。在该研究的实验二中，被试可以看到三个物体（如图 5-6 所示），但只需对移动的物体进行口头描述，生成一系列的句子（如例 1 所示）。

例 1 (a) 复杂 – 简单组合句：The dog and the foot move up and the kite moves down.

(b) 简单 – 复杂组合句：The dog moves up and the foot and the kite move down.

(c) 复杂句：The dog and the foot move up.

(d) 简单句：The dog moves up.

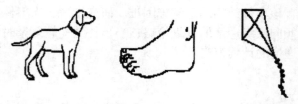

图 5-6　Smith & Wheeldon（1999）实验二实验图片

实验二发现复杂 – 简单组合句 1(a) 的发声潜伏期显著长于其对应的复杂句 1(c)（83 毫秒），简单 – 复杂组合句 1(b) 的发声潜伏期显著长于简单句 1(d)（200 毫秒）。与此同时，组合句 1(a) 与 1(b) 的潜伏期之间的差异显著小于单句 1(c) 与 1(d) 之间的差异。更为关键的是，在产出的组合句中，1(a) 的发声潜伏期显著长于 1(b)（78 毫秒）。这些结果表明，发声潜伏期的信息计划以及语法编码并不仅限于句中的首词。而且在组合句中，第一个分句可能已经完全计划好，但是第二个分句的计划已经开始但并没有结束。在接下来的实验四中，在含有三个物体的目标图片出现前，被试将有 2 秒的时间预览这三个物体，并确保图片的命名已经提取；相比于实验二，实验四发现以上四个类型的句子产出潜伏期显著减小，其中复杂句 1(c) 减少的时间约为简单句的两倍（245 毫秒，118 毫秒），这是因为复杂句 1(c) 需要提取两个物体的词汇，而简单句 1(d) 只需要提取一个物体的词汇；而在组合句中，复杂 – 简单组合句 1(a) 相对于简单 – 复杂组合句 1(b) 潜伏期减少得更多（257 毫秒，202 毫秒），这是因为复杂 – 简单句通达了两个物体的命名，并计划了第二个分句中的一个物体的概念信息；简单 – 复杂句通达了一个物体的命名，并计划了第二个分句中的两个物体的概念信息。概念层面的计划在时间上早于语法编码的词汇提取，由此推断概念层面的计划单元为整个句子。

　　研究者们同时探究了概念计划的最小单元。例如，Brown-Schmidt & Konopka（2008）采用视觉情景范式，让英语 – 西班牙语双语者以说话者的身份向主试描述目标图片，目标图片上有许多物体。具体实验任务为，说话者要向看了类似图片的被试描述图片中黄色边框圈住的一个物体（如"蝴蝶"）；与此同时图片中包含另一个大小不同的物体（"蝴蝶"），说话者需要添加修饰词来识别指称物（"一只大 / 小蝴蝶"）。英语"一只小蝴蝶"（"a small butterfly"）和西班牙语"一只小蝴蝶"（"a mariposa pequeña"）修饰语的位置不同，可以用于探讨计划单元的大小。如果计划单元为一个短语，则英语和西班牙语的产出中添加大小信息时，对对比物体的注视应该是无显著差异的。但是实验结果表明，英语产出中对对比物体的注视早于西班牙语产出，从而推断在信息层面的计划单元最小为一个词。

5.4.2　语法编码过程

　　早期的言语产出的在线研究主要集中在词汇层面，对句子产出的过程研究相对较少。句子产出相比词汇产出更加复杂，既包括了词汇产出过程，也包括了句子结构的构建。而句子是语言结构的基础，因此对句子产出的研究有重要的科学意义。

　　言语产出（句子产出）的语法编码包括功能编码和位置编码两个阶段（Garrett，1975）。在图 5–7 中，功能编码根据语义信息提取相应的词注，并分配句法功能（如主语或者宾语）；位置编码将词注按照句法结构放在恰当的位置聚合成句子（Bock & Levelt，1994）。这一观点得到了早期言语失误分析的实证支持，例如，单词交换错误中，发生交换的单词属于同一语法范畴，该错误发生在功能编码阶段。

　　句子产出在语法编码阶段关注的主要问题包括：第一，语法编码是如何进行的？具体表现为，语法编码的进行是由词汇驱动还是由句法结构驱动？在时间进程上功能编码是否优先于位置编码，还是位置编码优先于功能编码？二者为严格的两个加工阶段，还是位置编码与功能编码在时间上可以平行进行，在时间上存在重合？第二，语法编码的计划单元有多大？是一个从句、一个短语还是一个单词？第三，词汇因素和句法因素如何共同影响语法编码的时间进程及其计划单元？

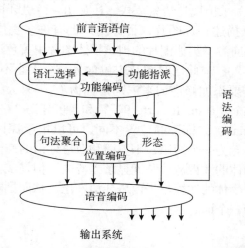

图 5-7　Bock & Levelt（1994）的语法编码过程

1. 词汇驱动的言语产出

词汇驱动的句子产出观点来自句子中的词汇是按照线性顺序组合的这一直觉，认为言语产出是逐词计划的，每个词汇的提取仅仅略早于其发声；词汇的句法属性在首词提取时得到激活，从而构建句法结构（Levelt，1993；Konopka，2012）。例如，描述及物事件的图片"猎狗追邮差"时，说话者先提取词汇"猎狗"，而不需要知道"猎狗"在句子中承担的是什么角色；紧接着对动作"追"进行编码，构建"猎狗"和"邮差"的事件关系；最后对词汇"邮差"进行提取。"猎狗"还是"邮差"出现在句子的首位，由这两个事件角色的凸显性因素角色所决定，当"邮差"这个角色得到凸显并提取时，句子的结构也就确定为被动句（Gleitman et al.，2007）。这一观点挑战了"两阶段论模型"所认为的位置编码先于功能编码，功能编码和位置编码不是严格的两个阶段，而是二者并行，在时间上存在重合。

词汇驱动的观点（也称线性递增）得到了来自凸显性因素研究的支持，即在简单两角色的及物事件中，凸显的角色词汇能够快速通达并得到提取，成为句子的主语，从而可以预测句子结构（主／被动句）的选择，如视觉凸显（Gleitman et al.，2007；Tomlin，1997）、有生性（Esaulova et al.，2019；Tanaka et al.，2011）、语用凸显（Konopka，2019）等因素。例如，Esaulova et al.（2019）采用了图片描述任务考察了角色生命性对句法结构选择（主／被动句）和早期言语计划的影响。实验控制了施事和受事的生命性，施事角色为有生命的人，而受事角色可能为人也可能为无生命的物。研究发现，相比受事为物，受事为人时产出的被动句的比例显著提高。此外，实验还发现被试偏向注视受事为人的角色，进一步证实了词汇提取在时间上先于句法结构的构建。

2. 结构驱动的言语产出

结构驱动的句子产出观（也称层级递增观）源自句子本身由句法结构聚合而来的观点，认为言语产出首先需要一个句法框架理解各个角色之间的关系，然后才进行词汇的编码（Bock et al.，2003；Griffin & Bock，2000）。更为严格的结构驱动假设观点则认为，在说话者发声之前，即在言语发声的潜伏期，已经提前计划好了动词，因为动词是句法结构的核心，能够分配题元角色，指派句法功能（Ferreira，2000；Lindsley，1975；Kempen & Huijbers，1983）。Monica et al.（2019）利用英语问句（如例 2 所示）考察了当位置编码与其功能编码分离时，人们是如何进行语法编码的。相比一般陈述句 2(b)，主语的位置优先于宾语位置，句法功能的等级（主语 > 宾语）对应于位置的线性排列顺序；而在问句 2(a) 中，宾语的位置出现在主语位置之前，将句法功能的等级与位置的线性排列顺序进行剥离。实验结果表明，即使在生成问句的过程中，宾语先于主语出现，被试的注视顺序仍然为先注视主语，然后再注视宾语。这表明语法编码阶段先构建了句法框架，确定了主语和宾语，然后再进行词汇位置的排列，从而支持了两阶段论模型。

例 2(a) Which nurses did the maids tickle?（问句）

(b) The maid tickles the nurse.（陈述句）

一些关于事件要旨理解时间进程的研究证实了结构驱动假设（Griffin & Bock，2000；Hafri et al.，2013，2018，2021；Sauppe，2017）。事件要旨的内容包括构建事件角色的关系以及指派题元角色（施事，受事），而指派的题元角色和句法的功能分配是一致的，都存在结构上的等级关系，即施事 > 受事，主语 > 宾语。Hafri et al.（2018）使用真实自然的照片代替卡通图片描述两角色简单及物事件，在实验中，自然图片的呈现时间为 37 毫秒或者 73 毫秒，紧接着对图片进行遮掩，随后让被试以"是/否"的形式判断该图片涉及的事件类型、事件角色的施事或者受事。研究发现，被试能够快速地识别事件类别（即事件要旨，即"推""打"）和事件的题元角色（施事或者受事），从而指导语法编码的进行。

此外，研究者从对动词计划的时间进程角度来验证严格结构驱动假设（Hwang & Kaiser，2014；Momma et al.，2016；Sauppe，2017；Norcliff et al.，2015）。严格结构驱动假设认为动词在发声之前被提前计划，但是言语产出的大多数研究都是基于印欧语系，尤其是英语（Jaeger & Norcliff，2009）。在简单的两角色及物事件中，英语的词序固定为 SVO（主语–谓语–宾语），动词的位置紧接着主语，按照句子中的词汇顺序进行单词提取时，动词在发声之前的提前计划与词汇驱动假设也相容。在不同类型语言中，尤其是动词在句子中位置灵活的语言为这两种假设提供了新的视角：严格结构驱动假设认为不论动词位置位于句首、句中还是句尾，说话者都需要提前计划动词；而词汇驱动的观点则认为动词是否需要提前计划应该和其处于句中的位置有关。例如，Hwang & Kaiser（2014）采用眼动追踪和词图干扰相结合的实验任务，考察了基本词序为 SVO 的英语和基本词序为 SOV 的韩语在言语产出早期阶段动词是否被提前计划。实验过程中，英语母语者和韩语母语者在描述图片的简单及物事件时，同时会听到与动词或者受事角色语义无关、语义相关的干扰词。研究发现，在英语句子中出现了动词的语义干扰效应，即语义干扰的条件下，说话者的潜伏期延长，但是韩语句子中并没有出现语义干扰效应。此外，在英语句子产出的时间进程中，说话者在图片呈现的 400—600 毫秒时，注视点集中在动作区域；而在韩语句子产出的时间进程中，说话者仅在动词发声之前，注视点集中在动作区域。显然，词序作为语言的自身特点在语法编码中起到了重要的作用。

Sauppe（2017）考察了德语简单及物句中动词的计划过程。德语动词的位置非常灵活，可以出现在句中和句尾。实验发现，德语需要在言语计划的早期对事件要旨（事件结构）进行理解，但是动词不一定要在发声之前提前计划。

3. 计划单元

语法编码的计划单元与词汇和语法结构有着密切的关系。关于计划单元大小的实验研究，大多通过对比不同类型句子产出的言语潜伏期差异，实验结果发现计划单元可以大到一个从句，也可以小到一个单词。Meyer（1996）采用图词干扰范式，考察了短语和句子产出中的计划单元。实验要求被试描述同时呈现的两幅图片，同时以听觉方式呈现一个干扰词，该干扰词与其中一个名词语义相关或无关。在并列名词短语做主语的句子"the arrow and the bag"和名词位于句首和句尾的句子"The baby is next to the dog."中，都发现了语义干扰效应，这说明语法编码的计划单元为整个句子。

而另外一些研究者认为语法编码的基本计划单元为一个功能短语（Allum & Wheeldon，2009；Gleitman et al.，2007；Martin et al.，2010；Smith & Wheeldon，1999；Wheeldon et al.，2013；Zhao et al.，2015）。例如，Smith & Wheeldon（1999）让被试看包含三个物体的动图，并根据动图产出并列名词短语做主语的句子（如"The dog and the foot move above the kite."，以下简称 CNP 句），或者简单名词短语做主语的句子（如"The dog moves above the foot and the kite."，以下简称 SNP 句）。两种句式的名词短语和动词短语几乎完全一样，差异仅仅在于主语短语的长度。在两种句式匹配度高的情况下，若整个句子是在说话前准备的，那么两句命名潜伏期应该无显著差异，但结果发现被试产出 CNP 句时的言语潜伏期显著长于 SNP 句，这说明语法编码的计划单元是第一个名词短语，而不是整个句子。

还有一些实验结果支持计划单元小到一个单词（Ganushchak et al.，2017；Griffin，2001；Hwang & Kaiser，2014；Meyer et al.，1998；Meyer & van der Meulen，2000）。Ganushchak et al.（2017）采用眼动追踪技术，考察了简单施事 – 受事及物事件在语境中的时间进程。研究者在目标图片呈现前先讲述一个故事，故事中包含与施事或者受事角色语义无关、语义相关或语义相同的信息，给予其中一个角色不同程度的词汇启动，从而操控词汇的通达性。实验结果发现，只有施事角色的通达性影响了早期的眼动模式，随着词汇启动的效应增强，被试对施事角色的注视比例减少，但仍旧对施事表现出注视偏向；而受事角色上并未出现词汇启动效应，眼动模式在 0—400 毫秒以及 400—1400 毫秒均无显著差异，也没有影响被试对施事角色的注视偏好，证实了语法编码的计划单元符合"严格递增假说"。

也有研究者认为句子产出中的计划单元是可以灵活改变的，即计划单元本身不是固定的（Konopka，2012；Momma et al.，2016，2018；Schriefers，1992）。Konopka（2012）考察了近期的词汇经验和结构经验对语法编码计划单元的影响。实验中，目标图片呈现的两个物体在语义上存在相关或者无关，以促进名词短语的产出。在目标物体出现之前，先呈现在句法结构上相同或者不同的图片刺激，以产生启动效应；另外，目标图片上的两个目标产出物体中词汇为高频词或者低频词。实验发现，相比无结构启动条件，句子结构启动目标试次中，当首词为高频词时，句子产出出现了语义干扰效应，表明句子结构重复是可以将原本为一个单词的计划单元扩展到两个单词的计划单元。Momma et al.（2016）采用图词干扰范式，考察 SV 结构和 OV 结构的句子产出，发现呈现的目标图片上将会包括与动词语义相关或者语义无关的干扰词，而实验结果发现，被试只在 OV 结构的句子产出中出现了潜伏期延长的现象，即 OV 结构的句子提前计划了动词；而在 SV 结构句子产出中，发声前只有主语被提取。该实验结果表明了语法编码的计划单元大小是灵活可变的。

5.4.3 语音编码过程

1. 理论背景

有关语音编码研究主要集中在词汇层面。在词汇通达的过程中，说话者选择合适的词条后，需要对发音形式进行编码。关于词汇选择和语音编码这两个阶段是如何进行的，主要有"独立两阶段理论"和"两步交互激活模型"两大理论观点，并且两类理论主要围绕以下内容进行探讨和研究：第一，语义层和音韵层是否为独立的两阶段还是二者之间存在交互作用？第二，音韵层的激活是否可以逆向反馈到语义层，从而影响语义激活？

1）独立两阶段理论

Levelt et al.（1999）提出的 WEAVER 模型（Word-form Encoding by Activation and Verification）认为，只有被选择的词汇才会产生音韵激活，且这种激活是单向的。也就是说，言语产出过程中词汇层和语音层为独立的两个阶段，没有相互重叠和相互作用。言语失误分析为该模型提供了依据。例如，在单词交换错误和声音交换错误中，单词交换发生在短语之间（如 "a weekend for manics–a maniac for weekends"），且两者的句法范畴类型相同；声音交换（如 "left hemisphere" – "heft lemisphere"）并未受到相应词条的影响（Garrett，1975）。

Schriefer et al.（1990）采用图词干扰范式，以听觉方式呈现干扰单词，其中干扰词的类型为语义相关词（如 "bureau" – "kast"）、语音相关词（如 "bureau" – "buurman"）以及无关词（如 "bureau" – "muts"）。实验发现，当干扰刺激早于图画 150 毫秒出现时（SOA=–150 毫秒），相比无关条件下，语义有关的图画命名潜伏期显著延长，语音有关的图画命名潜伏期无明显差异，即早期的词汇通达为语义激活，出现了语义抑制效应；但在干扰刺激和图画同时呈现时（SOA=0 毫秒）或者干扰刺激晚于图画 150 毫秒出现时（SOA=150 毫秒），相比无关条件下，语义相关图画命名潜伏期无明显差异，语音相关图画命名潜伏期显著缩短，即出现了音韵促进效应，这表明语义激活和语音激活是独立的两个阶段，这两个阶段是严格地按照序列顺序进行的。

Levelt et al.（1991）结合图画命名和词汇判断任务考察了词汇通达过程中语义激活和语音激活之间的关系。其中，词汇判断任务的潜伏期用于探测命名过程中的当前激活状态；图画呈现与探测词汇出现的时间间隔（SOA）可以追踪语义激活和音韵激活的时间进程。实验中，被试的主要任务是为图画命名，但有一部分任务为被试在图片呈现 73 毫秒后呈现一个听觉探测刺激，并做出词汇判断（词或者非词），其中探测刺激为与目标图片命名相同（如 "sheep" – "sheep"）、语义相关（如 "sheep" – "goat"）或者与目标项语义相关的语音相关（语义中介语的语音相关，如 "goat" – "goal"）或者无关的词汇。研究探讨了"非目标项（与目标项语义相关）词条"的音韵是否得到激活，即"goat"在语义上的激活能否扩散至音韵层以激活其语音特征，并且在刺激探测"goal"条件下，增强非目标项的语音激活，从而对目标项进行音韵干扰。实验结果表明，与无关条件相比，命名相同以及语义相关条件显著延长词汇判断时间，音韵相关条件下则无显著差异，表明了只有被选择的目标项（词条）才会将激活扩散到音韵水平，且词条选择结束之后才进入音韵编码。该结果进一步支持了独立两阶段理论。

2）两步交互激活模型

两步交互激活理论（Dell，1986，1988）认为，在词汇通达的过程中，词汇和语音表征上的激活是双向扩散的，激活可以从词汇层到语音层，到达语音层的激活可以反馈回语义层；且目标项和非目标项（与目标项语义相关）均会产生语音激活。例如，言语产出中的词汇偏差效应（lexical bias effect）就是音素和词汇水平交互作用的结果，即真词产生错误的概率远远高于非词（Dell，1988），如把语误"dean bad"说成"bean dad"的概率远高出把"deal back"说成"beal dack"的3倍，而两者的区别在于前者为真词，后者为非词。也就是说，音素节点的激活是可以反馈到词汇节点的，并且可以传递到与目标词汇共享音素的词汇上，从而发生口误。类似地，重复音素效应（repeated phoneme effect）也反映了音韵节点可以反馈到语义节点，即当两个词汇相邻的音素相同时，这两个音素互换的可能性就大。

Peterson & Savoy（1998）采用词图干扰范式考察了与目标词语义接近的词是否会产生音韵激活。单词与图画之间的关系分别为语义相关、音韵相关、语义中介的音韵相关、无关条件共四种情况；图画与词呈现的时间间隔（SOA）为0毫秒、100毫秒、200毫秒、300毫秒、400毫秒、500毫秒、600毫秒共七个水平。实验结果发现，在SOA为0毫秒–400毫秒之间，音韵相关、语义中介的音韵相关条件的命名潜伏期无显著差异，但两者相比无关条件的潜伏期都明显缩短，这表明目标项与其语义相近的非目标项都有音韵激活。

此外，Morsella & Miozzo（2002）采用"图画–图画"干扰任务，给英语被试呈现两张图画，被试只需对指定的一张图画（目标图画）进行口头命名，而忽略另外一张图画（干扰图画）。研究发现，当干扰图画与目标图画语音相关时（如"bed"–"bell"），其命名潜伏期明显比条件（"bed"–"pin"）的潜伏期更短。这表明英语中与目标项有语义关系的非目标项的音韵得到激活。音韵促进效应在英语（Taylor & Burke，2000）、西班牙语（Navarrete & Costa，2005）、荷兰语（Roelofs，2008）、法语（Bonin & Fayol，2000）中都得到了进一步的证实。

2. 音韵编码和语音编码

　　独立两阶段论认为音韵编码为词汇通达过程中的第二阶段，发生于词汇语义提取之后（Levelt et al.，1999）。音韵编码可以细分为音段编码、节律编码和音节化等一系列子过程（Levelt，1993；Levelt & Wheeldon，1994，如图 5–8 所示）。

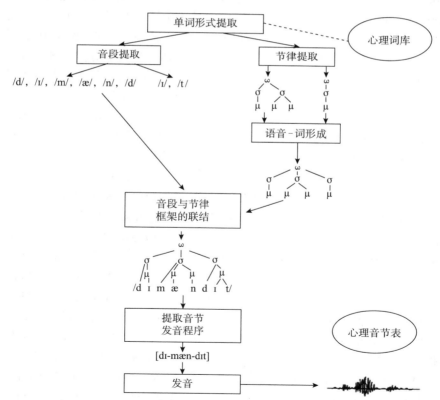

图 5–8　言语产出中的语音编码模型（Wheeldon & Levelt，1995）

首先，对于选定的词条，说话者需要提取其相对应的音段信息和节律框架信息。音段信息与单词音位结构相关，由辅音、辅音群、元音、双元音、滑音等组成。例如，短语"demand it"的音段信息为 /d/、/ɪ/、/m/、/æ/、/n/、/d/、/ɪ/、/t/。节律框架信息至少包括单词的音节数、重音位置以及音节结构。单词"demand"（de-mand）包含两个音节，重音在第二个音节上，其首音节 /dɪ/ 由一个辅音和一个元音构成，音节结构为 CV 结构。音段提取和节律提取是相互独立的，但在时间上是平行进行的。

其次，音段信息与节律框架需要进行联结。短语"demand it"的音段信息与节律框架的联结过程并不是两个单词简单地按照词的顺序进行发音，而是按照音节划分发音单位。音节的边界跨越词的边界，如短语"demand it"的音节可以划分为"de-man-dit""de-mand-ded""de-mand"，也就是说代词"it"可以附着在其他词上，从而产生由一系列音节组成的音韵词。此时的音韵词可能包含一个或者多个心理词典中的项目，承载着相应的重音信息。音韵词激活心理音节表中对应的语音音节（Cholin et al.，2006；Levelt & Wheeldon，1994），激活的音节动作将被转换为发音动作，用于控制发音运动，最终执行发音。

在音韵编码阶段，Levelt et al.（1999）认为音节是由音段和节律框架临场组合的，这样可以使得言语产出系统更具灵活性。而 Dell（1986）则假设音节在心理词典中独立表征，音节的结构和框架都存储在心理词典中，提取的音韵是经过音节化的。

语音编码阶段关注的主要问题仍然是计划单元的大小问题。语音编码的计划单元大小与语言特点有密切关系：英语和荷兰语等印欧语系的研究表明，语音编码的计划单元为音素（O' Seaghdha et al.，2010；Schiller，1998，2000；Schiller et al.，2002），而在法语和汉语的研究中，音韵信息的提取则可能是以音节为基本单位的（Chen & Chen，2013；Chen et al.，2002；Chen et al.，2003；Ferrand et al.，1996，1997；O'Seaghdha et al.，2010；You et al.，2012）。此外，日语的音韵编码的计划单元则为莫拉（音拍，音节之下另设一个以时长为主要依据的节奏单位）（Kureta et al.，2006；Verdonschot et al.，2011，2015，2019）。韩语的音韵编码计划单元为次音节（Cho et al.，2008；Kim & Bolger，2016；Li et al.，2021；Yoon et al.，2002）。例如，Schiller（1998，

2000）采用掩蔽启动范式，让英语和荷兰语被试对首音节 CV 结构（如 pi.lot）和 CVC 结构（如 pic.nic）的词汇进行命名，并且分别采用 CV 结构、CVC 结构以及中性字符串作为启动条件。实验发现，与无关条件相比，首词为 CV 结构的目标词的命名潜伏期在 CVC 启动条件下明显更短，但 CV 结构启动效应并不明显，该结果不符合音节启动效应，而是发现了音素重叠效应，这表明音韵的计划单元为音素而不是音节。而在相同的实验范式下，汉语和法语的相关研究却出现了音节启动效应（Chen，2003；Ferrand et al.，1996，1997）。Verdonschot et al.（2015）考察了汉语的音韵编码，该研究将启动词与目标词的重叠程度从 C（辅音）扩展到 CV（辅音 + 元音），同时考虑了启动词和目标词的结构相似性（CV vs. CVN），结果发现了次音节（辅音 + 元音）的启动效应，从而挑战了以音节为单位的计划单元假说。

以内隐启动范式为实验手段的研究（Chen & Chen，2013；Chen et al.，2002；Kureta et al.，2006，2014；Li et al.，2015，2017，2020；Meyer，1990，1991；O'Seaghdha et al.，2010）进一步探讨了不同语言的语音编码计划单元。在内隐启动范式中，被试先学习一些单词对，例如，"night–day""wet–dew""bread–dough"（例子来自 O'Seaghdha et al.，2010）。以上三个单词对中，第二个单词的初始音素或者起音都是相同的，构成同源目标项；而对照组则是两个配对的单词在音韵上没有任何联系，即不共享音素，构成异源对照组。在实验中，被试根据单词对中第一个单词的提示说出与其配对的第二个单词，通过对第二个单词的潜伏期和正确率进行测量来判断在命名单词的过程中被试是否提前准备了音节或者音段。如果说话者在同源组的反应时快于异源组，则表明内隐学习启动效应的存在。此外，语音编码的计划单元为最小的共享音素成分。例如，在英语中，说话者的命名反应时在共享的初始音素的条件下得到促进，出现了内隐学习的启动效应（O'Seaghdha et al.，2010）；而在汉语中，则是在共享初始的音节出现了内隐启动效应（Chen et al.，2002；O'Seaghdha et al.，2010）。在以韩语为对象的相关研究中，Li et al.（2021）将内隐启动范式中的词汇命名任务改为图画命名任务，同源组的图画命名为共享初始音素、初始辅音和元音体（CV body）、首音节（CVC 结构）的启动条件。实验结果表明，韩语中 CV body 和音节 CVC 条件下出现了启动效应，表明韩语的音韵计划单元大于音素，小于一个音节，是一个 CV 体结构，即次音节（Kim & Bolger，2016；Verdonschot et al.，2021）。

Li & Wang（2017）通过图片命名任务探究汉语中正字法经验对口语的语音计划单元的发展的影响。被试群体包括幼儿园儿童（没有接受过正式的识字指导）、一年级儿童（相对更多地接触字母拼音系统而汉字知识有限）、二年级儿童和四年级儿童（有更多的汉字知识和接触更多的汉字）以及成年组（拥有最高水平的汉字知识和接触汉字最多）。实验发现，只有一年级儿童在相同的首辅音条件下，显示出了启动效应；四年级儿童和成年人在共享初始音节（不是音调）的条件下，表现出了启动效应；幼儿园儿童和二年级儿童只在包含音调的初始音节共享的情况下，才出现了启动效应。语音编码的计划单元的动态发展可以解释为语音表征的完善和注意力转移的共同作用。丰富的拼音经验鼓励说话者在语音编码中选择起始音素为计划单元，而丰富的正字法经验则鼓励说话者在语音编码中选择音节为计划单元。Li et al.（2020）采用内隐启动范式进行跨语言的对比研究，考察英语单语者、母语为汉语的英语学习者、母语为日语的英语学习者在用英语命名图片时的语音编码的计划单元大小。这些启动条件分别为共享起始音素、共享起始音节以及毫无关系。实验结果发现，音素的启动效应只出现在英语单语者组，而未出现在双语者组；三组都出现了莫拉和音节水平的启动效应。这表明语音编码的计划单元是受目标语和说话者的语言经验影响的，并呈现出更为灵活的语音编码的计划单元。

关于音韵编码中计划单元的大小问题的研究结果并没有达成一致。语音编码的计划单元的大小问题与语言的特点密切相关，如语音特征、正字法特征的不同。语言的习得方式以及语言经验都对语音编码起着重要的作用。与此同时，在语音编码过程中，音段编码阶段同一个词汇中的音素是平行提取的还是一个一个提取的？节律信息中的重音编码方式是平行进行的还是按照从左往右递增的方式进行的？音节是如何起作用的？音节启动发生在哪一个阶段？这些问题都与语音编码的计划单元密切相关，但由于计划单元的研究仍存在较大争议，因此对这些问题的研究相对较少（张清芳，2019）。

5.5 言语产出和其他认知系统的交互

5.5.1 言语产出中的控制和监控

说话者在言语产出过程中可以对自己的说话内容和方式进行自我监控。当出现言语失误或以不太恰当的方式表达了内容时，说话者可能会打断自己并进行纠正，这一过程涉及认知中的自我监控系统（Levelt，1989）。根据感知循环模型（perceptual loop model），言语监控系统由三个子成分构成：监测失误、打断和修正（Hartsuiker & Kolk，2001）。言语的监控和自我修正可以发生在言语产出的各个层面（Levelt，1983）。例如，修正可以发生在概念层面。句子 3(a) 中交际意图改变时，说话者舍弃先前表达的内容，出现了重新组织语言的修正；句子 3(b) 中外部客观世界发生变化时，说话者需要恰当调整其言语表达；句子 3(c) 中更多的信息被提及，更加贴切地传达了说话者想表达的信息。此外，说话者可以监控言语形成的各个阶段，并且可以修正词汇、语音、语调和形态句法等错误。关于监控有两大理论：感知监控理论（Levelt，1983，1989；Kolk，2001）和产出监控理论（Laver，1980；Van Wijk & Kempen，1987）。

例 3(a) Then we go to a take a small curve down to the right

　　(b) It is now three minutes past nine or rather four minutes past nine

　　(c) With an arch small arch

感知监控理论包括感知回路理论（Levelt，1983，1989）和感知循环模型（Hartsuiker & Kolk，2001）。该理论认为言语产出过程中存在一个中央监控系统，这种监控基于言语外部的感知系统，非常灵活且受到注意力资源的限制：人们可以对言语产出过程的各个阶段进行监控，也可以根据任务的要求改变监控的焦点（Vasic & Wijnen，2005）。此外，当人们在说话中进行次要任务时，话语失误的修正比例显著下降（Oomen & Postma，2002）。

实证研究也为感知监控理论提供了证据。例如，Roelofs & Levelt

（2007）借鉴语音监测任务要求被试判断图片命名（如 glass）是否含有某个音素（如 /s/），以此来验证言语感知文献中出现的音素唯一性效应（唯一性是指该音素出现时，确定了最终的词汇）：目标音素离唯一性音素越远时，反应时越短。该实验首次发现在图片命名任务中反应时并无显著变化，这说明并没有音素唯一性效应。

产出监控理论则认为自我监控系统是言语产出系统内部的一个或多个信息通道，这种监控是分布式的（Laver1980；Van Wijk & Kempen，1987），且是无意识自发进行的（如图 5-9）（Postma，2000）。Schlenck et al.（1987）通过对 10 名布洛卡失语症患者、10 名韦尼克失语症患者以及正常对照组和脑损伤对照组的语言理解和言语产出的研究，发现韦尼克失语症患者的理解能力比布洛卡失语症患者差得多，然而两组失语症患者对外部言语失误进行修正的比例无显著差异，但相比对照组，修正显著减少。此外，失语症患者在言语产出的过程中出现了大量的犹豫、重复等现象，研究者将其解释为隐蔽修正，并且认为监控的成功不取决于理解能力，并且从理解系统和言语产出系统的监控机制相互独立的角度，表明了监控机制是言语产出系统内的一部分。

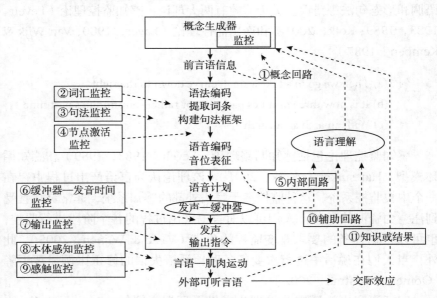

图 5-9　言语监控理论（Postma，2000）

此外，言语产出监控理论可以预测相关的监控障碍。Oomen et al.（2005）报告了一个布洛卡失语症患者 G 的言语产出数据。G 出现了很多语音错误，且该错误很少得到修正；但他很少出现语义错误并且能够修正大部分的该类错误。更为重要的是，在监测他人的语音错误时，他的表现和正常个体相同。这意味着 G 的言语障碍是可以反映其监控障碍的，G 的监控障碍不是出现在监控语音错误上，而是无法对错误进行修正。

Huettig & Hartsuiker（2010）采用视觉情景范式探讨了正常被试的言语监控机制。实验向被试呈现包含了一个物体的简笔画和三个单词的图片，其中一个单词（如"harp"）与物体（"heart"）的语音相关，他们需要忽略文字干扰，而对物体进行命名。在该实验中，被试在发声之后的 300 毫秒，注意力转移至与其语音相关的单词的兴趣区内，即出现了语音竞争效应，显然这一结果与感知监控假设并不一致：言语产出中同样存在监控通道能够利用言语感知系统，但是语音竞争效应该出现在言语产出的早期时间窗口。

1. 话语打断

说话者在监控到错误时如何打断话语，以及打断话语发生在哪个阶段，这些是研究者所关心的问题。研究者认为，说话者能够尽可能快地打断自己（Nooteboom，1980）。但是，"尽可能快"仍然意味着说话者打断意愿的产生和执行在时间上存在着延迟的情况，这种延迟大概为 200 毫秒（Hartsssuiker & Kolk，2001；Logan & Cowan，1984）。

然而，在近期的相关研究中，Tydgat et al.（2011）采用了"客观 – 变化"（changing-world）的范式。在这个范式中，一些客观事物在说话者讲话的过程中发生了变化，例如，首先呈现彩色的几何图形（"a yellow cube"），然后在首图呈现后的间隔（SOA）为 400 毫秒 –850 毫秒之间，改变其颜色（"a brown cube"）或者形状（"a yellow cylinder"）。该研究的实验一中要求被试在发现图片改变时自行打断并修正自己的表达，在这种条件下，说话者会出现明显的中断当前话语（例如，"yellow cu brown cube"），然后再进行修正。实验结果表明，话语打断发生的位置取决于 SOA 的时间，只要被试监测到言语失误就能快速打断并且修正。但在实验二中，被试只被要求中断话语，不需要进行修复，结果发现被试更加倾向词内中断，这表明话语打断的位置取决于言语修正。类似地，Seyfeddinipur et al.（2008）在自然语料库中考察了话语中断和修正是否取决于修正的难度。他们区分了简单的修正（如音素或者词汇替换）和困难的修正（如重新开始），发现话语中断和修正的时间间隔在困难的修正下显著长于简单的修正。研究者认为，说话者将打断话语推迟到修正已经计划完成，即只要修正没有结束，在发声缓冲器里已经存在的言语材料将会输出为外部语言。也就是说，如果修正已经计划完成，说话者可以进行词内打断并立即进行修正；如果修正还未计划，说话者则会先释放发声缓冲器中缓存的话语，因此该时间间隔直接反映修正计划的难度。

2. 话语修正

关于话语修正是如何进行的这个话题，早期研究主要是对话语修正的表层结构进行描述，将其分为高质量修正和低质量修正，其评判规则为"原始话语 + 连接词（或者）+ 修正的内容"（Levelt，1989）。Boland et al.（2005）开始关注"原始话语"的表征是被"清除"，还是仍然保持激活状态并且影响着修正的进程。他们在实验中设置了一对彩色的几何图形，要求被试根据指定线索对其中一个图形进行命名，其中有一些试次的背景颜色会发生变化。例如，黄色的长方形变成绿色的长方形，且相比目标图片的绿色更加深一些；通过这种方式使得被试的"绿色"描述显得不够贴切，其需要将话语恰当修正为"浅绿色"。研究发现，添词修正（"绿色 – 浅绿色"）比减词修正（"浅绿色 – 绿色"）需要花费更长的时间。另外，同样的材料在不变色的条件下，反应时无显著差异。因此，研究者认为，说话者可以通达已经计划并存储了的言语，并对其做出改变，这种改变会随着难度增加而花费更长的时间。Tydgat et al.（2012）采用了同样的范式，但操纵了首次出现的图片与其相对应的替代图片命名在语义或者语音层面的相关性，实验发现了语义的促进效应和语音的干扰效应，该结果独立于话语打断的类型或者图片呈现的时间间隔，从而挑战了"清除"假说。因此，修正的过程并没有完全清除"原始话语"的表征，语料库数据表明修正的话语和原始话语在句法结构上是协调的；而采用"客观 - 改变"范式的研究则认为句法改变涉及对已存储的表征的编辑，并且"修正话语"和"原始话语"之间的难度改变程度将会影响修正所需要花费的时间。

　　总之，关于自我监控系统的研究，主要探讨以下问题：第一，言语产出中的监控系统是基于外部的感知系统还是属于言语产出内的一部分？第二，言语中的监测和修正发生在什么位置以及何时发生？第三，语言语法知识不成熟的儿童又是如何对自己的言语进行监控的？第四，第二语言学习者的监控机制又是怎样的？这些问题都有待进一步研究。

5.5.2　工作记忆与言语产出

　　工作记忆和语言加工的关系是心理语言学研究的重要话题，但是大多数研究都聚焦于语言理解与工作记忆之间的关系（Caplan & Waters，1999；Daneman & Hannon，2007），关于工作记忆在言语产出中的作用的研究相对较少（Ishkhanyan et al.，2019；Martin & Slevc，2014）。然而工作记忆对言语产出有着重要的作用。

1. 工作记忆模型

　　工作记忆是一种对信息进行暂时加工和存储的、容量有限的记忆系统，在许多复杂的认知活动中起重要作用（Cowan 1999；Daneman & Carpenter，1980）。Baddeley & Hitch（1974）提出的工作记忆模型具有广泛的影响，该模型包括视觉空间模板、语音环路和中央执行系统。视觉空间模板主要用于处理视觉和空间信息，信息可以直接进入视觉空间模板，也可以以表象的方式进入空间模板；语音环路用于处理以语音为基础的信息，并且由语音存储和发音复述两个过程组成；中央执行系统是一个注意力控制系统，主要用于分配注意资源，控制加工过程。Baddeley（2000）新增了一个情景缓冲器：情景缓冲器与长时记忆相连，用来整合来自语音环路和视觉空间模板的信息，是一个容量有限的空间。

　　在这个模型中，对于言语产出来说，人们必须按照特定的顺序产出单词的语音形式，因此，语音回路（或其他某个待产出语言信息的暂时缓冲器）可能会更多参与产出过程。中央执行系统是另一个可能参与语言产出的要素。例如，可以假设注意力分配成分在词汇选择中起作用，尤其是从诸多竞争词语中选择目标词时。最后，情景缓冲器可能发挥作用，如在构建语篇时需要对要说的话进行存储（Slevc，2011）。为测量言语产出的工作记忆广度，Daneman & Green（1986）开发了口语广度测试。在这个测试中，被试被给予不同长度的单词列表，并且必须为列表中的每个单词造一个句子。该测量所评估的工作记忆容量是参与语言产出的一般容量，其处理和存储能力分配给各种类型的表征。

2. 工作记忆与言语产出

言语计划过程可能在各个阶段都存在一个独立的临时系统来保存激活的信息。Acheson & McDonald（2009）回顾了大量文献，发现言语产出和工作记忆研究之间的相似之处，并认为言语产出在保持短期记忆起着重要的作用，尤其是在语音编码层面。McDonald（2016）认为言语计划是一项艰巨的任务，需要工作记忆的参与。但是，工作记忆在言语计划的哪个层面参与得更多，以及不同类型的工作记忆是否在言语计划中发挥不同的作用，仍然难以预测（Ishkhanyan et al.，2019）。

最近的一项研究（Klaus et al.，2017）表明，在同时执行言语工作记忆任务时，句子的提前计划受语音层面的影响，但不受词汇的语法编码影响。更为有趣的是，在同一个研究中，视觉－空间任务促进了主语的计划，但干扰了宾语的计划。研究者认为，视觉－空间记忆工作与言语计划属于同一个一般的认知系统，二者激活并存在对认知资源的竞争关系。也有证据表明，工作记忆模型中的中央执行系统（注意部分）对言语产出很重要（Daneman & Green，1986），中央执行系统被视为领域通用（Conway et al.，2005），因此该系统在言语产出、工作记忆任务及其他认知活动中发挥着重要的作用。例如，Shao et al.（2012）考察了个体中央执行系统的差异对物体和动作命名的反应时的影响。实验发现了工作记忆的更新能力和抑制能力与动作命名的反应时显著相关，但物体命名无显著效应，从而表明了工作记忆对言语产出速度的影响。

Kellogg et al.（2007）考察了工作记忆对书写产出的影响，要求大学生写下抽象或者具体名词定义的同时完成工作记忆任务，他们将探测到一个语言（音节）、视觉（形状）或空间（位置）刺激，并判断它是否与 15~45 秒前呈现的最后一个刺激相匹配。实验发现，书写两种名词类型的定义均比对口语目标产出的反应时间长。在视觉目标的条件下，给具体名词下定义时会出现干扰效应；而在空间目标条件下，干扰则完全消除。无论是说还是听，干扰效应均存在，这意味着言语产出涉及语音编码以及工作记忆中语音环路的参与。在对具体名词的指称进行成像时，视觉工作记忆会选择性地参与。

Hartsuiker & Barkhuysen（2006）发现，记忆负荷与工作记忆跨度相互作用，影响了说话者的言语产出。研究人员使用了一个双任务范式，参与者在说话时需要完成次要任务，这些次要任务涉及高或低的认知负荷。Hartsuiker & Barkhuysen（2006）还测量了参与者的工作记忆能力。结果显示，工作记忆力低的人在高负荷下会出现更多的主谓一致错误，而工作记忆力高的人在两种负荷条件下的错误率相同。这些研究的证据表明，工作记忆是参与高水平语言产出的重要资源。

Swets et al.（2014）考察了个体工作记忆差异对言语计划的影响。实验要求被试在匹配游戏中向同伴描述图片阵列，呈现的阵列有时要求被试注意句首物体（如四脚猫）和句尾物体（如三脚猫）的对比。研究者基于口语的工作记忆广度选择了被试群体，且采用眼动追踪技术。研究发现，在发声前，高工作记忆广度者相比低工作记忆广度者更早地注视到对比图片，且发声潜伏期更短。研究者认为，工作记忆广度对言语计划递增的灵活性起着重要的作用。

5.6　手势语产出

人们在说话时，通常会伴随手势语的产出，这是一种普遍存在的文化现象（Kita，2009）。通常人们并没有视手势语为言语产出系统中的一部分，但是近年来将手势语和言语产出视为彼此独立的系统的观点受到了研究者的挑战（McNeil，2015）。处于单字阶段的婴儿已经将言语和手势系统地结合起来（Capirci et al.，1996；Iverson & Goldin-Meadow，2005），这些手势表达的信息与同时进行的话语中所编码的信息有关。手势语在人们交际会话和思考的过程中扮演着重要的角色。当人们把思想转化为言语时，手势语有助于分解复杂的空间信息，以便将它们打包成适合于言语计划的单元（Kita，2000；Kita & Özyürek，2003）。此外，对语言课堂中的手势的研究表明，使用标志性的手势（描绘物体或运动）有助于语言学习者记忆新的词汇（Macedonia，2014；Macedonia & Knösche，2011）。

5.6.1　手势语类型

McNeil（1992）认为，手势语是和言语产出一起出现的"手部运动"，可以分为以下几种类型：标志性手势（iconic gesture）、隐喻性手势（metaphoric gesture）、描述性手势（deictic gesture）和节拍手势（beat gesture）。标志性手势描绘的内容更加具体化，包括一个动作、事件或物体（例如，话语"球从山上滚下来"；手势"食指指向远离身体的地方，向下移动画圈"），这些符号可能会也可能不会被编码到言语中（Kita & Özyürek，2003）。隐喻性手势和标志性手势类似，但描绘的内容更加抽象（例如，一位音乐老师在谈论高和低的音符时，用相应的路径手势表示高是向上，低是向下）。指示（指向性）手势通过时空毗连性来表示指代对象（Kita，2003）。节拍手势是一种小型的有节奏的运动，且与讲话中的音调峰值相一致。无论同时说话的内容如何，节拍手势的形式都大致相同，其功能之一是标志着话语结构的转变（McNeill，1992）。

5.6.2　手势语构成

手势语通常由多种不同功能的成分构成。McNeil（1992）认为，每一个手势都嵌入在一个手势单元中，手势单元开始的标志为肢体离开其静止位置，并以肢体恢复到静止位置而结束。这个计划单元包括一个或多个计划单元。在一个手势单元中，手势短语可以包含多达五个不同的手势阶段（Kendon，1980；McNeill，1992）。首先，准备阶段，说话人的肢体正准备"比画"动作（例如，手臂上移到头部旁边，做一个向下的路径手势）；肢体动作就绪时，向前比画动作发生（通常发生在手势在正确位置上但言语发音还未跟上的情况下）；接着是手势语（必须执行的）动作（向下移动表示路径）；当动作比画完后，可能会保持在最后的位置以确保言语产出和手势语产出同步；最后，肢体回到原来的位置上。手势语产出不需要严格执行以上全部过程，其中最重要的阶段为比画含有意义的手势动作（McNeill，2005）。

5.6.3　言语 – 手势语产出

人们在日常说话时会借助手势来帮助传达话语的意义。手势语产出对理解人们如何对言语进行信息编码有很大帮助（McNeill，1992，2005）。言语 – 手势语产出的研究大都基于跨语言中运动事件的实证研究（Kita & Özyürek，2003；Wessel-Tolvig & Paggio，2016；Özyürek et al.，2008；Özyürek et al.，2005；Özçalişkan，2016）。运动事件指的是位移性运动或持续性静止，其内部语义成分包括焦点（figure）、背景（ground）、运动（motion）和路径（path）。这些成分与表示方式（manner）的副事件相结合。Talmy（2000）根据路径的编码位置将世界上的语言分为两大类：卫星框架化语言（satellite-framed language，如英语和德语），该类语言将运动方式信息编码在动词词条中，将路径信息编码在附加成分上（satellite），这两种成分通常构成小品动词（如"roll down"、"climb up"等）；而动词框架化语言（verb-framed language，如日语、西班牙语）将路径信息编码在动词词条上，将方式信息（如果出现）编码在短语或者另一个分句中。

手势语对运动事件中路径和方式的表述在不同类型的语言中呈现出不同的模式。在卫星框架化语言中，运动事件被编码为一个句子，方式和路径则融合为一个手势。与之相反的是，在动词框架化语言中，方式和路径通常分开编码，并存于两个分句中；方式和路径在手势语中同样分开编码为两个手势语（Kita & Özyürek，2003；Kita et al.，2007；Wessel-Tolvig & Paggio，2016；Özyürek et al.，2008；Özyürek et al.，2005；Özçalişkan，2016；Özçalişkan et al.，2016）。由此表明，语言将会影响手势语的产出内容。然而，关于手势语在跨语言中的不同表现是源于言语计划中的信息封装过程，还是基于运动事件的语言的词汇化过程，产生了两大观点：计划单元假设和词汇化假设。

1. 计划单元假设

Kita & Özyürek（2003）认为跨语言的手势模式的不同可能来自于言语计划中信息包装的差异，并将其定义为计划单元假设。更具体地说，当方式和路径在语言上被编码在一个言语产出的计划单元中时，一个手势就可以同时表达方式和路径；当方式和路径在言语上被编码为两个计划单元时，两个手势就分别表达了方式和路径。句子通常作为言语产出的一个计划单元（Bock，1982；Levelt，1989），在手势和言语的协调中起着重要的作用。虽然手势和言语作为两个独立的系统，但二者高度交互，共同作用，从而实现交际意图。因此，在卫星框架化语言中，对运动事件的描述为手势计划单元和言语计划单元一致，为一个分句；在动词框架化语言中，手势和言语计划单元为两个分句（Kita & Özyürek，2003）。言语中的信息封装对手势语的影响，进一步得到来自言语伴随手势语和无声手势语对比研究的支持（Özcalişkan，2016；Özçalışkan et al.，2016）。Özçalışkan et al.（2016）调查了英语（卫星框架）和土耳其语（动词框架）的说话者如何在言语伴随手势和无声手势中描绘方式和路径。在言语伴随手势的条件下，手势语产出的跨语言差异和早期研究结果一致（Kita & Özyürek，2003），但在产出无声手势时，两种语言的说话者在很大程度上将方式和路径混合在一个手势中。该结果表明，混合手势可能是其默认的方式和路径编码形式，但言语的产出触发了运动事件的概念重构。

2. 词汇化假设

词汇化假设（Pawley，1987，2010）认为跨语言手势产出的差异源自运动事件概念化的差异及其对句子结构的影响。根据该假设，卫星框架化语言在一个子句中对方式和路径进行编码，在一个概念单元中表示方式和路径。相反，以动词为框架的语言在两个独立的概念单元中表示方式和路径。在一个概念单元中表达的信息被表达为一个手势。词汇化模式对运动事件概念化的影响也符合 Slobin（2003，2006）的"为言而思"（thinking for speaking）假设，即在语言产出过程中，人们必须通过语言编码的可能性来过滤想法。因此，词汇化模式引导说话者注意运动事件的不同方面（Slobin，2000）。Slobin（2000，2003）认为卫星框架化语言的说话者倾向于把运动事件看作是一个"单一的概念性事件"，而动词框架化语言的说话者不认为方式是运动事件所固有的，方式被认为是伴随着运动事件的路径要素的一种活动。

Kita et al.（2007）发现语言编码只对在线的运动事件概念化产生影响，手势语的产出不受语言习惯思维方式对运动事件的影响。他们对比研究了英语中卫星框架结构和动词框架结构的言语产出过程中手势语的产出情况，结果发现卫星框架结构中伴随的手势语为方式和路径的混合手势，而在动词框架结构中，路径和方式分离。该结果表明，手势产出不受习惯思维的影响，而是取决于在线的言语产出。

Fritz et al.（2019）考察了同为卫星框架化语言的英语和德语在不同句法类型（主句 vs 从句）对运动事件的描述，并且通过在方式和路径中插入短语或分句，操纵了德语中方式和路径的线性距离。而英语的运动事件描述只涉及句子类型，方式和路径保持相邻距离。实验结果表明，句子类型影响了德语中手势语对方式和路径的编码，但在英语中无影响。研究者认为，该结果不符合词汇化假设，即描述运动事件的词汇会影响事件结构的概念化过程，从而影响路径和方式的手势语产出。此外，对于德语而言，相比从句，主句中方式和路径大都作为两个单独的手势产出，从而支持了计划单元假设。

以上研究挑战了模块论关于言语产出的观点——在言语产出过程中，前言语计划的信息生成和语法编码中句法构建过程是相互独立的（Levelt，1989）。显然，言语和手势语作为两个独立系统在言语产出中是高度交互的，而另外一个重要的问题则是关于言语和手势语的同步的机制是怎样的。

5.6.4　言语 – 手势语同步机制

言语 – 手势语的同步机制研究涉及两大问题：语言的表层结构是否

会影响言语－手势语的同步；言语和手势语是在哪个层面进行信息交换的。这两大问题对于理解言语－手势语的相互作用非常重要。McNeill（1992，2005，2015）认为，言语和手势在表层结构上的紧密联系是基于增长点（growth point）的，是动态的言语加工过程，以适应特定语言的语法和词汇框架。手势和言语在语言系统中，共享相同的来源（增长点）。手势语起始于它们在时间上与语义的重合（如言语中语义与手势内容联系最紧密的部分），因此，一个手势何时被启动，取决于其语义附属物（semantic affiliates）在表层结构（surface utterance）的产生位置。这种关于语言表面结构如何影响手势与言语关系的主流观点是"语义同步规则"（McNeill，1992）。这一观点来自于在叙事中事件手势语是如何与语义相通的词（co-expressive words）所重叠的（Chui，2005，2009；Duncan，2006；Kellerman & van Hoof，2003；McNeill，1992，2005；McNeill & Duncan，2000；Stam，2006）。通常，多个词汇项目可能与一个手势语的语义相关。前人对运动事件中手势的研究发现，手势语与手势中语义附属的部分同步（如，manner verb: rolling and/or path particle: down）。为了解释这些手势同步模式的差异，人们提出了影响手势同步的不同因素。例如，McNeill & Duncan（2000）认为，手势与说话人关注的运动事件的部分同步。此外，研究还强调了语言类型（一种语言如何对运动事件进行词汇编码）的重要性，以及说话者的思想发展对同步模式的推动作用（Stam，2006）。

De Ruiter（1998，2000）提出草图模型（sketch model），认为语言的表层结构并不会影响言语－手势的同步和协调。草图模型预测，手势的开始时间大致锁定在其在言语中的关联开始时间，因为手势的内容（"草图"）和言语的前言语信息是在构思中同时构建的。该模型预测，一个手势的开始大致上与一个语义上共同表达的短语的开始相吻合。然而，手势和言语信息在概念阶段之后是独立处理的。因此，手势何时开始并不对语篇的确切位置敏感，且不对其语义附属物在语篇中的确切位置敏感。

关于指示性手势语的研究直接探讨了言语和手势系统存在信息交互还是彼此相对独立这一问题（Chu & Hagoort，2014；Feyereisen，1997；Levelt et al.，1985）。Levelt et al.（1985）要求被试指着随机点亮的灯说"这个／那个灯"，但参与者的手势偶尔会被一个1600克的重物打断。他们发现，手势和言语是在说话和手势开始之前就已经计划好的。在讲话和手势开始之前，手势和讲话是相互作用的，但是一旦手势开始，就在讲话开始之前（即语音开始前 300~370 毫秒之间），这两个系统就变得模块化。因此，从这一点上看，这两个系统是独立运行的，两者之间并没有进行调整。然而，De Ruiter（1998）在一项类似的研究中发现了互动观点的证据。他发现，当说话变得不流畅时，指向的手势有更长的持续时间。也就是说，手势的执行过程知道言语计划 / 发声过程中的麻烦。在最近的一项关于指向性手势的研究中，Chu & Hagoort（2014）发现了交互式观点的进一步证据。他们使用虚拟现实和运动追踪技术，发现当言语产出系统因自我修复而中断时，即使自我修复发生在语言和手势开始之后，手势语的时间依旧会延长。这表明语言和手势的交流反馈不仅在所有阶段进行，而且还在手势中执行。

总之，手势语产出关注的主要问题有言语和手势语是如何同步的，目前这种同步机制还未得到充分了解。此外，言语和手势之间产生的关系在儿童时期如何发展（Özyürek et al.，2008；Stefanini et al.，2009）也是未来值得关注的。另外，关注产生言语伴随手势的神经基质（Cocks et al.，2011；Hadar & Krauss，1999；Hadar et al.，1998），以及手势语在发育障碍中是如何受到影响的，也需进一步研究，如探究特定语言障碍、自闭症、唐氏综合征和威廉姆斯综合征如何影响手势语（Bello et al.，2004；de Marchena & Eigsti，2010）。

5.7　汉语产出研究进展

5.7.1　汉语言语产出中的言语计划

就运动事件的词汇化模式而言，汉语和英语有着不同的概念表征，这种表征系统是否影响不同语言说话者的言语计划呢？Zhao & Hu（2018）采用了结构启动范式，考察了运动事件结构在汉语者言语产出被激活的阶段。实验设计了三种类型的启动句，它们在概念上与目标事件的重叠程度不同：动词 + 事件类型（共享路径动词和事件结构）、动词＋事件结构、无关条件，以观测是否有启动效应的出现，从而验证该启动能否改变对运动事件的编码偏好。结果显示，概念重叠影响了汉语使用者对概念信息（方式和／或路径提及）的选择，说明抽象事件结构在信息规划阶段被激活，这与英语使用者的研究结果一致。实验表明，在前言语信息计划阶段，事件结构的激活是一种跨语言的现象。此外，该研究还发现，汉语使用者对事件结构与语言形式的映射有其自身的特点，说明将概念结构映射到语言形式的过程是语言特有的，证明了汉语是一种"等价框架语言"（equipollently-framed language）。

赵晨和李杰（2022）进一步探讨了运动事件结构在跨语言的表达差异上的影响。实验采用口头描述任务、记忆识别和事件相似性判断任务相结合的方式，考察了英汉母语者在运动事件表达上的差异对运动事件记忆的影响。结果发现，英、汉母语者在记忆识别任务上的表现无显著差异，但在事件相似性上表现出跨语言的差异。研究者认为，这种跨语言的差异是一种语境效应和语言使用策略，从而认为语言认知系统不受跨语言差异的影响。

5.7.2 汉语产出中概念向句法结构的投射

关于人们在言语产出过程中如何构建语言形式的理论，主要是基于英语和密切相关的语言的研究。闫浩和董燕萍（2011）采用句子回忆任务和 RSVP 图片事件描述任务，考察了语言信息的凸显度如何影响说话人对于词序的选择。实验中，操纵的变量为概念通达度指标，即生命性；此外，还观察图片的呈现顺序是否会影响视觉凸显度从而影响相应名词的衍生通达度。每个实验项目包括一个主动态及物动词和三张图片，分别描绘一个施事人物（agent）和两个受事（patient/theme）（一个有生命，另一个无生命）。实验结果显示，受事产出的句子中"有生命＋无生命"名词短语并列结构显著多于"无生命＋有生命"名词短语并列结构；此外，图片呈现顺序因素也显著。这表明生命性因素对名词并列结构的内部词序有显著作用，不同呈现顺序因素也有显著效应，验证了固有通达度和衍生通达度共同影响某一名词的整体概念通达度，继而直接影响言语产出中句子的词序，与其语法功能无关。

Cai et al.（2012）利用了汉语句子中词序灵活的特点，将语法编码过程中的语法功能、线性词序和句子结构进行分离，采用结构启动范式考察汉语普通话言语产出过程中概念向句法结构的投射（如例 4 所示）。实验中，Ba-DO、Topic-DO、DO 共享相同的题元角色投射功能，接受者（recipient）投射为间接宾语，主题（theme）投射为直接宾语；另一方面，Ba-DO、Topic-DO、PO 共享线性排列顺序，即主题出现在接受者之前。

例 4(a) 牛仔送给了水手一本书。（DO）

　　(b) 牛仔送了那本书给水手。（PO）

　　(c) 牛仔把那本书送给了水手。（Ba-DO）

　　(d) 那本书牛仔送给了水手。（Topic-DO）

　　(e) 那本书牛仔送了给水手。（Topic-PO）

实验结果发现，DO 结构和 PO 结构分别可以启动促进对应的 DO 结构和 PO 结构的产出；更为有趣的是，相比基线条件下，Ba-DO 或者 Topic-DO 启动条件下诱发更多 PO 结构的产出，更少 DO 结构的产出。Ba-DO 或者 Topic-DO 结构与 PO 结构共享概念 – 线性词序投射，而不涉及概念 – 功能投射或者句法结构。该结果不支持两阶段论模型，即概念表征首先被映射到语法功能上，然后再映射到表面线性位置上。相反，这些结果支持一个单阶段模型，即处理器在单一阶段计算一个结构，该结构同时指定其成分的线性顺序和语法功能。

5.7.3　汉语句子产出的语法编码过程

赵黎明和杨玉芳（2013）研究汉语句子产出中的语法编码计划单元，利用汉语具有中心语位于末尾的特点，采用图画 – 词汇干扰实验范式，要求被试用介词短语做主语的句子或者用并列名词短语做主语的句子来命名两个竖直排列的图片，并视觉呈现干扰词。结果发现，对于这两个句式而言，潜伏期上的语义干扰效应并未出现在第二个名词上，但其有错误率上的语义干扰效应，这个结果不受 SOA 改变（0 毫秒、150 毫秒、300 毫秒）的影响。这表明第二个名词在两个句式中，均没有在被试开口说话前被选择，而错误率的结果则表明与第二个名词相关的错误发生在发音之后，因此研究者认为句子产出中的词汇选择只包含了第一个名词，支持了计划单元的严格递增假设。另外，当干扰词与图片同时呈现（SOA = 0 毫秒）时，在并列名词短语做主语的句子中，第二个名词上出现了潜伏期上的语义促进效应，表明在概念水平的激活上，其计划单元更可能是功能短语。

Zhao et al.（2015）进一步考察汉语句子产出中语法编码的计划单元，目的是进一步验证以上研究中的结果是来自对两类句子不同功能短语加工的差异，还是来自句子类型的句法加工难度不同。实验一要求被试根据图片的颜色产出相对应的句子：如果两个图片的颜色为红色，则要说出诸如"书本和柜子都是红色的"这样的句子（联合名词短语作为主语的句子，简称 CNP 句子）；如果仅有一个图片的颜色是红色的，则要说出诸如"柜子下面的书本是红色的"这样的句子（介词短语作为主语的句子，简称 PP 句子）。研究发现，PP 句子的潜伏期显著小于 CNP 句子。实验二则采用预视命名任务，先呈现两幅图片，被试会预先提取出相应的名称，随后图片颜色发生改变，被试按要求说出相应的句子。对图片名称的预先准备可以保证探测到纯粹的句法计划过程，有无预视条件下潜伏期的差异反映了词条提取所需的时间（Smith & Wheeldon，2001）。结果发现，CNP 和 PP 两类句子的潜伏期无显著差异，但实验二的句子产生潜伏期显著短于实验一，其结果证明了实验一所发现的潜伏期差异不是来自于句法加工过程。实验三只呈现两幅图片，其颜色设置与实验一的 CNP 句子或者 PP 句子相同，要求被试说出图画名称，结果未发现 CNP 和 PP 两类句子的图片命名潜伏期之间存在显著差异。实验三发现 CNP 句子的预视效应大于 PP 句子的预视效应，暗示着功能短语可能是句子的计划单元；实验一所发现的 CNP 和 PP 两类句子潜伏期的差异可能源于词汇通达过程。根据视觉组块假设（visual grouping hypothesis），CNP 句子和 PP 句子产生潜伏期的差异可能来自于对图片的知觉过程。实验结果均表明汉语句子的产出过程中语法编码单元可能为功能短语。

赵黎明等（2018）采用图画 - 词汇干扰范式要求被试产生包含三个名词的句子，通过检验句中不同位置名词上的语义干扰效应，探讨大、中、小学生言语产生中词汇选择的计划单元。结果发现，大学生和初中生都只在第一个名词上出现了言语产生潜伏期的语义干扰效应，这表明其词汇选择的计划单元只限于第一个名词，从而支持了严格递增假设。小学生在三个名词上都没有发现潜伏期的语义干扰效应，这表明小学生没有稳定地选择好第一个名词即开始发音。由此可见，词汇选择的计划单元大小是可变的，存在年龄上的个体差异，并且主要存在于小学生和初中生之间。

5.7.4　汉语句子产出中的语音编码

言语产出的研究大都以印欧语系为研究对象，且集中在词汇通达过程（词汇选择和语音编码），而为了深入了解言语产出的过程，必须进一步使用差异较大的语言为对象进行研究（Chen & Yip，2001）。相比印欧语系，汉语是一种表意文字，汉字的字形和音韵能够独立分离（Weekes et al.，2002）。利用汉字 / 汉语书写系统这一特点，结合适当的研究范式，能够独立地探测言语产出中的语义、音韵和正字法激活以及不同激活之间的关系。

张清芳和杨玉芳（2004）考察了汉语单音节词汇产出中语义、音韵和正字法激活的时间进程。实验采用 7 个 SOA 水平（–300 毫秒—300 毫秒）从而尽可能细致地描绘词汇产生的时间进程，被试内因素为干扰词类型：语义相关、音韵相关、正字法相关和无关干扰。研究发现，当 SOA 为 –300 毫秒—0 毫秒 时，存在语义抑制效应；当 SOA 为 –100 毫秒—100 毫秒 时，存在字形促进效应；当 SOA 为 100 毫秒 时，存在语音促进效应。实验结果支持交互激活理论的观点。实验成功地分离了字形促进效应和语音促进效应，确定了语义、字形和语音这三种信息在汉语口语词汇产生中通达的先后次序。

张清芳和杨玉芳（2006）进一步考察了词汇选择和音韵编码的交互作用，实验采取图画 – 词汇干扰实验范式。实验一探测目标图画语义相关项的语音激活，观察到了非目标项的语音激活。实验二探测目标图画语义相关项的字形激活，未发现非目标项的字形激活。在改进实验条件的基础上，实验三验证实验一和实验二的结果，并探测目标图画字形相关项的语音激活以及语音相关项的字形激活，结果未探测到语义相关项的字形或语音激活、语音相关项的字形激活，只发现了字形相关项的语音激活。全部实验结果表明，汉语词汇产生中存在目标字字形相关项的语音激活，但不存在从音韵编码阶段至词汇选择阶段的激活反馈。

另有两项研究（Zhu et al., 2015, 2016）采用图 – 词干扰任务进一步探讨语义与音韵之间的交互作用。在任务中，每幅图片与四类词汇进行匹配：语义干扰词与目标图片名称（目标词）属于同一语义范畴，无音韵和字形上的联系；音韵干扰词与目标词共享第一个字的音节；语义和音韵同时相关的干扰词与目标词属于同一语义范畴，共享第一个音节；无关干扰词与目标词在语义、音韵和正字上均无联系。研究发现了语义抑制效应和音韵促进效应，但语义相关性和音韵相关性之间的交互作用并不显著，这表明汉语的词汇产出中，词汇选择和音韵编码之间的关系是相互独立的，音韵层的激活并未反馈至语义层。

此外，岳源和张清芳（2015）考察了汉语普通话产出过程中音节效应和音段效应发生在哪个阶段。该研究由三个实验组成。实验一采用图画 – 词汇干扰范式，包含了言语产出从概念准备到发声的所有阶段。实验二则在实验一基础上添加了延迟命名任务，被试完成了从概念准备到语音编码的阶段。实验三在实验二的基础上添加了发音抑制任务，阻止被试完成语音编码。实验逻辑是通过比较三个实验中是否出现音节效应或音段效应，并推测这些效应发生的阶段。实验一发现音节促进效应和首音段和尾音段的促进效应；实验二发现了音段和音节的抑制效应；实验三发现了首音段相关和韵相关的抑制效应。这些结果综合说明，在单词形式编码过程中，音节和音段的促进效应发生在音韵编码阶段，音节和音段的抑制效应发生在语音编码和发音阶段。

5.8　小结

本章对言语产出的研究历史、研究进展进行了概述，并对相关的热点话题进行了较为详细的介绍，但目前我们仍然对言语产出中的许多问题知之甚少，未来的研究仍然需要对言语计划的时间进程进行深入探讨，以便更好地了解词汇选择、言语计划与发音运动执行的界面关系。目前的研究大多基于孤立的语境来探究言语产出，未来的研究同样需要考虑言语的交际作用，考虑语用因素对言语产出的影响。

言语产出研究主要从以下几个方面进行：第一，主谓一致性问题，对于这个问题的研究已经比较深入（Bock & Miller，1991；Eberhard et al.，2005）；第二，概念－语言投射问题，尤其关注陈述句中主被动句的特征、双宾格与格结构的句型特征，采用的范式主要是启动范式（Bock，1986；Mahowald et al.，2016）；第三，言语计划的递增性研究主要以词汇、短句为主（Konopka，2012；Konopka & Meyer，2014），未来的研究应该更多地关注其他句型，如关系从句、wh- 问句和否定句等。此外，现有的研究大都局限于少数的几种结构相似的语言，尤其是英语和荷兰语，未来的研究应该考察结构不同的语言。

未来的研究将更加关注两大统一机制（unifying mechanism）。一是认知能力和执行功能在言语产出中的作用。在言语产出中，决定讲什么内容、不讲什么内容是需要注意力的参与的，而注意力在双语语境中的作用尤为关键（如 Costa & Santesteban，2004），对于注意力与言语产出之间的关系研究将与关于注意力的神经机制研究互相论证（Posner，2012）。另一个统一机制为经历适应性（adaptation with experience），说话者可以灵活地习得词汇和结构，在语言习得上的经历差异和语言使用上的差异使得个体在语言产出上表现出个体差异。这类的研究将和神经生物学的研究发现有着紧密的联系。对这些问题的探讨对于理解认知系统作为一个统一的整体，以及了解人们如何互相适应以及塑造彼此的语言系统，都有着重要的意义（Antje et al.，2019）。

第 6 章
一语习得研究

6.1　一语习得的研究问题

　　一语习得主要关注两大研究问题：儿童的语言习得机制和语言习得过程。语言习得机制围绕先天论、经验论和认知论三大理论展开（Carroll，2008）。例如，语言结构是先天形成还是通过后天学习获得的？假设是先天形成，那么这一结构的表征方式如何？语言能力与一般认知能力具有什么关联？（周鹏，2021）。在过去的几十年中，研究第一语言习得的学者就这些问题开展了广泛而深入的研究，但还没有定论。

　　对一语习得过程的研究围绕儿童习得语言的具体过程展开。在儿童习得语言的过程中，他们首先要识别和感知语音，将语音流切分成词和短语（Byers-Heinlein & Lew-Williams，2018）。其次，他们必须从连续的事件流中切分出对象、动作和事件单元，并将语音流中的词和短语映射到事件流的各个组成部分上，从而识别出这些词和短语的含义（Levine et al.，2018）。在这些过程中，儿童形成抽象的词法和句法结构的过程是如何实现的？儿童语言发展经历了哪些典型阶段？每个阶段有何特点？这些问题是语言习得研究的热点问题。

6.2　一语习得的研究方法

6.2.1　自然观察法

　　所谓自然观察法，指的是对儿童自然产出的话语进行录音，转写成文字，并对儿童产出该话语的年龄、语境等进行标注。这种方法有助于研究者对儿童的语言习得过程进行较为详细的描写和分析（李宇明，2019）。

6.2.2 实验法

1. 习惯化 – 去习惯化范式

习惯化 – 去习惯化范式（habituation-dishabituation paradigm）的原理是利用高振幅吮吸（high-amplitude sucking，HAS）技术，比较婴儿对不同刺激的反应。即使是刚出生的婴儿也具有很好的吮吸能力，他们除了正常吮吸进食之外，还能根据外界刺激做出不同的吮吸行为。高振幅吮吸技术便是利用了这一点，在婴儿口中放入一个带有压力传感器的奶嘴，测量婴儿吮吸的频率和吮吸时对奶嘴施加的压力，压力越大，振幅越高。

该范式的操作过程是在有刺激条件下，用奶嘴记录婴儿吮吸的振幅和频率。在训练期间，当婴儿听到他感兴趣的声音（如母亲的声音）时，婴儿的吮吸振幅或频率会提高。当婴儿听到某一种声音的刺激经过一段时间后，吮吸的振幅和频率下降到基线水平，这说明婴儿已经习惯了这种刺激，对其感兴趣程度有所下降。如果这时改变刺激条件，并且婴儿注意到了这种刺激变化，那么婴儿对新刺激的兴趣会有所增加，吮吸的振幅和频率也会升高，从而表现出去习惯化（Traxler，2012）。

该范式主要适用于两类研究。第一类是确定婴儿是否能够辨别出刺激之间的差异，例如，研究婴儿是否能辨别出具有不同声学特征的辅音之间的差异（Eimas et al.，1971）。第二类是确定婴儿对哪一类刺激更敏感，例如，研究婴儿对胎儿期听过的较为熟悉的故事更敏感还是对新故事更敏感（DeCasper et al.，1994；Krueger et al.，2004）。

2. 条件化转头范式

条件化转头范式（conditioned head turn paradigm）的原理是如果婴儿能够记住之前听过的单词，并且能将熟悉的单词从其他单词中区分出来，那么在实验中，当婴儿注视其中一侧的灯光时播放语音，婴儿注视灯光和听声音的时长在熟悉和不熟悉的单词间会有显著差异。婴儿听熟悉单词的时间更长还是听新词的时间更长，取决于婴儿的年龄和刺激条件的不同（Traxler，2012）。

该范式的操作过程如下：在训练阶段，让婴儿接受一些刺激，如一段连续的语音或一个孤立的单词。在测试阶段，婴儿坐在照看者的腿上，在婴儿的正前方放置一个中心灯，左右两边各放置一个侧灯。首先，使中心灯闪烁以引起婴儿的注意，接着让其中一盏侧灯闪烁，当婴儿将头转向侧灯并进行注视时，侧灯附近的喇叭开始播放声音。在婴儿将注视点从侧灯上移开几秒后，停止播放声音，即一个试次结束。实验收集婴儿在不同刺激条件下注视侧灯和听声音的时长，并进行比较（Traxler，2012）。由于该范式可以用来确定婴儿是否从先前的刺激中学习到新东西，因而常被用于研究婴儿的词汇切分机制。其中较为典型的一个研究是 Saffran 和其同事考察婴儿是否能够对音节间的转换概率进行统计学习，从而从语音流中切分出特定单词（Saffran，2001，2002；Saffran et al.，1996）。实验中主试首先让婴儿听一种人造微型语言，这种语言由一系列无意义的音节组成，例如，"jik pel rud neb jik pel mib vot loke hep jik pel lum"等类似的音节。实验操纵其中一些音节使之总是在另一些音节之后出现，因此，婴儿在听到"jik"后总能接着听到"pel"。也就是说，"jik"和"pel"之间的转换概率为 1，而其他音节组合共现的概率要比 1 低得多，如"pel"和"rud"之间的转换概率为 0.33。结果发现，婴儿听高概率音节对的时长与低概率音节对的时长相比有显著不同。

3. 多通道优先注视范式

多通道优先注视范式（intermodal preferential looking paradigm，IPLP）的基本原理类似于习惯化 - 去习惯化范式，采用注视持续时长或频率为主要衡量指标。不同之处是该范式的操作方法更为创新，需要婴儿通过理解语言来寻求视觉与听觉刺激之间的关系（郑新夷等，2010）。该范式的基本操作如下：让婴儿观看并排放置的两台电脑屏幕，屏幕上有时只播放视频刺激，有时同时播放视频和与之匹配的音频刺激，记录婴儿注视屏幕的持续时长和次数。这一范式的原理为，婴儿对多通道刺激的注视更久，注视次数更多，特别是当婴儿可以理解声音刺激的含义时，对视频结合与之匹配的音频这一双通道的注视更久、更密集（郑新夷等，2010）。

该范式适用于语前婴儿的学习研究，有助于发现婴儿早期概念的形成机制。较为典型的一个研究是 Maguire（2004）对婴儿语前阶段动词习得的考察。研究人员让不同月龄的婴儿观看运动事件动画视频，结果发现，对以往听过的关系词的理解是婴儿习得动词概念的主要线索，其作用强于年龄因素。

4. 视觉情境范式

视觉情境范式（visual world paradigm）的原理是借助眼动仪追踪儿童的眼动轨迹，进而了解儿童眼睛的注视情况。儿童对图片的视觉观察和对言语理解或产出的认知过程具有系统相关性（Meyer & Meulen，2000）。最初由于这项技术要求对被试头部进行严格固定，因而被广泛应用于研究成年人语言理解，后来随着技术的进步，引入了头戴式眼动仪，被试的头部可以自由活动，其应用范围逐渐扩展到儿童语言习得领域。该范式的测量指标多样，包括首次注视时间、总注视时间、注视比例、扫视时间、回试次数和瞳孔大小等（肖巍，2018）。在正式测量眼动数据前，需对被试注视屏幕的位置进行校准，以便准确记录眼动数据。实验材料的设计方面，需增加比关键试次多一到两倍的填充试次，以掩盖实验真实目的。数据分析阶段，首先需根据研究问题确定兴趣区，再导出兴趣区相关数据进行统计分析（Jegerski & VanPatten，2014）。

该范式适用于儿童的词汇语义学习研究（Smith & Yu，2008）。眼动技术的高时间分辨率和丰富的测量指标能够更好地揭示儿童对词汇语义加工过程，有着生态效度高、最大度地还原真实的情景等优势。

5. 真值判断任务

对特定场景或图片的描述只能用特定的一种或几种语言结构，若使用其他语言结构进行描述，将不够恰当和准确，因此恰当语言结构的

"真值"为真，而不恰当语言结构的"真值"为假。真值判断范式（truth value judgement task，TVJ）就是利用这一原理，让儿童对话语描述进行真值判断，从而考察儿童的句法习得情况（Crain & Fodor，1993；Hyams & Orfitelli，2018）。

该范式的操作过程如下：实验前，儿童被告知真实场景或图片的相关背景信息；实验中，让儿童观看图片，之后由实验人员扮演的木偶对图片内容进行描述，让儿童判断木偶的描述是否恰当（Hyams & Orfitelli，2018）。该范式适用于考察儿童的句法理解情况，进而了解儿童的语法能力与成人的语法能力有何异同。此外，该范式还适用于考察儿童的元语言认知能力。Orfitelli & Hyams（2012）通过研究真值判断范式的扩展范式，考察了儿童对空主语句子（如"play with blocks"）的理解情况。该研究结果表明，总体而言 3 岁 6 个月之前的儿童既接受空主语句子表命令，也接受其表陈述，而成人仅接受其表命令，这说明儿童语法与成人语法有本质的不同，该差异应从儿童语法能力（grammar competence）而非语法表现（grammar performance）的角度加以解释，而不能简单认为该差异仅仅是由认知资源的限制所造成的。

6. 诱发性产出范式

诱发性产出范式（elicited production paradigm）的原理是通过预先设计场景或图片诱发儿童语言产出，研究者通过操纵场景或图片中的实验变量来观察儿童产出的变化。与儿童的自然语言分析方法相比，诱发性产出范式具有产出环境可控的优势（McKee et al.，2018）。

常用的诱发性产出范式有模仿任务、启动任务和其他产出任务。在模仿任务中，儿童观看场景或图片的同时听到一个句子，并进行模仿。在启动任务中，儿童首先观看启动图片并同时听到对启动图片的描述，然后再观看目标图片并对其进行描述。目标句内容与启动句内容不同，但可以使用启动句的句法结构，从而促进儿童在目标句中重复使用该结构（Bock，1986）。在其他产出任务中，研究者向儿童呈现一个场景或图片，让儿童自发进行描述，例如，让儿童对没有文字的绘本进行描述（McKee et al.，2018）。

7. 神经影像学方法

近年来，由于神经成像技术的进展，更多的研究者开始利用事件相关电位（ERPs）和功能磁共振成像（fMRI）等方法开展一语习得的研究（Jegerski & VanPatten，2014）。ERPs 是使用脑电仪记录加工语言相关刺激时的脑电信号（EEG）。ERPs 的检测参数主要包含脑电波的潜伏期、极性以及峰值等。在刺激条件下，每个条件需要至少 30~40 个试次，以减小信噪比，使 ERPs 从各种脑电信号中分离出来。事件相关电位的高时间分辨率、检测数据多样以及无创性，有利于从神经方面考察一语习得机制（肖巍，2018）。

fMRI 的主要检测指标是血氧含量，主要有事件相关设计和区组设计两类。事件相关设计可不等距显示各种条件的试次，既能充分利用扫描时间，又可有效分辨各种条件的血氧含量。而区组设计指在同一区组内只呈现一种刺激条件，这是由于 fMRI 对时间不敏感，在短时间内无法有效分辨各种条件的血氧反应。功能磁共振成像的优势在于空间分辨率高，有利于揭示婴儿语言加工的脑区位置（肖巍，2018）。较为的典型研究包括 Weber et al.（2004）对儿童知觉韵律线索的考察。当给 4 个月大的婴儿呈现由一系列抑扬格词（弱 - 强）组成的言语刺激，偶尔在列表中插入一个扬抑格词（强 - 弱）时，发现他们的脑波活动对于具有不同重音模式的词是相同的。但是年龄较大的婴儿（5 个月大）似乎能检测到不同的重音模式，当他们听到扬抑格词（强 - 弱）时，他们的脑波会发生变化。该实验说明随着时间的推移，幼儿对重音模式的敏感性逐渐显现，该特征并非婴儿天生的语言学习工具的一部分。

6.2.3 语料库分析法

1. 语句平均长度测量

研究者在测量儿童的句法发展水平时发现，年龄并不是一个衡量语言水平的理想指标，同一年龄儿童语言水平个体差异很大（Brown & Bellugi，1964；Brown et al.，1968），那么如何测量儿童的句法发展水平呢？　Brown 及其同事使用平均语素长度（mean length of utterance，MLU）这一指标，该指标是应用最广泛、最广为人知的一种测量儿童的语句法发展水平的方法（Carroll，2008）。测量方法是随机选取儿童产出的 100 句话语，并计算出所有语素（意义单位）之和，再除以 100，得到该样本中儿童每句话的平均语素长度。

Brown（1973）根据 MLU 指标将儿童的语言发展分成五个阶段。阶段一时 MLU 为 1~1.75，即儿童的话语由 1—2 个词组成，在该阶段的儿童主要学习把词组合起来；阶段二时 MLU 上限为 2.25，儿童学习使用语法语素丰富话语的意义，复数变化、过去时和介词等开始出现；阶段三和阶段四时 MLU 的上限分别达到 2.75、3.5，处于该阶段的儿童正在学习诸如否定句和疑问句等更为复杂的句法结构；阶段五时 MLU 为 4.0，此阶段儿童的 MLU 失去作为语言发展指标的价值。该测量方法也存在一些局限性，如对语素的界定存在分歧，无法进行跨语言的准确比较等，但总体来说，它仍被认为是比年龄更好的语言成熟度指标（Ud Deen，2018）。

2. 接受性词汇量测量

接受性词汇量是指儿童能够理解的词汇量。在儿童说出第一个词之前就已经能够理解很多词汇，因而有必要了解儿童早期接受性词汇的发展水平。研究人员通常通过图片指认法和家长问卷法进行测量。图片指认法的典型做法是让 30 个月大的儿童听一个词语，并指认对应图片（Dunn & Dunn，2007）；家长问卷法是指让父母根据预先确定的词汇列表，勾选孩子能够理解的词汇，该方法主要针对年龄很小无法完成图片指认任务的儿童（Fenson et al.，2007）。

6.2.4　计算建模法

计算建模对于推动一语习得理论的发展具有重要作用，它能有效解释自然语境中多个变量之间的复杂交互效应（Li & Zhao，2017；Traxler，2012）。计算建模的基本原理是基于联结主义模型（connectionist

model），又称人工神经网络（artificial neural network），该模型借鉴
了人体神经网络的生物学原理并做了一系列数学简化。具体来说，该
模型假设人工神经网络由成千上万个人工神经元联结而成，这些神经
元处于激活、半激活或不激活状态，神经元之间的联结有不同的权
重。这些神经元收集输入的信息，达到一定阈限后就被激活，并向相
邻的神经元输出信息。该模型假设单个神经元的运行机制简单，但多
个神经元组合在一起相互作用，就可以形成非常复杂的行为，如涌现
行为（emergent）（Li & Zhao，2017）。其操作过程是首先向计算机输
入语言样本数据（真实的儿向言语样本），并通过计算建模的方法告知
计算机如何分析和学习这些样本，从而让计算机模拟儿童习得语言的
过程。

　　计算建模法常用于模拟儿童的音位范畴习得、单词识别和切分以及
儿童的词汇语义习得等领域。一项较为典型的研究是 Yang（2004）使
用真实的儿向语言（motherese）样本训练模型进行单词切分。研究发
现，当模型仅依赖于转换概率时，无法准确地切分单词，然而，当模型
同时对韵律（如重音模式）做出假设时，模型的切分表现与 7 个半月大
的婴儿一样好，说明儿童可能利用多重线索进行单词切分（Christiansen
& Seidenberg，1998）。

6.3　语言习得理论

6.3.1　先天论

　　先天论认为儿童从外部条件中获得的语言输入与儿童早期快速发展
起来的语言能力不匹配，即仅靠外部输入无法使儿童习得语言，这就是
所谓的"柏拉图问题"（周鹏，2021）。为回答这一问题，一些学者认为
新生儿拥有语言的先天机制，这种固有的、抽象的语言意识指导儿童语
言的习得与发展（Hyams，1986）。这一观点以 Chomsky（1965）提出
的普遍语法为理论框架，认为语言习得存在参数设定机制，即儿童根据
后天语言输入对语言的每个子系统进行参数设定（Best，2018；Carroll，

2008；Traxler，2012）。总之，先天论的中心观点认为儿童先天具备语言的初始结构，这一结构在儿童高效习得语言过程中起基础性作用（周鹏，2021）。

6.3.2　经验论

与先天论相反，经验论认为语言习得不需要先天机制，而依赖于语言使用，即儿童在社会交往和语言交流中掌握语言（周鹏，2021）。这一理论强调语言习得的社会环境因素，提出语言环境是儿童习得语言的最关键因素。若婴儿出生在野外或与世隔绝的条件下，将无法正常习得语言（Carroll，2008）。该理论认为无论是词汇还是句法结构，都是儿童在语言交流中观察与体会并逐渐与其意义功能相联系的结果。例如，经验论作出以下假设：在社会交往中儿童接触越频繁的句法结构，其心理表征越强，习得就越快（Ambridge & Lieven，2011）。

6.3.3　认知论

认知论同样认为儿童不具备先天专门的内部语言机制，但儿童拥有区别于动物的认知功能。正是这种认知能力协助儿童对外部语言输入进行分析、归纳、抽象和总结，并通过预设与约束外部环境与语言输入之间的关系，引导儿童更快地习得语言。儿童的认知功能与周围环境互动，并接受外部语言输入，进而演变为语言能力，因此语言能力也是认知功能的重要组成部分（Best，2018；Carroll，2008；Traxler，2012）。

但是，认知论无法解释一些客观存在的现象，有时认知能力和语言能力并非同步发展，如唐氏综合症儿童智力较低，但往往能产生句法复杂的话语。上述现象表明语言能力的发展虽然与认知发展有关联，但并不总是正相关。因此一些学者认为认知能力可能并非语言发展的必要条件，亦或许并非充分条件（Carroll，2008）。

6.4 语言习得过程研究进展

6.4.1 语音习得

1. 范畴知觉

对婴儿言语感知的研究始于 20 世纪 70 年代（Eimas et al.，1971；Lasky et al.，1975）。这些研究首先发现了婴儿和成人一样，对于语音具有范畴性知觉（categorical perception），即将语音连续统感知为离散类别。例如，最早进行该项研究的 Eimas et al.（1971）使用 HAS 技术的扩展形式，让处于英语环境中的 1 个月大的婴儿和 4 个月大的婴儿分别听三组语音对，例如，/ba/ 或 /pa/。语音对中的两个辅音具有不同的发声起始时间（VOT，即发音开始到声带振动的时间）。英语成年人在语音识别测试中，会将 VOT 小于 25 毫秒的音都识别为 /b/，大于 25 毫秒的都识别为 /p/，因而成人在该实验中会将 VOT 为 20 毫秒和 40 毫秒的第一组语音对分别听成 /ba/ 和 /pa/，即将它们感知为不同的音位范畴，而将 VOT 为 0 毫秒和 20 毫秒的第二组语音对都听成 /ba/，将 VOT 为 40 毫秒和 60 毫秒的第三组语音对都听成 /pa/，将其都感知为同一音位范畴。对婴儿的测试结果发现，当婴儿听到来自不同音位范畴的语音对时，吮吸振幅和频率显著增加，而听同一音位范畴的语音对时没有显著变化。说明婴儿和成人一样，没有察觉到同一音位范畴中辅音 VOT 的变化，却能知觉到不同音位范畴中 VOT 的变化，婴儿言语知觉也是范畴化的。相关脑电研究也发现婴儿的范畴知觉具备相应的神经基础（Dehaene-Lambertz & Baillet，1998）。

此外，婴儿的范畴知觉还具备一些其他特点，这些特点也为其学习语言做好了准备。首先，婴儿能感知到很多非本族语的音位区别，却不能感知到一些本族语的音位区别，说明婴儿的范畴知觉能力很有可能是先天的，而非受后天语言经验的影响。婴儿生来就是"世界公民"（Lasky et al.，1975；Streeter，1976），这为他们习得任何一种语言提供了可能性。其次，婴儿的知觉范畴具有恒常性，能够忽略音色、音高等无关的声学变异（Hillenbrand，1984；Kuhl，1979），这有利于婴儿对语音的识别。

这些发现被先天论者用来支持语言的特殊性，他们声称人类使用一种特殊机制来感知语音，这种机制可能是由基因决定的。但一些研究发现对这一观点提出了挑战：一方面，其他物种对于语音也有范畴知觉，如灵长类动物、龙猫、某些鸟类等；另一方面，婴儿和成人对待非语音也具有范畴知觉（Traxler，2012）。因此，对语音的范畴知觉很有可能是一般认知机制，既不为人类所特有，也不为加工语言所特有（Best，2018；Traxler，2012）。

2. 母语范畴知觉的习得

随着母语经验的增加，1 岁左右的婴儿有着较强的母语语音范畴辨别能力，而其对非母语音位范畴辨别能力逐渐减弱甚至消失。例如，Werke 及其同事在采用条件转头范式考察婴儿言语知觉发展情况时，发现来自英语家庭的 6 到 8 个月婴儿既能区分母语中的辅音音位对比，也能很好地区分非母语（印地语、拉卡帕姆斯语）的音位对比，而 8 到 10 个月婴儿区分非母语音位对比的能力相对较弱，到 10 到 12 个月时，学习英语的婴儿和成人的表现一样，都基本无法知觉到实验中的非母语音位对的差别；而学习印地语和拉卡帕姆斯语的三个年龄段的婴儿都能区分他们本族语的音位对比（Werker et al.，1981；Werker & Tees，1984）。使用人工合成语音刺激的相关研究也得出了同样的结果（Werker & Lalonde，1988）。对这一现象的解释目前主要有以下三大理论。

1）知觉重组理论

知觉重组理论（perceptual reorganization）认为在婴儿出生的第一年后期（10 到 12 个月），由于受到母语经验的影响，婴儿的言语知觉发生了重组。在其他认知因素发展的共同作用下，婴儿开始更多地关注母语中使用的音素及其对比，而不再关注母语中未使用的音素对比（Werker，1989，1991）。此外，知觉重组并不是指感知母语音位对比能力的完全丧失（严格关键期假说），而是随着接触的语言环境的变化，允许至少一部分言语知觉的再调整和再重组。知觉重组理论能够很好地解释一些日常现象和实证数据。例如，超过 1 岁的儿童也能很好地习得另一门语言，以及成人二语学习者能够对一些非母语音位进行一定程度的知觉再重组（Best，2018）。

2）知觉同化模型

知觉同化模型（perceptual assimilation model，PAM）假设无论是母语或二语学习者，还是成熟的母语使用者，在感知非母语或二语（辅音、元音和声调）时，会根据与母语相应成分的相似度（感知拟合优度，perceived goodness of fit），将非母语或二语语音同化到母语的语音范畴中（Best，1995；Best，2018；Best & Tyler，2007）。例如，某一非母语音素可能因其感知拟合优度较高而被同化到某一母语音位范畴中；若感知拟合优度较低，这一音素可能被同化到两个或两个以上的母语音位范畴中，当然也可能无法同化到母语中。这种同化程度的差异导致被试对非母语语音的辨别率产生系统差异。

非母语语音同化到母语中的方式可分为以下四种情况：（1）单范畴同化：两者都以相同的拟合优度同化到母语语音系统的同一音位范畴中；（2）对立范畴或两范畴同化：两者同化到母语的两个不同音位范畴中；（3）差异同化：非母语音位对比中的一个同化到母语的音位范畴中，而另一个无法同化；（4）不同化：非母语音位对比中的两个都无法同化到任何母语音位范畴中（刘文理等，2008）。母语者区分单范畴同化的能力通常较差，并且在婴儿10至12个月月龄时，其分辨能力开始下降，这时婴儿的母语经验开始发挥作用，而对于后三种情况下的非母语对比，成人和近一岁的婴儿都具有较好的辨别能力。这一理论也得到了实验证据的支持（Best，1995；Best & Tyler，2007）。

3）母语磁吸理论

母语磁吸理论（native language magnet，NLM）认为，语音原型（phonological prototypes）随着婴儿母语经验的增加而出现。这些原型代表了某一音素各种具体实例的感知平均值。具体来说，婴儿会从不同的人或同一人的不同场合下接触到某一音素的许多重复实例，它们将平均值作为"感知磁铁"，吸引物理或感知上相似的音素投射到一起，婴儿从而学会了强化不同音位范畴之间的差异而弱化同一音位范畴之间的差异。此外，没有语义区别的音素对比最终会从婴儿的语音表征系统中消失，因为这两个音素（如英语中送气和不送气的 /p/）都会被同一个"感知磁铁"所吸引（Kuhl，1991；Kuhl et al.，2008）。这一理论获得了实证数据的支持。例如，瑞典语和英语都有听起来像"ee"的音素，但两种语言的发音略有不同，因此英语"ee"的原型与瑞典语"ee"的原型不同。当 6 个月大的瑞典婴儿和英国婴儿接触到具有细微差异的每个原型时，他们对这些微小变化做出不同的反应：瑞典婴儿将具有微小差异的瑞典语原型视为相同音素，将具有细微差异的英语原型视为完全不同的音素，而英国婴儿则正好相反（Kuhl et al.，1992）。

此外，该理论支持关键期假设，认为婴儿出生的第一年对母语的接触会从根本上改变其大脑语音感知的初始状态，进而使得婴儿从听觉 – 语音神经回路上更致力于处理语言环境中得到统计支持的音位特征（Best，2018；Kuhl et al.，2008）。

3. 词语切分

儿童在将声音和意义联系起来之前，如何从流畅的语音流中识别出单个单词是其必须解决的一个重要问题。由于在语音流中，语音信号的无声部分并不一定是单词之间的边界，也就是说，语音信号没有就一个词的开头和结尾提供明显的线索。因此，儿童在开始学习单词的意思之前，必须先从连续的语音流中切分出单词。这是一个重要的成就，它为儿童词汇习得铺平了道路（Byers-Heinlein & Lew-Williams，2018；Traxler，2012）。而词语切分是如何实现的呢？研究人员就此从不同的方面提出了相应假设。

1）孤立词假设

孤立词假设（isolated word hypothesis）指出，婴儿首先从照看者的言语中学习孤立出现的单词。婴儿首先习得的前 50 个单词有很多来自这样的孤立词，单独出现概率越大的词，越有可能被婴儿最先习得，如"爸爸""妈妈"和"自己"等词语。接下来，这些存储的单词知识就成为婴儿自上而下分析语音流的工具。具体来说，婴儿在语音流中识别之前学习过的单词，并使用已知单词检测周围单词的开头和结尾，从而进行单词切分（Bortfeld et al.，2005；Brent & Siskind，2001）。

然而，也有研究表明在照看者的自然语言中，仅有 10% 为孤立词（Brent & Siskind，2001；Fernald & Morikawa，1993），这说明婴儿很少单独听到一个单词；其次，即使婴儿能够使用已知单词识别出周围的单词，他们如何切分语言流的其他部分？此外，其他切分理论也表明婴儿可以在完全陌生的语音流中识别出单词。因此，婴儿似乎可以使用孤立词策略来识别部分新词，但却不能完全依靠该策略来解决切分问题。

2）韵律自诱导假设

韵律自诱导假设（prosodic bootstrapping hypothesis）认为，婴儿可以利用语音流中的韵律因素作为切分策略，因为韵律特征与单词边界相关，它们的关系虽不是完全地一一对应，但也足够一致，婴儿可以利用这一特征对单词进行识别（Carroll，2008；Jusczyk et al.，1999；Traxler，2012）

首先，以往研究表明，新生儿对韵律因素非常敏感，他们感知韵律的能力早于识别范畴的能力，也早于统计学习能力（Carroll，2008）。例如，出生4天的新生儿就可以根据韵律差异检测出母语和非母语之间的差异（Mehler et al.，1988），2个月大的婴儿能够分辨出语音内容相同的两个短语之间细微的韵律差别，如"nitrates"和"night rates"的韵律差异（Hohne & Jusczyk，1994）。婴儿对韵律模式的敏感度随月龄的增加而提高，Weber et al.（2004）发现5个月大的婴儿比4个月大的婴儿能更好地察觉到重音模式的不同。

其次，虽然婴儿可能天生有注意韵律特征的倾向，但他们不可能天生被预设某个特定版本的韵律切分策略，因为不同的语言有不同的韵律模式，而婴儿可能会先花一些时间确定母语中的主要重音模式。例如，英语中大部分双音节单词是扬抑格（trochaic stress pattern），即发音时重读第一个音节，轻读第二个音节（例如，cookie、water、baby）；少部分是抑扬格（iambic stress pattern）（例如，guitar、debate、pursue）。法语正好相反。如果学习英语的婴儿发现了重音与双音节单词的这一关系，那么婴儿就可以通过假设重读音节是一个单词的开头来切分单词（Jusczyk et al.，1999），而学习法语的婴儿则会利用相反的假设。

最后，一些实证研究支持了这一假设。Jusczyk et al.（1999）发现7个半月的婴儿能够运用英语中的主要重音模式（强-弱）来切分双音节单词，但不能切分抑扬格（弱-强）的双音节单词，并且能识别重音在第一个音节的三音节单词，如"parachute"（Houston et al.，2004）。此外，学习英语的9个月婴儿能够使用韵律切分策略识别与英语有相同重音模式的荷兰语单词（Houston et al.，2000）。然而，韵律切分策略并不能保证单词切分每次都能成功，因为婴儿听到的许多单词有相反的重音模式，如英语中的抑扬格单词，10 个半月的婴儿可以利用重音模式以外的线索来切分抑扬格单词。当韵律切分策略无法解决非常规重音词时，他们可能需要利用其他线索来搜索单词边界。

3）统计学习假设

统计学习假设（statistical learning hypothesis）认为婴儿能够注意到语言中的统计学特征，如单词中音素的分布情况（某些音节相邻的可能性），从而识别语言结构中的重要组成部分（McMurray & Hollich, 2009; Saffran, 2001, 2003; Saffran et al., 1996; Thiessen & Saffran, 2003; Traxler, 2012）。例如，在英语中一些音节组合比其他音节组合的预测度更高。以 "pretty" 为例，在儿向言语中，/ti/ 跟在 /prɪ/ 后面的概率大约为 80%，而并没有一个音节跟在 /ti/ 之后的概率达到如此之高，因为可以说 "pretty baby""pretty doggie""pretty kitty" 等。如果两个音节相邻出现的概率相对较高，那么这两个音节被视为一个组合的可能性就较大，因此，婴儿可以利用音节间的这种共现信息（occurrence information）或转换概率（transitional probility）来切分语音流，即将高概率的音节对识别为一个词，而将低概率的音节对识别为分属于两个词。

支持该假设的一系列研究的基本操作是，首先让婴儿听一种人造微型语言，这种语言由一系列无意义的音节组成，如曾经在"条件化转头范式"一节中提到过的句子 "jik pel rud neb jik pel mib vot loke hep jik pel lum"（Saffran, 2001, 2002; Saffran et al., 1996）。实验中操纵其中一些音节总是跟在另一些音节之后出现，因此，婴儿在听到 "jik" 后总能接着听到 "pel"。也就是说，"jik" 和 "pel" 之间的转换概率为 1，而其他音节组合共现的概率要低得多，如 "pel" 和 "rud" 之间的转换概率为 0.33。当使用条件转头范式的一个扩展范式来检测婴儿时，发现婴儿听高概率音节对的时间与低概率音节对相比显著不同。同样地，学习英语的婴儿在被训练听微型意大利语后，也得到类似的结果（Pelucchi et al., 2009）。这样的实验表明，婴儿能够提取语音流中存在的统计信息，并使用这些信息来分割语音流，即使没有韵律线索，如口音、音调变化或停顿，也能帮助他们识别语音流中可能是单词的各个部分。

统计学习假设也存在一些局限性。到目前为止，婴儿统计学习的实验都是基于高度简化的微型语言，这些语言具有非常严格的统计特性。而自然语言在音节之间的转换概率范围要大得多，且绝大多数转换概率远低于 1.0。研究人员使用数学模型模拟自然语言的学习，使用真实的婴儿定向语音样本训练模拟学习者（Yang，2004）。当模型仅依赖于过渡概率时，它无法准确地分割语音。然而，当模型对韵律做出两个简单的假设时，即每个单词都有一个重读音节，且双音节的主要模式是强–弱切分，该模型的切分决策与 7 个半月大的婴儿一样准确。这一结果让人怀疑统计学习策略是否可以让婴儿学会切分自然发生的语音。

总之，由于似乎没有一种策略能够完全解释婴儿的单词切分问题，因此最稳妥的结论是婴儿发展出一套自上而下和自下而上相结合的方法，综合利用已知词汇线索、韵律线索和统计规律来解决切分问题（Levine et al.，2018）。模拟这一过程的数据建模研究也支持这一结论：当神经网络能够利用多种线索时，识别单词的准确度更高。也就是说，一种线索本身的用处可能不大，但当它和其他线索相结合时，其利用价值会显著提高（Christiansen & Seidenberg，1998b）。

4. 音素习得顺序

在音素习得顺序方面，Jakobson（2014）提出儿童的早期语音发展遵循严格的普遍性法则。例如，辅音中的塞音习得通常早于塞擦音，鼻音习得通常早于非鼻音。

6.4.2 词汇语义习得

1. 词汇语义习得机制

一旦儿童从语言流中识别出单词，他们如何把这些单词的声音序列和意义联系起来呢？研究人员分别从感知线索、社会语用线索和语言线索等方面提出了一系列理论。目前，该领域越来越倾向于认为儿童会综合运用以上三类线索，灵活高效地习得词汇（Byers-Heinlein & Lew-Williams，2018；Hollich et al.，2000；Levine et al.，2018）。本节首先对强调单一线索的主要理论进行介绍，然后介绍强调综合运用各类线索的混合模型。

1）联想学习机制

联想学习机制（associative learning mechanism）认为儿童具有把单词和所指联系起来的能力，这是语义习得的基础。12 个月大的婴儿就能够将物体的图片和反复共现的单词关联起来（Mackenzie et al.，2012a，2012b）。婴儿主要运用各种感知和注意线索来形成关联。例如，学习英语和汉语的儿童都倾向于先学习更为具体的词，如名词（Bergelson & Swingley，2013）。此外，若被标记的物体正在运动或处于儿童视野的主要位置，则儿童更容易形成关联（Yu & Smith，2012）。

2）跨情境模型

跨情境模型（cross-situational model）认为词汇习得同单词切分一样，主要通过统计学习习得。婴儿会根据情境中的感知线索，收集并存储一个单词的所有可能指称；随着婴儿语言经验的增加，共现频率低的指称会逐渐被排除或遗忘，而共现频率最高的指称将被认为是该单词的正确意义。儿童对单词的表征是多方面的，既包括单词正确的指称，也包括一些共现的其他指称（Smith & Yu，2008；Yu & Smith，2007；Yurovsky et al.，2014）。这种词汇学习机制的优势在于可以尽可能地避免错误，但缺点是需要占用大量的记忆空间（Stevens et al.，2017）。

3）单一意义假设和追踪模型

单一意义假设（single-meaning hypothesis）模型认为，儿童在任何给定的词汇学习情境中，仅将一种意义快速映射到单词上。也就是说，即使在高度不确定的情境下，儿童也能够快速指定一个单词的意义，其他可能的意义都不会被存储。当儿童根据语言经验确定这个词义假设不正确时，才会丢弃原假设，并建立新假设（Golinkoff et al.，1992；Medina et al.，2011；Trueswell et al.，2013）。

然而，由于很多行为证据和计算模型都不支持这一理论，并且该理论无法解释多义词或同音异义词的习得过程，因此后来的研究人员对该假设进行了修正，提出了追踪模型（pursuit model）。追踪模型认为，最初快速映射的原假设词义会和新词义共同保存一段时间。如果之后的情境反复支持最初的词义，将增加儿童对初始假设的信心。若儿童遇到新的情境指向另一个词义，儿童将建立一个新的假设，并为新词义指定置信水平，同时调低原假设的置信水平。与单一意义假设相比，追踪模型更加承认婴儿的统计学习能力。但它与跨情境模型的不同点在于，跨情境模型认为儿童同时存储一个单词的所有可能词义，而追踪模型认为儿童仅保留一组有限的假设词义。这种词汇学习机制可能容易出错，但不需要占用大量的记忆空间（Stevens et al.，2017）。

4）社会 – 语用模型

社会 – 语用模型（social-pragmatic model）强调互动和认知技能的重要性（Levine et al.，2018）。儿童理解语言是用来交换社会语境意义的，与非言语交际互动相结合，这被认为有助于单词学习。此外，这个模型表明社会影响开启或限制单词学习过程，从而避免了无限数量的计算感知模型中隐含的关系。研究表明，即使在标记时视觉上可以看到一个新对象，如果说话者和婴儿共同关注该对象，这种词 – 对象映射也更容易学习。Booth et al.（2008）进一步发现，通过提供额外的社会语用线索可以提高 2 岁半儿童的词汇学习效率，这表明对交际语境关注度的增加能促进词汇习得。

5）句法驱动假设

句法驱动假设（syntactic bootstrapping hypothesis）认为，母语句法知识的发展促进了儿童的后期词汇习得。儿童掌握了以名词为主的基础词汇并在一定程度上理解了抽象的句法结构后，他们就能够利用句法语境来学习新词（Gertner & Fisher，2012；Gleitman et al.，2005）。

首先，儿童可以利用句法属性分辨一个词指的是物品还是动作。最早考察该领域的一项经典研究来自 Brown（1957）。该研究在实验中向儿童呈现一组图片，图片的内容是一个人正在使用一种特殊的工具对一种物品进行操作。当实验者让儿童指向 "a sib" 或者 "some sib" 时，儿童指向图片中的物品；当实验人员问儿童 "Where is the person sibbing?" 时，儿童指向操作的动作。这说明儿童主要根据实验者话语中的句法结构来分辨 "sib" 的含义。

其次，儿童能够根据题元角色的数量和类型来推测动词的含义（Hirsh-Pasek & Golinkoff，1996；Naigles，1990；Yuan & Fisher，2009）。例如，2 岁的儿童能够推断出带有两个论元的动词是表示及物的致使关系（如 "she blicked her!"），而处于单论元结构中的动词通常表示不及物的自我致使行为（如 "she blicked!"）。

再次，随着句法知识的增加，儿童到 30 个月时甚至能够根据副词类型来确定形容词的含义。Syrett & Lidz（2010）发现，儿童根据表程度的副词（如 "too"）来确定表示相对属性的形容词（如 "small"）的含义，而根据表示比例的副词（如 "totally"）来确定表示绝对属性的形容词（如 "dry"）的含义。句法驱动假设的局限性在于它无法解释在具有足够的语言经验之前，词汇学习是如何发生的（Levine et al.，2018）。

6）浮现汇流模型

浮现汇流模型（Emergentist Coalition Model，ECM）是首个词汇习得的混合模型，主张儿童是强大的词汇学习者，他们并非利用单一线索来习得词汇，而是能够综合运用认知、语言和社会资源来习得词汇（Golinkoff & Hirsh-Pasek，2006；Hollich et al.，2000）。该模型将研究的焦点从"词汇习得的基本加工过程是什么？"转变为"词汇习得的基本加工过程如何随儿童语言的发展而改变和相互作用？"。目前，该模型已被广泛接受，作为很多理论的基础。

该理论的主要内容可以归纳为以下两方面。其一，儿童从一开始就对多种线索敏感，包括感知线索、社会线索和语言线索。随着时间的推移，儿童依赖不同线索的权重逐渐发生变化：一开始，感知显著性是词汇习得的主要来源，之后虽然感知线索依然发挥重要作用，但社会线索和语言线索的权重逐渐增加（Hollich et al.，2000；Pruden et al.，2010）。其二，关于社会线索和语言线索的相互关系，一方面，社会线索权重的增加可能比语言线索更早（Caza & Knott，2012），并且二者在习得不同类别词汇方面发挥不同的作用，社会线索对于名词习得可能更为重要，如眼神注视和手势指点（Bergelson & Swingley，2013），而语言线索则更有利于动词习得（Gleitman et al.，2005；Maguire et al.，2006）；另一方面，儿童可以综合利用和权衡这两类线索促进词汇语义的正确习得（Grassmann et al.，2009）。

2. 语言输入的作用

语言输入是儿童习得词汇的重要保证。例如，狼孩和与外界隔绝的儿童由于在年幼时缺乏语言输入，都无法最终习得语言（Carroll，2008）。为了探索究竟是语言输入的哪些因素促进了儿童词汇的发展，研究人员分别从输入的数量和质量开展研究。

一方面，语言输入的数量不仅影响儿童习得的词汇量，还影响儿童实时理解词汇的速度。Hart & Risley（1995）指出，3 岁儿童词汇中的86% 到98% 都来自于他们的父母或照看者使用过的词汇。有固定职业的父母平均每小时对儿童说出的单词数量是领救济金父母的 3 倍多。此外，Hurtado et al.（2008）进一步发现，儿童在 1 岁半时的语言输入量能够预测 2 岁时的词汇量和词汇加工效率。另一方面，儿童词汇的发展不仅受输入数量的影响，如儿童在 3 岁之前通常无法直接从视频中学习单词（Zimmerman et al.，2007），输入的质量也非常重要。只有那些针对儿童的特性、富有互动性且有助于消除歧义的语言输入才可能对词汇习得起关键作用（Roseberry et al.，2014；Tamis-LeMonda et al.，2014）。

1）儿向言语

成人在向年纪较小的儿童说话时，通常采用一种特殊的方式，被称为 "儿向言语"（infant-directed speech，IDS），也称 "婴儿式话语" 和 "妈妈语"。儿向言语的特点是语速较慢、停顿较长、音调高且夸张多变，并且元音通常较长，响度更大，因而更加清晰分明。此外，儿向言语的句子通常较短，这有利于减轻婴儿的记忆负荷，语法也相应简化，并且话题词处于更突出的位置，如句尾（Levine et al.，2018；Singh et al.，2009；Traxler，2012）。

在儿童学习语言的早期，儿向言语至关重要。儿向言语一方面可能有助于吸引和保持儿童的注意力；另一方面有助于儿童进行单词切分和词汇语义习得。例如，Singh et al.（2009）让 7 个月和 8 个月大的婴儿分别听儿向言语和成人导向言语，24 小时后进行测试，发现婴儿更能够识别出在儿向言语中听到的单词。Graf Estes & Hurley（2013）分别使用儿向言语和成人导向言语向 17 个月大的婴儿提供了新的标签 – 对象对。婴儿仅在儿向言语条件下学习标签，且仅在韵律有变化而非恒定时学习标签。

　　随着儿童词汇量的增加，父母或照看者的儿向言语也相应地发生变化，以满足儿童的需求，如语速更快、用词更丰富等。同样地，儿童也不再完全依赖儿向言语学习词汇，而是可以从其他语言材料（如广告）中学习单词（Levine et al., 2018；Traxler, 2012）。

2）儿向行为

　　正如成年人在对婴儿讲话时会改变自己的语言一样，他们也会改变自己的行为。这种更突出的非语言输入形式被称为儿向行为（infant-directed action，IDA）。当母亲给 6—8 个月大的婴儿命名物体时，她倾向使用夸张和重复的动作，以便他们能将单词和其指称建立一一匹配的关系（Levine et al., 2018）。

　　除了这些语言数量和质量的总体影响外，随着孩子成为更成熟的语言使用者，语言输入的重要性也会发生变化（或应该发生变化）。在评估父母与孩子互动中的父母语言后，Rowe（2012）研究发现，当儿童到 18 个月龄时，影响其词汇增长的关键因素是父母讲话的数量；当儿童 30 个月龄时，影响其词汇发展的最大因素是词汇的多样性和复杂性；当儿童到 42 个月龄时，父母使用脱离语境语言（decontextualized language）对他们词汇发展的贡献最大。因此，儿童在发展过程中依赖不同的语言输入（Rowe，2012）。

3. 儿童的认知特点

　　如前所述，儿童能够综合利用感知、社会 – 语用和语言资源来学习词汇语义，并且成人也通过儿向言语向儿童提供更高质量的语言输入。但是刺激贫乏（poverty of the stimulus）的情况依然存在，即环境无法给出关于某一单词真正意义的充分证据，这便是所谓的“奎因难题”（Brown，1957；Quine，1960）。Quine（1960）描述了这样的一幅场景：当你在异国他乡旅行时，一只兔子从路上跑过，你问当地导游：“那是什么？”导游说：“gavagai”。你这时可能假设“gavagai”是指兔子，但导游可能说的是“毛茸茸的”“长耳朵的”或者“哺乳动物”，又或者是“奔跑的”，也有可能导游只是在说“什么？”。总之，环境中再没有更多的信息来限定或排除对“gavagai”的任何特点解释。那么，儿童是如何缩小词义搜索范围，并得出接近标准语义的单词意思的呢？相关研究发现，儿童的认知特点或认知限制有利于解决奎因难题。

1）基本范畴偏向（basic level categories bias）

儿童似乎有一种预先存在的认知偏向，即把新词作为基本范畴层级的名称（Masur，1997）。例如，在上文奎因的例子中，儿童通常倾向于将"gavagai"作为兔子的名称，而不会认为这个词是指"动物"或"物品"这样的上位范畴层次，或者特指那一只兔子的下位范畴层次。这可能也与儿向言语中成人的命名惯例有关。成人在向儿童说话时，也倾向于使用基础层次词（basic level terms）来命名物体，因为这类词既不会太笼统也不会太具体，而是正好能够有效地区分各类物体（Rosch & Mervis，1975；Traxler，2012）。

2）整体偏向

婴儿还有一种预先存在的偏好，即倾向于把新词和物体的整体关联起来，而不会把新词作为诸如物体的颜色、材质、组成部分或其他特征的标签（Carroll，2008；Markman & Hutchinson，1984）。例如，儿童会把"gavagai"作为兔子这个整体的名称，而不会倾向于把"gavagai"作为兔子的耳朵或尾巴的名称。

3）相互排斥偏向（mutual exclusivity bias）

儿童在早期词汇学习阶段，会假设一个物品不可能有两个名词，即不可能有两个词都指代同一个物品（Markman & Wachtel，1988；Traxler，2012）。若儿童已经习得某一物品的名称，若成人再使用另一名称指代这一物品时，儿童不会认为是同一个物品，而认为是指该物品的一个突出部分。

4）过度扩大和过度缩小

虽然认知偏好似乎可以帮助儿童减少不确定性，提高习得正确率，但儿童对于单词和指称物的所有关联并不是从一开始就十分精准，儿童也存在过度扩大或过度缩小词汇指代范畴的现象。例如，儿童会将"狗"指代猫、牛和马等外观较为相似的哺乳动物（Markson et al.，2008），还会将"shoe"一词专门指代鞋柜中的某一双鞋中的一只（Bloom，

2000）。但随着语言经验的增加，儿童的这类错误会逐渐消失。

4. 词汇语义习得的发展过程

　　词汇量是儿童语言发展的关键指标之一。儿童的词汇量分为接受性词汇量和产出性词汇量。接受性词汇量又称理解性词汇量，是指儿童能够理解其含义的词汇量，一般通过图片指认法和家长问卷法进行测量。英语儿童在 12 个月大时可以理解大约 100 个单词，18 个月大时可以理解大约 550 个单词（Mayor & Plunkett，2011）。儿童的产出性词汇量又称表达性词汇量，是指儿童能够说出的词汇量。儿童大约需要 12 个月才能说出第一个词，到 18 个月时能说出 50 个词（Levine et al.，2018）。之后儿童的表达性词汇量迅速增加，这一现象被称为词汇涌现（vocabulary spurt）（Fernández & Cairns，2010）。对词汇涌现的解释是，一方面可能是因为儿童发现了指称映射的规律，如形状偏好（Landau et al.，1988）；另一方面可能是由于儿童能够越来越多地利用各种信息学习新词（Hollich et al.，2000）。到 6 岁时，儿童通常能表达并理解 14 000 个单词（Bornstein & Hendricks，2012；Levine et al.，2018）。

　　无论学习哪种语言，儿童在词汇习得方面都表现出相似的模式和特点。首先，他们几乎同时达到一些重要的词汇发展阶段，经历非常相似的词汇增长轨迹（Bleses et al.，2008）；其次，儿童的接受性词汇量几乎总是大于产出性词汇量。也就是说，他们能够理解他们所说的所有单词，但不能说出他们能够理解的所有单词。双语儿童尤其如此，他们的接受性词汇量可能远大于产出性词汇量（Gibson et al.，2012）。最后，儿童具有优先学习名词的偏向，即在学习动词、形容词等其他词类之前往往先学习名词，即使是在动词友好型语言中也是如此（Bornstein et al.，2004；Waxman et al.，2013）。

　　此外，儿童对语言的实时加工能力也表现出一种发展的趋势。当向儿童以听觉形式呈现简单的问句时（如 "Where's the baby?"），2 岁儿童比 1 岁 3 个月儿童看对应图片的反应要快得多（Fernald et al.，1993），对儿童词汇的神经生理学研究也支持这一结论（Friedrich & Friederici，2005）。幼儿甚至还可以在听到部分语音信息之后就开始识别单词（Swingley et al.，1999）。

6.4.3 形态句法习得

1. 形态习得

1）语法语素习得顺序

儿童的早期话语几乎不存在语法语素，他们主要通过词序表达整句话的含义，这种现象不仅出现在屈折变化度低的语言中，也出现在屈折变化度高的语言中。但当儿童的话语平均语素长度（MLU）逼近 2.5 时，通过语法语素表达意义的手段发展起来，如动词过去式变化和名词复数变化等。

Brown（1973）使用强制性语境法来测量儿童习得语法语素的次序，具体操作方法为观察并记录幼儿对话时的具体语境，考察某一语素在该语境中是不是必要。研究者选择了一种较为严格的标准判断幼儿是不是已学会某一种词类，即在 90% 的必要情景下使用过这种词类。Brown 考察了英语中的 14 个语素，发现幼儿几乎都以同样的顺序逐渐掌握这些语素。De Villiers & De Villiers（1973）使用同样的方法考察 21 名不同月龄的幼儿语素使用情况，得出了和 Brown 相似的结果。

在决定特定语言中的语法语素习得顺序方面，频率、语义权重、显著性等可能起作用（De Villiers & De Villiers，1973），但单一因素都不足以解释这一顺序。另外，在不同语言中，语素等价物的习得顺序也不同。这意味着只凭语义内容或功能二者中的任意一个是不足以预测语素的习得顺序的，所有的因素综合起来才形成了表现出来的习得顺序（Cairns，2018）。

2）语法语素的过度规则化

儿童的话语中存在语法语素的过度规则化现象。他们在早期能够使用正确形态，随后产生过度规则化的错误，再消除这些错误使用正确形式，这被称为"U 形发展"（Ud Deen，2018）。

关于过度规则化的解释有两种主要的理论。一是 Marcus（1996）提出的规则和记忆模型。该理论认为只有在儿童发现不规则形式之前，才会产生过度规则化。研究者发现过度规则化和父母使用不规则形式的频率有关，并在 5—7 岁阶段缓慢下降。这个观察结果表明，如果儿童不规则形式的使用频率增加，他们提取能力会增强，正如模型所预期的那样（Carroll，2008）。另一个是 Rumelhart et al.（1988）提出的并行分布加工模型（parallel distributed processing model）。该模型认为动词在大脑中并非表征为一系列的规则（如"walk"转化为过去式要加"-ed"），而是表征为节点与节点之间的联结。也就是说，儿童大脑中有"walk"节点，也有"walked"节点，这些节点与其他表征节点相联结，并且相互竞争。网络中联结的强度会随时间而逐渐改变，这在一定程度上是对儿童接触到的语言样例的反映。因此，正确的形式逐渐超过了其他形式。

总之，这表明儿童在使用动词形式时有两个心理结构 —— 普遍规则和特例记忆，二者互相竞争，因此儿童对特例的记忆水平影响其使用不同动词形式的比例（Carroll，2008；Ud Deen，2018）。

2. 早期句法习得

儿童在 2 岁左右的言语产出由单词语阶段过渡到多词语阶段。这一阶段的句子通常由 2—3 个词组成，词的类型主要为名词、动词和形容词等开放词类，而诸如冠词、助词和介词等功能词类则较少，因而该阶段也被称为电报语阶段（Brown，1973），通常被视为儿童言语产出中句法习得的第一阶段。电报语阶段有两个最显著的句法特征：词根不定式现象和空主语现象（Hyams & Orfitelli，2018）。

1）词根不定式现象

词根不定式现象（root infinitives，RIs）是指在儿童早期话语中，句子的主要动词有时以不定式形式出现，有时以限定形式出现，因此又叫可选不定式阶段（Rizzi，1994）。不定式的产出比率因儿童和语言而异，占所有言语表达（限定式和不定式）的 26%—61%（Hoekstra & Hyams，1998）。限定形式和不定式在同一阶段同时出现表明，词根不定式不仅仅是儿童在不知道屈折形式时使用的"默认"形式。事实上，儿童在很多情况下更多地使用限定形式。例如，连接词和系动词总是使用限定形式，在很多语言的问句中也使用限定形式，而不定式仅出现在事件动词中，不出现在状态动词中（Hoekstra & Hyams，1998）。

Rizzi（1994）对词根不定式阶段提出了语法解释。他认为幼儿的语法不需要投射完整的补语短语（CP）结构，而是可以生成任何最大投射（XP）。当句子结构在时态短语（TP）下方被截断时，也可以说是在动词短语（VP）处被截断时，Rizzi 的截断假设是符合普遍语法的。对于成年人来说，通常需要特殊的语用或语义因素，但儿童似乎可以在没有这种语用许可的情况下使用截断选项。此外，Dye（2011）提出了支持语音还原假说的有趣论点，包括一些词根不定式中"隐蔽"助动词的声学证据。尽管基于一些例子在理论上可能能够解释这些模式，但仍需做进一步的研究。

2）空主语现象

处于电报语阶段的儿童也会省略主语，与词根不定式一样，主语省略也是可选的。在同一时期，儿童在某些句子中放弃主语，在其他许多句子中也产生主语（Hyams，1986）。主语省略的频率因不同儿童、不同语言以及同一儿童的不同时间而不同。

众多学者（Hyams，1986；Hyams & Wexler，1993；Rizzi，1994；Yang，2004）基于能力描述将儿童的错误视为儿童和成人语法之间的差异，尽管这些描述在不同方面有所不同。此外，Rizzi（2005）提出了一个混合模型，其中语言能力（competence）和语言表现（performance）因素共同解释了儿童的主语省略现象。Orfitelli & Hyams（2012）通过真值判断范式的扩展版本测试了儿童对空主语句子的理解，结果发现，儿童除了允许空主语句子具有成人式祈使语义解释之外，还允许具有陈述语义解释，这说明这一阶段的儿童具有非目标语法。此外，研究者也认为儿童的主语省略现象是由语言能力和语言表现共同造成的。虽然语言表现因素不是空主语阶段的根本原因，但它们在解决与空主语相关的语义歧义方面起着重要作用。

3. 后期句法习得

儿童一旦超越了电报语阶段，他们的句法能力将快速发展。到 5 岁时，他们的产出中几乎没有句法错误。然而，儿童仍然不能理解口语中的一些句子结构，如涉及论元移位的结构。论元移位是指句子结构中论元从某一位置迁移到另一位置，如被动句中的宾语移位到主语位置（Hyams & Orfitelli，2018）。

　　被动句是后期句法习得中研究最多的一类句式之一。研究发现，学习英语的儿童其理解被动句的能力要到 6—7 岁才能达到成人水平，无论是省略 by 短语的短被动句 [例 1(a)] 还是完整的长被动句 [例 1(b)]（Hirsch & Wexler，2006；Slobin，1996），并且学习其他语言的儿童中也普遍存在这一现象（Hyams & Orfitelli，2018）。另外，学习英语的儿童对于带有 "seem" 或 "appear" 的主语提升句 [例 1(c)] 表现出习得困难，直到 6 岁才能达到成人的理解程度（Hirsch et al.，2008；Orfitelli，2012），而对于其他主语提升句 [例 1(d)]，早在 4 岁时就可以正确理解（Orfitelli，2012）。

　　例 1 (a) Ernie was seen.（短被动句）

　　　　(b) Ernie was seen by Bert.（长被动句）

　　　　(c) Ernie seems (to Bert) [to dance].

　　　　(d) Ernie is about/is going/tends (* to Bert) [to dance].

　　针对这一现象，论元链缺损假设（A-chain deficit hypothesis，ACDH）认为儿童理解论元链的能力到 6、7 岁左右才会逐渐成熟（Borer & Wexler，1987），因而可以解释儿童的论元移位结构的理解困难。然而，儿童并不是对所有的论元移位结构都表现出理解困难，例如，对于不带 "seem" 或 "appear" 的主语提升句，儿童的理解没有表现出延迟（Orfitelli，2012）。论元介入假说（argument intervention hypothesis，AIH）做了进一步的解释，该理论认为被动句和带 "seem" 的主语提升句都可选择性地允许存在一个历事（experiencer）论元，该论元介于提升论元的基础位置和最终位置之间，而其他主语提升句不允许介入论元的存在（Orfitelli，2012）。因此，被动句和带 "seem" 的主语提升句在移位时会违反诸如 "相对最小性" 的句法局域性普遍条件（Rizzi，1990）。因此，论元介入假设对任何语言中的论元移位习得提出了假设：对于包含跨介入论元移位的结构，儿童通常习得较晚；若不包含此类结构，儿童通常能够正常习得。这一假设也得到了一些实验证据的支持（Hirsch & Wexler，2007；Moro，1997）。

6.4.4 单语习得与双语习得

双语—语习得（bilingual first language acquisition）又称同时双语习得（simultaneous bilingualism），通常指儿童在 5 岁以前同时或前后习得两种语言（Meisel，2018）。在词汇习得方面，同时双语儿童的每一种语言的词汇量通常少于单语儿童，并且存在发展不平衡的现象。但两类儿童在词汇习得方面也表现出一些相似的模式和特点。例如，他们几乎同时达到一些重要的词汇发展阶段，经历非常相似的词汇增长轨迹（Bleses et al.，2008）；其次，儿童接受性词汇量几乎总是大于产出性词汇量（Gibson et al.，2012）。最后，儿童具有优先学习名词的偏向，即在学习动词、形容词等词类之前先学习名词，即使是在动词友好型语言中（Bornstein et al.，2004；Waxman et al.，2013）也是如此。

关于同时双语句法习得的一个核心问题是两种语言的句法是自主发展还是相互依存发展（Meisel，2018）。单语言系统假设（unitary language system hypothesis）在一段时间内成为心理语言学的主流观点。其最具影响力的版本是 Taeschner（2012）提出的三阶段模型，认为双语习得的特点是儿童在成功区分其语言的词汇系统和语法系统之前只发展了一个系统。与之相对的另一种理论认为两种语法独立发展（De Houwer，2005）。从 20 世纪 80 年代开始，学界对习得不同语言组合的儿童的各种语言现象展开分析，发现双语者不必经历单一系统阶段；双语习得可以被视为两种第一语言（2 L1）的同时发展，与单语 L1 发展相比，没有表现出质的差异。也就是说，2 L1 在早期发展阶段（语法系统的分化）和随后的发展过程（发展顺序）中表现出与 L1 相同的特征，双语者最终达到的语法能力与单语者没有区别。De Houwer（2005）对 1985—2002 年发表的关于同时双语习得的研究进行了综述。这些研究总共调查了 29 名儿童，他们在 13 种语言组合中习得了 12 种语言。De Houwer 得出结论，这些研究的结果支持双重系统假设（dual system hypothesis）。

6.4.5 社会互动与语言习得

社会互动对儿童语言习得至关重要（Bloom，2000；Hollich et al.，

2000）。从孩子出生的那一刻起，他们就参与社会交往，他们的语言发展依赖于社会环境。事实上，儿童从一开始就在社会环境中接触语言。孩子们通过与社会伙伴交往学习新单词；当父母和孩子互动时，父母通过一种互谅互让的形式来展示社会互动的规则。这些"原型对话"开始为儿童建立对话结构模型。最终，孩子们不断发展的语言能力使他们成为真正的对话伙伴（Lytle & Kuhl，2018）。

社会互动研究一般通过对比现场互动和等效非现场互动的语言学习效果展开。例如，Kuhl et al.（2003）调查了婴儿通过社交和非社交环境学习外语音素的能力。9 个月大的婴儿在实验室中接触汉语普通话，每次 25 分钟，共 12 次。每个婴儿都经历三种接触方式中的一种：同一个说话人的视频、录音或现场互动。四名母语为普通话的教师担任导师。音素学习效果使用条件化转头范式进行评估。学习效果在之后的研究中使用事件相关电位（ERPs）进行评估（Kuhl，2011）。行为和大脑测量结果都表明，语音学习不受视频显示或音频记录的支持，但接触现场互动的儿童辨别汉语普通话音素的能力和汉语母语儿童一样好。

社会互动机制研究使用最多的社交线索是共同关注（joint attention），即双方都将注意力集中在一个共同的对象或事件上（Moll & Tomasello，2007）。自然主义观察发现，儿童和父母在共同注意力集中时都会说更多的话，而儿童在共同注意力集中时会增加单词学习（Lytle & Kuhl，2018）。例如，Baldwin（1991）要求成年人在 16 至 19 个月大的婴儿正在注意某个物体时给该物体贴上标签，当婴儿已经注意到被贴标签的物体时，他们会更成功地将标签映射到物体上。

6.5　汉语一语习得研究进展

6.5.1　汉语语音习得

1. 汉语音位范畴与词语切分习得

学习汉语的婴儿可能与学习其他语言的婴儿一样，分辨本族语音位范畴的能力逐渐提高，同时分辨非本族语音位范畴的能力逐渐削弱。例如，Tsao et al.（2006）的调查结果指出，6—12 月龄汉语婴儿辨别汉语语音对的正确率提高，而同龄的英语婴儿正确率降低。然而与印欧语系相比，汉语的语音体系有其独特性。首先，汉语具有声调；其次，汉语的声母为单辅音，没有辅音组合；最后，声母韵母组合存在局限。关于汉语的这一特点如何影响婴儿习得音位范畴，这值得进一步探讨（刘文理等，2008）。

在词语切分习得方面，于文勃等（2021）使用人工合成语言考察单词切分中统计学习的影响因素。虽然被试是母语为汉语的成人，但也有一定的借鉴意义。该研究发现，音节间的转换概率和词长期待（两音节或三音节）共同预测语音统计学习成绩。

2. 汉语音素习得顺序及影响因素

汉语音素习得顺序基本遵循 Jakobson 提出的儿童早期语音发展顺序（Jakobson，2014；叶军等，2020；张云秋，2014；郑静宜，2017）。例如，叶军等（2020）以儿歌《城门儿丈高》的讹变为切入点，从语音学和分布学两方面进行分析，发现儿童辅音的习得顺序由早到晚为：不送气清塞音、送气清塞音、不送气清塞擦音、送气清塞擦音。郑静宜（2017）曾对 3—6 岁学龄前幼儿的语音能力进行了测验，发现儿童在 3 岁前能够习得鼻音与不送气塞音，在 4 岁时习得送气音和部分擦音、塞擦音，5 岁时习得难度比较大的塞擦音，6 岁时仍未习得卷舌音。该研究得出的辅音习得顺序与叶军等人的研究结果一致。张云秋（2014）也提出相同的习得顺序。此外，她还发现在汉语中，辅音韵尾的习得早于声母；在发音部位方面，双唇音的习得最早，而舌尖前音与舌尖后音的习得最晚；元音中，单独成音节的元音习得顺序由早到晚分别为：舌面元音、卷舌元音、舌尖元音，其中舌面元音的单元音的习得早于复元音。

对于影响汉语音素习得顺序的因素，叶军等（2020）认为发音难易程度以及听辨难易程度是影响辅音习得顺序的重要方面，其中辅音阻碍特征、动程特征和声源特征越多，儿童越难习得；辅音的 VOT 值范围不与其他辅音的 VOT 值范围交叉，儿童越容易分辨，也越容易习得。张云秋（2014）则认为，汉语音素的习得顺序不是由单个音素决定的，而是由语言形式、认知和生理器官三者的复杂程度共同决定的。

3. 汉语声调习得

在汉语声调习得的关键期方面，张云秋（2014）发现 1 岁至 1 岁 7 个月是四声独立发展的开始阶段，1 岁 7 个月至 2 岁是四声影响混淆阶段，2 岁之后声调运用接近成人。儿童 2 岁以前就已经基本完成了声调习得。陈晓湘等（2021）长期研究个案发展，发现幼儿 12 个月之后首先掌握阴平和去声，18 个月时习得阳平，24 个月时熟练使用上声，28 个月时声调习得达到成人水平。在声调的习得顺序方面，张云秋（2014）提出，从早期儿童的声调替换频次来看，阳平和阴平的替代能力要强于上声和去声的替代能力，阳平和上声的被替代比率要高于去声和阴平。儿童使用某声调替换另一个声调，表明儿童已经掌握该声调，相反，某一声调被替换，说明儿童对该声调的习得尚未完成。早期儿童调值的错误率由高到低排列，分别是：阳平、上声、去声、阴平，这在一定程度上反映了早期儿童的声调习得顺序。调值的习得顺序与错误率与早期儿童的生理因素制约相关，如脑功能和发音器官的发展程度。陈晓湘等（2021）还发现，幼儿的声调产出正确率由高到低分别是阴平、去声、阳平、上声，儿童难习得上声，与发音器官的不成熟和感知困难有关。

王歆捷等（2015）探讨了早期儿童的变调习得，他们通过研究不同年龄段儿童对"一""不"的变调规则以及上声变调规则的掌握情况，发现儿童在 2 岁 7 个月时就已掌握上声和"不"的变调规则，在 3 岁 3 个月时习得"一"的变调规则，且儿童的"一"字和"不"字的单字调习得早于变调习得。早期儿童习得词汇变调和语音变调存在一定的先后顺序。张磊等（2019）比较研究了 3—5 岁听力障碍儿童与听力正常儿童普通话中的双字调上声变调习得情况，发现正常儿童的上声变调发展关键期是 3 岁，他们习得"上声 + 非上声"变调比"上声 + 上声"变调更容易，而听障儿童的上声变调发展关键期是 5 岁，以上两种变调的习得对他们来说均有较大困难。

6.5.2　汉语词汇语义习得

1. 汉语词汇习得发展阶段及实词习得比例

在汉语儿童词汇习得顺序方面，陈永香等（2016）调查儿童的词汇量，对儿童词汇发展采用横向比较和纵向追踪的方式，发现 2 岁前的儿童并未普遍表现出名词更易习得及名词在早期词汇中占优势的情况，而是表现出"亲动词"的现象，但 2 岁以后，被研究的儿童表现出"名词优势"的比例在 80% 以上。无论是从语法功能还是从语言实际应用上分析，2 岁前汉语儿童都更易习得动词。刘巧云等（2019）认为儿童习得词汇的关键指标是能够正确命名，他们通过考察汉语儿童词语命名能力的发展，发现儿童词语命名正确率由高到低分别是名词、动词和形容词。

对于影响汉语儿童词汇发展的因素，刘巧云等（2019）提出年龄影响儿童的语言习得的观点，认为在儿童 3—5 岁期间，其词语命名能力会不断提高；18 个月时儿童的表达词汇量小于 100 个，36 个月时约为 600 个，6 岁时大概能达到 3500 个。总体来说，性别不对儿童的词语命名能力产生影响。儿童命名形容词的正确率较低，是因为对形容词的命名需要高级的认知和概括能力，这对儿童来说是有困难的。陈永香等（2016）以及陈永香和朱莉琪（2014）的研究都表明，儿童优先习得的动词与身体部位联系的紧密程度相关，即儿童更容易习得与身体部位联系紧密的动词。陈永香（2016）还提到 2 岁前儿童的"亲动词"现象可能与汉语动词具有较高的表象性和广泛灵活的运用有关，并且在早期的亲子交流中，儿童往往会接触很多行为动词，动词的输入频率较高，这使得汉语儿童的"亲动词"行为成为可能。陈永香和朱莉琪（2014）对汉语儿童早期习得的动词展开研究，发现文化差异和输入语不同也会影响动词习得顺序。汉语儿童较早掌握与手部相关的动词，而英语儿童则较早掌握与口部相关的动词。张云秋（2014）研究早期儿童习得副词的优先序列动因，发现语义、句法、语频、语音和松紧度都会影响副词的习得顺序。在语义方面，儿童优先习得简单的副词（如空间副词），后习得较难的副词（如时间副词），因为认知语言上时间范畴比空间范畴更抽象；语义的显著度高低、认知处理的难易度和认知特点发展的普遍顺序都影响了副词的习得顺序。当副词处在相同的语义系列中，语音和与后续词结合松紧度就成为影响副词习得顺序的因素，具体来说，声母发音越简单，声调类型习得越早，音节结构越简单，与后续词联系越紧的副词，儿童越早掌握。在句法上，儿童优先掌握与谓语形成基本句法结构的副词，较晚习得复杂句法结构中的副词。从语料出现的频率上来看，儿童更容易习得在成人话语中出现频率较高的副词，例如，儿童总是最早习得否定副词，因为成人总是不断使用否定词防止儿童做出伤害自己的行为。

2. 汉语范畴类别词汇习得顺序

在汉语范畴类别词汇习得顺序方面，研究人员分别从语言理解和语言产出两个角度展开研究，发现儿童通常先习得基本水平词，但对于上位范畴和下位范畴的习得顺序，仍存在分歧。刘志雅等（2015）采用序列触摸任务探索了 9—26 个月婴儿范畴类别词汇的区分情况，发现月龄较小的婴儿仅能识别基本水平词。随着月龄增加，先是逐渐能够分清上位水平词，最后才能区分下位水平词。然而，曾涛（2018）分别采用个案跟踪法、语料库数据分析法和控制实验三种范式，从理解和产出两个方面对汉语儿童范畴类别习得进行了探讨，结果发现儿童最先习得基本水平词汇，继而习得下位水平范畴和上位水平范畴。

3. 汉语词汇语义习得机制

对汉语词汇语义习得机制的研究支持联想学习机制和快速映射学习理论（王艳霞等，2018；曾涛等，2015）。例如，王艳霞等（2018）考察了刺激重复次数（3/5/10 次）与词语类别（实物名词 / 动作动词）对儿童学习新异词汇的影响。结果发现，刺激重复次数越高，儿童新异词汇理解成绩越高，说明儿童进行了统计学习，重复刺激具有累积效果；而儿童在不同词语类别的学习效果上没有明显差异，因而支持快速映射学习理论。此外，王艳霞等还发现儿童原有的语言能力与新异词汇理解成绩正相关，说明儿童除了利用共现频率线索之外，还可能利用语言线索等多种线索来促进词汇的习得。最后，儿童的认知特点在词汇习得中也发挥重要作用。吴庄和邵士洋（2019）发现相互排斥偏向是汉语儿童词汇习得的默认机制。无论是单语儿童还是双语儿童，均根据相互排斥假定形成声音与意义之间的联系，而双语（方言）经历对儿童这一认知特点仅发挥有限作用（吴庄，2017）。

6.5.3　汉语形态句法习得

1. 汉语词法和形态习得

英语词法和形态习得研究主要是基于屈折语的形态变化，如早期儿童语言中出现的过度规则化现象（Ud Deen，2018）。但汉语属于孤立语，不存在屈折变化（文贵良，2017），因此汉语词法和形态习得研究主要集中于儿童的造词策略、时间言语的发展、趋向动词的习得以及句末语气词的习得。姜自霞（2016）通过研究汉语儿童的自造词，发现儿童造词并不是随意的，而是使用特定的策略，并且不同造词策略出现在儿童言语中的时间段不同：加合策略主要出现于语言发展早期，复合策略主要出现于语言发展后期，而类比策略出现在各年龄段。对于儿童时间言语习得的发展，余习德等（2019）将时间术语分为序列词、直证词和时距单元词三种，他发现儿童对时间言语的掌握存在顺序性，即先掌握时序词，再掌握直证词，最后掌握单元词。张云秋（2014）研究儿童"了"的习得情况，发现儿童在1岁8个月左右习得作为语气词的"了"，在2岁左右习得作为动态助词的"了"，即先习得事态变化标记，后习得体貌标记。张云秋（2014）认为这种现象意味着儿童习得时间范畴是从整体到局部的。在趋向动词的习得方面，张云秋（2014）挑取"上"和"下"两组进行早期儿童习得研究，发现趋向动词的出现频率由高到低都表现为趋向义、结果义、状态义，除了"上"字，"上"的结果义出现频率远高于趋向义，体现出"上"的高度虚化。关于句末语气词的习得，高亮（2018）和张笛（2019）分别研究"吧"和"啊"字的习得情况，都得出它们的言语意图由早到晚习得顺序为陈述句、祈使句、疑问句。

影响汉语词法和形态习得的因素较多。姜自霞（2016）提出创造新词的能力基于儿童词法意识的提高，不同意识在不同方面发挥作用，并且词法意识的发展按照一定顺序。儿童最早习得组合意识，这种意识在所有造词策略中都发挥作用；然后习得分解意识，这种意识为类比造词提供可能性，使造词的材料变得更加丰富；最后习得结构意识，这种意识让儿童使用复合策略造出更具备汉语词汇特点的词。余习德等（2019）认为儿童习得时间言语主要与映射能力（包括时距映射和时空映射）和言语的逻辑思维能力相关，可能还与语言种类相关，因为结合国内外研究发现，中国儿童对"过去"和"未来"的直证状态的掌握要早于西方儿童。除此之外，余习德等（2019）的研究还发现影响儿童时间术词习得顺序的因素主要是其思维发展特点和规律，熟练使用单元词对儿童的数概念水平要求更高。张云秋（2014）通过研究早期儿童"了"字的习得，认为时间言语的习得与儿童的时间认知能力以及时间概念相关，早期儿童仅具备经验性时间概念，随年龄增长，再逐步习得逻辑性时间概念和习俗性时间概念，从而更好地掌握时间言语。对于早期儿童趋向动词的习得，张云秋（2014）认为内在的认知隐喻机制和外在的语用频率共同影响趋向动词的意义习得顺序。高亮（2019）认为语气词的功能复杂程度、使用频率与其用法叠用顺序是影响儿童习得句末语气词的因素，张笛（2019）则认为儿童语言、认知和社会化层面上的综合习得能力影响了儿童对句末语气词的习得。

2. 汉语早期句法习得

24 个月左右的幼儿已经具备了一定程度的句法规则抽象能力，可以利用汉语常见语序规则产生大量正确句子，其中占比最大的是 SVO 结构（范莉、宋刚，2016；李辉、刘海涛，2017）。此外，范莉和宋刚（2016）还发现幼儿也能产生许多非 SVO 结构，例如，"客体 – 动词"语序，这一事实从习得角度佐证了汉语的话题凸显性。李辉和刘海涛（2017）通过构建儿童三词句语料库，根据依存句法理论进行标注和测算，发现依存距离与习得难度正相关。

有关儿童使用空论元的现象，部分学者有了一定的发现。李辉和刘海涛（2017）发现儿童三词句中存在许多缺乏主语或宾语的非完整句。李汝亚（2017）研究发现儿童空论元的分布受话题连续性条件（儿童共同遵守的话语原则）和指称生命度（儿童必须遵守的规则）的制约。这说明儿童较早获得有关语言的普遍规则知识，较晚获得对外部世界认知的语言知识。

有关儿童对情态词的习得，一些学者有了一定的发现。张云秋和李若凡（2017）发现儿童 4 岁半前已基本掌握情态量级，使用表达"可能性"的情态词早于表达"必然性"的情态词。此外，幼儿到 36 个月时主观意识进一步完善，开始显露初步的语用表达能力，并对语言的人际互动功能有所了解。此外，张云秋和梁咏现（2021）的研究发现儿童情态动词及其语义类型的习得顺序为：先掌握动力情态等根情态，再习得认识情态。与认知机制相比，输入因素在情态动词习得中起主要作用。

3. 汉语"把"字句习得

"把"字句是汉语中最常见、最有特点的句式之一。学习普通话的儿童在 2 岁时开始产出"把"字句，产出的具体类型和句子成分较为简单，并且施事经常缺省，需根据语境进行推测补足。此后，随着年龄增加，"把"字句出现的频率逐渐增加，结构类型更加复杂多变，到 4 岁半时，儿童对"把"字句的运用已经相当成熟，结构类型达到 9 大类 17 小类，覆盖率达 90%，发展速度惊人（周国光，2016）。同样地，常辉和郑丽娜（2017）通过长期个案追踪发现，儿童从 2 岁半起产出更为复杂的"把"字句，并基本能正确排列语序，其使用的几乎都是客事"把"字句，且大都表示已经发生的事情。

关于"把"字句的习得机制，周国光（2016）对以往的"转换习得说"提出了质疑。"转换习得说"认为儿童首先习得"主－动－宾"句，然后经过句法转换，将句中宾语前置为"把"字句的宾语，从而形成"把"字句。但周国光通过分析 2 岁儿童的语料发现，"把"字句很难说是由"主－动－宾"句转换习得。儿童在这一时期产出的"主－动－宾"句中的动词几乎都是单纯的单音节或双音节动词，且宾语既可以有定，也可以无定。例如，"我咬手/奶奶去倒水/你画一个鞋。"而同时期产出的"把"字句的动词不是单纯的，且宾语都是有定的。例如，"我把这球甩掉。"因此，两种句式的差异将极大地限制从"主－动－宾"句到"把"字句的转换。"把"字句和受事主语句的关系更加密切，但儿童是先习得"把"字句还是先习得受事主语句，仍需进一步研究。此外，常辉和郑丽娜（2017）对以往的"接口假说"也提出了质疑，他们的个案研究发现，儿童从运用"把"字句初期就较好地掌握了其句法结构和语义特征，并对其语用条件有所理解。

4. 汉语被动句习得

被动句涉及论元移位，结构相对复杂，因此被动句习得机制成为学界探讨的热门话题（于浩鹏等，2022）。国内学者就汉语被动句的习得年龄和习得机制等问题开展了一系列的研究。在习得年龄方面，于浩鹏等（2022）采用句子图片匹配任务测试了平均年龄 45 个月和 62 个月的汉语儿童的被动句加工情况。研究发现，45 个月的儿童在长被动句理解的正确率上显著低于 62 个月儿童，出现更多的施事受事颠倒错误，说明汉语儿童在习得长被动句方面存在困难；但 5 岁之后就能够基本习得该句式，这比早期研究得出的汉语儿童到 6 岁才能基本理解被动句的结论（朱曼殊，1986）在年龄上提前了 1 岁。在产出年龄方面，自然语料显示有的儿童在 1 岁 8 个月时产出短被动句，1 岁 10 个月时产出长被动句（张云秋，2014），而有的儿童到 2 岁才产出短被动句和长被动句（周国光，2016）。被动句使用特点包括：第一，无标记被动句使用频率高于有标记被动句；第二，使用类型全面但结构简单（张云秋，2014）。

在习得机制方面，周国光（2016）提出被动句与主动句在句法结构及约束条件上的差异，可能导致儿童被动句的习得机制与主动句有一定程度上的区别。而于浩鹏等（2022）认为可能是汉语被动句的移位操作造成了习得困难。具体来说，汉语被动句是焦点结构（马志刚、宋雅丽，2015），例如，在句子"张三被（李四）打了"中，焦点"张三"以非论元移位方式进行了三次移动。长被动句与短被动句相比，"张三"除了移位到动词之前，还需要移位到"李四"之前，从而增加了移位次数，这就解释了为什么长被动句比短被动句较难习得。

5. 汉语关系从句习得

关系从句（relative clause，RC）是对名词进行修饰和补充说明的从句。在汉语中，关系从句结构包括被修饰的中心语、从句标志词"的"和关系从句。根据中心语在从句中所属的成分，分成主语关系从句和宾语关系从句（杨梅、严晓朦，2019）。在习得顺序方面，关系从句习得的经典理论认为根据名词短语的可及性等级（noun phrase accessibility hierarchy，NPAH），儿童优先习得主语关系从句，后习得宾语关系从句，之后再习得旁语关系从句（Keenan & Comrie，1977）。虽然英语儿童的习得顺序支持这一理论，但由于汉语关系从句与英语关系从句在中心词位置和语序上的差异，汉语儿童是否遵循这一习得顺序仍存在分歧。张云秋和李若凡（2019）通过分析自然语料和实验产出数据，都发现汉语儿童掌握宾语关系从句早于主语关系从句，该结论也得到了其他分析自然语料的相关研究的支持（Chen & Shirai，2015；钟琳、胡深爱，2021）。然而，Hu et al.（2016）通过实验研究诱发 3—8 岁儿童使用关系从句进行表达时，发现宾语关系从句的习得难度大于主语关系从句。

在习得机制方面，钟琳和胡深爱（2021）发现，汉语成人输入语料的关系从句分布情况与儿童产出情况一致，说明语言输入对于儿童的语言输出可能产生影响。总之，汉语儿童关系从句的习得支持基于用法的语言习得观。而张云秋和李若凡（2019）则提出，应当依据不同语言在语序上的差异以及中心词与关系从句位置关系上的不同，对儿童关系从句的习得顺序做进一步细分，从而既可以解释英语儿童的习得顺序，也可以解释汉语儿童的习得顺序。

6. 汉语句法习得机制

通过考察汉语儿童的句法习得机制，研究者们发现先天遗传因素、语言经验和认知因素共同作用于语言习得。首先，儿童习得语言离不开语言输入，但单靠语言输入又不足以令儿童习得语言；其次，先天因素与后天语言输入相互作用，共同促进，不分主次（李宇明，2004；张云秋，2014；张云秋、晁代金，2019；张云秋、徐晓炜，2021；张云秋等，2018）。例如，张云秋和徐晓炜（2021）分析了两名汉语儿童早期句法习得阶段所接触的语言输入样本，发现儿童产出的句法结构均能从输入中找到样本，但句法结构的输入频率不影响儿童的习得时间和习得顺序，说明基于使用的理论无法充分解释儿童的习得过程。与之相反，生成语法理论却能更好地预测习得顺序。张云秋及其同事的另一项研究也得到相似的结论（张云秋等，2018）。总之，以上研究表明语言经验无法充分解释儿童句法习得的机制，个体的先天语言机制与认知能力的发展也起到了重要作用。

7. 语言障碍儿童汉语形态句法习得

我国学者对汉语特殊型语言障碍（specific language impairment，

SLI）儿童的句法使用情况展开了丰富的研究，如被动句、"把"字句、关系从句和特殊疑问句的习得情况等，结果发现，SLI 儿童与同龄的正常儿童相比在语言的产出和理解上都有显著不足，其主要原因是 SLI 儿童存在句法缺损的问题（戴慧琳、何晓炜，2021；于浩鹏等，2017；于浩鹏等，2022；曾涛等，2013）。例如，于浩鹏等（2022）考察了平均年龄 61.8 个月的汉语 SLI 儿童加工被动句的表现。结果发现，此类儿童加工长被动的成绩显著低于短被动句；与正常发展儿童相比，SLI 儿童在加工长被动句方面存在不足，主要体现在施事和受事的颠倒问题。究其原因，作者运用生成语法理论对此加以解释。

6.6　汉语儿童双语习得研究进展

　　在语音习得方面，韦晓保和王文斌（2019）发现二语语音经验对三语习得具有重要的预测作用。他们考察了维吾尔语（母语）和汉语（二语）双语儿童学习英语语音的情况。结果表明，对于母语能力大于二语能力的儿童来说，维吾尔语音对英语语音影响更大；但随着汉语二语能力的提高，汉语语音与英语语音的关系更密切。

　　在词汇习得方面，对学习印欧语系双语儿童的研究发现，双语儿童更能够接受同一指称有两个名字标签（Byers-Heinlein & Lew-Williams，2018），同样吴庄和邵士洋（2019）的研究也发现相互排斥偏向也是汉语双语儿童词汇习得的默认机制。如前所述，双语（方言）经历对儿童这一认知特点仅发挥有限作用。此外，对居住在美国的华裔英汉双语者汉语量词习得情况的研究表明，无论习得两种语言的年龄早晚，华裔都已基本掌握汉语量词的语法功能，但习得数量有限，从而产生"个"字运用泛化现象（刘娅莉、王玉响，2021）。

　　在形态句法习得方面，双语儿童加工汉语关系从句的表现与单语儿童相当，尤其是加工主语关系从句的成绩高于单语儿童。在关系从句的产出方面，虽然双语儿童的成绩略低于单语儿童，但随着学习时间的增加，其表现最终接近单语儿童。研究者认为虽然侨居外国接受汉语输入不如单语儿童充分，但华裔双语儿童依然能够较好地习得汉语。而针对较为复杂的汉语句法结构，双语儿童可能需要更长时间以便获得更多相关输入，才能达到与单语儿童相当的习得水平。此外，两种语言不仅在婴儿期相互影响，在三岁之后也存在交互（吴菲，2021a，2021b）。

6.7 对二语习得的启示

儿童在自身认知能力和外在语言输入都不够充分的情况下，在几年间习得了一到两门语言，这是一个惊人的成就。儿童习得语言的过程对二语教与学都有很大的启示。

在语音习得方面，二语习得的一个突出问题是二语者的听力能力通常较弱，对二语的韵律节奏敏感度低，即使在书面文字中能辨认出某一个单词的含义，也能够产出该单词，但经常无法在流畅的语音流中识别出这个单词，从而导致听不懂。儿童的单词切分策略能够给二语语音习得很大的启示。儿童在开始学习单词的意思之前，必须先从连续的语音流中切分出单词。于是儿童发展出一套自上而下和自下而上相结合的方法，综合利用已知词汇线索、韵律线索和统计规律来解决切分问题（Levine et al.，2018）。也就是说，在儿童的词汇学习的初期，就已经对母语语音的韵律特征、音节组合规律等信息有了深入的了解，因而即使是同一个词用不同的音色、不同的响度和不同的词与之进行组合，儿童也能够辨认出来。因此，在二语听力教学中，可以结合一语习得的单词切分策略教授学生识别单词的策略，例如，依靠已学单词识别新单词；依靠重音等韵律线索以及依靠音节转换概率线索等，尤其是针对英汉韵律不同的语言，要注意韵律规律的训练。

儿向言语是成人对年纪较小的儿童说话时采用的一种特殊方式。儿向言语的特点是语速较慢，停顿较长，音调高且夸张多变，并且元音通常较长，响度更大，因而更加清晰分明。此外，儿向言语的句子通常较短，这有利于减轻婴儿的记忆负荷；语法也相应简化；话题词处于更突出的位置，如句尾（Levine et al.，2018；Singh et al.，2009；Traxler，2012）。在儿童学习语言的早期，儿向言语至关重要。儿向语言的特点一方面可能有助于吸引和保持儿童的注意力；另一方面有助于儿童进行单词切分和词汇语义习得。同样地，在二语学期的初期，使用儿向言语进行教学，一方面有利于学习者进行单词切分和快速映射；另一方面有利于吸引和保持学习者的注意力，减轻学习者的记忆负荷。

6.8　小结

首先，一语得经过了 50 年的发展，虽然在一些关键问题上尚存争议，但在很多领域已经取得了丰硕的成果（周鹏，2021）。汉语一语习得研究起步较晚，虽然也取得了不少成就，但在很多方面和国际研究前沿相比还存在一定差距。

其次，汉语一语习得的很多研究主要基于对自然语料的分析，研究方法较为单一。虽然近 20 年针对汉语的实验研究、基于语料库的分析方法和基于计算建模技术的研究等逐渐增加，但比例仍然较低，研究方法和技术也相对简单。

再次，当前一语习得的理论假设和实证研究主要基于对印欧语系儿童习得情况的考察，而汉语与之相比，在语音、形态、句法等方面有很大的差异，因此在研究一语习得领域普遍关注的核心问题的同时，也要关注汉语习得的特殊性。

第 7 章
双语加工研究

7.1 双语加工的研究问题

语言是人类沟通和表达思想的重要工具，每个社会和文化都有其独特的语言系统。截至目前，全世界共计发现了 6 000 多种语言。无论是口头语言、书面文字还是其他形式的交流，语言在我们的日常生活中扮演着重要的角色。双语加工是指个体在使用两种语言进行交流和处理信息时所涉及的认知过程，它涉及双语者在听、说、读、写等语言活动中同时激活和处理两种语言的能力。按照个体在语言习得过程中接触到不同语言的时间顺序和方式，双语制可以分为同时性双语和继时性双语。同时性双语（simultaneous bilingualism）是指个体在婴幼儿期同时接触并习得两种语言。这种情况通常出现在家庭中，父母或其他家庭成员使用不同的语言与婴幼儿交流。婴幼儿在这种环境下，同时学习并掌握两种语言，没有明显的先后顺序。同时性双语者在语言习得过程中，两种语言的发展是相互影响和交织在一起的。他们可以在两种语言之间无缝切换，并且能够自如地使用两种语言进行交流。继时性双语（sequential bilingualism）是指个体在儿童或成人阶段接触并习得第二种语言。这种情况可能出现在学校教育、移民、工作或其他环境中。在继时性双语情境下，个体已经掌握了一种语言，然后开始学习并习得第二种语言。继时性双语者在语言习得过程中，第二种语言的学习可能会受到第一种语言的影响。他们需要适应新的语言环境，学习新的词汇、语法和语音特征，并且可能需要一定的时间来达到流利的程度。还有一种值得一提的情况是感受性双语，它指的是能听懂和阅读两种语言，但是只能用一种语言表达或产出。虽然这种情况相当普遍，但这类双语者不能称之为真正意义上的双语者。

目前，双语加工研究主要涉及双语控制与转换、双语语音表征与加工、双语词汇表征与加工、双语句法表征与加工以及双语加工与二语习得等领域的相关研究问题。

7.2　双语加工的研究方法

7.2.1　行为实验方法

1. 快速序列视觉呈现任务

1）快速序列视觉呈现任务在词汇加工中的应用

在双语加工的研究中，快速序列视觉呈现任务（rapid serial visual presentation，RSVP）一般被用于探讨特定语言的亚词汇效应。该方法在考察被试加工词汇的时间进程上具有一定优势。先前的研究主要围绕跨语系双语者展开。例如，Wong et al.（2011）要求不同熟练程度的中英双语者在一系列 RSVP 任务中搜索特定的字母或字符。研究结果表明，中英双语者在识别英文字母的过程中，汉字的干扰影响远大于英文假字。这说明，不同书写系统的语言加工可能共用同一的感知资源。此外，Velan & Frost（2011）以希伯来语 – 英语双语者作为研究对象，使用 RSVP 任务，通过打乱希伯来语的词根结构和英语词汇中的字母顺序，证实了像希伯来语这样有内部结构（internal structure）的语言的词汇加工具有独特性，需要特殊的词汇编码方式来进行加工。

RSVP 也可以用来检验句子语境对词汇理解的影响。Altarriba et al.（1996）最早使用 RSVP 任务，探究了双语的"语境 – 词汇"转换代价。研究发现，西班牙语 - 英语双语者存在不对称的相对转换代价，语言优势和句子语境对双语者的单词命名存在显著影响。

2）快速序列视觉呈现任务在注意力加工中的应用

除了词汇加工，RSVP 任务广泛应用于与注意力相关（尤其是视觉注意力）的研究中。视觉注意力是指在感知过程中，个体有意识地选择和集中注意力在视觉场景中的某个特定部分或特定对象上的能力，它涉及选择性地处理感觉输入，将有限的认知资源分配给感兴趣的信息，并抑制或忽略其他干扰性的信息（Huang & Pashler，2012）。结合眼动、脑电等不同的技术手段，心理学家使用 RSVP 任务揭示了大脑关注和接受信息的机制。

通常，为考察注意加工效应，被试需要在 RSVP 任务中阅读一系列的字母、单词、短语或者句子。注意加工效应主要包括重复知盲（repetition blindness，RB）和注意瞬脱（attentional blink，AB），这两种效应可以用来说明双语者和其他人的注意能力之间的差异。

重复知盲是指当在同一位置快速连续呈现一系列刺激时，被试经常无法察觉或无法报告出序列中重复的刺激（Kanwisher，1987）。例如，当出现"小王想要球，但是球丢了"这句话时，被试在第二次使用"球"这个词时的报告准确率要低于第一次。

重复知盲的双语研究主要集中在对语义重复知盲的探讨。例如，MacKay & Miller（1994）考察了同义词在跨语言翻译中的语义重复知盲效应。他们认为一语与二语之间不存在意义上完全对等的同义词，这种语义上的差别可能会限制双语加工中的语义重复知盲效应。因此，他们构建了三种目标词配对：精确配对（如"duck—duck"）。翻译配对（如"duck—pato"；"pato"是"duck"的西班牙语翻译），以及不匹配的跨语言配对（如"duck—vaso"；"vaso"是"cup"或"glass"的西班牙语翻译）。实验结果显示，只有前两种配对发现了重复知盲效应。这表明重复知盲效应只发生在语义层面，而不是在正字法或语音层面。

注意瞬脱是指在一系列的刺激中，当个体需要快速连续处理两个关注目标时，第二个目标的注意获取和处理能力受到短暂的干扰或延迟。在双语研究中，研究者通常将双语能力作为一个二分变量，来考察不同层级的双语能力与注意瞬脱效应的关联。例如，双语能力可以按照熟练程度、使用时间、首次使用二语的年龄等因素进行层级划分，研究者往往使用相关性或者回归分析来挖掘双语加工中的注意瞬脱效应（MacLean & Arnell，2012；Polinsky & Kagan，2007）。

例如，Colzato et al.（2008）比较了单语者和双语者在传统注意瞬脱任务的表现，发现双语者比单语者的注意瞬脱次数更多。基于

Colzato et al.（2008）的发现，Khare et al.（2012）试图进一步阐明注意瞬脱的变化与双语熟练程度的关系。Khare et al.（2012）招募了英语熟练程度不同的印地语 – 英语双语者作为被试。实验结果发现与熟练程度较低的双语者相比，熟练程度较高的双语者在短时间内表现出更大的相对注意瞬脱。这些结果支持了 Colzato et al.（2008）关于双语熟练程度的增高能够促进注意瞬脱的结论。

3）快速序列视觉呈现任务在执行控制中的应用

RSVP 任务除了可以用来评估词汇加工和注意力加工以外，也可被用于评估执行控制。执行控制是工作记忆的一部分，是一种有意地引导注意力的能力。个体需要在执行任务的同时，持续地在工作记忆中保有与任务相关的信息，并随时能够检索和利用这些信息。这种能力使得个体能够快速、准确地调用必要的信息，以指导和调节当前的认知活动和行为。因此，工作记忆中的信息往往指的是加工过程中现有的信息。抑制控制也是执行控制的重要组成部分，是指抑制无关的、干扰性的信息的能力，以便集中注意力和资源在当前任务的相关信息上（Carlson & Wang，2007）。在存在明显干扰因素且需要抑制对干扰因素的反应以提高纠正目标反应准确性的情况下，抑制控制显得尤为重要。

工作记忆和抑制控制在语言加工的 RSVP 任务中发挥了重要作用。在此类任务中，被试必须将注意力集中在短暂呈现的单词上，因为一旦注意力分散，他们就无法阅读到呈现的单词。此外，工作记忆需要保持之前读过的所有单词处于活跃状态，以便从单个呈现的刺激中构建一个连贯的句子。因此，RSVP 任务已被广泛应用于单语和双语者的执行控制研究中。

RSVP 任务中的执行控制元素是研究单语者和双语者执行控制能力差异问题的重要工具。大量研究表明，双语者在输出目标语言的过程中，需要对非目标语言加以控制，因此双语者往往具备更强的抑制控制能力。Abutalebi & Green（2007）认为，双语优势的产生主要因为双语者在管理两种语言的同时，能够主动选择使用其中一种语言。这种对一种语言的主动选择和对另一种语言的抑制，类似于双语者在执行控制技能方面的实践。从本质上来说，这种语言选择和抑制的能力也会转移到其他一些相关的非语言任务中。这表明双语者在执行控制方面的训练和经验可以在不同的认知任务中发挥积极的影响，提供了更广泛的认知灵活性和优势。

利用 RSVP 来测试双语者执行控制能力的一种方法是使用低约束或高约束的句子。低约束的句子是指句子的语境信息较少，提供的线索和指示相对模糊，读者或听者需要借助自身的推理和解释能力来理解句子的含义。高约束的句子是指句子的语境信息丰富，提供了明确的线索和指示，使得读者或听者能够准确地预测、推断或理解句子的含义。Linck et al.（2008）通过比较西班牙 – 英语双语者在 RSVP 任务和 Simon 任务中的表现，发现了同源词状态和句子约束之间的关系，具体来说，在低约束条件下，同源词的命名速度比非同源目标词更快。这一结果表明，句子语境的高度约束将单语加工过程中的干扰最小化，或至少降低了干扰的影响。有趣的是，同源状态的影响可以通过被试在阅读广度工作记忆测试中的得分来预测，但不能通过 Simon 效应的大小来预测。因此可以推断，工作记忆与同源状态之间的互动关系比与执行控制能力之间的互动关系更为密切。

Colzato et al.（2008）使用包括 RSVP 在内的多个任务来探究执行控制中双语优势的驱动力是否是主动抑制系统。他们使用了注意瞬脱任务和抑制控制任务来评估单语者和双语者的执行控制能力，发现在抑制控制任务中，单语者和双语者的执行控制能力没有区别，但在 RSVP 任务中，单语者注意瞬脱效应更为显著。这一发现可能与以往双语者具有执行控制优势的研究相悖，然而，如果将双语者的抑制控制优势解释为选择与当前目标相关的刺激而非避开无关刺激时，这一结果便合理了。在这个实验中，被试的任务是在 RSVP 任务中准确报告目标刺激。相较于主动抑制与任务无关的刺激（即 RSVP 干扰），双语者更擅长专注于目标任务（即目标报告）。双语者对目标相关信息的关注程度解释了双语者在注意瞬脱效应上的较差表现。他们把更多注意力放在第一个目标上，而忽视了第二个目标。因此，双语者可能比单语者更专注于报告的目标，从而降低了注意瞬脱效应。此项研究有助于阐明单语者和不同熟练程度的双语者在执行控制能力方面的区别。

以上的研究均使用 RSVP 任务来评估双语者的执行控制能力，表明 RSVP 任务作为一种以语言作为刺激的执行控制方法，在未来具有更多的应用潜力。研究人员可以使用 RSVP 任务自定义句子类型、目标词类型、目标词数量、反应模态、语言抑制和许多其他元素，以便对任务规范进行微调，开展进一步研究。

2. 可视移动窗口技术

可视移动窗口技术（visual moving window，VMW）是一种自动步速的阅读任务，在阅读某个句子时，被试直接控制自己从一个词/词组读到另一个词/词组的速度。VMW 是一个按键行为任务，属于计时范式，阅读时间被记录下来，并解释为阅读或加工某个刺激所需的时间。此任务记录单词开始呈现和随后按下按钮之间的时间，按下按钮表示该单词已被读者编码、分析和理解（Mitchell，1984）。

Heredia et al.（2003）使用 VMW 探讨了西班牙语语法性别在理解单语和混合语句子中的影响（Dussias，1997，2001）。该实验的被试是西班牙语－英语双语者。争论的焦点是，与没有西班牙语语法标记的单语和码转换句相比，在英语句子中添加语法标记是否会显著减慢阅读速度。Heredia et al.（2010a，2010b）利用 VMW 任务研究了跨语言的语间同义词和同源词加工。精通西班牙语和英语的西班牙语－英语和英语－西班牙语双语者参与了自定步速 VMW 阅读实验，研究结果揭示了同形词干扰效应，这证实了仅适用于非偏倚语境下的双语词汇提取的非选择性。然而，在非偏倚语境下，被试对同源词反应速度比非同源词快，显示出普遍的同源词促进效应。同源词效应通常支持双语非选择性的观点（Libben & Titone，2009；Schwartz & Kroll，2006）。

此外，使用 VMW 技术开展的双语加工研究揭示了以下具体效应：词频效应（Altarriba et al.，1996；Ferreira et al.，1996）、情境效应（Altarriba et al.，1996；Libben & Titone，2009；Schwanenflugel & LaCount，1988；Titone et al.，2011）、语码转换、同形词干扰效应和同源词干扰效应。

总之，VMW 技术在双语阅读研究中的应用有待进一步加强，目前已有部分二语阅读相关的研究利用此项技术来解决句法加工和语言加工问题，如句法歧义（Hopp，2006；Jackson & Roberts，2010）、句法创造力（Dussias & Pinar，2010；Dussias & Scaltz，2008；Schulz，2011）和第二语言加工（Dekydtspotter & Renaud，2009；Marinis，2003）。

3. 眼动方法

眼动方法（eye movement method）通常用于记录和测量眼球移动，这是一种用来研究阅读过程中复杂的认知和眼球运动的方法，从而实现对词汇的识别和理解。在最基本的层面上，阅读过程中涉及一系列眼球运动，其中夹杂着短暂的停顿，被称为注视。书面信息在视觉中央凹（即视网膜的中央区域）进行详细的语言加工（Liversedge et al., 2011；Radach & Kennedy, 2013；Rayner, 1998；Rayner et al., 2012）。这种语言加工基本上按照以下层次进行：亚词汇加工先于词汇加工，词汇加工又先于后词汇加工。

眼动方法在双语研究中的应用研究主要涉及两个方面：跨语言激活和词汇固守（lexical entrenchment）。

跨语言激活包括同时自动激活一语和二语词汇表征的歧义词（Van Assche et al., 2012）。例如，英法双语者在二语（法语）中读到单词"piano"时，他们会自动激活二语（法语）和一语（英语）的意思。这一发现被称为非选择性提取，支持了整合双语词汇的观点，即两种语言共享一个共同的存储器。值得一提的是，上述例子虽然仅涉及孤立单词的非选择性访问，但这种现象也同样发生在嵌入在句子中的单词上。这意味着在阅读过程中，非选择性访问受句子语境的影响。

Duyck et al.（2007）首次使用眼动方法来研究第二语言阅读时跨语言激活的时间过程。具体来说，荷兰 – 英语双语者阅读包含同源词的低约束条件的句子或匹配特定语言的控制词，同源词的促进效应在阅读的最初阶段（即第一次固视）被观察到，并在阅读的早期和晚期持续存在。因此，Duyck et al.（2007）最终证明，跨语言激活可以发生在二语阅读的早期阶段。

Pivneva et al.（2014）使用与 Libben & Titone（2009）相同的实验材料，对双语者执行控制的个体差异进行了评估。他们通过眼动技术研究了双语者在非语言执行控制方面的个体差异与二语句子阅读时的非选择性词汇提取之间的关系。此外，以往研究还发现了执行控制对双语语言理解（Blumenfeld & Marian, 2013；Mercier et al., 2013；Shook & Marian, 2013）和语言产出（Kroll & Gollan, 2014）产生了显著影响。

对双语者二语阅读的眼动研究表明，在早期阅读阶段，二语熟练程度和执行控制的个体差异会削弱非选择性提取，而非选择性提取主要体现在同源词的促进效应。

最近，研究者使用眼动技术调查了双语儿童在阅读句子中的同源促进效应（Bosma & Nota，2020）。研究发现，成年双语者在阅读一语和二语同源词时的速度都比阅读非同源词时更快。这种同源效应被证明是逐渐增强的，即当单词在跨语言上的相似性更高时，识别速度会得到更大的促进。研究结果还显示，在弗里斯兰语中存在着非逐渐增强的同源促进效应，即相同的同源词比非同源词的阅读速度更快。然而，在荷兰语中并没有观察到同源促进效应，这表明双语儿童在使用非主导语言进行阅读时，更倾向于使用他们的主导语言进行阅读，但反之则不然。这些研究结果揭示了双语儿童在阅读中的语言处理策略和同源词的影响，为理解双语阅读过程提供了新的视角。

7.2.2 神经科学实验方法

随着人类对大脑组织结构认识的深入，双语神经机制研究越来越依赖神经科学方法，如电极刺激技术（electrical stimulation）和大脑成像技术（brain imaging）。电极刺激技术通常是在外科手术过程中对患者进行定位麻醉，在患者保持清醒的状态下使用微弱脉冲电流刺激其大脑皮层的不同部位，通过观察患者言语行为变化进而确定与之对应的大脑表征。大脑成像技术基于不同工作原理大体可分为两类：一类是基于大脑血氧水平检测的血流动力学成像技术，如正电子释放成像（positron emission tomography，PET）、功能性磁共振成像（functional magnetic resonance imaging，fMRI）和功能性近红外光谱仪（functional near-infrared spectroscopy，fNIRS）；另一类是基于大脑电化学反应和生物电变化的电磁技术，如脑电图（electroencephalograph，EEG）、脑磁图（magnetoencephalography，MEG）和事件相关电位（event-related potentials，ERP）。通过文献检索发现，近几十年来，双语神经机制研究较多采用 PET、fMRI 或 ERP 技术。通过比对不同语言加工任务生成的 PET 或 fMRI 图像，可以发现图像重叠部分所代表的是不同任务共同激活的大脑表征，而图像中凸显或缺少的部分则可以被视为不同任务之间存在显著差异的大脑表征。ERP 技术可以进一步反映语言加工和认知过程中大脑的神经电生理变化，已发现的经典 ERP 成分包括 P300、N400 和 P600。P300 指当一个刺激对被试者具有重要意义时，其大脑在潜伏期 300 毫秒左右会产生一个正相诱发电位。P300 可用于监测、判断被试的空间定向力、持续注意力、记忆力、情绪变化等（尚淑怡等，2008）。N400 指被试对以视觉形式逐字呈现的句子进行加工时，若句尾词与其他部分意义产生冲突，被试大脑在潜伏期 400 毫秒左右会出现一个负相诱发电位。因此，N400 被认为是语义冲突信息再加工过程的重要电生理指标（Kutas & Hillyard，1980）。P600 通常出现在句法加工异常时，主要反映句法加工过程，尤其是句法再分析过程（王瑞乐等，2010）。因此，在双语神经机制研究过程中，ERP 技术被广泛应用于捕获其中的 ERP 成分，并据此推断潜在的加工转换机制。

在双语神经机制研究中，语言学主要应用于两方面：一是对失语症等语言能力受损或丧失的患者的言语表现进行语言学描述，从而确定患者语言能力的保留或丧失情况；二是选取正常被试，通过特定语言加工转换任务进行实验研究，以分析其大脑表征变化。对双语失语症的语言学研究发现，失语症患者的语言障碍主要有完全失语、选择性失语、特异性失语、语言转换障碍和交替性阻抗障碍（丁国盛，2001）。通过描述不同的语言成分之间的分离（dissociations）与双重分离（double dissociations），前人研究进一步确定双语失语症的特有症状，如病理性语码混用（pathological mixing）、病理性语码转换（pathological switching）和翻译障碍（translation disorders）。其中，翻译障碍又突出表现为（1）翻译失能（inability to translate），即患者不能进行语言之间的单向或双向翻译；（2）自发翻译（spontaneous translation），即患者强迫性地将所说或所听的话语进行翻译；（3）非理解性翻译（translation without comprehension），即患者不能理解翻译指令的具体要求，但却能将翻译指令本身译成另一种语言；（4）矛盾性翻译（paradoxical translation），即患者可以将一种语言译成目标语，但脱离翻译语境不能单独使用目标语进行口头表达，也无法进行逆向翻译（Fabbro，2001）。与双语失语症研究有所不同，围绕健康的双语者展开的神经科学实验所使用的语言加工任务除词汇产出（如单词复述、动词产出、补词任务）、词汇阅读、词汇翻译、词义判断、词义联想、图片命名等，还包括语法加工、句法判断、句义判断、不出声产出句子、听力理解（如听短故事）等复杂任务，目的在于从词汇、短语、句子和篇章等多个层面探讨语言加工转换机制（闫鹏飞，2020）。

随着脑科学等新技术的发展，双语神经机制研究将得益于更先进、更智能的工具和手段，逐步实现对神经元、神经网络、语言中枢系统等多个层面的物质、能量和信息交换活动的动态监测和功能模拟，从而推动语言加工和转换机制的纵深挖掘。

7.3 双语语音表征及加工

语言是人脑所独有的一种高级功能，大脑的语言功能使个人能够习得并熟练使用自己的母语即一语，还可以习得并使用二语及多种其他语言。能够熟练使用两种或两种以上语言的个人被称为双语者或多语者。表征是指我们的知识、经验和信息在人脑中记录和存储的方式。从心理语言学视角出发，双语表征研究的主要理论模型有：独立表征模型、共同表征模型、层级模型、修正层级模型、义项模型、混合模型、非对称模型、词汇连接模型、概念调节模型、分布式概念特征模型、意义模型、双语动词句法表征模型等。常用的实验方法是行为学测量和神经学测量。双语表征差异的影响因素包括二语习得年龄、语言水平、接触程度和书写系统差异等。双语的理解和产生是对两种语言材料进行感知、推理、整合和提取意义的复杂认知加工过程，过程中会出现新的双语表征形式。以语音、词汇和句法为视角研究双语表征及加工，不但要强调双语表征的静态形式，还要关注认知加工过程对双语表征的动态影响。双语表征及加工研究涉及四个方面的问题：一是两种语言系统如何在双语者的大脑中存储和组织信息；二是大脑如何加工产生两种语言；三是大脑如何在不同语言间进行转换和整合以完成特定言语任务；四是两种语言如何通过语码转换进行翻译（金晓兵，2012）。

语言的产生涉及一系列的语言阶段，其中包括语音、词汇和句法的加工。这些阶段相互作用，共同构建了一个完整的语言系统，使得我们能够准确地表达概念和情感。本节我们将重点探讨双语语音加工，7.4节和7.5节将分别探讨双语词汇和句法的表征与加工。

　　语音产生是一种复杂的运动行为，它依赖于前馈运动和反馈知觉信号的整合。通过在线自我监测，我们能够快速修改对喉咙、咽喉和发声器官的运动指令。这个过程依赖于运动皮层、听觉皮层和躯体感觉皮层的协同作用，同时还涉及岛叶、小脑和皮层下核的功能。

7.3.1　语音感知与理解

　　语音的加工过程是高度复杂且迅速的。从说话者开始产生语音输入的那一刻起，语音加工就开始进行。首先，我们识别和处理构成话语的语音和韵律单位，然后开始识别和加工词汇。紧接着，我们的心理词典被激活，其中包含了有关词汇的多种意义、语法类别以及句法和语义结构的信息。接下来，我们对需要的单词进行形态加工和句法加工，确定话语成分的组成结构方式。在语义加工阶段，我们根据字面心理表征，以命题的形式为语音赋予基本意义。最后，在语用加工阶段，我们利用说话的语境以及对世界和交际规则的理解来进一步修改优化输出的语言。然而，尽管理论上我们可以按照线性的顺序对语音加工的过程进行阐述，但实际上语音的不同加工阶段几乎是同时发生且相互交织的。在语音加工过程中，信息在不同阶段之间进行动态交互，以完成整体的加工任务（Marslen-Wilson，1975）。

　　无论是单语还是双语的加工，上述基本的加工组件和层次都是相同的。双语者使用语音、词汇、句法、语义和语用等处理机制来分析语音输入，他们的语言知识在加工过程中被调用，而其他信息来源如语境、对世界的认知等信息，在构建丰富的心理表征中发挥重要作用。此外，双语者的语音处理是并行且在线进行的，而且很可能是交互式的。尽管双语者与单语者在语言加工上存在相似之处，但也有重要的区别。首先，双语者处理的不是一种语言，而是两种或两种以上的语言，因此涉及的加工组件数量是单语者的倍数。其次，由于双语者很少能同样流利地使用两种语言，两种语言知识并不对等，这将对语言的感知和理解产生影响。第三，根据每种语言的语言构成，所需的加工机制可能会存在不同。例如，在语音加工时，音调的感知可能对汉语至关重要，但对英语则不然。第四，需要加工的话语可能是单语的，即所有元素都来自一种语言，也可能是双语的，因为对话者处于双语模式，使用了语码转换和借用。即使只加工单语，所调用的加工机制也可能受到其他语言的加工机制的影响，这可能是由于其他语言的协同激活，也可能是由于其他语言的加工机制和策略干扰了当前加工的语言。

7.3.2　双语者对单语语音的表征及加工

双语者存在两种语言系统。在双语者加工单语语音输入的过程中，被输入的单语语言知识和相应的加工机制无疑是活跃的。然而，对于另一种语言系统是否同样活跃或发挥作用，研究者有不同的观点。一些研究者认为双语者在处理单语的过程中是选择性的，即当只听到一种语言时，只有该语言系统会活跃并进行加工；而另一些研究者则认为这个过程是非选择性的，即双语者的另一种语言系统在这种语言加工过程中会进行干预。

Marian et al.（2021）通过两个眼动实验检验了母语经验如何影响具有字母－声音映射冲突的单词的习得和加工。相同的字母在不同的语言系统中可以表示不同的发音（例如，字母 P 在英语中代表 /p/，在俄语中代表 /r/）。实验一表明，具有冲突的字母－声音映射的新词更难学习，且新词拼写与母语越接近，认知资源的竞争越大。实验二使用眼动追踪技术，研究结果表明，听到非母语口语单词会激活母语正字法，母语和非母语的字母－声音的映射均会被激活。这些发现表明了语言系统的高度交互性，说明了正字法在语音学习和加工中的作用，并证明了书写经验会改变语言思维。

由此可以得出结论，语音加工的选择性与非选择性取决于具体情况。当一语和二语存在相似的词根，或涉及同音异构词、同音异义词和同源词时，可能会导致非选择性的加工。然而，如果只输入一种语言所独有的语言元素，那么只有该语言系统会被激活并进行加工。当处理高熟练度的语言时，低熟练度的语言系统不会被激活（或激活程度较低），基本上不会对加工产生干扰；而当处理低熟练度的语言时，高熟练度的语言系统可能会保持活跃状态并影响加工。因此，双语者的单语语音加工可能既是选择性的，也可能是非选择性的。

7.3.3　语音生成

语音生成过程的三个主要组成部分是概念化、阐述和发音（Harley，2008；Levelt，2000）。在概念化过程中，说话者需要根据听者已知的信息来选择和组织需要表达的内容。此外，说话者还需要根据听者的特点，确定语域和使用的修辞手段，并决定采用直接或间接的言语行为。概念化的结果是前置信息，其中包括词汇概念。在阐述过程中，词汇需要按照正确的句法顺序进行选择和排列，然后根据合适的记忆方式，为每个词汇构建音节结构。更大的语言单位被组合在一起，然后通过说话者的发音器官来进行语音生成。由于说话者通常是边思考边说话，因此整个语音生成过程中的信息通常是重叠的，一个阶段的信息在其加工结束之前就已经传递至下一个阶段。

双语者的语言产生过程是选择性的还是非选择性的，也引发了大量的研究。Hermans et al.（1998）的研究发现，在词汇选择的最初阶段，双语者似乎无法阻止母语对第二语言产生的干扰。这意味着在语言生成的早期处理阶段，双语者的一种语言的使用会涉及另一种语言的激活。即使在其中一种语言占主导的环境中，双语者的两种语言也会同时被激活。

双语者处于不同程度的单语模式和双语模式的情况下，因此他们的语言激活状态会有所不同，这便推动产生了一个动态的双语加工系统，它可以在不同的语言激活状态下运行，并且会影响语码转换和借用的程度。因此，语言加工是选择性的还是非选择性的取决于语言系统的激活水平，而激活水平则受到许多内部和外部因素的影响。这些因素包括语言熟练度、主导或非主导地位、语言的相似性、年龄和习得方式、语境、对话者以及话题等。

研究者考察了双语状态、语言内部（一语语音的复杂性）、语言外部（优势语言）和词汇（二语词汇得分）等因素对 3—6 岁讲法语的单语儿童和 3—6 岁的双语儿童的语音产生的影响（Kehoe & Girardier，2020）。这些儿童参加了一项命名任务，任务要求他们对具有不同语音特征的物体和图片进行命名。此外，实验还要求儿童的父母填写有关孩子语言优势的问卷调查，并对所有儿童进行了二语词汇测试。研究结果显示，词汇量是预测两个年龄组中语音准确性的主要指标。明显的单语 -

双语差异和优势效应在很大程度上可以通过词汇测试得分来解释：在词汇测试中得分更高的孩子表现出更高的语音准确性。语言内部对语音准确性的影响较小，仅对元音准确性产生轻微影响。

语码转换的耗时是双语语音生成的重要研究问题之一。例如，Kolers（1966）进行了一项实验，要求双语被试大声朗读一篇混合了英语和法语的文章，并确定每次语言转换所需的时间介于 0.3—0.5 秒之间。而 Macnamara et al.（1968）则要求被试用两种混合语言阅读数字，他们发现双语者在语言转换时所花费的时间大约是 Kolers（1966）实验中的一半。因此，他们得出结论，语言转换需要相当长的时间，但这通常不会在自然对话中显现出来，因为双语者在实际进行语言转换之前就已经预料到了这种转换。另外，Meuter & Allport（1999）发现，在从弱势的第二语言转换到优势的第一语言时，转换成本比反之的情况更大。他们认为这是因为第一语言在这类任务中受到更强的抑制，需要更多的时间来克服。

Costa & Santesban（2004）的研究验证了一语的抑制效应，并发现高度熟练的双语者可能已经发展出一种特殊的选择机制，该机制不需要通过抑制非目标语言来选择目标语言中的单词，无论目标语言是一语还是二语。为了验证这一点，他们研究了双语者在被要求用一语和弱势的三语进行转换时是否表现出不对称的耗损。研究结果并未发现不对称的耗损，这意味着高度熟练的双语者确实发展出了一种不同的选择机制。而 Verhoef et al.（2009）的研究发现，在较短的时间间隔内，转换耗损是不对称的，但在较长的时间间隔内，转换耗损是对称的。因此，他们认为转换耗损模式并不依赖于熟练程度。在熟练双语者中，与二语相比，一语的转换耗损更大，这是因为一语的重复实验速度过快，而非目标的二语不具有选择竞争性。然而，在耗损效应中，这两种语言都是成熟的，即使在重复实验中，它们也会竞争选择。因此，平衡的双语者并未表现出一语重复效应。

Kootstra et al.（2010）的研究探讨了控制机制在语码转换中的作用，他们关注的控制被称为"等价控制"（Poplack，1980），即语码转换倾向于发生在语篇中一语和二语元素不违反任何语言的语法规则的临界点上。例如，在一个双语对话中，当说话人需要在两种语言之间进行转换时，他们会选择一个转换点，使得转换后的表达在两种语言中都是合乎语法的。这种等价控制确保了语码转换的顺利进行，而不会违反任何一种语言的语法规则。对于对话伙伴在语码转换任务中的作用，根据 Garrod & Pickering（2004）的互动一致性模型，对话伙伴建立在彼此的语言基础上，并复制对方表达的元素，无论是从语用层面还是语音层面上，对话伙伴的语音表征在语言处理的所有层面上都是相互关联的。研究证明，在语码转换对话中的语法选择受到满足对话伙伴的需求和尊重语码转换约束需求之间的相互影响。

　　Grosjean & Miller（1994）探究了在语码转换的过程中是否存在基础语言效应。基础语言效应是指在双语加工中，一个人使用的主要语言（基础语言）对其双语加工过程产生的影响。基础语言是一个人在双语环境中最熟悉和流利的语言，通常是其母语或长期使用的语言。研究者们发现，在感知语码转换的边界上，基础语言似乎具有暂时的优势，这会轻微地影响非基础语言单位的感知。一方面，可能会在语码转换开始时出现基础语言的影响；但另一方面，由于产生机制的灵活性，语言之间的转换可能不仅涉及词汇层面的变化，还包括语音层面的变化。双语者不会在非基础语言的前一两个词开始转换，也不会在后面的词转换回基础语言。总而言之，基础语言似乎对语码转换的产生没有影响。

　　综上所述，双语者在两种语言中保持着独立的音系类别，但存在语音语码转换的可能。在语段水平上，语码转换的韵律并不总是遵循非基础语言的模式。如果语码转换只是一个次要的句法单位，那么它很可能被整合到基础语言的韵律中。相反，如果语码转换是一个重要的句法单位，那么它就会携带非基础语言的韵律模式。

7.4　双语词汇表征及加工

　　语言是按层次结构组织起来的，词汇有两类层次：词形与概念；具体词汇与抽象词汇。词形是词汇的外在形式，通常表现为语音和字形，而概念是词形所指代的事物在语言中的意义部分。由于不同语言之间存在差异，因此研究双语词汇表征及加工对于理解语言学习、翻译、认知心理学以及计算机语言模型等领域具有重要意义。双语词汇表征及加工是指人类如何学习、记忆和使用两种语言中的词汇，以及这些过程如何影响语言能力。研究发现，双语者和单语者在词汇表征和加工方面存在显著差异。例如，双语者通常会更快地识别词汇，并且在词汇学习和记忆方面比单语者更有效率。此外，双语者在语言交流时能更好地应对不同语言之间的差异。然而，研究还发现，双语者也存在一些问题。例如，双语者可能会在语言交流时出现"词汇干扰"现象，在使用目的语词汇时，将另一种语言中的词汇和目的语中的词汇机械等同，误将目的语符号赋予具体的其他语言意义，造成了目的语词汇使用和含义理解上的错误，产生词汇使用的负迁移。

早期的双语表征研究中通常将词形和概念分为两个层次进行研究。到了 21 世纪初，研究者将词汇分为三个层次：概念、词形和语音拼写。Chee et al.（1999a，1999b）通过 fMRI 技术研究发现，双语者在完成补词任务时，两种语言都激活了相同的脑区，如缘中区、额下回、辅助运动区和双侧枕骨区。这表明，对于早期双语者（6 岁前习得二语）和晚期双语者（12 岁后习得二语）来说，两种语言在大脑皮层的宏观表征区是相同的。另外，双语者同单语者一样，存在大脑语言功能的不对称性。而 Wartenburger（2003）运用 MRI 技术考察了二语的习得年龄和熟练程度对双语者语法和语义判断的影响及大脑皮层活动的不同表现，发现二语习得年龄主要影响了双语者语法加工的大脑皮层活动，具体来说，早期双语者在加工一语和二语语法时没有显著差异，而晚期双语者会有明显的不同，即激活更多的脑区。这些研究表明，语言学习年龄和熟练程度对于双语者的词汇表征和运用有着重要的影响。Silverberg & Samuel（2004）认为，早期双语者和晚期双语者的共同点是共享特征表征，而不同点是早期熟练双语者同我们传统认为的双语表征一致，即词形表征分离，概念表征共享；而晚期熟练双语者则不一致，即词形表征共享，概念表征分离。

具体词汇与抽象词汇的差异在于概念的抽象水平。概念划分为三个层次：上层、基层和下层。上层概念包含基层概念，基层概念包含下层概念。这三个层次反映了具体词汇和抽象词汇的关系。研究发现，在词汇联想或启动实验中，被试对具体词汇在同一语言和跨语言两种情况下的反应时间相同，而对抽象词汇的反应时间则不同（Kolers，1963）。这表明具体词汇在双语情况下共享概念表征，而抽象词汇的概念独立存储。

　　双语词汇的表征模型是描述和解释双语词汇的语义和语用特征的理论模型。这些模型通常基于认知语言学、认知心理学和计算语言学等学科的理论和方法，可用于解决自然语言处理中的其他问题，如语言理解和语言生成。一种常用的双语词汇表征模型是基于语义网络的模型，如WordNet（Miller，1995）。这类模型认为，双语词汇的语义表征是基于语义网络中的节点和边的关系。例如，在语义网络中，一个词汇的语义可能由其相关联的词汇的语义来描述。这类模型通常使用计算机程序来构建和分析语义网络。另一种常用的双语词汇表征模型是基于神经网络的模型，如 Skip-gram（Mikolov et al.，2013）和 GloVe（Pennington et al.，2014）。这类模型认为，双语词汇的语义表示是基于神经网络中的权重和偏置的关系。例如，在神经网络中，一个词汇的语义可能由其在神经网络中的权重和偏置来描述。这类模型通常使用机器学习算法来训练和应用神经网络。这些双语词汇表征模型在解释双语词汇的语义和语用特征方面都有独特的优势和局限性。语义网络模型能够描述词汇之间的语义关系，但难以描述词汇在语言使用中的语用特征；而神经网络模型能够捕捉词汇在语言使用中的语用特征，但难以描述词汇之间的语义关系。因此，研究人员通常需要结合不同的模型来解释双语词汇的语义和语用特征。近年来，随着计算机技术、神经认知和心理语言学研究的发展，双语词汇表征模型也在不断演进。例如，研究人员开发了基于深度学习的双语词汇表征模型，如 LSTM（Hochreiter & Schmidhuber，1997）和 Transformer（Vaswani et al.，2017）。这类模型结合了语义网络和神经网络的优点，能够更好地捕捉双语词汇之间的语义和语用关系，在语义和语用两个方面都可以更好地解释表征。还有一些双语词汇表征模型，如基于多模态数据的模型（Huang et al.，2019）和基于跨语言研究的模型（Lample et al.，2018）。Lample & Conneau（2019）的研究证实了生成式预训练对英语自然语言理解的效率，他们将这种方法扩展到多种语言，并展示了跨语言预训练的有效性，提出了两种学习跨语言语言模型（Cross-Lingual Language Models，XLM）的方法：一种是仅依赖单语言数据的无监督方法；另一种是利用具有新的跨语言语言模型目标的并行数据的监督方法。这些模型能够结合文本、语音和图像等多种模态来描述双语词汇的语义和语用关系，或者跨越不同语言来研究双语词汇表征。

在研究双语词汇表征模型时，研究人员还发现了双语词汇表征模型在应用中的一些问题。例如，双语词汇表征模型在解释词汇之间的相似性和差异性时存在局限性。此外，双语词汇表征模型在应用于不同的语言学研究中也存在差异。为了解决这些问题，研究人员提出了一些新的方法和技术。例如，研究人员提出了基于多模态数据的双语词汇表征模型，这类模型能够结合文本、语音和图像等多种模态来解释词汇之间的相似性和差异性。此外，研究人员还提出了基于跨语言研究的双语词汇表征模型，这类模型能够跨越不同语言来研究双语词汇表征。

Potter et al.（1984）提出了一种基于词形与概念层次的双语表征模型——层级模型，其中包含两种假设模型：词汇连接模型和概念调节模型。词汇连接模型假设两种语言中的词形和概念之间的联系不同，一语中的词形直接与概念联系，而二语中的词形只能通过一语间接与概念联系。在进行跨语言加工时，两种语言中的词形可以通过词形通路直接转换而不需要通过概念中介。概念调节模型则假设两种语言中的词形都与概念直接相关，因此在进行跨语言加工时，两种语言中的词形都需要通过概念转换。

Finkbeiner et al.（2004）提出了双语记忆表征的意义模型。语言中只有一个意义的词汇称为单义词，有两个及以上意义的词汇是多义词。双语词汇意义的非对称性和双语者掌握的两种语言词汇意义量的差异造成了词汇表征的差异。该模型认为双语者的两种语言的词汇有共享的概念表征，也有各自独立的概念表征，而双语翻译对等词共享的语义是跨语言启动的根源。这些意义包括语言各自特有和共享的意义，以及不同的概念特征集。通常双语者的一语是优势语言，二语是弱势语言，因此对于翻译对等词，双语者对一语词汇的意义量掌握得相对较多，而对相应的二语词汇的意义量掌握得相对较少，表现出概念表征的非对称性。这种意义模型认为跨语言启动效应与目标词概念特征集被激活的比例有关，即一语词汇和二语词汇概念表征的非对称性有关。

熟练双语者的反应结果支持概念调节模型，表明随着二语熟练程度的提高，双语者的双语表征会由词汇连接模型发展到概念调节模型。基于此，修正层级模型被提出，强调双语的语义为共同表征，而且双语的形式可以直接联结（Kroll & Stewart，1994）。在该模型中，二语转向一语的联结强度比一语转向二语的联结强度更大，词汇和概念联系都是活跃的，但是联系的强度会随着二语熟练程度和一语对二语的相对优势发生变化。个体的二语变得更加熟练时会获得直接的概念联系，但词汇联系并没有消失，仍然保留为可行的联系。该模型综合了词汇连接模型和概念调节模型，强调两种语言间词汇联系的不对称性以及两种语言中词汇与概念联系强度的不对称性，因此又被称为非对称模型。修正层级模型认为，双语者的两种语言间存在着共享的语义表征。从二语到一语的词汇联系强于从一语到二语，语义与一语之间的联系强于语义与二语之间的联系。双语者本身的语言水平是各种联系强度变化的重要依据。熟练的双语者会有更强的直接概念联系，并且词汇与概念联系的不对称性会随着二语熟练程度的提高而减少。另外，修正层级模型还提到，双语者的语言切换会受到语境和目的的影响。在不同的语境中，双语者会倾向于使用不同的语言，并且在达到特定目的时，也会有语言选择的偏好。这说明，在双语者的语言记忆中，词汇和概念联系是相互联系和相互影响的，并且语言使用也受到语境和目的的约束。此外，修正层级模型也指出，双语者在语言转换时会有一定的时间成本。双语者在语言切换时需要一定的时间来调整自己的语言表达，这可能会导致在语言切换过程中出现一些错误。然而，随着双语者的熟练程度提高，语言切换时间会变短，错误率也会减少。因此，修正层级模型提供了一种全面的解释，涵盖了双语者词汇和概念联系、语言切换、语境和目的对双语者语言表达的影响，以及双语者语言熟练程度对语言表达的影响。

义项模型（Finkbeiner，2003）认为，大多数词都具有多种义项，其中有些更典型，更接近词的主要意义。对于双语者来说，一语中的词汇比对等的二语词汇有更多的义项。Finkbeiner（2003）指出，在二语词汇习得过程中，学习者会将新词条通过一语中的对应词映射到他们认为在二语中存在的义项上，只有少数与一语中的词汇有联系的义项会被映射到二语中。义项模型可以解释双语词汇翻译任务中的不对称性，该模型认为二语词汇与对应的一语词汇有较高程度的义项重叠，反向翻译会有更大的语义重叠，能诱发出更大的N400效应（Palmer et al.，2010）。这样也可以解释为什么具体词比抽象词更容易翻译，因为前者的义项比后者少。

双语词汇表征模型是一个非常重要且活跃的研究领域，研究人员正在不断探索新的理论和方法来解释双语词汇的语义和语用特征，研究如何利用大规模的语料库来训练双语词汇表征模型，从而提高双语词汇表征模型的精度和效率，以及如何利用这些模型来提高语言学习、翻译、自然语言处理等应用的效果。

7.5 双语句法表征及加工

在词汇层面识别单词并理解其意思虽然重要，但不能构成语言的完全理解。将不同单词的意思结合起来，才能理解整个话语。早期的双语研究主要集中在词汇研究上，如词汇连接模型、概念调节模型、修正层级模型和分布式概念特征模型等都围绕着词汇展开。近年来，研究者开始关注句法在双语表征中的作用。句子是由词或词组按照一定的语法规则构成的能独立表达一定意思的语言单位。句法视角研究双语表征时应该关注句子的理解和产生，但目前的研究主要集中在句子产生上。双语句法表征指的是双语者在语言加工过程中对两种语言句法结构的认识和掌握；双语句法加工指的是双语者在语言加工过程中对两种语言句法结构的处理。研究采用的测试任务多基于句子加工，如听故事任务、句子正误判断任务和句子语义判断任务等。常用技术手段为 ERP、MRI 或 fMRI 等，常用测量的指标是 ERP 成分和脑区定位。研究发现，双语者在两种语言中都具有相似的句法结构和相似的句法加工能力，这表明双语者具有共同的语言系统和相似的语言处理能力。然而，双语句法表征及加工研究还发现，双语者在两种语言中的句法结构和句法加工能力有所差异。这可能是由于双语者对不同语言的掌握熟练程度不同或是由于双语者的母语和第二语言的句法结构本身存在差异所导致的，这种差异可能会对双语者的语言交流和翻译能力产生影响。因此，进一步研究双语句法表征及加工对双语者语言能力的影响是非常重要的。

7.5.1 双语句法启动

双语句法启动是指双语者在语言加工过程中对两种语言的句法结

构的启动和选择。在双语语境中，双语者需要不断地在两种语言之间进行切换，以适应不同的语言需求。双语句法启动是双语者语言加工能力的重要组成部分，也是影响双语者语言交流和翻译能力的重要因素。研究发现，双语者在句法启动上存在明显的差异。一些双语者倾向于同时启动两种语言的句法结构，而另一些双语者则倾向于主要启动其中一种语言的句法结构。这种差异可能是由于双语者对不同语言的掌握熟练程度不同或是由于双语者的语言环境和语言背景不同所导致的。此外，双语句法启动还受到语言任务和语言环境的影响。在语言任务中，双语者可能会更倾向于使用某一特定的语言，如在商务场合中更倾向于使用二语，在家庭场合中更倾向于使用母语。语言环境也会影响双语者的句法启动，如在与非母语者交流时双语者更倾向于使用二语。

　　初期的双语加工研究是在句法层面上进行的间接研究。研究人员并未调查双语者一种语言的加工对另一种语言加工的影响，而是比较了双语者和单语者的语法加工。这是因为，研究者认为如果双语者对他们的一语的加工与单语者不同，那么这一定是二语对母语加工的影响所导致的。这类研究的问题是比较单语者和双语者的句子加工偏好，这可能导致两组被试在二语掌握度之外存在差异。研究表明，诸如音韵学、正字法、语义学等词汇特征可以在单语环境中启动，使得将这些启动范式应用于双语加工研究相对容易。Bock（1986，1989）的研究表明，句法结构也可以在单语者中启动。研究发现，被试在必须使用与之前相同的句法结构时，更有可能使用特定的句法结构。Loebell & Bock（2003）首先将单语句法启动现象扩展到双语，发现双语间具有相同功能结构的句子，在层级结构和词序都相同时，共享双语表征，以此证明双语可以在句法层面上相互影响。Shin & Christianson（2007）采用句子回忆法研究了汉英双语者的双语加工，发现词序不同的双语的句子间也存在双语共享现象。与词汇层面相同，加工一种语言的句法信息时，另一种语言的句法信息也会被激活。

　　然而，被启动的句法信息与特定的词汇表征密切相关。因此，一些研究者认为这表明了是词汇信息而非句法信息在不同语言之间起到相互作用，并称其为"词汇促进"效应。Branigan et al.（1998）的研究发现，单语中包含相同动词的启动句和目标句的句法启动效应比包含不同动词时要大得多。

　　Schoonbaert et al.（2007）的研究表明，双语句法启动也有此效应。Desmet & Declercq（2006）研究了与特定词汇条目无关的句法信息是否也可以在熟练的荷兰语－英语双语者的语言之间启动。他们研究的结构是关系从句的附加歧义，其语法信息是高级抽象的语法表示类型，与使用的具体词汇相差甚远。研究结果表明，在模棱两可的英语目标句中，与被迫在启动语中产生荷兰语 N2 附件（关系从句附在第二个名词短语上）时相比，他们更有可能在启动语中产生荷兰语 N1 附件（关系从句附在第一个名词短语上）。这意味着在双语者的两种语言之间不仅可以启动词汇表示的句法框架，还可以启动更抽象的句法配置。进一步的研究表明，不仅一语的语法会对二语的语法产生影响，二语也会干扰一语。此外，这两种语言的句法结构需要具有相同的词序以获得二语对一语的影响。

　　有关句子产生的模型认为句子产生包含两个加工水平：功能水平和位置水平（Bock & Levelt，1994）。在功能水平上，词条被通达并被分配句法；在位置水平上，基于功能水平的表征，建构句子的各个组成部分，包括层级句法结构和线性结构词序。Bock & Levelt（1994）强调，功能水平的表征将决定句法的最终结构，但建构的句子不唯一，因为即使相同的功能结构和层级结构，也可能有不同的词序。研究表明词序对句法启动具有重要影响，在双语中尤其如此，存在大量功能结构和层级结构相同但词序不尽相同的句法类型（Hartsuiker & Westenberg，2000）。Arai et al.（2007）的研究验证了句法结构预测的词汇依赖机制。然而，最近一项关于普通话理解的研究发现，当句法结构出乎意料时，如当一个偏向双宾语 [DO] 结构的动词后面跟着一个意料之外的介词宾语 [PO] 时，启动效应会更强（Chen et al.，2022）。

　　此前的研究认为，当两种语言间的功能结构、层级结构和线性结构都相同时，存在跨语言的句法启动。然而，是否只有在功能结构和层级结构相同而词序不同时才会产生跨语言启动，尚存争议。Lobell & Bock（2003）对德英双语者的研究未发现跨语言的句法启动，可能是由于德语和英语被动句的词序不同。而 Shin & Christianson（2007）对韩英双语者的研究则得到相反的结果。由于有关词序对跨语言句法启动的研究较少，词序相同是否是跨语言的必要条件仍需进一步研究。有研究发现词序在跨语言句法启动中可能起作用，双语使用过程中发生的句法错误迁移可能是词序作用的表现（贾月芳、陈宝国，2009）。然而，目前关于词序对跨语言句法启动影响的研究有限，结果存在分歧。李荣宝（2006）认为，跨语言句法启动只存在于外语学习初级阶段，主要表现为一语对二语的启动。二语表征通过和一语表征的匹配建立起来，随着学习的不断深入，这种以匹配为主的第二语言加工逐渐被独立自动化的加工所取代，从而摆脱一语句法的影响，减少跨语言句法启动的发生，进而改善二语的句法能力。总而言之，词序在跨语言句法启动中可能起作用，但具体影响需要进一步研究。随着语言能力的提高，跨语言句法启动也会逐渐减少。

7.5.2　双语句法表征模型

解释单语产生表征的模型主要有自左向右模型、自上而下模型、直接吸收模型、句法启动的结构启动模型和句法启动的动词句法表征模型。由于双语之间的相似性，如词汇的意义的相似性和句子句法的相似性，产生了有意义模型、双语动词句法表征模型、先校正模型等。目前影响较大的是 Hartsuiker et al.（2004）提出的双语动词句法表征模型。双语句法表征模型是研究双语语言加工的理论框架之一，完整描述了非平衡双语者二语句法表征的发展过程。该模型认为，双语者在语言加工中存在两种不同的语言系统，即一语系统和二语系统。这两种系统是独立而并存的，并且在语言加工过程中相互作用。根据双语句法表征模型，一语系统和二语系统都会影响双语者的语言加工。在语言输入时，双语者会同时使用一语系统和二语系统来解释语言信息。在语言输出时，双语者也会同时使用一语系统和二语系统来生成语言信息。双语句法表征模型还认为，一语系统和二语系统在不同的语言任务中会有不同的作用。在熟悉的语言任务中，一语系统会更加活跃，而在陌生的语言任务中，二语系统会更加活跃。因此，双语者在不同语言任务中会有不同的语言表现。该模型把词汇信息的表征分为三个层次：编码词汇的语义信息的概念层、编码语法信息的词条层和编码词汇的词形和音韵信息的词形层。每一层都有相应的节点。该模型认为，在概念层次上两种语言的概念是共享表征的，但是一语动词的词条节点与概念节点的联系较强，而二语联系较弱；双语间具有相同用法的动词的句法特征节点和组合节点是共享的，因此双语句法表征是共享的。

Hartsuiker & Bernolet（2017）还提出了成人双语句法发展模型，目的是完整描述不平衡双语者二语句法表征的发展过程。根据双语句法发展模型，双语句法表征大致经历了五个阶段。在第一阶段，双语者的大脑中仅有二语词汇表征，而没有句法表征。二语句法产出主要沿用一语结构或直接模仿记忆中的启动句。在第二阶段，基于二语经验，二语句法开始浮现。词条层与句法节点逐渐建立联系，与高频结构的联系最先建立。在第三阶段，二语句法节点从高频扩展至低频结构，但句法表征依然基于具体词汇，抽象结构启动效应尚未出现。在第四阶段，句法节点开始在不同二语词汇间共享，二语内同时存在基于具体词汇和抽象结构的启动效应，但跨语结构启动尚未产生。在第五阶段，抽象的二语句法表征已形成，两种语言的句法节点共享，跨语结构启动产生。也就是说，双语在词汇表征的组合节点上共享，当一种语言中的特定词条被激活时，组合节点也会被激活。由于双语组合节点的共享性，被激活的组合节点可以激活另一种语言的组合节点，导致使用相同句法结构的频率增加，即产生了跨语言句法启动。Hartsuiker & Bernolet（2017）的研究证明，二语语言内句法启动有词汇促进效应，一语 – 二语和二语 – 一语有相似的启动效应。

7.5.3 影响双语句法加工的因素

学习二语会影响一语的加工，这种影响不仅有即时的效果，还可能有长期的影响。此外，双语者的不同语言之间的相互作用似乎发生在广泛的句法结构中，从词汇表示的句法框架到抽象的句法配置。鉴于不同语言的句法结构有许多相似之处，一些研究人员提出，双语者可能通过只表示一次这些句法结构或通过高度整合的方式表示它们来利用这些相似性。此外，弄清双语者的熟练程度、习得年龄、工作记忆等因素是如何影响两种语言的句法表征之间的相互作用也是很重要的。

二语学习的关键期假设认为，习得年龄决定着二语的最终水平。

早期习得的二语更有可能达到类似母语者的水平。然而，越来越多的研究发现，关键期假设无法完全解释二语习得和加工机制。因此，Hernandez & Meschyan（2006）提出了浮现理论，即语言规则是基于大量接触的语料渐渐浮现的。一语经验会制约二语学习，同时二语也会与一语进行竞争。根据浮现理论，二语习得年龄效应取决于两种语言间的相互作用，而非语言习得关键期。这意味着，晚期二语学习者的习得困难不是由于错过语言习得的关键期，而是受到一语经验影响。神经学研究发现，晚期习得的二语者与一语者有不同的认知机制和皮层表征。二语的语法知识是陈述性的，不同于一语的内隐记忆的程序性知识；二语存储于左侧颞叶的神经系统，不同于一语存储于左脑前部基底核的神经系统。因此，晚期习得的二语并不能依赖一语的大脑机制进行加工（Ullman，2001）。心理语言学研究发现，二语习得年龄对句法加工有非常重要的作用，习得二语的时间越晚越会影响二语句法的加工效率（Perani，2005）。研究发现，在完成内部句子产生任务时，早期习得二语的双语被试在额叶和颞叶语言区双语激活相同，而在晚期习得二语的双语被试中，双语在韦尼克区的激活相同，但在大脑布洛卡区的激活存在差异（Kim et al.，1997）。研究者认为这些双语表征的差异是由二语习得年龄所致。

此外，研究证明二语句法加工的水平随着二语熟练度的提高而提高，无论是对晚期的二语学习者来说（郭晶晶、陈宝国，2009），还是对与一语句法结构相似性较低的二语都是如此。由此可见，熟练度是影响双语句法加工的另一个重要因素。浮现理论认为，随着二语熟练度的提高，二语的竞争力和加工水平会不断提高。一语与二语的启动方向不同，启动效应也不同，高水平的二语学习者由于具有更高的语言加工能力，其二语句法表征更趋于完善，双语句法表征的融合程度更高，表现出更明显的启动效应。也就是说，随着二语熟练程度的提高，双语句法表征共享的层面更显著。Zheng & Lemhöfer（2019）利用行为和ERP技术研究二语学习者在参与"浅层"句法加工时是否与母语者不同。实验要求荷兰语的德语学习者以及荷兰语母语者阅读包含关系从句的句子，并做出合理性判断。结果表明，在行为结果中，二语学习者比母语者更难以区分似是而非的句子。在ERP研究中，他们发现了之前报告中母语者语义违反的"语义 P600"效应，这可能是解决句法语义冲突的结果，然而，在二语学习者中，P600 很大程度上减弱了。这些结果表明，二语学习者更多地参与浅层句法加工。

除了习得年龄和二语熟练度以外，工作记忆也是影响双语句法加工的重要因素。研究者发现，工作记忆不但对外显认知过程具有重要意义（Baddeley，1986），对内隐认知过程同样有不可忽视的影响（Baddeley，2003）。即使是无意识的加工过程，也同样占用认知资源，同样需要工作记忆承载，所以对跨语言句法启动这一内隐认知加工来说，工作记忆具有基础性的作用。研究发现，一语工作记忆与二语工作记忆不仅在广度上有所不同（徐浩，2011），在认知机制上也存在差异。尽管双语使用者在使用不同语言时，因使用同一套视听通道而共用相同的视听工作记忆，但由于使用不同语言时，工作记忆与长时记忆的协同机制不同（Ransdell et al.，2001），对情景缓冲器的依赖程度也不同，双语占用工作记忆的认知机制因此存在着差异。一语和二语的工作记忆分别对发生在各自句法表征中的认知加工有促进作用，但产生这种促进作用的前提是双语使用者具有较高的一语或二语的语言水平优势（徐浩，2011）。也就是说，双语的工作记忆为双语句法表征提供认知加工资源，进而影响跨语言句法的启动，但前提是双语中的一种语言水平具有明显优势。

7.6 双语控制与转换

7.6.1 双语语码转换的抑制控制

由于两种语言系统存在着复杂的联系，双语者在使用一种语言时产生的激活，会不可避免地扩散到另一种语言相应的节点上。因此两种语言之间会产生复杂的相互激活（activation）和抑制（inhibition）模式，这种模式在双语语码转换的过程中更为复杂。

熟练双语者可以自如地从一种语言转换成另外一种语言，能够完全地、毫不费力地区分出这两种语言。尽管如此，随着双语者将其他语言的词汇转换成正在使用的语言的词汇，语码转换现象依然存在。语码转换能力与目标语和非目标语的激活程度有直接的联系（Grosjean，1997；Paradis，1989）。有必要假设一种调整双语者或多语者的激活程度的控制机制，以及这一过程的神经机制。认知控制过程有助于调节人们的行动以适应不断变化的环境，改变环境以适应当前需求。从传统意义上讲，认知控制具有两个特点：过滤环境中不相关的信息的能力（干扰抑制）；抑止不恰当的反应或思维能力（反应抑制）。认知控制从婴儿时开始逐渐发展，一般认为与前额叶的缓慢成熟有关（Diamond，2002）。

　　抑制控制对于双语语言加工至关重要。抑制控制也称执行控制（executive control），是执行性功能（executive function）的核心成分，是指在追求认知表征目标时抑制无关刺激反应的能力。抑制功能有助于解释个体差异、发展变化，以及广义的认知能力（包括智力、注意力、记忆力、理解能力）（Carlson & Moses，2001）。许多研究者认为执行性功能涉及注意过程，而前额叶显然在注意中起着关键的作用，它探求（explore）、监控（monitor）、集中（fixate）、转移（shift）注意的方向。对执行性功能来说，应在抑制控制的背景下考察注意，而非只是将其作为单一功能，即"纯"注意。抑制控制在这里表示激活和抑制是一对注意功能，是执行性功能概念的核心（Perner & Lang，1999）。换言之，抑制控制为个体提供同时处理多重信息和将行为组织成逻辑顺序的能力。这涉及在必要时激活一种特定反应定势的能力（选择性注意、长时间的持续性注意）和抑制冲突信息的能力（反应抑制）。

　　研究人员已经达成共识，如果要用一种语言生成词汇，两种语言的词汇表征会激活双语者的概念系统（Costa & Caramazza，1999；De Bot，1992；Hermans et al.，1998；Poulisse，1999）。为了控制目标词汇激活，研究人员还提出了一些与抑制过程相关的双语产生模式，Green 提出了抑制控制模型（inhibitory control model，IC），清晰地表述了双语言语产生过程中的抑制加工。该模型认为，双语者言语产生中的词汇提取在词条水平上完成，并且与语言标记（language tag）的使用密切相关（Green，1986，1998）。语言标记是双语者内在心理表征的一部分，表明被激活词汇的语言属性，也就是词汇的语言身份（Green，1986，1998；Poulisse & Bongaerts，1994）。

抑制控制模型提出了两个非常有意义的假设。第一个假设是，抑制效应与被抑制单词的激活水平呈正比例关系，对一种语言的抑制程度取决于双语者这种语言的流利性。例如，人们一般都认为双语者的一语是相对于二语的优势语言，那么，二语词汇的激活水平会比一语低。因此，当用一语表达时，并不需要对二语有很多抑制；反之，当用二语表达时，则需要对一语有较多的抑制以保证对二语词汇的提取。第二个假设是，克服抑制需要时间。也就是说，对一种语言词汇的抑制会对后来这种语言词汇的再激活产生影响。从一个已被抑制的词库中提取词汇会相对困难，因为这需要更多的时间去克服这种抑制。对一种语言的词汇的抑制越多，克服这种抑制就越困难（李利等，2006b）。根据抑制控制模型的观点，词汇选择要考虑所有被激活的词汇，而与语种无关。因此，抑制控制模型一般被看作是非特定语言的模型。

在抑制控制模型中，语言任务图式独立于双语词汇 – 语义系统而存在，强烈的竞争和冲突可想而知。该模式认为，为了选择一个语言图式，说话人必须首先抑制非目标语言图式。因此，语言之间的转换需要改变非目标语言的过去的抑制状态，这一过程需要时间的耗损。实际上，Meuter & Allport（1999）的研究表明，被试在大声命名数字词时，语言转换需要时间的耗损。但是，转换的耗损是不对称的：从弱势语言转换到优势语言比从优势语言转换到弱势语言所花费的时间长。他们认为，其中的原因是：抑制优势语言难度更大，需要更多的时间被重新激活。对于两种语言水平相当的双语者而言，抑制两种语言所花的时间相同，Meuter & Allport（1999）的研究提供了这方面的证据。

7.6.2 双语语码转换的耗损机制

1. 双语语码转换耗损概述

语码转换耗损（switching cost）最初是在心理学家研究两种不同难度的认知任务进行转换时发现的。研究表明，如果在某个认知任务之前出现了另一个难度水平不同的任务，那么完成该任务的反应时就比在它前面出现一个相同难度的任务时要长，这种现象被称为语码转换耗损

（Spector & Biederman，1976）。

心理学家认为，在双语研究中，双语者对两种语言掌握的熟练程度不同，会导致加工两种语言的难度不同，因此在两种语言之间进行转换时，也应该出现转换耗损。许多研究表明，双语者在两种语言混合的条件下识别单词的速度比在单纯一种语言条件下要慢（Grainger & Beauvillain，1987；Meuter & Allport，1999）。但也有人认为，双语者在进行语码转换时不存在转换耗损。例如，Li（1996）采用 gating 技术和 word-shadowing 技术考察了中英双语者对镶嵌在汉语句子中的英文单词的识别过程，发现中英双语者识别英文单词的速度与英语单语者一样，也就是说，双语者从中文转换到英文不存在任何转换耗损。

双语语码转换耗损的机制主要从两个方面来解释：一是来自大脑词库的内部因素；二是大脑词库的外部因素。研究表明，双语语码转换耗损可能来自大脑词库内部成分的相互作用。Grainger & Beauvillain（1987）采用词汇判断任务研究了英–法双语者的语言转换耗损。在实验一中，他们对实验中呈现的英语单词和法语单词进行了控制：对于每个英文单词，在法语中存在词形相似的单词，而且能根据法语的形音转换规则拼读；同样，对于每个法语单词，在英语中也存在词形相似的英文单词，而且能根据英语的形音转换规则拼读。结果发现，被试在英、法单词之间转换时存在转换耗损。在实验二中，他们选择了一些词形具有语言特异性的英语和法语单词，即对于一种语言的单词，在另一种语言中不存在词形相似的单词。结果发现，语码转换耗损消失了。研究者认为，在实验二中，词形的改变导致了语码转换耗损的消失，因此语码转换耗损来源于大脑词库内部两种语言之间的相互抑制。

但 Thomas & Allport（2000）的研究得出了不同的结论。他们认为在 Grainger & Beauvillain（1987）的实验二中，词形具有特异性的单词全部是真词，被试在进行词汇判断时，会很快发现这一特征，并形成相应的策略来帮助完成任务，而不需要在词汇通达之后再进行真假词判断，从而导致被试的反应时变快，语码转换耗损消失。Costa & Caramazza（1999）的研究也不支持语码转换耗损源于大脑词库内部因素的观点。他们认为双语者在识别单词时，会以相等的程度同时激活两种语言，但是大脑仅选择加工目标语言，不会受到非目标语言的影响。换句话说，双语者的大脑中似乎有一种选择过滤机制，能够从同时激活的两种语言中选择一种进行加工，而不需要抑制非目标语言。因此，语码转换耗损并非来自大脑词库内部。

而另一些研究者认为语码转换损耗的成因源自大脑词库的外部因素。Green（1998）提出了语言任务模式（language task schema）的概念。在语言使用中，为了避免两种语言的混淆，双语者需要建立相应的语言任务模式。该模式独立于大脑词库系统，负责监控和组织个体词汇获取和响应执行的过程。换句话说，语码转换涉及双语者在大脑词库系统之外建立和调整语言任务模式的能力。在目标语言的输出中，双语者需要抑制非目标语言的任务模式，以确保不受非目标语言的干扰。当双语者切换到另一种语言时，先前被抑制的任务模式需要恢复到活跃状态，这导致了语码转换的损耗。一些研究还表明，转码耗损可能与中央执行控制机制有密切关系。例如，Muñoz et al.（1999）比较了 4 名由左脑血管损伤导致的失语症双语者和 4 名正常双语者的语码转换模式。研究发现，与正常人相比，失语症患者表现出较高频率的语码转换模式。患者似乎有意识地依靠两种语言之间的相互转换来弥补语言功能的不足。因此，语码转换似乎是独立于语言功能的另一种机制。Hernandez & Kohnert（1999）发现随着年龄增长，双语者的语码转换损耗也会相应增加，他们认为是个体的中央执行控制能力随年龄减弱导致了增加的语码转换损耗。换言之，语码转换过程与大脑的中央执行控制机制密切相关。Green 认为语码转换损耗源自切换前对非目标语言任务模式的抑制。Hernandez & Kohnert 认为转换机制与中央执行控制机制密切相关。中央执行控制机制是工作记忆的核心，负责工作记忆中语音循环、视觉空间素描板和情景缓冲区之间的联系，以及子系统与长时记忆之间的关系。Green 提出语言任务模式可以由工作记忆的执行控制系统生成。因此，这两种观点并不矛盾。

2. 语码转换耗损的非对称性

一些研究者在语码转换实验中发现了转换耗损的非对称性，这一结果与抑制控制模型的两个假设一致。Meuter & Allport（1999）要求双语者对一系列阿拉伯数字（从 1 到 9）用一语或二语大声命名，命名语言由屏幕的背景颜色决定，实验分为转码系列和非转码系列。非转码系列要求被试用与前面刺激相同的语言来命名，而转码系列则要求被试用不同的语言来命名。实验结果表明，转码系列的反应时比非转码系列的反应时长；从二语转换为一语比从一语转换为二语消耗更多时间。Meuter & Allport（1999）之后，Costa & Caramazza（1999）根据抑制控制模型对这一结果进行了解释。首先，转码系列中双语者面临执行新的认知任务，那么，他们选择新的、正确的"语言任务图式"则需要时间，因此，转码系列耗损的时间要比非转码系列的长；其次，命名任务中对非目标语言存在着抑制，且对一语的抑制量要大于对二语的抑制量，那么，对一语进行再激活要比对二语进行再激活困难，因此，从二语转换为一语消耗更多时间。

Green（1998）认为，为了使用弱势语言（二语）表达，通常更加活跃的语言（一语）需要更大的抑制。这一观点得到 Meuter & Allport（1999）设计的语码转换的实验所证实。他们验证任务惰性假设（task set inertia hypothesis），认为为了保证较弱任务正常进行，必须有效抑制处于竞争优势的较强任务。当转换实验涉及从较弱转为较强时，要想顺利完成任务，就涉及对较强任务的抑制。他们把这一结论应用到语码转换，发现了非对称的转码耗损，并且一语的耗损要比二语的耗损大（Allport et al.，1994）。Jackson et al.（2001）也报道了一些实验结果，发现一语严重干扰二语的提取，他们还记录了语码转换时的事件相关电位结果。

此外，双语者的语码转换还会受到语境的影响。语境冲突的转换耗损及其不对称性程度均大于非冲突语境的转换耗损，这表明语境加工也会影响转换耗损（Liu et al.，2019）。

7.6.3　双语语码转换与相关激活脑区

1. 来自健康被试的证据

行为实验的研究发现，双语者的语码转换机制与中央执行控制机制密切相关。但行为实验无法提供来自大脑内部变化的证据并作出深层次的解释。近年来，随着功能磁共振（fMRI）、正电子断层扫描（PET）、事件相关电位（ERP）以及功能近红外光学成像技术（fNIRS）、经颅磁刺激技术（TMS）等技术的出现，研究者可以在无损伤情况下直接考察正常双语者在进行语码转换活动时大脑内部所发生的变化，将语码转换研究提高了一个层次。

脑成像技术，特别是 PET 和 fMRI 技术的发展，也为双语表征系统的脑机制研究提供了强有力的研究手段。Klein et al.（1995）用 PET 比较了熟练双语者在单词重复和同义词联想任务中两种语言的脑区激活，发现二者的大脑皮层激活定位非常相似。但在另一项用 PET 进行的研究中，Perani et al.（1996）发现当双语者被试听故事时，与二语相比，一语引起了更多的脑区激活，特别是在双侧颞叶区。在这项研究中，被试都是晚期双语者，尽管他们的二语熟练程度不差，但没有到非常熟练的程度。在随后的跟进研究中，Perani et al.（1998）采用相同的实验设计，但被试都是高熟练度双语者，包括早期双语者和晚期双语者两组被试。结果表明，熟练双语者在两种语言理解过程中的大脑激活模式几乎完全相同，不管双语者习得二语的年龄是早还是晚。似乎二语的熟练程度是至关重要的，而习得二语的年龄并不重要。但这一结论没有得到来自 fMRI 研究的支持。

Kim et al.（1997）用 fMRI 在句子产生的任务中发现，对于早期双语者（从婴儿时期就开始接触二语）来说，一语和二语的语言表征区是一致的，而对于晚期双语者来说，一语和二语在布罗卡区的定位有明显的区别，分别定位在相邻的两个区域上。考虑到 fMRI 采集的图像有更高的空间分辨率，Chee et al.（1999a）用 fMRI 进行的一项研究没有支持 Kim et al.（1997）的结果。在 Chee et al.（1999a）的研究中，被试是英－汉双语者，发现不管早期双语者和还是晚期双语者，在词干补笔的任务中，两组被试在两侧大脑的激活模式是一致的。这一结果在 Chee et al.（1999b）的另一项以理解句子为任务的研究中也得到了证实。在 Illes et al.（1999）对英语－西班牙语双语被试的研究中，与非语义任务相比，两种语言的语义任务在左侧和右侧额叶均诱发了更强的激活，其中左侧额叶的激活更加明显。而且，对两种语言的直接比较没有发现显著差异。

另外，Price et al.（1999）用 PET 初步考察了双语者的语言间转换和翻译的脑机制，发现二者诱发的脑区分布是相互分离的。语言转换在布罗卡区和缘上回有更多的激活，这些区域可能与语音编码有关。而翻译在扣带回前部和一些皮层下结构诱发更多的激活，而在颞叶、枕叶的一些与语义相关的区域则没有激活。

赵小虎等（2003）的研究结果显示，说汉语与说英语激活了不完全相同的脑区，但是部分脑区相重叠，主要重叠区包括左右侧运动区、左额下回、左颞上回、岛叶及左右小脑。而说中文除了激活左侧与说英文相同的脑区外，还激活右侧特定脑区——右侧颞上回。该区域似乎是中文特异性脑区，因为完成英文任务时该脑区极少出现激活。

双语模式说明存在着一种抑制机制，使得不再使用的语言钝化或部分抑制。已有证据表明前额叶"执行"脑区在双语加工中的作用。使用单细胞记录、功能成像和脑电图技术，可以观察到前额叶脑区会选择性地激活或抑制后脑的不同区域（Barcelo et al.，2000；Corbetta et al.，1990；Hillyard et al.，1973；Moran & Desimone，1985；Pessoa et al.，2003）。例如，对前额叶皮层损伤的病人的 ERP 研究发现，病人的视觉和体觉的反应增强了（Chao & Knight，1998；Knight et al.，1989；Yamaguchi & Knight，1990）。这些结果表明，通向主要皮层脑区的感觉通道受到了抑制。此外，外侧前额叶的损伤与自上而下的受损的鉴别能力引起的信号消耗有关（Barcelo et al.，2000）。Gazzaley et al.（2005）使用 fMRI 和 ERPs 技术表明自上而下的调节会影响神经活动强度和神经加工速度。

额叶一般和执行功能相关，如反应转换、反应抑制（Dove et al.，2000；Konishi et al.，2003；Sohn et al.，2000）。语码间的转换会增强一般的执行加工。脑功能成像的研究也表明语码转换过程中背外侧前额叶脑区被激活。Hernandez et al.（2000，2001）的实验表明，背外侧前额叶脑区在解决两种语言抑制和调用的冲突时被激活。

Jackson et al.（2001）记录了语码转换任务中双语者的 ERP 结果，提出双语者对二语表征的通达过程中存在着对一语表征的抑制。与二语的非转换序列相比，二语的语码转换序列显示出前额的 ERP 负偏向扩大。但是这种现象没有在一语的序列中发现。其原因是二语这种非对称性在转换序列中对一语会有更大的抑制。Wang et al.（2007）针对母语为汉语的二语学习者设计了包括一语到二语的顺行转换、一语到二语的逆行转换的核磁共振实验。研究结果表明，语码转换与"执行控制"脑区有关。根据语码转换方向，执行控制功能不对称。几个额叶脑区和前扣带回被认为负责执行控制，在顺行转换时有更大的激活，但是在逆行转换时没有激活。这一点与 Jackson et al.（2001）、Alvarez et al.（2003）和 Proverbio et al.（2004）的 ERP 研究结果吻合。基本的趋势是：与非语码转换和逆行转换相比，语码转换和顺行转换激活更多的体素。与非语码转换相比，背侧前额叶脑区在语码转换时显示出更多的激活。无论语码转换的方向如何，语码转换很可能需要背侧前额叶脑区的参与。相反，与逆行转换相比，顺行转换在额叶内区和缘上回有更多的激活，而额叶内区和缘上回的激活与语码转换方向有关。也就是说，顺行转换，而不是逆行转换，与额叶内区和缘上回的激活有关。总之，语码转换参与执行脑区和任务相关脑区，但是没有发现负责语码转换的具体脑区。重要的是，根据语码转换的方向，执行脑区的参与不对称。与逆行转换相比，执行脑区在顺行转换时显示出更多的激活。

Hernandez et al.（2000）用 fMRI 技术研究了西班牙语 – 英语双语者的语码转换的脑机制。实验任务是对图画进行命名，并利用声音线索提示被试应该使用何种语言进行反应。研究表明，语码转换在背侧前额叶脑区诱发了显著的激活。由于该区域与中央执行控制机制密切相关（Meyer et al.，2003），因此 Hernandez et al.（2000）推断出语码转换是中央执行控制机制的一部分。此外，Hernandez et al.（2001）进一步比较了西班牙语 – 英语双语者的语言间语码转换和语言内语码转换，分别用动词或名词对图片进行命名，并在二者之间进行转换。结果进一步验证了先前的研究，即在语言间语码转换时，被试的左背侧前额叶脑区有显著的激活，并扩展到布罗卡区，但语言内任务切换没有该脑区的参与。这一结果表明两种转换具有不同的转换机制，语言间语码转换与背侧前额叶脑区有关。

Price et al.（1999）用 PET 技术研究了熟练的德语 – 英语双语者在进行语码转换时大脑的激活模式。结果发现，在转换条件下，被试的左侧额下回和双侧缘上回有显著的激活。一般认为，这两个脑区可能与语言的发音有关（Zatorre et al.，1996）。因此，该脑区除参与了语言的发音机制外，可能还负责双语者的语码转换。Rodriguez-Fornells et al.（2002）的一项研究表明，对于双语个体，不同语言的发音规则如同一个"过滤器"，首先确定语言种类并"关闭"掉对另外一种语言的反应能力，然后再分辨其含义，其中左侧额下回后部（即布罗卡区）在分辨和过滤不同语言中起着关键作用。

Crinion et al.（2006）发现，大脑中的左尾状核承担着语言转换"开关"的作用。研究人员让 35 名熟练掌握德、英双语或日、英双语的被试注视电视屏幕上以 0.25 秒为间隔显示的两个不同语言的单词，并用 fMRI 和 PET 等观察被试看到两个单词后大脑活动的变化。结果表明，左尾状核不仅要判断语言的种类，还起着从一种语言转换到另一种语言的"开关"作用。Crinion et al.（2006）还提到，此前发现的一名大脑左尾状核受损的患者，她原来能说三种语言，但在左尾状核受伤后无法持续说同一种语言，经常在说话期间无意识地在三种语言间转换。这为左尾状核具有语言转换"开关"的作用提供了证明。

Rodriguez-Fornells（2005）使用 ERP 和 fMRI 技术进行的研究表明，双语者需要有效机制抑制两种语言之间的干扰。实验被试是德语 – 西班牙语双语者，实验范式是默认图片命名，单语和双语被试需要根据目标语图片名称的第一个字母做出快速反应。和单语者相比，双语者显示出语音的干扰，这一点分别在行为实验、ERP 实验以及 fMRI 实验中得到证实。对于干扰控制，其他非特定语言的脑区，如左中前额叶脑区也起到很大的作用。

Kaan et al.（2020）使用 EEG 技术，研究了语境中的语言知识影响语码转换中的语言控制的方式和时间。实验要求西班牙语 – 英语双语者与另一组西班牙语 – 英语双语者或英语单语者阅读语码转换或非语码转换的句子。语码转换引起了早期的额中央正波。此外，发现双语者语码转换的晚期正波比单语者较小，仅适用于那些在离线判断中对二语知识敏感的被试。这些发现表明，双语被试最初期望激活两种语言，并且双语者比单语者更容易适应语码转换，即语言控制可以通过感知语言知识进行调节，并且与双语语言理解的动态控制模型兼容。

Abutalebi et al.（2008）设计了 fMRI 实验以研究在不同的双语和单语选择情境下，德 – 法双语者在图片命名任务中所激活的相关脑区。他们发现，与单语情境相比，双语情境中一语的命名在左尾状核和扣带前回脑区呈现激活。此外，当被试使用弱势的二语时，这些脑区的激活增强。这些结果表明，在两种语言都比较活跃的情况下，语言控制过程需要左尾状核和扣带前回的参与，与完成语言内任务完全不同。

Wang et al.（2008）通过行为数据和脑成像数据说明了双语者在语言加工中遇到的干扰和竞争。研究采用组块设计和事件相关设计来考察双语控制的持续激活和瞬间激活。15 名汉 – 英双语者在完成语码转换任务时被扫描了大脑。结果表明，语码转换情况（持续控制）下，双侧前额叶、额中回、顶叶受到激活；而非语码转换情况（瞬间控制）下，左上顶叶、左下顶叶和额中回受到激活。这一结果说明，持续控制和瞬间控制诱发了不同的脑激活模式。

Kovelman et al.（2008a）使用 fMRI 技术，让早期熟练西班牙语 – 英语双语者和英语单语者完成"句子判断任务"。结果表明，从行为数据上看，双语者和单语者前扣带回和反应时没有显示出很大差异。但是，双语者在完成西班牙语任务时呈现不同的模式。fMRI 数据分析表明，单语者和双语者在经典的语言区均有激活，如左额下皮层。但是，其中的一个差异是，双语者在加工英语时血氧水平依赖信号明显增强。

Kovelman et al.（2008b）使用 fNIRS 技术研究分别在单语和双语环境下，用书面语和口语两种形式，成人双语者如何加工语义信息。10 名早期的熟练西班牙语 – 英语双语者和 10 名英语单语者分别完成"语义判断任务"。实验结果验证了标记假设（Signature Hypothesis）。在单语情况下，双语者和单语者在左右半球的背侧前额叶和额下皮层的激活时显示出差异，但是布罗卡区的激活情况相似。与单语者相比，双语者在这两个脑区的信号更强。在双语情况下，双语者这两个脑区的右半球有更强的激活。结果表明，早期的双语环境改变了大脑中的语言组织，形成了"双语标记"。

2. 来自失语症病人的证据

双语者在语言产生过程中通过激活"执行功能"脑区来应对二语的干扰，这些脑区包括背侧前额叶和前扣带回。语码控制会对双语者产生重要影响。例如，Fabbro et al.（2000）描述了一位双语病人（FK）的情况，这位病人的前扣带回皮层和额叶皮层受到损伤，无法进行弗留利语 / 东拉迪恩语和意大利语之间的语码转换；另外一位额叶损伤的病人是乌尔都语 – 英语的双语者。研究人员使用一种语码转换范式对其进行测试，当要求病人从优势语言转换到非优势语言时，病人在优势语言中出现了很多错误。Meuter & Allport（1999）指出，由于病人的额叶受到损伤，所以病人丧失了抑制优势语言的能力。然而，这位病人并没有出现失语症状，这主要基于以下的假设：语码之间的转换不依赖语言系统，语码控制由额叶参与的执行控制机制所支配。李利等（2006a）以一例前额叶损伤的中英双语病人为研究对象，考察了双语言语产生过程中词汇提取抑制机制的神经基础。研究结果表明，前额叶在双语言语产生中对于词汇提取发挥着重要的抑制作用。Fabbro（2001）描述了一个左前额叶和部分前扣带回受到损伤的病人，临床表现为弗留利语和意大利语两种语言之间的错误转换，前扣带回和前额叶影响了交流能力和抑制非目标语言干扰的能力。

　　使用 TMS 技术可以测出在特定过程中特定脑区的因果关系。最近的一个报告提供了双语者语言转换过程中左背侧前额叶脑区参与的证据。使用高频重复 TMS 技术刺激两个病人左背侧前额叶脑区之后，出现了意想不到的语言转换。意想不到的语言转换和用另一种语言（非母语）交流的冲动只发生在重复经颅磁刺激 15 个组块中的一个，从几分钟持续到两个小时，更加说明了左背侧前额叶脑区参与了语言转换（Strafella & Paus，2000）。

　　那么，左背侧前额叶脑区 / 前扣带回 - 辅助运动功能区脑区网络在多语者的语言调整过程中起到怎样的作用呢？这一脑区与下面三种情况有关：（1）语言转换过程中语言交流的调节和控制；（2）使用的目标语（语言图式）的选择或激活；（3）非目标语的抑制，或者对目标语干扰的抑制。

　　多语失语症病人有时只能恢复一种语言，如只恢复二语而不是一语（Aglioti & Fabbro，1993），这说明多语者在不同脑区储存每一种语言，属于多中心模式，也即二语不同的脑区（Paulesu et al.，2000）。成像研究揭示了这些脑区在不同的执行功能方面所起的作用（Curtis & D'Esposito，2003）：（1）对不同反应的选择（D'Esposito et al.，1995；Garavan et al.，2000；Hadland et al.，2001）；（2）不同任务之间的转换（Dove et al.，2000；Dreher et al.，2002；Rogers et al.，1998）；（3）任务表征和干扰抑制的维护（Cohen et al.，2000）；（4）工作记忆中不相关因素的抑制（Baddeley et al.，1998）。在一次 Go/noGo 词汇语言判断任务中，研究人员发现双语被试在对加泰罗尼亚语的词汇和假词做出反应时，出现了左前额叶区的更大激活（Rodriguez-Fornells et al.，2002）。这可以用抑制功能解释，因为这一脑区与选择相关信息、解决干扰、认知控制和冲突任务等相关（Carter et al.，1998）。背侧前额叶脑区的激活程度与冲突或干扰的程度相关，而冲突或干扰又与前扣带回相关（Carter et al.，2000；Perner & Lang，1999）。

综上所述，对于双语者的语码转换究竟基于什么机制，行为层面上的研究和认知神经层面的研究都得出了有意义的结论。行为研究表明，双语者进行语码转换时存在转码耗损，而且转换机制与中央执行控制机制密切相关。脑成像研究进一步支持了这一结论，并揭示了几个可能与语码转换机制相关的脑区，包括背外侧前额叶、左侧额下回和双侧缘上回等。这些研究对揭示语码转换的认知神经机制无疑是重大的突破。

研究人员使用自动语码转换任务研究转换耗损和混合效应，从而揭示语码转换自动控制机制的相关因素。最近的研究试图使用该范式探索双语失语症（bilinguals with aphasia，BWAs）病人和健康双语者的自动转换。实验一在加泰罗尼亚语－西班牙语双语人群中复制了先前报告的转换耗损和混合效应。在实验二中，研究人员将双语失语症作为群体和个体的表现与对照组的表现进行了比较。实验结果说明了语言控制能力的复杂图景，表明双语语言控制因素之间存在不同程度的关联和分离。鉴于双语失语症的语言控制机制存在不同的缺陷，建议通过理论认知控制框架的视角，在个人层面研究双语语言控制对语言转换的调节（Grunden，2020）。

综上，认知控制对于双语语言加工的调节必不可少。然而，需要有更详细的双语认知控制模式来解释以前的行为研究和双语失语症病人的不同临床康复模式，如交替对抗性（alternate antagonism）。对于这些病人而言，一种语言首先得到恢复，一段时间之后，出现了一个转换，随着已经恢复的语言的消失，沉睡的另一种语言开始恢复（Paradis，1995）。语言控制机制中的具体损伤可能会解释这一转换模式。

7.7 双语加工研究对二语习得的启示

自 19 世纪，语言在大脑中的区域和表征引起了生物学家和心理学家的兴趣。20 世纪 60 年代，神经语言学开始形成系统的研究，随着神经语言学研究领域的不断扩大，其对二语习得的认知观点产生了巨大的影响。基于神经语言学理论，Lenneberg（1967）提出了语言习得关键期这一重要概念，随后许多与年龄相关的二语习得研究都基于此概念展开。此外，语言患者的脑部手术和现代无创成像技术的发展，极大地推动了心理语言学和神经语言学视角下的二语习得研究的开展。例如，研究者们聚焦于探究语言相似性对二语习得发展的影响，以及语言、认知和经验的个体差异是否对二语加工产生影响。此外，他们还关注不同的二语习得环境是否会对二语加工产生影响。

7.7.1　一语 – 二语相似性

关于二语 ERP 研究的一个主要兴趣领域是探究一语 – 二语之间的相似性是否对原生神经认知过程的发展产生影响。事实上，已经有很多相关的 ERP 研究对此进行了探讨，主要关注对象包括中低水平的二语学习者（Bond et al.，2011；Dowens et al.，2010；Dowens et al.，2011；Gabriele et al.，2013；White et al.，2012）和高水平的二语学习者（Foucart & Frenck-Mestre，2011，2012；Frenck-Mestre et al.，2009；Gabriele et al.，2013）。

对于语言熟练程度较低的二语学习者，一些研究发现在二语特有的结构中也存在一语语言特征中发现的 P600 效应（Bond et al.，2011；White et al.，2012）。White et al.（2012）进行了实验，他们向一语为韩语、二语为英语的双语被试以及一语为汉语、二语为英语的双语被试呈现了英语过去时的正确或错误句子。对于一语为韩语的被试来说，过去时的语法特征尽管形式不同，但存在于他们的母语中。而对于一语为汉语的被试来说，这一语法特征仅存在于他们的二语中。在初始测试中，两组被试均未产生 ERP 效应，但经过九周的强化英语课程后，他们的二语水平得到了提升，两组被试对刺激都产生了 P600 效应。

Bond et al.（2011）也有类似的发现。在该项研究中，被试是语言熟练程度较低的二语学习者，其一语为英语、二语为西班牙语。在一语语境中，他们发现以下情况会引发对一致结构的 P600 效应：与一语相似的结构（如名词－动词一致），与一语不同的结构（如名词－形容词一致），以及二语独有的结构（即名词－形容词性别一致）。不过与名词－形容词一致相比，这些结构引发的 P600 效应较小。

对二语特征的加工与母语加工的相似性已经在高水平的二语者中得到了证实（Dowens et al., 2010）。该研究考察了一语为英语、二语为西班牙语的高水平二语被试对语言中数和性的加工。研究中的西班牙语母语被试组在限定词与名词之间以及名词与形容词之间的数和性的一致性方面表现出了 LANs、P600 和晚期 ANs 效应。而二语者在违反限定词和名词之间的数和性一致性时，引发了与母语者相同的 LAN 和 P600 效应，以及对数的一致性引发了晚期 LAN 成分。该研究结果表明，无论母语与二语之间是否具有相似的语言特征，高水平的二语者在语言加工方面与母语者相似。然而，数和性的一致性在 P600 效应的大小上存在差异，数的一致性引发的 P600 效应大于性的一致性。有趣的是，二语学习者仅在名词和形容词之间违反数或性的一致性时证实了 P600 效应的产生，而没有证实 LAN 的产生。综上所述，该研究表明，即使在母语中不存在相似的语法特征，二语学习者的二语加工与母语加工相似。然而，该效应的诱发可能取决于所需的语言结构以及一语和二语之间的相似性程度。

最近的研究（Borodkin et al., 2022）发现，与单语者相比，双语者在新语言学习方面更加成功，这可能是因为他们之前学习的策略和两种语言的经验发生了迁移，这种迁移的程度可能取决于一语与二语之间的相似性。为了验证这一假设，研究针对小学生的词汇学习进行了实验。被试包括 10 位希伯来语－意第绪语双语者、10 位希伯来语－英语双语者和 10 位希伯来语单语者，他们在宗教研究中学习了古代阿拉姆语。结果显示，与单语使用者和希伯来语－英语双语者相比，与阿拉姆语相似的希伯来语－意第绪语双语者能够回忆更多的阿拉姆语单词。在后两组被试中，只有一种语言与阿拉姆语相似。希伯来语－英语双语者和单语使用者之间没有显著差异。即使在控制了背景变量（如母亲受教育年限、语音短期记忆和希伯来语词汇量）之后，希伯来语－意第绪语双语者的优势仍然显著。这些发现表明，如果之前习得的语言与新学习的语言相似，那么它可能有助于学习新语言的词汇。

7.7.2　二语认知神经加工的个体差异

语言能力的构建是跨语言处理领域的一般能力指标（Bachman & Palmer，1985），是第二语言习得研究的核心，并且常常在二语习得研究中被用作调节或次要变量。鉴于二语学习者在目标语言的熟练程度方面表现出很大的差异性，因此必须使用有效的评估工具以充分衡量二语熟练程度。如果没有这样的评估，误解研究结果的可能性就会增加，研究结果的普遍性就会受到影响（Norris & Ortega，2003）。大多数 SLA 研究的外部有效性（从研究样本得出的推论可以推广到其他人群的程度）和内部有效性（一项研究测量它应该测量的范围）在很大程度上取决于 L2 熟练程度的定义和评估的准确程度。因此，该领域需要通过建立更稳健的能力评估标准来提高方法的严谨性。特别是随着对第二语言研究方法质量的关注日益增加（Norris et al.，2015；Plonsky，2015），提高方法论标准对于第二语言研究至关重要。

研究表明，ERP 效应受到二语熟练程度、语言能力和其他认知因素的个体差异的影响（Batterink & Neville，2013；Bond et al.，2011；Tanner et al.，2013；Tanner et al.，2014；White et al.，2012）。研究普遍认为语言熟练度的提高与更强的 P600 效应有关（Batterink & Neville，2013；Tanner et al.，2013；Tanner et al.，2014；White et al.，2012）。Tanner et al.（2013）考察了个体差异对双语加工的 ERP 效应的影响。研究发现，在主谓一致性判断任务中，判断得分与 P600 振幅的大小呈正相关。此外，回归分析显示，判断任务的得分预测了 P600 效应的幅度，这表明熟练程度是母语加工的驱动因素。P600 效应的大小与判断任务得分的正相关关系在跨语言的语法研究中得到了验证，例如，White et al.（2012）在限定词 – 名词数的一致性中发现了该效应。

一些研究人员认为，语言接触和语言学习关键期的观点可以解释年龄与二语习得之间的关系。语言学习关键期的观点表明，在某个时间点之后，二语学习者的二语水平不再能够达到母语般的语言熟练程度（Long，1990）。关于第二语言习得关键期的观点也通过对使用不同母语的移民的研究得到了验证。Oyama（1976）发现，在不同年龄段学习英语并在美国停留不同时间的移民群体中，移民抵达美国时的年龄是其口音程度的重要预测因素，而停留时间的长短几乎没有产生影响。被试到达移民国家的年龄因素与被试的口音相关，这表明非母语语音系统的习得的关键期的存在。同样，Patkowski（1980）测试了67名在不同年龄来到美国并在美国居住了不同时间的移民的英语句法熟练程度。这些参与者还接受了问卷调查，以收集有关实践和教学变量的信息。Patkowski（1980）发现，被试到达时的年龄是句法熟练程度的有力预测因素，而其他自变量的影响很小，该研究支持了句法习得的能力有年龄限制的假设。

然而，还有一些研究发现，年龄与第二语言习得之间的关系并不明确。例如，有研究人员发现，与中学开始学习二语的学习者相比，早期接触二语的学生在没有二语经验的班级中学习，其在二语熟练程度方面并没有在短时间内保持明显优势（Oller & Nagato，1974）。Krashen et al.（1979）试图通过将该主题的研究分为两种类型（自然年龄和第二语言习得年龄）来解释不同研究之间不一致的结果，从而更好地理解年龄对第二语言习得的影响。Krashen et al.（1979）观察到，在自然环境中，年龄较大的学习者在第二语言习得过程的早期阶段比年龄较小的学习者更快地掌握第二语言的某些方面，如形态和句法发展。然而，年龄较小的学习者在语言熟练程度方面通常能够赶上并最终超过年龄较大的学习者。与 Krashen et al.（1979）的观察结果一致，Muñoz & Singleton（2011）发现双语者的初始学习年龄与熟练程度之间的相关性高于在目标语言社区中的居住时间与熟练程度之间的相关性，这进一步支持了年龄对第二语言习得的影响。

Tanner et al.（2014）发现到达二语居住环境的时间、总居住时间、语言使用频率以及个体动机等因素与主谓一致性加工中的 ERP 成分相关。具体而言，居住在二语环境的时间越长、使用二语动机越强的二语学习者，产生 P600 的可能性就越大。

最近的研究（Saito，2022）检验习得年龄在多大程度上调节青春期后口语词汇量的最终状态。实验一使用讲故事和访谈任务从经验丰富的日英双语者中提取自发语音样本。研究者使用一系列基于语料库和评分者的词汇测量来分析样本，并将其与没有经验的日语使用者和英语母语者的语音进行比较。结果表明，大多数有经验的二语学习者倾向于在相对简单的词汇维度（即丰富度）上表现出类似母语的熟练程度，但是，在习得一定难度的词汇维度（如恰当性）方面，习得年龄似乎发挥着关键作用。在实验二中，研究结果在经验丰富的母语为波兰语的英语使用者中成功复制。

结合其他个体差异研究，这些发现表明二语认知神经的加工与多种语言和非语言因素相关，这些因素包括二语熟练程度、语言能力、在二语环境中的居住时间以及二语者的学习动力。未来的研究可以针对某一特殊个体开展 ERP 研究，而不仅仅是进行总体平均测量，这将有助于我们更好地描述认知神经的加工过程，并解释加工过程的方式和原因。

7.7.3　学习环境对二语神经认知加工的影响

近年来，二语 ERP 研究的新趋势之一是关注学习情境对神经认知加工的影响。在此类研究中，研究人员探讨了一个关键问题：二语学习者是否能够在仅接触二语的情况下产生类似母语的加工反应。Mueller et al.（2009）要求不懂意大利语的德语母语者听包含二语不相邻的依存结构的简短、正确的句子；接触目标结构与测试组块交替进行，正确和不正确的句子通过听觉呈现，被试需要对每个句子进行语法判断。以意大利语为母语的被试也完成了同样的任务，并发现了违反结构刺激句的 N400 和 P600 效应。然而，二语学习者组仅发现了晚期 N400 以及分布于前部脑区的正波成分（可能是 P3a）。研究人员得出结论，二语学习者只能进行词汇加工和一般注意力的加工，而母语者则依赖语法加工。Citron et al.（2011）修改了 Mueller et al.（2009）的研究设计，探究了测试与学习的交替是否阻碍了二语学习者的 P600 效应的发展。第一组学习者接受了与原始研究中相同的交替设计，仅诱发了 N400 效应。第二组学习者先听了完整的学习刺激句，然后判断句子的语法正确性。研究人员在这些学习者的大脑活动中检测到了 N400 成分，以及一个晚期的正波，可能是与注意力相关的 ERP 成分 P3a 或 P600。尽管这些研究中的所有学习者群体都显示出增强的 ERP 效应，但是 ERP 效应与母语者并不完全一致。这一发现可能是由于母语者能够理解所有单词并解析句子的含义，而二语学习者不熟悉任何词汇并且只能解析他们听到的声音模式。因此，关于二语是否可以仅通过接触来学习的问题仍然悬而未决，未来的研究应尝试让二语学习者以有意义的方式接触二语。

关于学习语境是否会影响二语加工方式，另外一个问题集中在比较不同类型语境的影响。行为实验已经证明，不同的学习环境，如课堂学习和沉浸式环境，会对二语的发展产生影响。（Collentine & Freed，2004；Freed et al.，2004；Segalowitz & Freed，2004）。此外，许多研究探讨了不同的二语训练条件，特别是外显训练和内隐训练对二语发展的影响。外显训练提供规则解释或搜索规则的方向，而内隐训练则没有规则指导也不提供搜索规则（Norris & Ortega，2000；Sanz & Morgan-Short，2005；Spada & Tomita，2010）。尽管外显训练通常在二语发展中带来优势，但许多测试的偏重以及研究中的其他局限性限制了这一结论的可靠性。实际上，当将内隐训练与任务实践相结合时，外显训练的优势就会消失（Sanz & Morgan-Short，2005）。二语语法加工的认知神经机制研究开始探讨不同的学习环境或训练类型是否会影响二语发展，以及影响这种发展背后的加工模式（Batterink & Neville，2013；Morgan-Short et al.，2010，2012a，2012b，2015）。

近期的研究关注双语学生在学习新语言时如何利用他们之前的语言经验。研究普遍证实，二语的熟练程度与一语的熟练程度和一语学习过程中获得的语言技能相关。然而，学生习得的不同性质的语言和语言之间的距离可能会阻碍他们将一语学习的经验应用于二语学习中（Markey，2022）。

7.8　小结

本章主要基于双语控制与转换机制，综合全面地介绍了双语语音、词汇及句法表征及加工，总结了双语相关研究的启示及指导意义。

抑制控制对双语语言加工至关重要。抑制控制模型提出了两个假设。第一个假设是：抑制效应与被抑制词汇的激活水平呈正比，对一种语言的抑制程度取决于双语者对这种语言掌握的熟练度和流利性；第二个假设是：克服抑制需要时间，这就是语码转换耗损。由于双语者的两种语言的不同熟练度和流利性，语码转换耗损呈现非对称性。

　　在语音、词汇和句法等层面，双语控制与转换机制得到了行为实验和神经科学实验研究的证实，控制和转换机制与中央执行控制机制密切相关。语码转换机制相关的脑区包括背外侧前额叶、左侧额下回和双侧缘上回等。对于揭示双语语码控制与转换的认知神经机制，这些实证研究结果起到了关键性的促进作用，同时，也给二语习得带来了重要启示。在此基础上，研究人员探究了影响二语习得的相关因素，包括语言的相似性、语言、认知和经验的个体差异，不同的二语习得环境等。双语研究的跨学科方法和科学的研究设计为二语习得的核心问题研究提供了有价值的信息和证据。

第 8 章
口译过程研究

8.1　口译过程的研究问题

　　口译的心理语言学研究主要包括两大部分：口译过程研究和口译员研究。本章主要探讨口译过程研究，口译员研究部分的相关议题将在第9章中讨论。另外，口译产品研究是口译研究中的核心组成部分，但不是口译心理语言学研究的核心，因此不包括在本书内。

　　口译要求译员在时间非常紧迫的情况下把源语的信息尽可能正确地用另外一种语言表达出来，因此口译过程研究主要包括三大类议题：口译过程中的语言加工；口译过程中的一般认知心理；影响口译产出或加工过程的各种因素。下面所列举的主要研究问题在文献中有所涉及，所研究的口译模式可能是同声传译（同传）或者交替传译（交传）。

8.1.1　口译过程中的语言加工研究

　　关于源语理解：口译中的语言理解加工和一般的语言理解加工有什么不同？

　　关于译语产出：口译产出的加工单位（即翻译单位）有多大？译语产出过程中译员如何进行自我监控？译语产出中的错误、停顿、修正等非流利现象具有什么样的特征？

　　关于源语和译语之间的转换：在实际口译的语言转换过程中，译员在多大程度上受制于源语的语言形式？同传中，源语和译语如何同步？能同步到何种程度？交传中，译语的加工是发生在源语理解过程中还是发生在源语理解加工之后？

8.1.2　口译过程中的一般认知心理研究

口译加工对一般认知能力（认知控制能力，如工作记忆等）要求较高，因此涉及的问题包括：（1）不同口译任务的信息记忆存储是否有所不同？不同口译任务的认知负荷是否有所不同？（2）口译过程中，译员的焦虑和压力会如何变化？（3）译员如何合理分配注意力资源？译员如何应对压力、焦虑和认知负荷超载？

8.1.3　影响口译产出或加工过程的因素研究

影响口译产出或加工过程的因素可能涉及源语输入特征、翻译方向及译员因素等。其中，关于源语输入特征的研究主要考察哪些源语输入特征会影响口译产出或加工过程，可能的因素包括源语听力输入的语速、源语输入的声音质量（如有无噪声）、源语是否带有口音、源语的文本特征（包括整体文本难度、文本结构、关键句的句法特征或关键词的词汇特征等）、源语的信息密度以及话题熟悉度（译员是否具有背景知识或事先准备）、不同的语言组合（源语和译语是否相似），等等。

8.2　口译过程的研究方法

为了研究口译的加工过程，研究者采用了多种研究手段，常用的研究手段包括：（1）分析被试口译产出，主要包括各类翻译错误，各类非流利性指标 [包括无声停顿次数和时长、有声停顿（如 "嗯" "啊"）次数和时长、重复和修改次数等]；（2）考察听说时间差（ear-voice span），即被试从听到材料至开始口译之间的时间间隔；（3）基于反应时的行为实验，如有研究者使用读后翻译的自定义步速阅读任务来模拟交传的加工过程，并通过记录被试在逐词阅读时的时间来推断交传的加工过程（如 Dong & Lin，2013；Macizo & Bajo，2006；Ruiz et al.，2008）；（4）基于事后的有声思维报告（post-hoc think aloud），一般研究者在口译任务完成后，通过给出一定的提示让被试口头报告其在口译任务中的思考过程，但由于口译任务过程需要被试说话，因此有声思维报告不能即时进行，必须在口译任务结束后让被试进行事后报告；（5）运用眼动仪记录被试的眼动数据，通常这类手段主要应用于研究视译模式下的加工过程，因为只有视译需要眼睛注视文本，但也有研究者利用其他眼动指标来研究同传和交传中的认知负荷问题（Hyönä et al.，1995；Seeber & Kerzel，2012）；（6）记录脑电或脑成像数据，研究者可以通过记录大脑在做简化的口译任务时的脑电或脑成像数据来推断口译任务加工过程的神经生理机制。

虽然研究者使用了很多实验手段来研究口译加工过程，但自然情境下的口译任务是一项极其复杂的双语加工任务，涉及许多复杂的认知加工过程。另外，口译具有不同的翻译模式（如交传、同传、视译），这些翻译模式都有各自的特点，可能在加工模式上有所区别。因此，如何借助实验设计和控制变量来对口译加工过程进行研究是一个需要考虑的问题。de Groot（1997）为此提出了三种可能的思路。目前大多数口译加工过程的研究基本采用了这三种研究思路。

第一种研究思路是以单词和句子口译任务为切入点来研究口译加工过程。这种思路是将口译这一复杂任务进行简化，通过单词和句子口译任务揭示口译过程的加工机制。在这种研究思路中，常见的任务有三种：（1）让被试对孤立的词语进行口译。研究者对刺激的各种词汇特征进行操纵，如词频、具体性（concreteness）、语义数量（number of meanings）、同源性（cognateness）等，以此考察词汇特征如何影响翻译对等词的提取速度或正确率。另外，实验也可考察不同翻译方向（一语到二语或二语到一语）对单词口译的影响。（2）让被试对嵌套在句子语境中的单个词语（通常为句子中的最后一个词）进行口译（Chmiel，2016；Lijewska & Chmiel，2015；van Hell & de Groot 1998）。研究者可以同时操纵句子语境的语义限制性（constraint）或预测性（predictability）和刺激的词汇特征，来考察句子语境和词汇特征如何同时影响单词的口译。（3）让被试完成单个句子的口译任务（如

Ma et al., 2020；Seeber & Kerzel，2012）。研究者可通过操纵句子的语法结构，考察句法复杂度或源语和译语是否结构一致等因素对句子口译过程的影响。虽然单词和句子任务最初被用于研究双语者的心理词库或句法表征，但后来这些任务也被用于考察口译过程的一些相关研究（Dong & Lin，2013；Lijewska & Chmiel，2015；Macizo & Bajo，2006；Ruiz et al.，2008）。一些研究者认为，单词或句子口译可以看作是口译任务的基础加工过程（Christoffels et al.，2003；de Groot，1997），或口译过程的简化。

不过这种研究思路遭到了一些口译实践领域的学者们的批评（Gile，1991）。其中，一个很突出的问题在于，孤立的单词或句子的口译任务与译员日常的口译任务差异很大。在一般真实的口译任务中，译员不能只是简单地翻译孤立的单词或句子，而是需要翻译自然的语篇。此外，口译任务还包含了其他许多复杂的加工过程（如做笔记）。因此，实验室中的单词和句子口译任务和真正的口译任务无法等同，往往被认为缺乏生态效度。即便如此，许多心理学家认为，这些单词或句子口译任务可以帮助我们在一定程度上了解口译的加工过程（de Bot，2000；García，2015）。

第二种研究思路是通过使用自然语篇的口译任务来研究口译过程。在这种研究思路中，研究者通过操纵各种源语输入因素（如语速、口音、噪音、材料难度、句子结构等）或翻译方向来考察其对口译最终产出的影响。通常，研究者让一些资深口译员对被试的口译产出进行整体评分，或者针对不同的侧面（如流利性和内容完整性）进行分项评分，也可通过对口译产出的各种错误或者流利指标（如无声和有声停顿、重复和修正等）进行标注，并通过统计来分析译员的表现。与第一种研究思路相比，这类实验所采用的任务和译员日常的口译任务基本一致，因此具有较高的生态效度，但由于实验材料往往涉及整个语篇，在实验变量的操控上难度较大。

第三种研究思路是通过对比不同的任务来探讨口译过程。在这类研究思路中，研究者会把口译任务和其他包含相似加工过程的任务进行比较。例如，研究者常把同传与跟读、释义（paraphrase）两种任务进行比较。这种比较背后的逻辑是，同传中涉及源语理解、不同语言之间的转换、译语产出三个加工过程；跟读任务也包含了理解和产出，但不涉及转换；释义任务包含了理解和产出，同时还含有一个同语言的转换过程，即在同种语言里用另外的词语去解释，有时被称为"语言内翻译"（intra-language translation）。通过比较这些不同的任务，研究者可以考察同传任务加工过程的特点。同理，交传任务常与复述任务进行比较，因为两者都包含理解和产出，但交传包含源语到译语的转换，而复述任务则没有包含转换这一过程。除了将口译与其他任务比较，不同类型的口译任务（如同传、交传、视译）之间也可以进行比较。由于不同的口译任务在源语理解和译语产出的同步性上有不同的要求（如同传和交传），以及在源语的输入方式上也可能有所不同（如视译和听译），这些差异都可能会造成加工过程的不同，不同口译任务之间的比较可揭示不同口译任务加工过程的特点。另外，还有一些研究者在口译任务前通过使用不同的任务指导语来操控口译加工过程。例如，有研究者通过让译员将注意力监控放在自己的译语产出或者源语理解上来考察译员的不同注意力分配对口译表现的影响（Darò et al.，1996）。

以上是对口译过程研究方法和研究思路的简要概况[1]，值得注意的是，口译研究所涉及的被试可能是职业译员，而职业译员被试的人数常常比较少，因此本章在介绍实证性研究个例时，也会介绍该研究的被试类型和被试人数，供读者思考。

8.3　口译过程中的语言加工

口译过程中的语言加工涉及源语理解、语言转换和译语产出，主要包括的议题有：源语理解中的预测策略、交传的源语理解和译语转换的时间进程、同传的源语 – 译语加工的同步性和翻译单位、口译产出中的停顿和自我修正等。

1　该部分内容来自董燕萍、陈小聪 2020 年出版的《口译加工研究》第二章，该章还有大量关于口译研究方法的详细介绍，包括工作记忆、抑制控制、转换能力和多任务能力的测量方法，关于口译优势和口译能力的研究思路，关于眼动追踪技术和脑电技术在口译研究中的应用等。

8.3.1　源语理解中的预测策略

预测是口译研究经常提及的一种策略，即译员能预测发言人还没有讲出的内容。这是译员频繁使用的一种策略，van Besien（1999）发现，译员在同传中平均每 85 秒就会运用到预测策略。这也是一种备受研究者关注的口译策略。例如，Chernov（1994，2004）提出了关于同传的概率预测模型，即译员会利用语言中存在的各种概率信息（如词语搭配）进行预测，他认为这种概率预测是同传的基本机制。Amos & Pickering（2020）则提出了同传的"通过产出预测"（prediction-by-production）机制，即译员在接收源语输入时，会不自觉地使用言语产出系统对发言人的言语进行模拟，从而对发言人接下来的片段进行各个语言层面（如语音、词汇、句法和语义等）的预测。

预测可以大致分为两类（Lederer，2003；Wilss，1978）。一类为语言预测（linguistic anticipation），主要指译员根据相应的语言知识（如语音、词汇、语法等），对接下来的源语片段作出预测。另一类为语言外预测（extralinguistic anticipation），指译员根据相应的背景知识、现场的环境以及各种百科知识等语言特征以外的知识对接下来的源语片段作出预测。Riccardi（1996）比较了初级学生译员、研究生译员和职业译员的同传产出，发现初级学生译员所使用的预测策略更多属于语言预测，而研究生译员和专家译员使用的预测策略多属于语言外预测，即基于背景知识的预测。

研究表明，使用预测策略有利于提高口译质量。例如，Jörg（1997）发现，如果译员更多地使用预测策略，口译中的错误会有所减少。Kurz & Färber（2003）也发现预测策略的使用次数与口译中的错误呈负相关，而与口译的信息完整度呈高度正相关。这表明学生译员使用预测策略越频繁，口译的错误就越少，而且口译产出的信息完整度更高。

研究者比较关心在不同的口译情况下译员如何使用口译预测策略。一个典型的情况是源语和译语句法结构不一致时的情况。例如，一些研究者考察了当译员将 SOV 结构的语言翻译成 SVO 结构的语言时，是否会提前预测句末的动词（如 Jörg，1997；Kurz & Färber，2003；Setton，1999；van Besien，1999；Wilss，1978）。许多研究结果显示，译员在加工这些结构时，的确采用了预测策略。Bevilacqua（2009）发现，当同传译员将德语译入意大利语时，相比荷兰语译入意大利语的情况，译员需要更频繁地使用预测策略，这可能是由于德语和荷兰语之间的差异造成的。具体而言，德语需要严格遵守 SOV 结构的要求，而荷兰语可以违反 SOV 结构，因此译员在进行德语 – 意大利语翻译时需要更多地运用预测策略预测句末的动词。

影响译员预测策略使用的另一种情况是源语是否为优势语。例如，Jörg（1997）考察了学生译员和职业译员在进行两个翻译方向的翻译时预测策略的使用情况，研究发现，源语为母语时，译员在运用预测策略上具有微弱的优势。译员可能掌握了更多优势语相关的知识，因此可以帮助他们更好地使用预测策略。这一观点在一些类似的研究中也得到了证实。例如，Macizo & Bajo（2004）发现，译员在进行一语到二语的读后口译任务时，可以很好地利用相关的语用线索来减少源语的阅读时间；但在进行二语到一语的读后口译时，译员却无法利用相关的语用线索。然而，也有研究者发现，译员在加工二语时，反而可以更好地运用预测策略（Bartłomiejczyk，2006）。因此，目前学界对这个问题仍无定论，还需要进一步的研究。

源语的语调也可能影响预测策略的使用。Seeber（2001）认为语调本身可能会提供一些线索，从而有助于译员的预测。他让被试对两段德语材料进行德语到英语的同传，其中一段为正常语调，另一段为单调平直的语调。整体来看，两个条件的预测策略使用数量并无显著差异；但当分析涉及对德语的句末动词预测时，基频较为单调平直的语调反而促进了预测，即句末动词预测更早且准确率更高。研究者认为，不正常的语调可能会使被试花费更多的精力去关注语境的线索来补偿语言理解，从而促进了预测策略的运用。

一个有趣的问题是：同传中的预测加工与其他相似语言任务的预测加工有何区别？ Hodzik & Williams（2017）比较了跟读任务和同传任务中的预测加工。两个实验的材料都是含有 SOV 句式的德语句子。实验操控了两个因素：一是动词前面的句子语境，即无语境限制和高语境限制两种条件；二是动词出现的过渡概率（transitional probability），即与周围的词在某一语言里共同出现的概率。实验一招募了 20 名普通双语者来完成德语句子的跟读任务，结果并未发现被试可以提前跟读出句末的动词，表明被试并未提前进行预测；但语境因素和过渡概率对跟读的时间差具有显著影响，即高限制性语境下动词的跟读时间差更短，且过渡概率越高。实验二招募了 22 名未经过口译训练的双语者和 11 名职业译员，要求他们对实验一的德语句子进行同传任务，结果发现被试在一些情况下会提前翻译出最后的动词（译员有 4% 的情况会这样，而普通双语者有 2.7% 的情况会这样），但 90% 提前翻译的情况是发生在高限制语境的句子中。另外，语境限制性对同传动词的听译时间差有显著影响，但过渡概率对听译时间差没有影响。该研究说明预测策略的使用受任务本身的影响，而同传中预测策略的使用进一步受句子语境的影响。

8.3.2 交传的源语理解和译语转换：串行与并行加工

源语到译语的转换是口译过程研究的一个重要话题，涉及的主要心理语言学问题是：在交传中，转换是否一定发生在某一意群理解之后？如果是，即被称为串行加工或者纵向翻译；如果不是，则被称为并行加工或者横向翻译（de Groot，1997）。

交传的串 / 并行加工和另外一对概念密切相关：脱离源语外壳（deverbalization）或者语码转换（transcoding）。释义理论（Seleskovitch & Lederer，1984）认为翻译有两种策略：一种是脱离源语外壳，即译员的翻译需要完全通过概念层面进行；另一种是语码转换，即译员通过源语和译语之间的映射关系直接实现转换，这种映射关系可发生在语音、词汇、句法、语义等各个层面（Paradis，1994）。有研究者认为两对概念本质相同，即脱离源语外壳代表一种串行加工，语码转换代表并行加工（Christoffels & de Groot，2005；Macizo & Bajo，2004；Paradis，1994），也有研究者认为两者不完全等同（林洁绚、董燕萍，2011）。由于串 / 并行加工也是心理语言学的核心问题，所以接下来集中探讨这对概念。

源语到译语的转换是否有并行加工？解决这个问题常用的方法是通过自定义步速阅读任务来模拟交传过程。一方面，可以比较读后口译任务和读后复述任务的自定步速阅读时间。如果存在并行加工，即读后口译任务的阅读过程中多了一个语码转换过程，那么读后口译任务会比读后复述任务更费时间，这一点得到了实验数据的支持（Macizo & Bajo，2004）。另一方面，可以利用译语的一些词汇或者句法方面的特征，考察这些特征是否影响到了读后口译的源语理解。

例如，Macizo & Bajo（2006）让职业译员和未受过口译训练的普通双语者完成自定步速句子阅读任务，并在阅读完句子之后进行复述或翻译，同时被试需要完成与句子内容相关的判断题。该研究共有四个实验，被试为西班牙语 – 英语双语者，阅读材料为西班牙语句子。在实验 1a 和 1b 中，他们让被试阅读带有歧义词的句子，其中歧义词出现在这些句子的中间，并通过在后续语境中设置某个词语来实现解歧。例如，被试可能会看到这样一句话 "After the meal we were talking about the present and we agreed that the future will be full of surprises."，其中 present 为歧义词，而后面的 future 可以解除语义的歧义。该实验还设置了另一组含有相匹配的非歧义词的句子作为控制条件进行比较。另外，研究者操控了歧义词（如 present）与后续语境中解除歧义的词语（如 future）之间的距离，距离长的为高记忆负荷条件，距离短的则为低记忆负荷条件。研究者认为，由于歧义词的解歧需要工作记忆的参与，而译语转换也需要占用工作记忆资源，如果源语理解的过程中译语转换已经开始，那么和读后复述任务相比，在读后口译任务中，我们会观察到更强的歧义效应和记忆负荷效应。实验结果支持这一假设，具体表现为：在读后口译任务下，歧义词条件下的句子关键区域阅读时间更长，句子判断题正确率更低，并且这个歧义词效应主要出现在高记忆负荷条件下，而低记忆负荷条件下则没有发现显著的歧义词效应；与此同时，对句子复述任务来说，研究者没有观察到显著的歧义效应和记忆负荷效应。在实验 2a 和实验 2b 中，被试阅读了一组包含有同源词的句子和一组包含有相匹配的非同源词的句子（控制条件）。另外，研究者还设置了同源词在句中的位置，包括位于句子开头和结尾两种情况。以往研究发现，同源词的加工比非同源词更快，这一现象称为"同源词促进效应"，常常被当作双语同时激活的证据（Dijkstra & van Heuven，2002）。而实验者的假设是，如果译语转换已经在源语理解阶段发生，那么同源词效应在读后口译任务中应该表现得比读后复述任务更强。研究者发现，不管被试是职业译员还是普通双语者，在读后口译任务中，位于句末的同源词的阅读时间显著少于控制词，但在读后复述任务中却没有观察到显著的同源词效应。因此，所有实验的结果都说明，译语的转换在源语理解时已经发生，尤其是译语的词汇特征已经得到激活，这为并行加工的观点提供了证据。另外，在实验 2b 的读后口译任务中，同源词效应只出现在句末而不出现在句首。这一结果说明，译语不是在源语理解一开始就转换激活，而是在一段时间之后，转换过程可能才开始发生。

除了发现译语的词汇特征在源语理解阶段发生激活外，研究者还发现译语的句法特征在源语理解中也发生了激活。Togato et al.（2017）考察了职业译员在源语理解阶段是否会受到译语句法分析策略的影响。研究者招募了 27 名西班牙语 – 英语职业译员，并让他们对西班牙语句子进行读后复述和读后口译。关键实验材料是具有句法结构歧义的定语从句，如 "Someone shot the servant of the actress who was on the balcony"，其中 "who was on the balcony" 的先行词可能为 servant，也可能为 actress。一般认为，英语母语者更倾向于将先行词确定为 of 前面的单词（servant），而西班牙语母语者则倾向于将先行词确定为 of 后面的单词（actress）。根据这一说法，研究者让译员在完成读后复述或口译任务之后回答相关的问题，从而确定被试在加工过程中存在何种倾向。结果发现，当译员在对西班牙语的此类句子进行读后复述任务时，更倾向于使用西班牙语母语者的策略；而当译员在对西班牙语的此类句子进行读后口译时，却更倾向于使用英语母语者的策略。这表明，译语的句法分析策略在源语理解阶段也可能会发生激活，并影响最终的源语理解。

除了考察译语的词汇特征和句法特征在源语理解中是否得到激活，Ruíz & Macizo（2019）还进一步考察了这两种特征在源语理解中的激活是否存在交互。研究者让西班牙语 – 英语被试阅读西班牙语句子并完成读后口译和读后复述任务。在实验一中，研究者在每个句子的开头、中间和结尾都设置了同源词和非同源词两个条件的对比，以及源语和译语句法一致与不一致两个条件的对比。结果发现，读后口译任务比读后复述阅读时间要长；在读后口译任务中，句子中间和结尾两个位置存在同源词效应和句法不一致效应，但在读后复述任务中不存在这些效应。这些结果进一步说明，译语转换在源语理解过程中已经发生。此外，在句末位置，句法不一致和同源词效应出现了交互：在句法一致条件下，同源词表现为促进效应；而在句法不一致条件下，同源词表现为抑制效应。为了排除句末的结尾效应（wrap-up effect），研究者在实验一的材料后面增加了一个关系从句，构成实验二的材料，但还是得到了类似的结果。这表明，译语词汇的激活有可能受源语和译语之间句法相似性的调节。

上述研究总体上支持并行加工的观点，但也有研究没有找到支撑数据。Dong & Lin（2013）探讨了可能会影响并行加工的因素。研究者认为，有两个因素很可能会影响到译语的激活情况，从而影响实验结果。第一个因素是双语之间的联系强度。根据以往的研究，不平衡双语者的二语到一语的连接往往要强于一语到二语的连接（Kroll & Stewart，1994）。因此，在二语到一语口译的源语理解过程中，译语更容易激活。为此，研究者让汉语－英语学生译员在阅读英语、汉语句子之后分别进行读后口译和读后复述，并在句子的开头、分句末和结尾设置了音译词和非音译词的对比。结果显示，只有在对英语句子进行读后口译的条件下，才出现了句首边缘显著的音译效应。这表明，两种语言不同翻译方向的连接程度会影响相应译语的激活。

Dong & Lin（2013）所探讨的第二个因素是被试的认知资源。只有当被试有充足的认知资源时，才可以支撑译语的激活。为此，研究者比较了同一组学生译员在接受一段口译训练后与口译训练前完成读后口译和读后复述任务的音译词效应。研究者认为，学生在接受口译训练后，其语言水平和工作记忆会有所提高，因此可以有更多的认知资源支撑译语的激活。结果显示，接受了一段时间训练的译员在做读后口译时，句首和分句末都出现了显著的音译词效应。而口译训练刚开始时，译员只在句首发现了边缘显著的音译词效应。研究者认为，这一结果支持译语的激活受译员认知资源调节的观点。随后，上述研究者的另一项研究（林洁绚等，2015）则通过直接操作工作记忆负荷，为这一观点提供了更为直接的证据。在该研究中，研究者让学生译员阅读英语句子，并完成读后口译和读后复述任务。同时，研究者将实验句分为高工作记忆负荷和低工作记忆负荷两个条件。其中在低工作记忆负荷条件下，音译词和非音译词都是嵌套在简单的句子中，而在高工作记忆负荷条件下，音译词和非音译词所在的区域之前都嵌套有一个定语从句。结果发现，音译词效应只出现在读后口译任务中，而且与高工作记忆负荷相比，低工作记忆负荷条件下得到的音译词效应更加稳定和显著。这一结果支持了译语的激活受工作记忆负荷影响的观点。

8.3.3 同传的源语 – 译语加工的同步性和翻译单位

同传任务中的源语理解和译语产出的同步性也是一个相关的议题，主要包括三个问题：源语和译语的重叠，听译时间差，以及翻译单位和源语输入切分。

1. 源语和译语的重叠

同传译员需要同时进行源语理解和译语产出两项任务。Chernov（1979）通过对俄语 – 英语同传的分析发现，译员平均 70.5% 的时间都在同时接收源语输入和产出译语，最高比例可达 89%。Gerver（1976）认为译员不太可能从停顿中获利。该研究发现，源语输入的停顿有 13% 介乎 1—2 秒，有 40% 超过 2 秒，其余的停顿基本都是在 1 秒以下；译员有 75% 的时间都在同时进行听和说，但同传的正确率依然可以达到 85%；发言人讲话（不包括停顿）的时间中，在 64% 的时间里，译员都在进行译语的产出。

Lee（1999a，1999b）通过分析职业同传译员从英语译入韩语的产出，对源语和译语的重叠问题以及源语中的停顿对同传的影响进行了更加细致的研究。研究发现，随着发言人说话时间比例（发言人说话时间占整个同传任务总时间的比例）的增加，译员同传的正确率也会降低；如果发言人说话时译员正同时兼顾听和说，那么译员同传的正确率要低于译员只听不说的情况。这表明，同时进行听和说会对译员的口译产出质量造成干扰。分析说话人的停顿还发现，发言人的大部分停顿都出现在译员进行口译的时候，这表明同传译员还是在一定程度上利用了发言人的停顿。

2. 听译时间差

听译时间差（ear-voice span，EVS）指译员从开始接收源语输入到开始进行相应的译语产出之间的时间间隔，有两种计算方式：以单词数目衡量；以时间单位衡量（Christoffels & de Groot，2005）。 主要有两个研究问题：是否存在最佳听译时间差？听译时间差的长短受哪些因素影响？

如果听译时间差过长，同传译员可能会因为接受过多的信息而出现漏译（Barik，1975；LambergerFelber，2001）。Lee（2002）分析了韩语-英语职业译员同传时的听译时间差，发现当听译时间差过长时（超过 4 秒），当前句子的翻译质量会下降，而且紧接着出现的句子的听译时间差也会变长，进而影响翻译质量。如果听译时间差过短，则可能出现误译等情况。Barik（1975）证实了这一点，同时，该研究还发现，同传译员在加工功能词（如 to、for 和 as）时存在困难，这可能是由听译时间差太短所致，因为这些词往往具有歧义，在没有听完整个句子就开始口译很有可能会产生理解错误。由此可见，听译时间差需要在防止工作记忆负荷超载和保证源语正确理解这两者之间取得平衡（Christoffels & de Groot，2005；Oléron & Nanpon，1965），因此可能存在着一个最佳的听译时间差来保障口译的顺利进行。有许多研究者考察了译员在不同语言组合下的听译时间差，希望能找到最佳听译时间差，最终各个研究所得的数据基本稳定在 2—10 秒的区间范围内（详见董燕萍、陈小聪，2020）。

2—10 秒之间的差异受很多因素影响，这些因素可能是句子长度（Lee，2002）、源语句子之间的停顿（Lee，2002）、源语语速（如 Barik，1973；Lee，2002）、译员的译语速度和产出情况（如 Collard & Defrancq，2019；Lee，2002）、具体源语与译语的组合（如 Collard & Defrancq，2019）、文本难度（如 Díaz-Galaz et al.，2015）、有无文本准备（如 Díaz-Galaz et al.，2015）以及口译经验（如 Timarová et al.，2014）等。例如，关于源语语速，丘羽先（2017）比较了三种源语速度，即每分钟 100 个词、130 个词和 160 个词，结果发现：前两种源语速度情况下，听译时间差显著减少；后两种速度情况下，听译时间差没有显著变化。

不同的语言组合对听译时间差的影响可能跟语言结构有关。例如，Goldman-Eisler（1972）发现，德语译入英语的听译时间差要长于从法语译入英语。这可能要归于德语中存在的 SOV 结构，即为了保证翻译质量，译员往往需要等待动词出现才可以进行翻译。同样，也可能因为荷兰语和德语一样存在 SOV 结构，Collard & Defrancq（2019）发现，相比从法语或英语译入其他语言的情况，从荷兰语译入其他语言的听译时间差更长。更有趣的是，Bevilacqua（2009）发现，从德语译入意大利语的听译时间差要长于从荷兰语译入意大利语，这是因为德语比荷兰语对 SOV 结构要求更加严格。

3. 翻译单位和源语输入切分

一个与听译时间差相关的问题是，译员究竟需要多少语言信息才能产出译语？这个问题涉及译员对源语输入的切分，即译员的翻译加工单位的问题。通过分析职业译员的同传产出，Goldman-Eisler（1972）发现，听译时间差中有 92% 的语块是 NP+VP 的结构；译员倾向于延迟他们的译语产出，直至动词出现之后才开始进行翻译。Donato（2003）发现，意大利语译员在进行英语 – 意大利语同传时，听译时间差的语块多是以 NP+VP+NP 或者 NP+VP 为主；而德语译员在进行德语 – 意大利语同传时，则主要以 NP+VP 为主。

Goldman-Eisler（1972）发现，在 90% 的情况下，译员在源语语流出现停顿之前就已经开始口译，表明译员并不完全依靠源语的自然停顿来对源语输入进行切分，而是有自己的切分策略。当然，停顿也有助于切分并进而有助于提高质量。例如，Barik（1975）发现，如果源语语流中的停顿更多是停在语法结构边界（如从句或短语边界），译员的表现会更好。Gerver（1971）也发现源语的停顿可能对切分有影响。Gerver 让职业译员完成一项同传任务，其中一个条件是正常播放的材料，另一个条件下作者将源语中大于 250 毫秒的停顿删除。他分析了两个条件下译员同传产出和源语输入的关系，发现在正常条件下，译员在译语中 55% 的停顿是在主要语法单位的边界处，30% 的停顿是在次要语法单位的边界处，而只有 15% 的停顿发生在语法单位内部。而当译员听到的是删除停顿的材料时，译员在译语中 32% 的停顿是在主要语法单位的边界处，42% 的停顿是在次要语法单位的边界处，26% 的停顿则发生在语法单位内部。

8.3.4　口译产出中的停顿和自我修正

停顿和自我修正是言语产出过程中经常出现的现象，在一定程度上反映了言语计划过程和对产出的自我监控过程（Levelt，1989）。多数关于口译产出中的停顿和自我修正的研究为描述性研究。

1. 停顿

停顿一般可以分为两类：无声停顿（没有发声的停顿）和有声停顿（如英语的 uh、汉语中的"嗯"或"啊"）。在具体研究中，研究者会对无声停顿作出界定，通常只有时长大于某个阈值的无声停顿才被用于分析。Dechert & Raupach（2011）认为，只有时长超过 0.3 秒的无声停顿才能被算作是真正意义上的无声停顿，也有研究者将阈值设为 0.25 秒（Tissi，1999；丘羽先，2017）。

一些研究关注译语产出停顿和源语输入停顿之间的关系。例如，Tissi（1999）分析了 10 名学生译员产出中的停顿，发现译员在 0.25—1.25 秒之间的停顿次数和源语的停顿情况基本类似，但译语比源语有更多较长的停顿（大于 1.25 秒）。Wang & Li（2015）考察了 5 名专家译员和 5 名学生译员的汉英同传产出，结果发现译员产出中的停顿要比源语中的停顿次数更少，但时长更长，这和 Ahrens（2005）从德语 – 英语职业同传译员的产出中所得到的结论一致。

也有一些研究关注译员停顿的具体位置。例如，Wang & Li（2015）考察了专家和学生译员在汉英同传产出中的停顿分布，发现 50% 的停顿都分布在句子前，不过也有 22.5%—25.7% 的停顿分布在短语内部，但这种情况在作者看来并不自然；相比学生译员，专家译员更多的停顿出现在句子前，而主语和谓语之间、动词和宾语之间以及短语内部的停顿的比例较小，这表明职业译员更多会选择在恰当的句法结构位置处停顿。

此外，一些研究还关注译员停顿的原因。例如，Ahrens（2005）认为同传译员出现较长的停顿主要有两个原因：一是译员在进行译语产出前需要接收一定量的源语输入；二是译语产出计划过程中产生了额外的认知负担。Wang & Li（2015）也对停顿原因作了分析，发现译员在汉译英产出中短语内部的不自然停顿主要是由某些同传策略导致的，如等待、信息编码和结构重组等；而职业译员因为产出计划过程中的等待、编码、重组或概念化而产生的停顿比学生译员更少，职业译员的停顿更多是为了监控和使用某些优化策略。

2. 自我修正

Levelt（1983）认为，修正可分为显性修正（overt repair）和隐性修正（covert repair）。显性修正发生在发音之后，而隐性修正发生在发音之前。根据修正的原因，显性修正可以分为恰当性修正（A-repair）、错误修正（E-repair）和差异修正（D-repair）。恰当性修正指的是说话人为了消除歧义，或者想换用更清晰、更恰当的表达，或者是为了连贯等原因而进行的修正。错误修正指的是说话人为了更正之前话语在句法、词汇或语音上的错误而进行的修正。差异修正指的是说话者不想继续当下的内容，换成全新的信息来表达。隐性修正在口语中主要表现为两种：一种是突然停止，随后附上编辑用语，如 "Then right...uh green"；另一种则是重复前面的一个到多个词汇后再进行修正。

多项研究基于上述框架对口译修正现象进行了分析。例如，Petite（2005）发现，在研究者所分析的职业译员二语到一语同传的自我修正中，错误修正的数量少于恰当性修正、差异修正和隐性修正。Song & Cheung（2019）对接力口译（relay interpreting，联合国会议中的一种口译形式）和非接力口译（即普通的同传）中的修正现象作了分析。他们发现，相比非接力口译，接力口译中词汇和语音方面的错误修正较少，而更多的是恰当性修正、句法方面的错误修正和差异修正。

8.4　口译过程的一般认知心理议题

口译过程的一般认知心理议题包括口译中的信息记忆存储、注意力分配、认知负荷、焦虑和压力等，这些议题与口译任务的特征密切相关。

8.4.1　信息的记忆存储

　　根据 Baddeley & Hitch（1974）提出的工作记忆模型，人们如果在记忆过程中说话，就会影响语音回路中的发声复述，进而干扰说话者对信息的记忆存储，这种现象称作发音抑制或者语音干扰。由于同传任务往往要求译员边听边说，译员的信息存储过程可能会受到发音抑制的影响。

　　Gerver（1974a）首次比较了同传与其他语言任务对语言信息的理解和记忆存储的影响，此后的研究基本都采取了这种不同语言任务之间比较的方法。在该研究中，9 名职业同传译员完成三项任务，即对三段法语材料分别进行听力、跟读以及法英同传。研究结果显示，被试对材料的理解和回溯得分在正常听力条件下最高，其次为同传条件，而跟读条件得分最低。这一结果说明，同时进行听和说会产生发音抑制，从而对被试的记忆存储造成负面影响。Lambert（1988）也做了一项类似的研究，同样发现同传任务会产生语音干扰。

　　Darò & Fabbro（1994）的设计较为复杂，但得到了类似的发现。在该研究中，24 名母语为意大利语的高级学生译员完成两大任务：任务一是让被试听两段故事，而后对其中一段同传后进行回溯，另一段听力理解后进行回溯；任务二是让被试完成听觉数字广度任务，该任务设置了四个条件，即只听数字不发声、边听数字边跟读、边听数字边发无意义的音节（发音抑制条件）、边听数字边同传。结果发现，任务一中，被试在同传条件下对故事的回溯得分显著低于简单听力条件下的得分；任务二中，同传条件下的数字广度显著小于其他三个条件的数字广度，而边听数字边发无意义音节条件弱于只听数字不发声条件。这些结果都进一步表明，同传加工过程中的言语产出会带来发音抑制，因此会给被试的信息记忆存储造成负面影响。而 Isham（1994）的研究也重复了这一实验结果。

　　一些研究将同传任务与视译或笔译任务作对比。Díaz-Galaz & Torres（2019）比较了 13 名高级学生译员在同传和笔译两种任务下对材料的记忆提取情况，记忆提取测试包括同传／笔译之后的摘要撰写、单项选择题以及完形填空三种任务。结果显示，对于摘要撰写来说，同传任务下的得分高于笔译条件下的得分；而在完形填空的正确率上，同传条件下的得分低于笔译条件下的得分。这反映了信息的记忆存储情况与具体的任务条件和记忆测量方式有关。

8.4.2   注意力分配

注意力分配是口译（尤其是同传）中的典型问题。Lawson（1967）最早考察了同传任务中的注意力问题。研究者让 6 名荷兰语 – 英语普通双语被试边听小说边进行同传任务。在同传任务中，被试只从一只耳朵接收源语输入，而另一只耳朵则接收无关干扰信息。干扰信息的内容可能与源语输入来自同一本小说，也可能来自不同的小说；干扰信息的语言可能和源语一致，也可能和译语一致。结果显示，当干扰语言和源语一致时，漏译要显著多于不一致时的情况，而此时，当干扰信息和源语输入来自不同小说时，漏译要多于来自相同小说时的情况；当干扰语言和源语不一致时，干扰信息和源语输入来自不同小说时，漏译要少于来自相同小说时的情况。这些结果反映了口译加工过程中注意力分配的复杂性。

此外，还有一些研究探讨口译过程中译员注意力集中的位点（源语理解或译语产出）是否会影响最终的口译产出。Lambert et al.（1995）招募了 16 名法语 – 英语职业同传译员，并让他们完成两个翻译方向的同传任务。同传文本设置了两种不同的难度。同传任务设置了四种注意力条件：（1）控制条件（直接进行同传，没有特殊要求）；（2）将注意力集中在源语输入上；（3）将注意力集中在译语产出上；（4）一只耳朵接收源语输入，另一只耳朵接收来自与源语同一语言的无关信息（干扰）。每个条件下，源语输入分为双耳输入、左耳输入和右耳输入三种情况。研究者分析了不同条件下翻译正确的项目比例以及错误总数。结果显示，两个翻译方向下，四个不同注意力条件下的同传表现都没有显著差异。这表明，口译过程中，无论将注意力放在源语输入上还是译语产出上，职业译员的同传表现都没有明显差异。

但在这些研究者的另外一项研究（Darò et al., 1996）中，他们进一步分析了四个条件的错误类型。研究者将错误分为两大类：一类是信息上的错误，包括漏译、错译、模糊翻译等；另一类是语言表达和流利上的错误，包括重复、形态语法错误、增译、停顿、口误、修正等。主要有三个发现：（1）从一语到二语翻译中遇到难度大的文本时，第一类错误更多；（2）从二语到一语翻译中遇到难度大的文本时，如果源语输入只从左耳输入，第一类错误更少；（3）从一语到二语翻译中遇到难度大的文本时，如果被试将注意力集中在源语输入上，会产生更多的第二类错误。这表明，当一语到二语翻译中遇到难度大的文本时，将注意力集中在译语产出上可能更有助于同传表现。

8.4.3　认知负荷

口译可能会带来较大的认知负荷。Sabatini（2000）让 10 名职业译员对材料分别进行单纯的听力理解、跟读和同传任务，并考察三个条件下被试对任务材料的理解状况。结果发现，单纯的听力理解任务最为简单，跟读任务次之，而同传任务难度最大。这些结果在后续的重复研究中也得到了进一步验证（van Paridon et al.，2019）。

释义任务也常常用于跟同传任务作比较。例如，Christoffels & de Groot（2004）比较了普通双语者在跟读、口译和释义三种任务在即时产出和延迟产出两个条件下的情况。结果发现：（1）同传、释义任务的即时产出质量要显著差于延迟的产出质量，而跟读任务在即时和延迟产出两种条件下没有显著区别；（2）跟读、口译和释义三种任务在即时产出条件下的差别更大，在延迟产出条件下差别不大；（3）跟读任务的表现优于同传任务和释义任务的表现，而后两者的产出质量没有显著区别；（4）释义任务下的听译时间差显著长于同传任务。研究者认为，这些结果表明，同传的难度不仅源自理解和产出的同步性，还源自语言的重新编码；释义任务也具有较高的认知负荷，甚至比同传任务更难。关于后面这一点，研究者认为，释义任务需要被试采用同一门语言中的表达来描述，要求被试拥有更丰富的词汇系统，而且还要抑制原有句子形式的影响，因此认知负荷更大（Christoffels & de Groot，2005）。

同传和交传是否有认知负荷的区别？ Liang et al.（2017）、Lv & Liang（2019）分析了同传、交传和笔译的产出语料以及源语原文的各项指标，包括句子的平均依存距离、信息密度、词汇重复度、词汇复杂度等，发现交传的产出语料比同传的产出语料有更小的依存距离、信息密度和词汇复杂度，有更大的词汇重复度。这些结果表明，交传产出比同传产出在词汇和句法特征上更为简化，说明交传任务的认知负荷并不比同传任务小。研究者认为这有可能是因为交传任务比同传任务需要被试存储更多的信息，在产出阶段对工作记忆的要求更高。

视译的认知负荷很有争议。视译任务提供源语文本，这既有可能降低译员的短期记忆负担，也有可能对口译产出造成视觉干扰，从而带来额外的认知负荷。为此，Agrifoglio（2004）让 6 名职业译员完成同传、交传及视译任务，并分析了他们产出中的错误。研究者发现，视译任务更容易因为源语干扰而出现语言表达错误；同传和交传中出现的错误更多的是由记忆负担和笔记问题而导致的语义错误。因此，研究者认为，视译会带来更大的视觉干扰，且视译在认知负荷上并不比其他两项口译任务少。Lambert（2004）也对这一问题进行了研究，却得出了不同的结论。他让 14 名学生译员分别完成视译、同传和带稿同传三项任务，结果发现视译和带稿同传比同传的表现更好。然而，这些研究的被试数量较少，且不同任务之间的材料匹配上没有具体说明，因此，关于视译的视觉干扰问题仍然没有确切的结论。

8.4.4　焦虑和压力

口译带来焦虑和压力，这是许多研究者感兴趣的议题。例如，Klonowicz（1990）让 20 名职业同传译员进行单纯听力、跟读和同传，并同时记录他们的心跳活动，以及用量表测试被试的人格特质，包括反应性性情（reactivity temperament）、特质焦虑和特质好奇心。结果显示，与单纯听力相比，译员在跟读和同传一开始的心跳速率显著提升，但随着任务的进行，心跳逐渐趋于稳定，且这种趋于稳定的效应大小与被试的反应性性情、特质焦虑和特质好奇心相关。Klonowicz（1994）的另一项研究则记录了 16 名职业译员在口译中四个连续的话轮下的心脏收缩压、舒张压以及心跳速率。她发现译员在每个话轮的开始阶段，收缩压和舒张压显著提升，而到了话轮的中间阶段，收缩压恢复正常水平，舒张压却继续上升；心跳速率则在前两个话轮保持正常，之后显著上升。研究者认为，这反映了同传口译过程中译员压力的提升。

Moser-Mercer et al.（1998）让 5 名译员完成一项长达一个小时的同传任务，分析三个时间点（任务开始前、任务开始后 30 分钟、任务结束时）被试血液中的荷尔蒙浓度，以及收集的问卷信息，并分析他们最终的口译产出质量。结果显示，译员的荷尔蒙浓度一开始会显著提升，但后面出现下降；问卷所反映的心理压力也呈现相同趋势；口译质量到后面也出现了下降。这说明，随着口译时间的增长，译员有可能由于压力过大而动机减弱，错误也随之增多。

Korpal（2016）则考察了源语的语速是否对译员口译过程中的压力产生影响。研究者记录了 10 名学生译员在语速较快和语速较慢两个条件下进行同传时的心跳速率和血压。结果显示，虽然在血压这一指标上，研究者没有发现两个不同的语速条件存在差别，但语速较快的条件下被试的心跳速率更快。这说明，源语语速会对译员的压力产生影响。

8.5　影响口译产出的因素研究

8.5.1　翻译方向

口译的方向性问题，即译员究竟应该从一语译入二语（即优势语译入弱势语，也称从 A 语言译入 B 语言，或称前向翻译），还是从二语译入一语，一直是口译界争论的热点。许多调查研究表明，译员（非手语译员）更倾向于从二语译入一语（Donovan，2004；Nicodemus & Emmorey，2013），但也有研究持相反的观点（Al-Salman & Al-Khanji，2002；Pavlović，2007）。

在词汇翻译这个层面上，多数研究发现翻译方向是否影响翻译表现这个问题与个体的二语水平和翻译经验相关。例如，Christoffels et al.（2006）让 13 名职业译员、15 名从事语言教学的双语教师以及 39 名没有经过同传训练的普通双语学生完成一语到二语以及二语到一语的单词翻译产出任务。研究发现，只有普通双语学生组的后向翻译比前向翻译快，其他两组均未发现翻译方向对单词翻译速度和正确率有显著影响。Santilli et al.（2019）也发现，对于职业同传译员和高水平的普通双语者而言，翻译方向没有影响单词翻译产出的准确率和反应时。

在高于词汇的层面上，多数研究支持译入一语时的质量更高，流利度更好。例如，Mead（2000）研究了同传译员中的有声停顿和无声停顿，发现相比译入二语方向，译入一语方向下的停顿频率更少、时长更短。Lin et al.（2018）考察了 22 名汉英学生译员在两个翻译方向下的同传流利度，结果发现相比译入二语，译入一语的整体流利度更好，且出现无声停顿、有声停顿、重复和漏译的情况更少。但也有研究不支持译入一语的质量更好。例如，Al-Salman & Al-Khanji（2002）分析了 10 名阿拉伯语 – 英语职业译员进行两个翻译方向同传时的表现，发现译入二语时准确传递了更多的信息，这很可能是因为译员能够更准确地理解一语的语义，因此在翻译上可以保证更高的准确率和信息完整度。

此外，还有一些研究发现，在某些指标上，译入一语表现更好，但在另外一些指标上，译入二语表现更好。例如，符荣波（2012，2013）考察了 15 名汉语 – 英语学生译员在英汉交传和汉英交传时的产出流利性，发现译入二语比译入一语产生了更多的不恰当停顿，而且无声停顿时间更长，但译入一语比译入二语产生了更多的修补。袁帅、万宏瑜（2019）考察了 20 名汉语 – 英语学生译员在进行英汉视译和汉英视译时的产出，也发现了与符荣波（2013）类似的结果，即英译汉条件下的不恰当停顿少于汉译英条件，但英译汉条件下的修补更多。

翻译方向还可能影响译员的策略使用。例如，Bartłomiejczyk（2006）运用事后有声思维法（retrospective think aloud）考察了 36 名波兰语 – 英语高级学生译员在进行两个翻译方向的同传时所采用的口译策略。结果发现：当源语为二语时，译员会更频繁地使用推测和平行重述（parallel reformulation）等策略。Chang & Schallert（2007）发现汉语 – 英语译员在进行两个翻译方向的同传时会采用不同的策略，尤其是在译入二语时，译员会使用更多省略和概括的策略。

翻译方向也有可能影响手语同传。例如，一些研究者通过问卷调查发现，手语同传译员更倾向于从口头语言译入手语（Napier et al.，2005），而且相比专家手语同传译员，新手手语同传译员的这种倾向更加明显（Nicodemus & Emmorey，2013）。对于大多数手语同传译员而言，手语为弱势语言，这表明译员似乎更倾向于从优势语译入弱势语。另外一些研究者则开展了相关的实证研究，考察了不同的翻译方向是如何影响同传表现的。van Dijk et al.（2011）考察了 25 名荷兰语 – 手语职业同传译员在进行手语到荷兰语和荷兰语到手语的同传表现，结果发现，后者比前者表现更好，其命题翻译正确率更高，整体的主观质量更好。然而，Wang & Napier（2015）考察了 31 名英语 – 手语职业同传译员在进行手语到英语和英语到手语同传时的表现，却发现两个翻译方向的同传质量没有显著区别。Nicodemus & Emmorey（2015）考察了 15 名英语 – 手语新手同传译员和 15 名英语 – 手语专家同传译员在两个翻译方向下的同传表现后发现，对新手译员而言，从手语译入英语时的正确率和流畅性更高，而专家译员在两个翻译方向下的表现并未有显著差异。这表明翻译方向对同传的影响与译员的同传经验有关。

8.5.2　源语输入因素

大量研究考察了影响口译产出或加工过程的源语输入因素，这些因素包括两大类：一类是与源语听觉输入有关的变量，如语速、噪声、口音等；另一类是与源语输入的文本特征有关的变量，如整体难度、结构特征、文本的话题熟悉度、信息密度、关键句的句法或语义特征、关键词的词汇特征等。

1. 源语听觉输入变量

影响口译过程或者口译质量的听觉输入变量涉及口音、语速等，其中，口音的影响几乎没有异议。例如，Han & Riazi（2017）比较了标准英语和带有重口音的英语两种情况下汉语 – 英语同传译员在进行英汉同传任务时的表现，结果发现，重口音会对同传产出的信息忠实度、流利度和语言表达产生负面影响。Lin et al.（2013）对一个人发音的语言材料在两个维度（音段、韵律）上进行操纵（正常和异常），制作了四段音频。结果显示，音段和韵律异常都对同传的表现有显著影响；韵律异常对同传产出的影响大于音段异常的影响。

源语语速对口译表现的影响比较复杂。首先，绝大部分实证研究发现，语速过快会给口译质量带来负面影响。Gerver（1969，2002）最早考察了语速对同传的影响。他招募了 10 名职业译员，其中 5 名译员完成跟读任务，另外 5 名译员完成同传任务，每个任务下源语输入有 5 种播放速度，分别为每分钟 95 词、112 词、120 词、142 词和 164 词。结果发现，同传组受语速的影响大于跟读组。具体而言，在语速过快时同传组的正确率低于跟读组，听译时间差也长于跟读组。其次，语速并不是越慢越好。例如，Gerver（1969，2002）发现，译员在语速为每分钟为 95 词时反而说得较少，停顿更多，而在每分钟 112 词或 120 词时，会说得更多，停顿更少。丘羽先（2017）考察了三种源语速度（每分钟 100 词、130 词和 160 词）对 28 名汉语–英语学生译员英汉同传的影响。研究发现，当源语速度为每分钟 100 词时，学生译员在词汇层面的漏译和替代错误多于语速较快的情况（每分钟 130 词和 160 词），且译员更容易受到源语句式的干扰。

源语语速对口译表现的影响可能还与其他因素（如译员水平、不同语言对的组合等）交织在一起，其影响大小也与不同的指标有关。例如，Han & Riazi（2017）通过考察 32 名职业译员在不同语速下的同传表现，发现语速只对职业同传译员产出的信息完整性和流利度有显著影响（具体表现为更快的语速会导致更差的信息完整性和流利度），但对语言表达没有显著影响。丘羽先（2017）发现，学生译员在进行英汉同传时，如果源语语速加快，片段漏译的次数显著增加，但口译产出的词汇多样性反而是在源语语速最快（每分钟 160 词）的条件下达到最高水平，且显著高于其他两个语速条件（每分钟 130 词和 100 词）；另外，当源语语速从 100 词过渡到 130 词时，译员的听译时间差变短，无声停顿次数减少，产出速度加快；而当源语语速从 130 词过渡到 160 词时，听译时间差和产出速度不再出现显著变化，但无声停顿次数仍持续减少。

译员在较快语速下的口译策略可能会有所不同。Meuleman & van Besien（2009）分析了 16 名职业译员的产出，发现大部分译员在应对较快的源语语速时主要采用了顺句驱动的翻译策略（tailing strategy），而少部分译员会采用切分策略（segmentation strategy）。另外，Barghout et al.（2015）借助语料库分析发现，译员在语速较快条件下会倾向于省略源语中的冗余信息。

van Paridon et al.（2019）利用计算机建模揭示了源语语速过快对口译造成负面影响的机制。该研究让 20 名荷兰语 – 英语双语者进行两种不同语速的同传任务和跟读任务，发现被试的同传任务更容易受到语速的负面影响。为了解释这一现象，研究者进行了计算机建模，模型假设：同传中源语理解和译语产出两个过程之间存在词汇选择的瓶颈机制。根据这一假设，如果译语产出中进行了词汇选择，那么源语理解的词汇选择就无法进行，反之亦然。研究者发现，在这个机制假设下的计算机模型可以很好地解释所观察到的语速对同传任务和跟读任务的不同影响。因此，词汇选择的瓶颈可能是源语语速过快影响同传表现的一个重要原因。

2. 源语文本特征

影响口译质量或加工过程的源语文本特征涉及文本难度、文本熟悉度等。文本难度可能由多个维度决定，既包括全局性的语篇结构和语篇中的各种信息密度，还包括局部的词汇和句法特征。例如，对于全局性因素，Dillinger（1994）招募了 8 名职业译员和 8 名无同传经验的双语学生进行同传，考察句法、语义和语篇等因素对同传的影响，具体考察因素包括从句密度和命题密度（按照每个翻译片段计算）、从句嵌套情况、命题重要性、命题重要性和句法结构重要性的直接对应情况、文本类型（记叙文体还是程序说明文体）。结果发现，从句和命题密度越大，命题和句法结构越不对应，产出的正确率越低；命题重要性只在记叙文体中起作用；被试在翻译记叙文体任务时正确率更高；这些文本因素对职业译员和无口译经历的双语学生的影响没有差异。对于局部因素，Al-Rubai'i（2004）发现，在遇到两种语言句法结构不一致的情况时，阿拉伯语 – 英语同传译员会出现很多漏译和错译的情况。Plevoets & Defrancq（2018）发现，源语文本中的程式化短语越多，译员的有声停顿次数越少。文本难度影响译语产出的原因在于这些难度因素会给工作记忆带来更大的负担（Gile，1997；Seeber，2001）。

事先准备、文本熟悉度、背景知识都可以是独立的口译研究话题，但事先准备能够增强文本熟悉度，弥补或者丰富背景知识，且常常是口译实操中可以掌控的因素，因此事先准备在文献中似乎出现得更多。事先准备能够在一定程度上减少任务负荷，因此对口译过程或者口译质量有一定的影响。例如，Díaz-Galaz et al.（2015）让 26 名学生译员和 7 名职业译员进行同传，两段文本中设置了难度较大和无翻译难度两类项目，并同时设置了两个翻译条件：无准备；提前半小时给文本让译员做事先准备。结果发现：不管是学生译员还是职业译员，在有事先准备的情况下，正确率更高，且听译时间差更短；事先准备和项目难度没有交互作用。Ding（2015）招募了两组学生译员，相对于控制组，实验组在同传前阅读了相关的背景知识简介。结果发现，两组译员在加工较容易的项目时表现一致，但在加工较难的项目时，阅读了背景知识的实验组表现更好；相比控制组，实验组更多地使用了一些宏观层面的策略，且运用这些策略的成功率更高。研究者认为，背景知识主要是在句子和语篇层面对译员的表现起到了促进作用。

3. 视觉信息的伴随

口译过程中，视觉信息的伴随（如发言人的神情、嘴唇运动、手势等）是否会提升口译产出质量？这个问题至今仍然没有定论。Balzani（1990）最早考察了有无伴随视频录像对同传质量的影响。在这个研究中，12 名学生译员分别对发言人的即兴演讲和事先准备好的带稿演讲进行音频或视频的同传。结果显示，当发言人即兴演讲时，译员在有发言人视频录像的情况下出错更少。但是，随后的一系列研究都没能得到同样的发现（如 Rennert，2008）。

另外，在当前的口译环境中，译员往往会在口译现场看到发言人借助幻灯片发言。有些研究者则考察了幻灯片伴随的信息是否会对口译质量造成影响。Blatter & Lopez Conceiro（2015）考察了幻灯片中文字的信息密度对 4 名学生译员同传的影响。结果发现，当幻灯片包含完整从句时，译员的翻译质量最好。Stachowiak-Szymczak & Korpal（2019）则考察了幻灯片信息对数字口译的影响。他们招募了 26 名职业译员和 22 名学生译员，并让译员进行二语到一语的同传；其中一半材料提供幻灯片，另一半材料没有提供幻灯片。结果发现，在有幻灯片的条件下，译员对数字的翻译正确率更高。因此他们认为，幻灯片可以提高译员数字翻译的正确率。

4. 单 / 双耳输入

Parsons（1978）通过调查发现，大部分同传译员都倾向于在接收源语时从单耳输入。为此，一些研究者对同传是否存在单耳优势这一问题展开了研究。Lambert（1993）招募职业译员和学生译员完成同传任务，每位被试分别设置了左耳输入、右耳输入和双耳输入三个条件。通过分析右利手被试的数据发现，左耳输入下的同传错误率显著小于其他两个条件下的错误率，因此同传存在左耳输入的优势。Lambert et al.（1995）则进一步对这个问题进行研究。他们招募了 16 名右利手同传译员对简单文本和复杂文本进行两个翻译方向的同传，并设置左耳输入、右耳输入和双耳输入三个条件。结果发现，对于从一语到二语的同传，当被试翻译简单文本时，左耳输入的正确翻译的项目数多于其他两个输入条件的正确数目；而对于二语到一语的同传，当被试翻译复杂文本时，左耳输入的错误总数少于其他两个输入条件的错误总数，而且左耳输入下的漏译数量也少于其他两个输入条件下的漏译数量（Darò et al., 1996）。

8.6　口译过程的眼动研究

口译过程的眼动研究多数体现在视译（sight translation）上。视译类似于同传，被试需要一边看着视觉输入的源语文字，一边将源语快速翻译成目的语，这不仅是一种翻译模式，更是一种口译训练的方式。除视译之外，眼动技术也可用于其他研究议题，如交传笔记的利用。

8.6.1　视译中的源语干扰和句法加工

由于源语在整个视译过程中不会消失，因此视译中的源语干扰就成为一个重要的研究话题。这类研究常常操控句法特征，包括句法难易度、两种语言句法结构的异同等。

Shreve et al.（2010）让 11 名学生译员分别完成三项任务：视译、笔译和作为基线的普通阅读。每位被试在视译、笔译任务中都会分别接触两个文本，其中一个文本的第一段包含结构简单的句子，第二段包含结构复杂的句子，而另一个文本则倒过来。研究者在长度、词汇和意义上对结构简单和复杂两个条件进行了匹配。眼动数据显示：（1）与基线的普通阅读任务相比，视译任务注视点次数更多，注视时长更长，还出现了更多的回视；（2）与包含结构简单的句子的情况相比，当被试在文本的第一段遇到结构复杂的句子时，注视点次数更多，注视时长更长且回视次数更多，但这一效应并未在文本的第二段出现，这有可能是因为被试劳累或者其他因素影响；（3）笔译任务中，不论第一个段落还是第二个段落，研究者都没有发现结构简单和结构复杂的句子区域在眼动指标上的显著差异。因此，研究者认为，译员在视译任务中对句法复杂度更为敏感，且极易受到源语的干扰。

何承恩（2017）在其博士论文中报告了三组人群（职业译员、学生译员、普通双语者）在加工汉英结构一致和不一致时的情况。他发现：（1）当遇上英汉不一致的结构时，职业译员的产出很少停顿，学生译员偶尔有较长的停顿，且注视点个数较多，普通双语者则会经常出现较长时间的停顿，且注视点次数最多；（2）在加工英汉不一致结构时，普通双语者在回看时间、重读时间和总注视时间上比加工英汉一致结构时更长，且这一现象在默读任务时就已出现，但两组译员加工两类结构时没有加工时间上的差异；（3）视译任务中，普通双语者在加工英汉不一致结构时的凝视时间也长于加工英汉一致结构时的凝视时间。这表明未受过口译训练的双语者在加工英汉不一致结构时需要花费更大的精力。

Chmiel & Lijewska（2019）让 24 名职业译员和 15 名学生译员对两组英语句子进行视译（英语译为他们的母语波兰语），两组句子分别为先行词作主语的定语从句和先行词作宾语的定语从句。研究者指出，英语中先行词作宾语的定语从句在加工上更困难，且在翻译过程中需要进行结构重组。结果显示，先行词作宾语的定语从句的翻译时间长于先行词作主语的定语从句的翻译时间，但注视时间和回视时间更短，注视时间所占的比例更小。研究者认为这一结果反映了译员的策略，即当翻译需要重组句法结构时，译员通过更少地注视句子来避开源语的干扰。另外，研究者还发现，学生译员在定语从句的兴趣区上的总注视时间长于职业译员的总注视时间，而在加工先行词作宾语的定语从句时，学生译员注视时间比例更大。这一结果也表明，职业译员能更好地运用策略

（即更少地注视句子）来抵制视觉干扰。

Ma et al.（2020）比较了 25 名学生译员在进行汉英视译时处理汉英句法结构一致和不一致两种情况下的眼动模式。研究者发现，句法结构不一致会对眼动模式产生一定的影响，具体表现为在处理汉英句法不一致的句子时，译员总的注视时间更长，注视点次数更多，并且译员在这些句子中词语的首次注视时间和回视路径阅读时间也更长。研究者还发现，语境并不能完全抵消句法不一致带来的影响，而且多数学生译员在口译时更倾向于重新更改词语的顺序来处理句法不一致的情况。

8.6.2　视译与其他任务的比较

一些眼动研究将视译和其他任务进行了比较，以此考察视译的加工过程。例如，Jakobsen & Jensen（2008）比较了被试完成视译任务与完成其他任务时的眼动数据。研究者让 6 位职业译员和 6 位学生译员完成四项带有不同目的的阅读任务，包括：（1）单纯的阅读理解任务；（2）阅读文本并告知阅读完之后进行翻译；（3）阅读文本并同时进行视译；（4）阅读文本并同时进行笔译。研究者记录了这四种任务条件下被试阅读文本时的眼动数据。通过分析发现，不论是职业译员还是学生译员，他们的阅读时间、注视点次数、总注视时间以及平均注视时间从任务 1 到任务 4 依次增加。这表明视译的认知负荷高于阅读和阅读后口译，但低于笔译。另外，研究者还发现，职业译员在视译任务上花费的时间明显少于学生译员，且注视点次数更少，这表明职业译员具有更高的加工效率，且所花费的认知努力更小。

Dragsted & Hansen（2009）比较了 4 名职业笔译员和 4 名职业口译员的视译和笔译完成情况。结果发现：（1）在视译任务中，口译员和笔译员都呈现出"线性模式"，即注视点基本集中在源语文本上；（2）在笔译任务中，笔译员在阅读源语文本时注视点更加分散，并非把注意力全部集中在翻译区域；（3）在视译任务中，笔译员的回视次数多于口译员，口译员的完成速度明显更快，产出中的停顿次数更少，且停顿时长也更短。研究者认为，这些结果可能是由口译员和笔译员不同的工作模式所致。此外研究者也发现，口译员的视译质量（与原文的忠实度）和笔译员没有明显差异，因此可以认为，视译是一种可以有效节省时间精力，但又不会降低翻译质量的模式，可以作为一种训练方式引入笔译培训中。

何承恩（2017）在其博士研究论文中采用类似的设计探究了英语到汉语的视译加工过程。作者招募了 17 位职业译员、18 位学生译员和 18 位未受过口译训练的普通双语者，要求他们分别完成英文材料的阅读（默读）、朗读和英译汉视译任务。研究者发现，从整体的眼动数据上看，对于三组被试来说，比起其他两项任务，视译任务中的注视点个数更多，总注视时间更长；但从以单位为兴趣区的局部指标上看，又呈现出不同的模式。研究发现，就较为早期的眼动指标（首次注视时间、凝视时间）来看，朗读任务的数值要比其他两项任务的数值更大。但就较为晚期的指标（重读时间和总注视时间）来说，朗读任务与阅读（默读）任务表现更为类似，而且虽然有些情况下没有发现有统计上的显著差异，但从晚期指标的数值上看，视译任务要高于其他两项任务。另外，虽然在以单词为单位的局部眼动指标上，三组被试没有统计上的显著差异，但在整体眼动指标上三组被试还是呈现出一定的差异，具体表现为职业译员和学生译员的注视个数、总注视时间都显著少于普通双语者。而且，职业译员和学生译员在短暂阅读后就开始进行视译，而普通双语者往往要在阅读完一段内容后才进行视译。另外，职业译员和学生译员在开口前的注视点次数也显著少于普通双语者。

还有研究者比较了带稿同传和边听稿子边阅读任务下的眼动模式。Seeber et al.（2020）通过实验发现，职业译员边听稿子边阅读时，眼睛会更倾向于提前注视音频还未出现的文本内容，但当职业译员进行带稿同传时，眼睛往往是在听到音频输入之后才注视到音频对应的文本内容。研究者认为，这表明带稿同传中的文本是用来辅助译员顺利产出译语，而不是帮助译员进行源语理解的。另外，研究者还认为，带稿同传中的文本反而对译员的预测加工过程产生了干扰。

8.6.3 同传和交传的认知负荷眼动研究

研究者利用眼动设备记录瞳孔直径大小的变化，以此考察同传任务中的认知负荷问题。例如，Seeber & Kerzel（2012）让 10 名职业译员进行德语到英语的单句同传和篇章同传，并记录他们的瞳孔数据。在源语为德语的实验材料中，实验者设置了两种不同的句子结构：一种是与译语英语的句法结构有差异的 SOV 结构，另一种是没有差异的 SVO 结构。实验结果表明，不论是在单句同传还是在篇章同传任务中，译员在加工 SOV 结构时的平均瞳孔直径大于加工 SVO 结构时的平均瞳孔直径。这表明，源语和译语句法结构的差异会给译员带来额外的认知负荷。

Gieshoff（2018）通过记录被试语言加工过程中的瞳孔直径等指标考察噪声以及外部的视觉输入对同传工作负荷的影响。实验要求 14 名学生口译员对四个条件下的演讲分别进行同传：（1）无噪声、有视觉输入的演讲；（2）有噪声、有视觉输入的演讲；（3）无噪声、无视觉输入的演讲；（4）有噪声、无视觉输入的演讲。同传任务完成后，译员需要估计四个演讲的长度，给各个演讲的视频和声音质量、文本难度、语速进行评分，并回答与演讲内容相关的问题。而控制组的 17 名英语水平匹配的学生笔译员只需要听以上四个条件下的演讲。结果显示：（1）噪声对译员的各项评分、回答问题的正确率以及翻译质量有影响，但噪声对瞳孔直径大小没有显著作用；（2）基频和瞳孔直径表现出相反的结果，基频在有视觉输入的条件下会逐渐升高，而瞳孔直径则逐渐减小；（3）译员在单纯听力任务条件下的瞳孔直径明显小于同传任务下的瞳孔直径，表明同传任务的认知负荷明显高于普通的语言加工任务；（4）是否有视觉输入似乎对译员影响不大，他们仅发现视觉输入对停顿时长指标有促进作用，即在无视觉输入的条件下，译员容易产生更长的停顿，而且在无视觉输入、有噪声的条件下停顿会变得更长。

Stachowiak-Szymczak（2019）通过观察被试口译过程中在屏幕上的眼睛注视情况以及手势来探究同传和交传中的认知负荷问题。研究者主要考察两个研究问题：口译中的一些难点（如数字、列举）是否会带来局部的认知负荷？视觉场景和听觉材料的内容一致或不一致是否对口译的加工过程造成影响？18 名职业译员和 19 名学生译员完成同传和交传任务，每个任务设有三个条件：屏幕为空屏、屏幕的视觉图片与听觉材料内容一致、屏幕的视觉图片与听觉材料不一致。结果发现，不管是同传还是交传，无论是职业译员还是学生译员，都是如下模式：（1）两种口译难点（数字和列举）对口译加工负荷的影响体现在不同的指标上，即在加工数字时，被试的平均注视时间明显长于加工列举和一般陈述，而在加工列举时，被试的打击手势要明显多于加工数字和一般陈述；（2）视觉场景与听觉材料内容是否一致主要会对眼动数据产生影响，即当两者一致时，被试平均每秒在屏幕的注视点个数显著小于其他两种情况。

Korpal & Stachowiak-Szymczak（2020）比较不同语速对译员数字加工的影响。30 名职业译员和 24 名学生译员完成一项同传任务，其中同传听觉输入分为快速和慢速两种情况。被试在完成同传任务时，屏幕会呈现与听觉输入内容相关的幻灯片。研究者考察了视觉材料中数字翻译的正确率以及进行数字翻译时被试的屏幕注视情况。结果发现，无论是职业译员还是学生译员，快速条件下被试每分钟的注视点个数显著多于慢速条件下的注视点个数，而快速条件下的数字翻译正确率显著低于慢速条件；但不管语速如何，职业译员都比学生译员的数字翻译正确率更高。

8.6.4 交传笔记的眼动研究

胡家璇（2014）比较了 19 名职业译员和 19 名学生译员在交传任务中看预先设计好的笔记时的眼动数据。研究者对笔记的排版（纵向与横向）和语言（源语做笔记与译语做笔记）作了处理。结果发现：（1）排版对被试的眼动数据影响较大，即横向排版比纵向排版的笔记会产生更大的平均眼跳距离，更高的回视率，以及在局部区域有更长的重读时间；（2）语言的影响则相对较小，即相比看源语做的笔记，被试看译语做的笔记时在局部区域的单一注视时间更短；（3）和学生译员相比，职业译员的注视点个数更少、回视率更低，总注视时间更短；（4）一些局部区域的眼动指标（如重读时间、回视率）显示，排版未对职业译员造成影响，但会对学生译员造成影响，表明学生译员更容易受到笔记形式的影响。

Chen et al.（2021）利用头盔式眼动仪在较自然的状态下考察了 26 名职业译员在汉英和英汉交传任务下笔记阅读的眼动情况。结果发现：（1）译员在阅读笔记时不是逐个符号阅读，而是以组群的形式进行阅读，而且会提前注视下一个翻译片段的笔记;(2)两个翻译方向下,译员在阅读以语言形式记录的部分时,比阅读以笔记符号形式记录的部分有更长的首次注视时间、第一遍注视时间、第二遍注视时间和总注视时间;(3)英汉交传中,译员阅读用汉语记录的部分,比阅读用英语记录的部分有更短的平均注视时长、第二遍阅读时间和总注视时间;而汉英交传中,译员在阅读笔记中汉语部分和英语部分时的各项眼动指标并未有显著差异。

8.7　口译过程的脑机制研究

口译同时涉及听和说,关于其脑机制的研究需要进行严格的实验控制,因此这方面的研究起步晚,数量少,且基本都在词汇、句子层面,这对于回答口译的某些问题可能存在生态效度争议,但还是能够在一定程度上揭示翻译过程的脑机制。

8.7.1　口译加工过程的脑电研究

口译加工过程的脑电研究主要集中在两个方面:一是词汇翻译的脑电研究;二是同传的脑电研究。接下来简述近年一些做得比较完善的研究和一些具有代表性的研究。

Jost et al.(2018)运用 ERP 技术考察词汇翻译的加工过程。26 名法语 – 英语双语者完成从一语到二语和二语到一语两个翻译方向的单词口头翻译任务,并完成一项语言内的词汇产出任务,即根据所给的一语或二语单词,用同样的语言说出与所给单词语义相关的单词。行为结果显示,词汇翻译任务的反应时快于语言内的词汇产出任务的反应时。研究者对 ERP 进行了全域能量分析(global field power analysis),结果显示,词汇翻译任务和语言内的词汇产出任务的区别主要表现在刺激出现前的 94—65 毫秒之间,以及刺激出现后的 30—83 毫秒之间。词汇翻译任务在这些时间段有更强的全域能量。地形图分析显示,被试在执行词汇翻译任务和语言内的词汇产出任务时,其 ERP 头皮分布在四个区间内呈现显著差异，分别为 –100—1 毫秒、24—104 毫秒、129—203 毫秒、424—630 毫秒。研究者进一步溯源分析后发现，在 –100—1 毫秒区间，词汇翻译任务更多地激活了左侧的额中回和额下回、中央前回和中央后回、顶下小叶和颞上回、后扣带回皮层、楔前叶、楔叶、海马旁回以及舌回。研究者认为，这些区域可能反映了被试翻译前的注意转向或反应准备。在 24—104 毫秒区间，词汇翻译任务更多地激活了颞中回、颞下回和枕中回。在 129—203 毫秒区间，词汇翻译任务更多地激活了左侧的中央后回，右侧的楔前叶、颞中回、颞上回和中央前回。24—104 毫秒和 129—203 毫秒两个区间反映了词汇翻译过程中的前期准备阶段，这些区域的激活表明了翻译过程中语言加工和注意加工活动的激活增强。而在 424—630 毫秒之间，词汇翻译任务更多地激活了左侧的中央前回、中央后回、顶下小叶和颞上回。研究者认为，424—630 毫秒区间反映了翻译过程中的词形和语音编码阶段，这些区域的激活可能与双语控制密切相关。

除了比较词汇翻译任务和语言内词汇产出任务之外，Jost et al.（2018）还比较了被试在不同翻译方向下的表现。行为结果显示，二语到一语翻译的反应时明显快于一语到二语翻译的反应时。ERP 的全域能量分析显示，两个翻译方向的区别主要体现在刺激出现后的 184—205 毫秒之间，具体表现为一语到二语的翻译在这一时间段产生了更强的全域能量。而地形图分析显示，两个翻译方向在 512—545 毫秒、589—618 毫秒、647—680 毫秒三个时间段的头皮分布上有显著差异。进一步的溯源分析表明，两个翻译方向的主要区别出现在 589—618 毫秒这一区间，表现为一语到二语翻译比二语到一语翻译更多地激活了后扣带回以及丘脑。以往研究发现，这些区域的激活与记忆提取、运动控制和注意等有关，这可能是由于一语到二语的翻译过程较难，因此需要被试投入更多的注意力。

脑电的同传研究目前仅有两项。Kurz（1995）率先使用脑电技术探究了同传加工过程。他记录了四个职业同传译员（包括研究者 Kurz 本人）在进行一系列任务时的脑电数据。这些任务在一语到二语和二语到一语两个翻译方向下进行，此外还包括一项听音乐任务和一项心算任务，其中有两位译员还进行了一语和二语的跟读任务。另外，为了避免说话产生的伪迹干扰，同传任务要求被试不说话，而是在大脑中进行不出声的翻译。通过对脑电数据进行相干分析，Kurz 发现不同译员之间的个体差异显著。与跟读任务和其他两项非语言任务（听音乐和心算）相比，同传任务的脑电波特征十分不同。同传任务过程中，脑电波变化最大的脑区主要集中在左脑颞叶区。另外，相比二语到一语的任务，一语到二语的任务在右脑颞叶区表现出更高的相干性（coherence）。虽然研究者指出，相干性强弱这一指标尚没有确切的解释，但根据最近的文献研究显示，相干性越高，不同脑区彼此之间的合作和同步越紧密，即不同脑区之间的协调联系更强（Weiss & Mueller，2003）。以往文献还发现，相干性会随着任务难度的升高而增强。因此，Kurz 的结果可能也说明一语到二语的口译更加费力，更多不同的脑区之间产生了高相干性，彼此协作。但总的来说，Kurz 的这项研究只能算是个案研究，结论仍需进一步验证。

Koshkin et al.（2018）让 9 名职业同传译员分别完成一语和二语之间两个翻译方向的同传任务。被试在听源语并进行同传任务的同时，会有一些与同传任务无关的纯音刺激随机出现。被试对这些纯音刺激的脑电反应数据会被记录下来并用于后续分析。根据 Gile（2009）提出的精力分配模型（Effort Model），被试在同传任务中的工作记忆负担增大时，分配给听力任务的精力就会减少，因此研究者认为，不同的工作记忆负担会影响纯音刺激之后的脑电反应，尤其是与注意有关的一些早期成分。为了考察不同的工作记忆负担的影响，研究者使用三种方法对工作记忆负担进行了量化，分别包括：（1）被试译语产出前的源语实词数；（2）基于词频进行标准化后的被试译语产出前的源语实词数；（3）基于音节长度进行标准化后的被试译语产出前的单词数。根据这三种量化方法，研究者分别将工作记忆负担划分为高、中、低三个条件，并将三个条件下的纯音刺激脑电波形进行叠加平均后展开分析。该研究整体的结果显示，翻译方向对纯音刺激后的 ERP 成分没有显著影响，但记忆负担的高低对纯音刺激之后的 N1 和 P1 成分有显著影响。具体表现为，记忆负担越低，纯音刺激产生的 N1 幅值越大，而 P1 幅值越小，且 P1 的潜伏期越长。前人的研究发现，在听一段语言信息的过程中如果出现与任务无关的纯音刺激，ERP 波形会受到被试选择性注意的调节。尤其是当人们更加注意语音刺激时，与任务无关的纯音刺激会产生更加负向的脑电波。该研究的 N1、P1 幅值也说明 ERP 波形更加负向，表明在工作记忆负担较低的情况下，译员可以将更多的注意力放在源语信息上。因此，这一结果首次为 Gile 的精力分配模型提供了大脑生理活动上的证据。

8.7.2 口译加工过程的脑成像研究

和口译加工过程的脑电研究一样，大部分口译加工过程的脑成像研究都是让被试进行词汇翻译或句子翻译。这些研究对于了解口译加工过程的脑机制有重要作用，但这些实验可能与真实场景下同传译员的口译实际加工有很大不同。

Lin et al.（2018）运用 fNIRS 技术，考察了学生译员在运用不同翻译策略时左侧大脑的活动。研究者招募了 10 名汉语 – 英语学生译员，让他们将给定的汉语词汇翻译成英语，任务中的汉语词汇都是中国文化特有的双字词。被试需要使用三种策略完成翻译任务：一是直接翻译成英语对等词（如"茯苓"译为 Poria）；二是不翻译，即直接在英语产出中借用汉语拼音（如"茯苓"译为 fuling）；三是采取解释策略，即用英语对汉语词汇进行解释（transphrasing，如"茯苓"译为 a Chinese herbal medicine）。结果发现，相比第二种不翻译的策略，第一种翻译策略更多地激活了布洛卡区，而第三种策略更多地激活了左脑前额叶皮层。该研究揭示了不同翻译策略下译员不同的大脑激活模式。

Zheng et al.（2020）考察了学生译员的句子翻译过程。该研究运用 fMRI 技术，考察了 25 名汉语 – 英语学生在英汉和汉英两个翻译方向下进行句子翻译时的大脑活动。行为结果表明，一语到二语方向比二语到一语方向的翻译正确率更低。脑功能连接分析显示，一语到二语的翻译方向下，被试的左颞上回与左额下回、左眶额叶皮层以及双侧顶叶有更强的功能连接。其中，左颞上回主要负责语义加工处理，后面的三个区域主要涉及注意加工。这表明，一语到二语方向的翻译增强了语言处理网络和注意加工网络的信息互动。二语到一语的翻译方向下，研究者只发现左颞上回与右丘脑有功能连接，而丘脑主要负责将感知信息自动传递到大脑皮层，这表明二语到一语方向下的翻译加工过程更为自动化。

至于同传过程的脑成像研究，最早的研究来自 Rinne（2000）和

Tommola et al.（2000）。他们运用 PET 技术探测了 8 名芬兰语 – 英语职业同传译员的同传加工过程。研究者让译员分别完成从二语到一语（英语到芬兰语）和一语到二语两个翻译方向的同传任务，以及一语和二语的跟读任务。通过比较同传任务和跟读任务下的脑成像数据，研究者发现，从二语到一语的同传任务比二语跟读任务更多地激活了左前运动皮层和左背外侧额叶皮层。而一语到二语的同传任务比一语跟读任务更多地激活了左腹外侧前额叶皮层、左颞下回以及右小脑。这些区域在以往研究中被认为与词汇提取、工作记忆、形态句法加工、语义分析和加工等有密切关系。这一研究也说明翻译方向会影响大脑的激活模式。研究者还发现，两个不同翻译方向下的同传激活模式的区别在于，当被试进行一语到二语的同传时，会更多地激活布洛卡区，而这一区域与言语工作记忆、形态加工和语义分析有关。研究者认为，相比二语到一语，一语到二语的同传可能更加费力，因此一语到二语的同传会造成布洛卡区的强烈激活。

　　Ahrens et al.（2010）则首次使用 fMRI 技术对同传口译加工过程进行了探索性研究。研究者让 6 名德语 – 西班牙语学生译员完成一项二语到一语（西班牙语到德语）的同传口译任务。另外，被试还需要完成一项控制任务，即边听二语（西班牙语）故事边用一语（德语）进行自由产出。研究者通过全脑分析结果发现，同传任务比自由产出任务更多地激活了双侧运动皮层、左颞上沟、右颞横回、左额下回（特别是位于额下回的三角部）、左中央后下回、左梭状回、左楔叶以及右小脑。

　　Hervais-Adelman et al.（2015）也采用 fMRI 技术研究了新手在进行同传任务时的大脑机制。在一项研究中，他们招募了 50 名多语者（刚刚开始学习同传或没有任何口译训练经历的学生），并让他们完成一项从二语到一语的同传任务以及一项二语跟读任务。脑成像结果显示，比起跟读任务，同传任务更多地激活了左辅助运动区、左前运动皮层、左额下回的三角部和眶部、左前脑岛、尾状核、背侧前扣带回以及右小脑。研究者认为，上述这些区域主要涉及的是双语控制。其中，左脑额下回的三角部和眶部主要与语义加工和语义记忆有关，前运动皮层与运动选择和启动有关，背侧前扣带回皮层与监控有关，前脑岛和辅助运动区与发音准备有关，而尾状核则与语言控制有关。

　　另外，该研究团队还分析了同传同步性和大脑活动的关系。他们发现，在被试同时进行源语理解和译语产出的时间段中，一些部位的激活程度会产生相应变化，这些部位包括双侧基底核中的壳核、双侧小脑、左颞上回、左内侧前额叶皮层和左内侧眶额叶皮层。研究者认为，这些部位涉及的是同传任务的即时控制（moment-to-moment control），其中左颞上回与听觉加工和听觉注意有关，内侧前额叶皮层与多任务协调能力有关，内侧眶额叶皮层与语言转换有关。最后，研究者进一步分析，背侧纹状体的两个结构（尾状核和壳核）承担不同的职能。其中，尾状核主要负责词汇语义系统的选择和控制，而壳核负责对言语产出过程进行即时控制。

而在 Hervais-Adelman et al.（2015a）的一项研究中，研究者采用了历时跟踪设计来探测同传训练对同传任务加工脑机制的影响。他们招募了两组被试：其中一组被试为 19 名参加过同传口译训练课程的学生译员；另一组被试为控制组，由 16 名普通多语者构成，他们在年龄、性别、语言水平上与学生译员组基本匹配，但没有接受过同传口译训练。研究者让学生译员在训练前和训练后完成二语到一语的同传以及二语跟读任务。而控制组也在相同的时间前后完成相同的任务。研究者采用 fMRI 技术记录了两组被试在前后测进行两项任务时的大脑成像数据。他们发现任务（同传或跟读）、时间点（前测或后测）、组间差异（译员组或控制组）之间的交互可以有效地调节不同脑区的激活程度。此外，他们只发现译员的右侧尾状核在后测同传任务中的激活程度显著降低，而控制组则没有发生这一变化。由于尾状核被发现与语言控制有关，这项研究表明，同传训练能够有效提升学生译员的语言控制效率。

Elmer（2016）也运用 fMRI 技术对职业同传译员的同传加工过程进行了研究。研究者让 5 名职业同传译员分别完成二语到一语（德语到意大利语）和一语到二语两个翻译方向的同传任务，并与相应的跟读任务作比较。研究者分析了几个感兴趣的区域，包括布洛卡区、扣带回前中部、尾状核、缘上回、角回以及脑岛前中部。结果发现，两个翻译方向的同传都激活了左额下回的三角部，一语到二语的同传任务还激活了左前脑岛。这一研究和上述 Rinne & Tommola 等人的研究类似，再次验证了不同的翻译方向会引起不同的大脑激活模式，并且也证实了左前额叶皮层在同传任务中起着重要作用。

8.7.3 口译的大脑神经机制研究

根据以往的口译加工和双语控制的脑成像研究，Hervais-Adelman & Babcock（2020）提出了同传加工的神经生理机制模型。关于该模型，两位研究者认为，背侧纹状体的两个结构（即尾状核和壳核，也是基底核的一部分）在同传中发挥着核心作用。整个同传加工模型包含了许多脑网络，涵盖了各种与听觉、语言、肌肉运动、执行控制等相关的大脑皮层以及皮层下结构。而同传中对源语语义的通达主要依赖颞叶和左额下回区域，语言工作记忆则主要依赖额叶与颞叶之间的互动循环。另外，同传中的译语计划过程涉及基底核、小脑和辅助运动区的互动，这些区域主要与语言转换和行为选择有关。

两位研究者还提出了同传中涉及的不同功能的大脑网络，它们主要负责四个功能。其中，第一个网络涉及顶叶皮层、左 / 右前额叶（left/right PFC）、前辅助运动区 / 前扣带回（preSMA/ACC）、小脑、丘脑和背侧纹状体的尾状核和壳核，主要负责双语控制。第二个网络主要负责发音控制，涉及运动皮层和前运动皮层、左前额叶、小脑和背侧纹状体的尾状核和壳核。第三个网络主要负责同传中的词汇 – 语义控制，涉及尾状核、左前额叶和小脑，主要以尾状核为网络核心。第四个网络主要负责同传中的即时控制，涉及壳核、左前额叶、右前额叶和小脑，主要以壳核为网络核心。

根据前人的发现，两位研究者认为尾状核是同传中最为特别的部位，尤其是对于没有同传口译经验的新人而言，该部位在同传任务时被激活得最多，而随着口译经验的增多，该部位的激活会显著减少。这表明，该部位在应对同传这种高强度的语言活动时发挥了重要作用。

8.8 小结

本章介绍了许多关于口译加工过程的实证研究。这些研究借助语料库、行为实验、眼动、脑电和脑成像等技术手段展开，取得了一定的成果和进展，也加深了我们对口译加工过程的了解。然而，由于学科背景不同，心理学家和口译学者对这些口译加工过程的研究存在一定分歧。

从实验心理学的角度来看，现有的一些实证研究存在严重问题。首先，从被试数量上看，许多口译研究的被试人数太少。大部分研究只有十几到二十几个人，甚至早期的研究被试只有几个人。虽然职业译员这一群体数量较少，研究者很难找到足够多的译员来做被试，但如果被试人数过少，实证研究很可能没有足够的统计效力，容易得出阴性结果（即无显著差异）。即使得出阳性结果，由于样本量太小，所得到的结论也可能不准确。其次，一些实验研究在材料或任务设计上未能做到精密的控制。虽然许多研究者是从实验的生态效度和维持材料或任务的真实性的角度考虑的，但因为缺乏精密的实验控制，得到的实验结果难以排除其他因素的影响，所以实验结果的可靠性容易受到心理学家的质疑。再次，一些研究甚至没有使用任何推断性统计手段，仅对数据进行简单描述和对比，因此所得到的结论也是不科学的。最后，从一些口译学者的角度看，由于实验研究需要对材料或任务进行一定的控制，或者由于一些实验设备本身的限制（如眼动研究或大脑影像学研究），被试在实验室所完成的口译任务往往与真实情境下的口译任务有很大的不同，因此，有学者认为实验室的研究具有较低的生态效度，并质疑这些研究结论是否适用于真实情景下的口译任务。针对这些问题，研究者在未来应考虑如何在精密控制和生态效度之间取得平衡。例如，在对变量进行控制时，研究者可采用或发展新的更加接近真实场景的实验范式，或者是使用一些让被试可以在更自然的状态下进行实验的设备（如遥测模式的眼动仪），以此提高实验的生态效度。而口译加工的研究者也应该考虑通过重复实验或者收集大规模的行为实验数据来解决因被试少而导致的结论不可靠的问题。

第 9 章
语言与思维关系研究

9.1　语言与思维关系的研究问题

　　经典的语言与思维关系的研究主要体现在沃尔夫假设中。该假设有强式、弱式两个版本，强式版本（语言决定论，linguistic determinism），因其得不到证实而很早就被领域内的同行所抛弃（Boroditsky，2001）；弱式版本（语言相对论，linguistic relativity）更容易被人接受，可以表述为：不同语言对世界的编码可能有所不同（即语言的多样性），可能影响这些不同语言的使用者（尤其是以这些语言为母语的人）对这个世界的感知，或者影响他们的思维和行为方式。

　　语言与思维关系研究的新发展主要体现在三个方面：外语效应、双语者的认知控制优势（简称"双语优势"）、口译员的认知控制优势（简称"口译员优势"）。外语效应（foreign language effect）实际上是指非平衡双语者在运用外语进行风险评估、两难抉择、因果关联和自我评价时所具备的母语难以比拟的思维优势（Hadjichristidis et al.，2019）；双语优势（bilingual advantage）一般指双语学习或者使用的经历所带来的认知控制的优势（Bialystok et al.，2004）；口译员优势一般指双语者的口译经历所额外带来的认知控制优势（Dong & Zhong，2019）。

　　鉴于以上四个方面的研究（语言相对论、外语效应、双语优势、口译员优势）在研究方法上有很大区别，前两方面的研究将在本节简单介绍，后两方面的研究将是本章的重点论述对象。

9.1.1 语言相对论

语言相对论的研究问题是：语言如何影响思维？典型研究来自对颜色词的习得和对颜色的感知。早期研究发现（如 Heider，1972），尽管新几内亚的 Dani 部落的语言只有两个颜色词，但该部落的人习得英语更多的颜色词却没有什么困难，因此不能说明"语言决定思维"。近年的相关研究采取了更加精细的研究方法，在一定程度上证实了语言相对论。例如，Thierry et al.（2009）采用脑电技术中的"奇数球"（oddball）范式研究希腊语母语者和英语母语者对深蓝色和浅蓝色的识别，原因是希腊语有两个单独的词用于指代浅蓝色和深蓝色，而英语和汉语一样，得用两个词组 light blue 和 dark blue 来区分。研究结果发现，相对英语母语者，希腊语母语者对这两种蓝色的差异更加敏感，说明语言影响了思维。Athanasopoulos（2009）进一步发现，对于希腊语 – 英语双语者，在英国时间越长，区分这两种蓝色的能力就会越弱。这说明，语言相对论通过颜色词这个切入点得到了一定的实证研究支持。

语法性别（grammatical gender）提供了另外一个很好的切入点。在有语法性别的语言中（如德语、法语），表达人物时的语法性别与人物的生理性别一致，但表达事物时的语法性别却没有多少规律。例如，"太阳"一词在西班牙语中是阳性的，在德语中是阴性的，在俄语中却是中性的。语言相对论者探索这种语法性别差异是否会影响人们对事物概念属性的感知和分类。例如，对于"太阳"一词西班牙语母语者是否更容易联想到"力量"这一男性属性？德语母语者是否更容易联想到"温暖"这一女性属性？许多研究在一定程度上证实这一语言相对论的假设，包括（1）语义差异任务的研究（即以量表测量某事物在与性别相关属性上的评分，如"大""小"），如 Konishi（1993）；（2）声音或者名字属性任务的研究（即为一些黑白事物图片选择女声/男声或者典型男名/女名），如 Sera et al.（1994）；（3）分类任务的研究（即统计被试按照句法性别来分类的比例），如 Martinez & Shatz（1996）。也有一些研究发现语法性别对思维的作用是有限的（Vigliocco et al.，2005），即语法性别只影响了词语的语义理解，而不是事物的概念理解，只是在语言使用时才起作用，从而证实了 Slobin（1996）"为说话而思考"（thinking for speaking）的观点的合理性。

除颜色词和语法性别之外，其他方面的研究也在一定程度上支持了语言相对论。例如，比较不同语言表达时间的差异（如 Boroditsky，2001）、物体形状或材料的差异（如 Athanasopoulos & Kasai，2011）、空间定向的差异（如 Pederson et al.，1998）、数量的差异（如 Athanasopoulos，2006），发现语言上的差异确实影响了人的知觉、记忆、推理等思维过程，但也有研究没有找到支持语言相对论的证据（如 Chen，2007）。

总之，语言相对论得到了很多实证研究的支持，即不同语言对世界的编码可能有所不同，从而可能影响这些不同语言的使用者（尤其是以这些语言为母语的人）对这个世界的感知，或者影响他们的思维和行为方式。也有实证研究没有得到支持语言相对论的数据（如 Chen，2007），可能有些影响只是在语言领域内才存在（如 Vigliocco et al.，2005）。哪些影响会延伸到语言领域外？影响有多大？机制是什么？这些都是可以继续研究的问题。

9.1.2　外语效应

外语效应指双语者运用外语时相对于运用母语时的思维优势。所谓"运用外语"常常指需要被试做出决策的问题（如"风险评估"问题）和需要被试反馈的题目均用外语表达，因此被试需要通过外语获得信息，处于一个使用外语的环境中。

倪传斌（2020）梳理了 42 项外语效应的实证研究，发现外语效应的主要表现是：双语者在使用外语时，风险评估会更加理性（如 Keysar et al.，2012），两难抉择会更加实用（如 Costa et al.，2014），自我评价会更加客观（如 Ivaz et al.，2019），因果关联会更加科学（如 Diaz-Lago & Matute，2019）。但是，并不是所有的研究都发现了支持外语效应的证据。倪传斌（2020）的综述得出如下结论：外语水平、习得年龄、外语性（即母语 – 外语差异）和实验任务在一定程度上影响外语效应，具体表现为外语水平越低、习得年龄越晚、外语性越强、实验任务的情感融入度越低、认知负荷越大，其外语效应就越明显。

Circi et al.（2021）对 17 个实证研究中的 47 个实验中的数据进行了元分析（meta-analysis）。在这 47 个实验中，38 个探讨两难抉择，9

个探讨风险评估。元分析结果显示，与运用母语相比，运用外语的确影响了被试的决策，即在两难抉择中，被试更加愿意接受伤害以便获得最优结果（例如，动手伤害 1 人以便救下 5 人）；而在风险评估中，被试对风险的回避减少了。另外，对两难抉择问题的元回归分析发现，外语水平对所观测到的外语效应没有起到调节作用，但母语－外语之间的相似性起到了调节作用，即相似性越低，外语效应越强。

有研究者提出了解释外语效应的理论。例如，Costa et al.（2014）认为母语、外语可能有不同的加工机制：母语采用启发式加工（heuristic processing），加工速度快、认知资源耗费少、效率高，但错误率高；外语采用分析式加工（analytic processing），加工速度慢、认知资源耗费多、效率低，但错误率低。这的确在一定程度上解释了外语效应，但也存在进一步研究的空间，例如，两种加工机制的应用范围在哪里？哪些因素决定了母语、外语采用不同的加工机制？两种机制能否相互转换，以及在什么条件下可以相互转换？

总之，外语效应的研究在近十年获得了极大的关注，但文献中的实证研究并没有得到完全一致的结论，因此进一步的研究不仅需要探讨哪些因素影响外语效应，更需要研究产生外语效应的机制。

9.1.3　双语优势和口译员优势

双语优势或者口译员优势所探讨的问题类似，即有些语言经历可能会增强认知控制能力。认知控制（也称执行控制、执行功能）指个体有意识地控制自己的思想和行为的过程，主流观点认为认知控制包含一系列自上而下的加工子过程，如注意、工作记忆、抑制、监控、认知灵活性、推理、计划、决策加工、多任务作业等过程（Diamond，2013），而这些加工过程能够帮助人们根据一定的任务目标作出合适的反应行为（Gilbert & Burgess，2008），因此这些能力的强弱影响我们的日常生活、学习和工作（Diamond，2013）。

Miyake et al.（2000）对各种认知控制任务进行了潜变量分析，发现认知控制主要包括三个基本成分：工作记忆更新、抑制控制、心理定势转换（mental set shifting）。其中，工作记忆更新在一些研究中被"工作记忆"这一术语代替，而心理定势转换也被称为"认知灵活性""转换能力"（如 Diamond，2013）。不论是双语优势还是口译员优势，两者都离不开对这三个基本成分的研究。为了便于理解相关文献，这里简单介绍三个成分。

1. 工作记忆

口译员优势的研究特别关注工作记忆，常常引用两个完全不同的工作记忆理论模型：多成分模型（multi-component model）和嵌套加工模型（embedded-processes model）。Baddeley（2000）所完善的多成分模型包括四个部分：中央执行控制、语音回路（包括语音存储和发音复述两部分）、视空间模板（包括视觉记忆系统和空间记忆系统）、情景缓冲区。中央执行控制操控后面的三个成分，类似于 Norman & Shallice（1986）提出的注意监控系统，主要涉及注意控制，包括注意力的集中、分配和转换。后面三个成分都有容量限制，情景缓冲区可以认为是语音回路、视空间模板和情景长时记忆信息的整合平台。Cowan（1998）则认为人类记忆是一个单一的存储系统，系统内的信息处于不同的激活水平，从而产生不同的层级。首先，整个记忆存储系统可视为一个长时记忆系统，大多数信息处于相对不活跃的状态，只有一部分子集的信息激活程度高于阈值，处于临时激活状态。其次，在这些被激活的信息中，又有一部分子集处于更高的激活状态，落入有容量限制的注意焦点（focus of attention），并由中央执行控制系统操控，而这部分信息的集合就是工作记忆。

2. 抑制控制

Diamond（2013）认为，抑制控制指的是人们能够通过管控自己的注意、行为、想法和情感，来抵制内在的反应惯性或外在的干扰诱惑，从而实现日常生活的管理。Friedman & Miyake（2004）将抑制大致分为三大类，包括反应抑制、（分心）干扰抑制和认知抑制。反应抑制指的是人们抑制内在的强势的反应，以防止出现自发性的行为，是一种受控的加工过程，受加工资源容量的限制。（分心）干扰抑制指人们对外部环境中那些无关目标的干扰刺激进行屏蔽，以便更好地集中注意力完成任务。有学者认为干扰抑制并不属于真正意义上的抑制，如 Wilson & Kipp（1998）认为，干扰抑制是一种类似于闸门的屏蔽机制（gating mechanism），主要防止无关信息或者干扰刺激进入工作记忆，而真正的抑制应该是主动的，是对进入工作记忆中的内容进行主动抑制。因此，有学者认为，干扰抑制与聚焦性注意或选择性注意有关（Friedman & Miyake，2004；Diamond，2013），即个体为了抵制外界干扰，需要选择将注意力集中在目标上。认知抑制指人们需要压制心理表征中一些强势的想法，或者防止一些无关、不必要的想法扰乱当前的任务。Friedman & Miyake（2004）提出，干扰抑制主要发生在早期感知加工阶段；认知抑制发生在中间阶段，特别是信息开始进入工作记忆的时候；而反应抑制则发生在后期进行产出反应的准备阶段。另外，当人们在遇到各类需要抑制控制的任务时，还需要对任务中出现的各种信息或反应冲突进行持续监控，被称为"冲突监控"（Botvinick et al.，2001）。

3. 认知灵活性（转换能力）

认知灵活性指的是人们根据情景变化在不同的任务或思维定势之间进行来回切换的能力。有两种常见的转换任务：（1）动作按键转换，即在切换过程中，按键要求因任务而异，被试的任务切换实际是在不同的按键之间进行；（2）整套任务规则的转换，即任务切换的过程是在不同规则之间进行。

"双语优势"来自于和单语者的比较。不少研究发现（如 Wu et al.，2013），双语者在使用一种语言的时候，另一种语言也处于激活状态，这被称为"非选择性激活"（non-selective activation），两种语言因此一直存在竞争。因此，双语者要使用一种语言（尤其是非母语）进行有效沟通，就必须学习如何有效抑制另一种语言（尤其是母语），这种长期的语言抑制控制的经历有可能会增强非语言的抑制控制能力，带来双语者在抑制控制方面的优势。同样，双语者需要经常在两种语言间进行转换，这种长期的语言间的转换经历也有可能增强双语者的转换能力，带来认知灵活性。因此，双语优势的研究问题一般集中在抑制控制和认知灵活性两个功能上，对工作记忆的研究很少（Dong & Li，2015）。

"口译员优势"来自于和一般双语者的比较。口译是一种高强度的特殊双语活动。在交传中，译员必须倾听并（借助笔记）记住一段话语，然后尽可能快速地用另一种语言将信息准确表达出来；在同传中，译员必须一边持续倾听不断输入的信息，一边翻译刚刚听到的信息。也就是说，在口译任务中，译员需要在高压状态下在两种语言间进行频繁而有规律的转换，还需要正确无误地记住并传递信息，因此，与一般双语任务相比，口译任务对记忆（包括工作记忆和短时记忆）、抑制控制、转换能力等要求更高，因此口译经历有可能会增强这些认知控制功能，带来口译员的认知控制优势（Dong & Zhong，2019）。

本章关注的是"语言与思维"，因此在双语优势和口译员优势的问题上，本章有意忽略双语经历和口译经历所可能带来的语言加工方面的优势，只集中讨论认知控制方面的优势。

9.2　语言与思维关系的研究方法

双语优势研究和口译员优势研究的研究思路比较一致，分横向研究和纵向（历时）研究两大类。横向研究指在同一时间段对不同的被试组进行比较，例如，双语优势研究中的"双语者 – 单语者"比较以及不同二语水平的被试组比较，口译员优势研究中的"专家 – 新手"比较以及不同口译水平的被试组比较。横断面研究节省时间，但很难明确因果关系。纵向研究追踪不同的被试组在不同时间点的表现，并对不同的被试组进行比较。例如，在口译员优势的研究中（如 Dong & Liu，2016），实验组被试和对照组被试在研究开始时在各有关变量上尽量匹配（通常称为前测），然后实验组开始接受口译训练，对照组接受非口译方面的训练（如一般的双语学习训练），两组在其他方面的经历尽量一致。一段时间之后，再进行一次相同的测试（通常称为后测），也可在多个时间点进行多次后测。通过比较不同被试组从前测到后测在认知控制能力上的变化模式，可以推断不同训练的作用。与横向研究相比，虽然纵向研究往往需要消耗更多的资金和时间，且被试群体在后测阶段容易出现流失现象，但纵向研究可以提供更为丰富的信息，以帮助明确因果关系。

需要注意的是，由于被试的认知控制能力不仅受双语经历或者口译经历的影响，还受被试的年龄、语言水平、外语习得年龄、社会经济地位、智商等其他因素的影响，因此需要比较的被试组需要在这些因素上进行匹配，以确保最终得到的组间差异是由双语经历或者口译经历带来的，而不是这些额外因素造成的。

在具体的研究方法上，更多的研究直接测试认知控制的各个功能，尤其是前面提到的工作记忆、抑制控制和认知灵活性。文献中出现不同研究结论的原因之一是不同的研究可能采取了不同的测量任务（Dong & Li，2015），因此有必要深入了解认知控制常见的测量任务。[1]

总的来说，工作记忆的测量包括：简单广度任务（实际上是短时记忆）、复杂广度任务（包括语言类、视觉空间类）、带有发音抑制的工作记忆任务、工作记忆更新任务等。语言类复杂广度任务最为常见，又分母语阅读/听力/说话广度任务，二语阅读/听力/说话广度任务，这六个广度任务很有规律：虽然母语版本得到的广度的绝对数字要高于二语版本，但两者高度相关，反应的应该是同一个构念（蔡任栋、董燕萍，2012）。带有发音抑制的工作记忆任务与口译任务（尤其是同传）很相似，常被口译界的研究人员用于测量口译员的工作记忆。由于口译的目标语产出过程实际上就是回溯或者更新刚刚听过的一段话语（Dong et al.，2018），因此口译员很可能在更新功能上有优势，工作记忆更新任务（尤其是 n-back 任务）也因此被频繁使用。

抑制控制的测量包括反应抑制测量任务（常见的有 Stroop 任务、Simon 任务、反向眼跳任务、Go/No-Go 任务、停止信号任务等）、干扰抑制测量任务（常见的有 Flanker 任务和注意网络任务等）。认知抑制的测量任务较少。还有三项常用的任务，但很难分类：AX-CPT 任务、负启动任务、n-2 重复代价（常用于双语加工的抑制控制研究）。

认知灵活性的测量主要包括两个任务：威斯康星卡片分类测验（Wisconsin Card Sorting Test）、颜色-形状转换任务。前者是规则之间的转换（即要求被试按照颜色、形状、数字这三个规则进行分类）；后者是任务转换（在单任务组别里，被试只需要判断图形刺激的颜色或者形状；在双任务组别里，被试需要按照提示对每个刺激进行颜色或者形状的判断）。颜色-形状转换任务中的图片存在单价（形状是无色的，

---

1 由于字数限制，这里只简单总结几个关键点，详情见董燕萍、陈小聪（2020：31-66）。

颜色块无规则图形）和双价（有规则图形的色块，如红色三角形）的问题，这可能是导致文献中探讨口译员是否存在转换优势的原因之一（赵宏明、董燕萍，2019）。

9.3　双语者的认知控制优势

双语经历如何影响认知控制能力？该问题主要由加拿大约克大学教授 Ellen Bialystok 提出。她的团队在过去近 20 年的时间内发表了大量研究来论证"双语优势"的存在，即双语经历能够增强认知控制能力，包括工作记忆（如 Anderson et al.，2021；Sullivan et al.，2016）、抑制控制（如 Bialystok et al.，2004；Martin & Bialystok，2008）和认知灵活性（如 Wiseheart et al.，2016）等认知方面的优势。然而，随着某些研究未能发现双语效应（如 Hilchey & Klein，2011；Paap & Greenberg，2013），双语优势是否存在的争论也一直存在。此类争论在 2015 年左右达到高峰，这一年，双语研究的旗舰期刊 *Bilingualism: Language and Cognition* 组织了专刊，一批领域内的专家围绕 Valian（2015）的关键文章发表了各自的观点。纽约城市大学的 Valian 教授基本赞成双语优势的存在，但她认为需要更详细地考虑单语者与双语者的背景因素，如年龄、教育、社会经济地位、其他重要的专业技能（如电子游戏、音乐训练等），这些因素也可能影响认知控制能力。而以往研究未能系统地控制这些因素，导致了实验结果的不一致。神经科学的权威期刊 *Cortex* 也组织了专刊，另一批专家围绕 Paap et al.（2015）的关键文章展开了讨论。加州大学的 Paap 教授对双语优势主要持反对观点，他认为要么双语优势不存在，要么双语优势仅体现在非常具体的某项认知能力测试中；他还认为，一部分研究存在样本量太小、效应检验方法不合适、背景变量控制不足等缺陷，即使得出了显著结果，结果也不可信。

双语优势的研究之所以得出了不一致的结论，除了上述原因，双语者复杂的语言背景也可能是矛盾的关键。Li & Dong（2020）提出，双语现象比较复杂，以往的研究经常视其为二分变量，简单地根据是否掌握二语来区分单语者和双语者远远不足以描述双语经验；我们应该从一个动态的角度去看待双语经历和认知控制能力之间的关系，尤其要从动态的角度看待这两个因素：（1）语言经历的复杂性；（2）语言使用者的其他技能。下面从这两个方面来综述双语优势的研究文献，并介绍三个调查双语者相关背景的问卷。下文主要内容依据 Li & Dong（2020）、Dong & Li（2015）等研究者的前期相关文章而进行的改写与更新。

9.3.1 语言经历的复杂性

双语是一种复杂的语言经历，用"双语者"和"单语者"去简单划分并不合适。Grosjean（2013）指出，可根据不同语言背景将双语者划分为不同的类型。比如，根据语言熟练水平，可分为一语和二语水平相当的平衡双语者（balanced bilinguals）和水平相差较大的非平衡双语者（unbalanced bilinguals）；根据二语习得年龄，可分为在婴幼儿时期就已经习得两种语言的早期双语者（early bilinguals）和二语的习得时间大大晚于一语的晚期双语者（late bilinguals）；语言使用也是必须关注的变量，不同双语者在语言的使用频率、语言偏好、语言切换等方面都存在差异。语言背景复杂多样，不同的语言背景可能会带来不同的认知效益。因此，只有详细了解被试的语言背景才能更好地探究双语经历和认知控制功能的联系。下面从语言水平、语言习得、语言使用三个角度综述双语优势的研究文献。

如果双语经历能够影响认知控制功能，那么双语的熟练程度，即语言水平，可能是调节影响的重要因素之一。如 Dong & Li（2015）所述，语言水平影响双语者在抑制控制和认知灵活性上的优势。在抑制控制方面，Iluz-Cohen & Armon-Lotem（2013）招募了 43 名英语 – 希伯来语双语儿童，通过标准化的语言测试将他们划分为高水平语言组和低水平语言组，发现高水平语言组在嵌入式图形任务（the embedded figures task）（改编自 De Avila & Duncan，1980）的表现显著优于低水平语言组。这种效应也在青年人群体和老年群体中得到了证实。例如，Tse & Altarriba（2012）发现青年双语者和老年双语者的一语和二语的熟练水平与他们在 Stroop 任务中的表现呈现正相关关系，即更高的语言水平带来了更少的干扰效应和更快的反应时间。在认知灵活性方面，Iluz-Cohen & Armon-Lotem（2013）发现语言水平高的双语儿童具有更好的认知转换能力，在分类任务（the classification task）（改编自 Ben-Zeev，1977）中表现更出色。然而，对于某些认知灵活性的任务，语言水平可能不如某些其他因素重要。Dong & Xie（2014）利用威斯康星卡片分类测试，基于不同的二语熟练度，将双语者划分为高水平组和低水平组，但两组人群并没有显著差异，而根据口译训练时长划分出的口译组和非口译组，却出现了显著差异。这说明，相比于语言水平，语言转换的频率可能对认知灵活性的影响更大。上述研究聚焦于语言水平的高低，也有研究考察了双语平衡程度的影响。Zied et al.（2004）发现一语和二语水平相当的平衡双语者在 Stroop 任务中的表现优于水平相差较大的非平衡双语者，该效应在平均年龄为 31 岁的年轻人组和平均年龄为 71 岁的老年人组中均显著存在。在工作记忆方面，Espi-Sanchis & Cockcroft（2021）发现平衡双语者的言语工作记忆更强。

语言习得相关因素，尤其是第二语言的习得年龄，是以往研究着重考虑的因素。尽管二语的习得年龄与二语水平紧密相关（双语者越早学习二语，其二语水平通常越高），但二者对认知能力的影响有所不同（如 Hernandez & Li，2007；Nichols & Joanisse，2016）。例如，在抑制控制能力方面，Luk et al.（2011）发现，相比于单语者和晚期双语者，早期双语者的抑制控制能力更强，这体现在早期双语者表现出更小的 Flanker 效应，而其他两组被试则没有出现显著的区别。不过，Tao et al.（2011）发现在偏侧化注意网络测试（the lateralized attention network test）（改编自 Greene et al.，2008）中，晚期双语者在解决冲突的能力上反而具有更大的优势。研究者将这归因于该研究中的晚期双语者在两种语言的熟练水平和使用程度方面更为平衡，所以他们需要付出更大的代价来控制和调节各语言系统，持续的语言训练可能增强了晚期双语者的抑制控制功能，使得晚期双语者在非语言类的认知任务中展现出优势。因此，尽管语言的习得年龄是双语优势的影响因素，但它可能会与语言水平、语言使用情况结合。若想单独分析语言习得年龄对双语优势的影响，未来的研究必须区分语言水平和语言使用的作用。

除了习得年龄，语言习得的情境也可能影响认知能力。尽管我们的一语习得方式类似，但是二语的习得方式却千差万别。有些人主要通过正式课堂学习，有些人（如成年移民）则在二语环境中进行沉浸式学习。Li & Jeong（2020）认为这两种学习情景的最大区别在于社会交际（social interaction）。鉴于很难给双语者直接创造沉浸式的语言学习情境，很少有研究能够直接比较这两种学习情境对认知控制功能的影响。为解决这一问题，可以通过虚拟现实技术（VR），实现学习者与物体、场景和人的互动，营造虚拟的沉浸式学习环境。研究表明，融入了虚拟现实技术的语言学习方式不仅提高了语言学习效果（Lan et al.，2015；Legault et al.，2019），也影响了大脑的皮质厚度，促进了大脑发育（Legault et al.，2019）。与本节讨论更相关的是，基于虚拟现实的学习环境同样影响了认知控制能力。例如，Legault et al.（2019）借助大脑的左尾状核灰质体积这一反映工作记忆能力的神经生理指标，发现在为期20天的中文词汇教学后，VR学习组的左尾状核灰质体积有所增加，而按照传统教学方法，引导学生逐词记忆的学习组没有变化。研究者认为这可能是社会交际的作用。类似于一语的学习环境，学习者在虚拟环境中需要不断地根据具体的交际场景，分析场景内的物体与人物，灵活地选择交流内容和方式，从而顺利执行交互任务。这是一个自我探索的过程，需要学习者不断跟踪学习过程（即利用工作记忆中的"更新"功能），也需要在学习过程中抑制不相关的信息（即关注交互目标并忽略其他目标）。

　　除了语言水平和语言习得方式，语言使用也是影响认知控制能力的重要因素。研究表明（如 Wu et al.，2013），在语言交际中，双语者掌握的两种语言都会被激活。这意味着双语者在使用一种语言时会受到另一种语言的干扰，但这种干扰一般不会明显影响双语者的理解和表达，这表明双语者具有某种消除干扰的机制。抑制假说（Green，1998）提出，双语者会利用注意监控系统（supervisory attentional system）抑制已激活的非目标语言，避免"激活"效应造成的干扰。其后的自适应控制假说（Green & Abutalebi，2013）则对认知功能进行了补充说明：为了适应具体双语情景下的控制要求，双语者会借助多种认知控制功能，包括目标维持（goal maintenance）、监控（monitoring）、抑制（suppression）等，来控制和调节各语言系统，达成交际目的。由此推断，长时间的频繁的语言使用可能会增强双语者的认知控制功能，使得双语者在认知任务中展现出优势。实证研究同样证明了该观点，根据 Dong & Li（2015）所述，语言使用频率影响了双语者在抑制控制上的优势（如 Carlson & Meltzoff，2008；Salvatierra & Rosselli，2010），而语言切换频率则影响了双语者在认知灵活性上的优势（如 Prior & Gollan，2011；Yudes et al.，2011）。在语言使用频率方面，Carlson & Meltzoff（2008）比较了两组儿童双语者在不同认知测试中的表现，一组为从小就接触并学习二语的早期双语儿童，另一组为在幼儿园阶段才开始学习二语的相对晚期双语儿童。研究者发现，早期双语儿童在解决冲突方面具有显著优势。他们推测，这是因为这组儿童大多来自移民家庭，他们的父母或者其中一方为外国人并在家中常常使用本土语言，因此这组儿童会更频繁地使用两种语言，较高的语言使用频率使得双语者的两种语言更容易被激活，双语者需要付出更多精力抑制非目标语言，从而增强了抑制控制能力。在语言切换频率方面，口译作为一种高频率转换的双语情景就是典型证明。由于译员需要在短时间内高效地在源语与译语间来回切换，口译员因此可能比普通双语者更依赖转换能力，也就更容易产生转换能力优势（赵宏明、董燕萍，2021）。再者，无论是源语输入（听力理解）还是译语输出（口语产出），译员都需要不断地调用记忆资源，临时存储并加工源语和译语信息，于是口译经历也为译员带来了工作记忆的优势（Mellinger & Hanson，2019；Wen & Dong，2019）。关于口译优势的具体内容将在 9.4 节详细论述。

9.3.2　语言使用者的其他技能

除了语言经历，语言使用者还可能有其他重要的技能（如电子游戏、音乐训练），这些技能也可能影响认知控制能力。行为和神经生理学研究发现，长期的音乐训练能够显著提高抑制控制能力（如 Bialystok & DePape，2009；Schroeder et al.，2016；Travis et al.，2011）、工作记忆（如 Bergman Nutley et al.，2014；Slevc et al.，2016）和认知灵活性（如 Moradzadeh et al.，2015）。短期的音乐训练也具有类似效果，能够为青年人（Roden et al.，2013）和老年人（Bugos et al.，2007）带来明显的认知效益。另一种与认知控制能力密切相关的训练形式是电子游戏。大量证据表明，适度的电子游戏体验可以提高玩家的转换能力（如 Buelow et al.，2015；Strobach et al.，2012）。类似短期的音乐训练，电子游戏可以作为一种有趣味的干预手段，提高人们的认知灵活性（Jaeggi et al.，2011）。不过也有研究发现，过量的电子游戏可能会对玩家的抑制控制能力产生负面影响（Bailey et al.，2010）。总之，非语言方面的专业技能，如音乐训练和电子游戏，可能会影响认知控制能力。因此，在探究双语优势时，需要充分收集参与者的专业技能，因为他们的非语言的专业技能可能会调节双语经历对认知控制能力的影响。

9.3.3 双语经历的衡量工具

目前，学界常用的语言背景问卷包括语言背景调查问卷（Language History Questionnaire，LHQ）（Li et al.，2006）、语言经历与水平问卷（Language Experience and Proficiency Questionnaire，LEAP-Q）（Marian et al.，2007）、语言和社会背景问卷（Language Social Background Questionnaire，LSBQ）（Anderson et al.，2018）。

语言背景调查问卷由香港理工大学李平教授团队研制。在 LHQ 开发前，研究者往往根据研究目的自行设计问卷，因而不同的研究所采用的问卷常常不同，各问卷的调查内容和度量方式存在差异，信效度检验的质量也参差不齐，这使得难以用同一个标准对不同的研究结果进行比较和分析。为解决这一问题，LHQ 团队从 41 篇已发表的双语研究中找出最常见的语言背景问题，在将这些问题分析整合后，设计出了一个在线的通用语言背景调查问卷。LHQ 除了收集被试的性别、年龄、教育水平等基本信息外，还包含了 16 个和语言背景相关的问题。问卷分为四个部分：第一部分调查被试的语言经历，包括语言习得年龄、使用语言的总时间、上学时老师所用的语言等；第二部分主要针对语言的熟练水平，包括自评听说读写的熟练度、标准化语言测试的成绩、口音等；第三部分调查被试的语言使用情况，包括每种语言的使用频率和切换频率；第四部分涉及语言优势，包括语言偏好和社会认同。LHQ 的最大优点在于它是在线问卷，被试可以线上填写，相应的调查结果和数据会自动生成并保存在研究者的电脑端，便于数据的收集和处理。目前推出的最新版本为 LHQ 3.0，是考察双语经历的常用量化工具。

语言经历与水平问卷由美国西北大学 Marian 教授团队开发，包括两部分。第一部分涉及多种语言的比较，包括语言优势（按主次顺序列出所学过和用过的语言）、语言习得顺序、语言偏好、语言沉浸（即列出接触每种语言时间的百分比，各项百分比之和应达到 100%）和文化认同。第二部分收集每种语言的具体情况，包括自我评估的熟练程度（口语、阅读和理解能力）、习得年龄（在口语和阅读两个能力上初次习得和达到的流利程度的年龄）和习得情景（列出语言习得的方式，如通过朋友、看电视、自我指导等）、过去的语言使用（列出在每种语言环境中度过的时间，如使用该语言的国家、家庭和工作单位）和现在的语言使用（目前接触不同语境的程度，如与朋友互动、与家人互动、看电视等），以及口音自评。最终的问卷数据可汇总为三大类指标：语言能力（一语和二语的熟练程度、优势、偏好、口音）、语言习得（初次习得年龄和达到熟练程度的年龄、习得环境）和语言使用（以前和现在的语言接触情况）。此外，Marian 教授团队还发现自评的一语阅读能力能够最好地预测双语者客观的一语测试成绩，自评的二语口语能力能够最好地预测客观的二语测试成绩。尽管 LEAP-Q 最初面向健康的年轻人设计，但是问卷作者团队也在不断拓展适用人群。目前，团队已经成功改编出了适合儿童语言背景和使用情况的新版本问卷。

语言和社会背景问卷由加拿大约克大学 Ellen Bialystok 教授团队编制，用于评估和量化以英语为母语的年轻群体的双语程度。问卷由三部分组成。第一部分为社会背景，包括年龄、教育程度、出生国、移民情况和父母的教育程度等基本背景信息。第二部分为语言背景，包括每种语言的习得年龄和习得场景、在听说读写方面自评的熟练度和使用频率。第三部分则是问卷的特色之处，该部分详细收集了语言的具体使用情况，要求被试勾选在不同年龄阶段（婴儿、幼儿园、小学和初高中）、面对不同交际对象（家人、父母、祖父母、室友、同事等）、处在不同交际情境（在家、学习、工作等）、进行不同语言活动（阅读、社交媒体、看电视、上网等）时语言的使用情况，共有五个选项（均用英语、多数用英语、一半英语一半非英语语言、多数为非英语语言、均用非英语语言）。此外，第三部分还收集了被试处在不同交际情境（和家人、和朋友、使用社交媒体）时的语言切换频率。通过将第二、第三部分的变量纳入因子分析，发现双语经历可聚合为三个子维度：（1）非英语语言的熟练度和在家中的使用情况；（2）非英语语言在社交场合的使用情况；（3）英语的熟练度。基于因子分析结果，该问卷进一步提出了明确的数据量化公式，实现了用一个数据代表双语者全部的双语经历。具体而言，研究者首先根据每个题项的因子载荷，将近 60 个问卷题项的数据聚合为三个子维度分数，再根据各子维度的方差，将这三个维度分数聚合为一个综合分数，而该综合分数被认为代表了被试的双语经历。鉴于其细致的题项设计和简便的量化方式，该问卷近期被用于解释与双语经历相关的行为和大脑变化（如 DeLuca et al.，2019，2020）。

总之，以上三种评估工具各有特色，适用于不同的研究目的和被试人群。它们将双语经历视为动态的复杂系统，从语言水平、语言习得和语言使用等多个角度搜集和量化双语经验，是目前测量双语经验较为常用的工具，从一个侧面反映了双语经历和双语优势的复杂程度。

9.4 口译员的认知控制优势

口译员优势问题是在"双语优势"研究的影响下提出的，口译经历能否增强口译员的认知控制能力？既然所有口译员都是双语者，那么口译员优势就是在双语经历之上叠加口译经历之后的结果，因此这就需要分析口译任务和一般双语任务相比还有哪些独有的特征。简单来说，与一般双语任务相比，口译任务要求译员在两种语言之间进行频繁而有规律的高强度转换，并且这种转换是在时间压力之下进行的（Dong & Li，2020），这就对大脑的认知控制系统有更高的要求。首先，口译员需要理解源语信息，记住这些信息并及时用另外一种语言表达出来，这就对工作记忆有很高要求。其次，口译员在表达目标语的时候常常受到源语的干扰，这就要求口译员有很强的抗干扰能力。第三，口译员需要在两种语言之间进行频繁的转换，这就要求口译员有很强的转换能力（也被称为认知灵活性）。工作记忆、抗干扰（抑制控制主要成分）、认知灵活性正好是认知控制的基础核心功能，也就是说，按照推理，口译经历应该会增强认知控制能力。但是，实证研究不一定都得出了一致的结论，因此需要探讨：口译员优势存在什么规律？

9.4.1　口译对工作记忆的影响

与一般的双语交流任务相比，口译任务对工作记忆和短时记忆等记忆系统的要求更高。短时记忆一般指对信息的暂时存储，而工作记忆不仅包括对信息的存储，还包括对信息的操控加工。短时记忆通常测量记忆广度（例如，在一个数字广度任务中，测量被试能正确回忆的数字个数），而工作记忆既可以测量广度（例如，在一个倒序数字广度任务中，测量被试能以倒序的方式正确回忆的数字个数），也可以测量更新能力（例如，在 n-back 任务中，被试需要看一系列连续呈现的项目，并判断当前试次项目与往前倒推 2 个或 3 个试次中的项目是否一致）。

口译任务，特别是交替传译任务中的回忆过程，对于工作记忆的更新能力来说，是一项要求极高的训练（Dong et al.，2018）。在交替传译任务中，译员需要听一段源语输入内容，然后在笔记的辅助下，用另一种语言（目标语）将刚刚源语中传达的信息尽可能准确地回忆、叙述出来。这一过程中，译员需要不断更新工作记忆中的信息，这与工作记忆更新任务中的加工非常类似。因而 Dong et al.（2018）推测，口译经历和口译训练应该可以带来工作记忆更新能力上的优势。该研究通过 n-back 任务测试了学生译员在前测和后测中的工作记忆更新能力，发现无论是前测还是后测，更新能力都能预测交替传译绩效。更为重要的是，该研究还发现，在 32 个小时的课堂口译训练（加上 40 小时的课后训练）后，口译学员组在工作记忆更新能力指标上有明显提升，而接受普通二语学习课程的控制组则不然。也就是说，口译训练为口译组学生带来了更新能力上的口译员优势。这一优势也在其他研究中得到了数据支持（如 Henrard & van Daele，2017；Morales et al.，2015）。

相较于更新能力的研究，更多的研究考察译员在工作记忆容量上是否存在优势。其中，部分研究通过对比职业口译员、接受口译训练的学生、非译员对照组的工作记忆或短时记忆广度，发现了支持职业口译员工作记忆容量优势的证据（如 Babcock & Vallesi，2017；Chmiel，2018；Christoffels et al.，2006；Padilla et al.，2005）。另一些研究则发现，哪怕不是职业译员，受过较多口译训练的学生译员在工作记忆或短时记忆任务上的表现也优于未受过口译训练的双语者或训练较少的学生译员（如 Tzou et al.，2012；张威，2007）。但是，也有部分研究并未发现译员在工作记忆或短时记忆上的优势。例如，Chincotta & Underwood（1998）让两组被试完成有发音抑制和没有发音抑制两种条件的一语和二语数字广度任务，其中一组为有着大约 100 小时口译工作量的芬兰语 – 英语同传译员，共 12 名，另一组为芬兰语为母语的英语专业本科生，也是 12 名。结果显示，两个条件下的一语和二语数字广度均没有显著的组间差异。各个研究之间的结果不一致，很可能是由研究设计上的差异导致的，其中可能包含被试选取、译员自身因素（如年龄）、分组缺乏统一标准、测量工作记忆的任务在设计上的差别、不同训练阶段译员对工作记忆的依赖程度不同这五个方面的因素（董燕萍、陈小聪，2020）。

　　针对这些不同的研究结果，采用元分析对以往研究的效应量进行分析可以有效总结并梳理已有研究中存在的分歧，从而确定口译员的工作记忆优势是否稳定存在。有两项研究采用了这一方法，结果都支持口译员工作记忆优势的存在。Mellinger & Hanson（2019）发现，专业译员的工作记忆广度和口译绩效具有显著的正相关，即工作记忆容量越大，译员的口译表现越好。Wen & Dong（2019）在工作记忆和短时记忆广度上都发现口译员优势，不过，相较于数字/字母或空间广度任务，口译员优势更多体现在言语记忆广度任务（如阅读广度）上。此外，译员的口译水平显著调节译员的工作记忆广度优势：中级译员和专家译员的记忆广度优势显著胜于初级译员；但是，中级译员和专家译员之间的差异并不显著。

　　综上所述，口译训练首先会强化工作记忆更新能力，随着训练的增加，还会提升译员的短时记忆和工作记忆容量。工作记忆更新能力的译员优势最先出现，可能是因为对于新手译员来说，最明显的认知需求就是跟上源语输入的速度，尽可能高效地更新并传达信息。关于口译对工作记忆的影响，还有许多问题尚未得到解答。例如，口译训练具体如何产生工作记忆优势？工作记忆优势如何随口译训练的积累发生变化？这些都需要深入研究。

9.4.2　口译对干扰控制的影响

　　与普通双语者相比，口译员在用目标语产出信息的时候，可能会更大程度地受到其他语言（源语）的干扰。在很长一段时间，解释口译中的语言控制问题（即如何在目标语产出过程中防止源语的干扰）的理论（如 Christoffels & de Groot，2005）依赖一般双语控制的抑制控制模型（inhibitory control model）（Green，1998）。在口译中，基于抑制控制模型的理论认为，不同的语言在口译过程中的激活程度不同，例如，在口译输出中目标语高度激活而源语被抑制（Grosjean，1997），或是输出语言的词汇比输入语言的词汇激活程度更高（Christoffels & de Groot，2005）。Dong & Li（2020）认为，基于抑制机制的模型并不适用于口译（特别是同声传译）中的语言控制。在口译任务中，译员需频繁且规律地在两种语言之间来回转换，如果需要抑制功能来调节，那么刚被抑制的语言随即需要被启动，而对同一种语言进行反复抑制与启动显然不是很经济的做法。该研究提出了口译中的语言控制模型，这一模型包含两部分：聚焦性（或称选择性）注意和语言－通道联结的口译图式。在用聚焦性注意作为语言控制的加工机制的阐述中，目标的激活强化（target enhancement）和任务抽离（task disengagement）这两项认知功能代替了抑制控制理论中抑制的角色。译员只需从之前的语言（源语）中抽离出来，并增强当前目标语的激活，让非目标语言的激活自然消减，即可实现语言控制。这两类阐释都可以用诸如 Flanker 任务这样的测试来检验，但对结果的解读却并不相同。抑制控制模型强调对非目标语的抑制，而 Dong & Li（2020）的模型则强调增强对目标语言的激活。

　　由于译员在目标语的产出过程中时常需要克服来自源语的影响，口译经历可能会强化他们对干扰的抵御能力（即干扰控制能力）。现有的相关行为研究中（如 Babcock & Vallesi，2017；Dong & Liu，2016；Köpke & Nespoulous，2006；Morales et al.，2015；Timarová et al.，2014；Yudes et al.，2011），只有 Timarová et al.（2014）发现同传译员的口译工作年限与干扰控制指标显著相关，这表明同传经历越长，译员的干扰控制能力或选择性注意能力也越强，越容易抵制外界无关刺激的干扰。除此之外，其余研究都未发现译员与普通双语者相比在干扰控制能力方面存在优势。根据 Dong & Zhong（2017）的分析，这可能是因为行为研究方法的敏感度不足。他们采用了 ERP 技术来比较具有不同口译训练时长的被试在 Flanker 任务上的表现，结果显示，与口译训练较少的被试组相比，训练多的被试组在 N1 时间窗中表现出早期注意加工优势，在 N2 时间窗和 P3 前半部分时间窗中表现出干扰监控优势，在 P3 后半部分时间窗上表现出目标增强优势。这一结果表明口译经验能够带来干扰控制能力上的优势，并通过时间轴展示了口译员优势在相关子能力上出现的时间进程。

由此可见，译员的抑制优势可能很难在行为指标上有稳定的体现。作为一种新的探测手段，以 ERP 为代表的脑科学技术可以更加敏感地捕捉到口译经历或训练所带来的变化。然而，目前仅有的一项 ERP 研究远不足以揭示口译经历对干扰控制能力的所有影响，因此未来需要更多的采取 ERP 或其他脑科学技术的研究来探索这一问题。

9.4.3 口译对认知灵活性的影响

与一般的双语交流任务相比，不论是笔译还是口译，都需要进行更频繁、更规律的语言转换，而口译任务中的语言转换难度尤为突出。这是因为译员往往面临极大的时间压力：在交传任务中，他们每隔几分钟（对于学生则是每隔几句话）就要在接收讯息的语言和产出讯息的另一种语言中转换；在同传任务中，源语信息接收和译语信息产出几乎要同时进行。而在一般的双语情境中，双语者通常只需要用一种语言交谈，只有在当下所用语言的交流不再高效或者无法继续进行时，才会转而使用另一种语言。虽然普通双语者也可能遇到需要在两种语言间做高强度转换的情况，但这对于一般的双语交流来说毕竟并不常见。简而言之，口译任务中的语言转换更频繁，也更艰巨。口译学员的首要目标，很可能是能跟上源语说话者的语速和节奏，能流利地在两种语言中做即时转换。

适应这种高强度的双语间转换需求可能会强化个体的认知灵活性。认知灵活性（也被称为转换能力或心理定势转换）指的是能够灵活地将注意力从旧目标上抽离，转向新目标、适应新要求和新规则、改变看待问题的视角或处理问题的方法的能力。测量（与口译经历相关的）认知灵活性的经典任务包括威斯康星卡片分类测验（WCST）和颜色–形状转换任务。WCST 测量的是基于规则的转换能力，测验中的刺激卡包含颜色、形状和数量三个维度，被试需猜测当下的卡片分类规则，选择相应的反应卡，并根据所收到的"正确"或"错误"的反馈对当前的分类规则进行推断，进而在下一次选择反应卡时作出相应调整。已有实证研究通过 WCST 发现了支持认知灵活性上存在口译员优势的证据。例如，Yudes et al.（2011）比较了职业同传译员、普通双语者和普通单语者三组人群在 WCST 中的表现。研究发现，相比其他两组被试，职业同传译员在 WCST 上犯的总错误数更少；尤其是在持续性错误数这一指标上，职业同传译员要显著少于普通双语者和单语者，这表明职业同传译员在测验中接收到错误反馈之后，比其他两组被试能更及时地调整更换规则。Dong & Xie（2014）通过比较学生译员和非口译双语者，也发现口译训练可以增强译员的转换能力。

检测认知灵活性的颜色–形状转换任务有不同的任务版本，这些版本的一个重要区别是，它们在图形刺激和反应按键的设计上有单价（univalent）和双价（bivalent）之分。单价任务中，每项刺激只有一种属性（颜色或形状），被试进行形状判断任务时接受的刺激是无颜色的图形，而做颜色判断任务时刺激是有颜色的色块；双价任务中，每项刺激有两种属性（颜色和形状，如绿色正方形），不论是形状判断任务还是颜色判断任务，被试看到的都是有颜色的图形。颜色–形状转换任务由"单任务组"（整组测试中被试只需要判断实验刺激一个维度上的属性）和"混合任务组"（被试需根据给定线索来判断当前刺激的颜色或形状）构成，有两个主要的统计指标——转换代价和混合代价。转换代价指的是混合任务组中的转换试次和非转换试次的平均反应时或正确率差值，反映的是个体在任务转换中的反应性控制（被试在作出反应时自下而上地利用任务相关的线索信息来解决当前的冲突）；混合代价指的是混合任务组中的非转换试次和单任务组中的试次的平均反应时或正确率差值，反映的是个体的主动性控制（被试在任务准备前自上而下地运用任务相关的线索信息来解决即将出现的冲突）（Braver et al.，2003）。Zhao & Dong（2020）同时采用了单价和双价的颜色–形状转换任务来测量不同训练阶段的学生译员及年龄匹配的普通双语者的认知灵活性，结果发现，若使用单价任务，译员的优势仅体现在转换代价上，而使用双价任务时，二语水平高的译员只在混合代价上显示出了边缘显著优势。结合其他研究（见表 9-1）发现，译员优势可能首先出现在任务转

换的局部反应性控制能力上，随着训练的增加，之后才出现在整体自主
性控制能力上。

表 9-1　单价与双价颜色 – 形状转换任务中的口译员优势指标结果汇总

研究	口译组别	控制组	指标
单价颜色 - 形状转换任务			
Dong & Liu（2016）	交传学员	普通双语学生	转换代价
Zhao & Dong（2020）	交传学员	普通双语学生	转换代价
双价颜色 - 形状转换任务			
Zhao & Dong（2020）（高二语水平时）	交传学员	普通双语学生	混合代价（边缘显著）
Babcock et al.（2017）	同传学员	普通多语学生	无
van de Putte et al.（2018）	同传学员	普通多语学生	无
Becker et al.（2016）	职业同传译员	普通多语专家	混合代价
Babcock & Vallesi（2017）	职业同传译员	普通多语专家	混合代价

注：来自 Dong（2023）表 2.1

综上所述，文献中的大部分研究都发现，与普通双语者相比，译
员在认知灵活性上可能具有优势（不支持这一推断的研究参见 Babcock
et al.，2017；Chan，2015）。这一优势首先可能体现在规则转换（如
WCST 所测试的能力）和任务转换的局部反应性控制能力（如颜色 – 形
状转换任务所测试的能力）上，随后可能出现在任务转换的全局性自主
控制能力上。

对于口译训练带来的认知灵活性上的优势，另一个重要的问题是：
口译中的哪些因素引起了译员转换能力的增强？一种假设认为，认知灵
活性的增强主要是因为口译需要在双语之间进行频繁转换；另一种假设
认为，认知灵活性的增强不仅是因为口译需要进行双语转换，还因为口
译是一项高强度的语言任务，具有较高的加工要求（de Groot，1997）。
按照第一种假设，如果双语者从事其他非口译任务，而这些任务也需要
频繁的双语转换，但没有高强度的要求（如笔译），个体的转换能力也
应该可以得到增强。相反，按照第二种假设，假如双语者从事的其他非
口译任务涉及双语转换，但强度不大，个体的转换能力可能也无法得到

类似的增强。

为了进一步探究口译经历或训练增强转换能力的机制，一些研究对比了具有口译经历或接受过口译训练的人群和只具有笔译经历或只接受过笔译训练的人群，得出了不一致的结论。部分研究支持第二种假设。例如，刘猛（2014）对比了笔译方向和口译方向的研究生在 WCST 任务中的各项指标，发现口译方向研究生在 WCST 的四项指标（总应答数、正确应答数百分比、持续性应答数百分比、概念化水平百分比）上与笔译方向研究生有显著差异。Dong & Liu（2016）采用历史研究设计，将接受了口译训练的学生与只接受一学期笔译训练（不包含口译训练）的学生以及接受普通二语学习训练的控制组作了比较。结果发现，在单价版本的颜色－形状转换任务中，笔译训练并没有带来转换优势（与对照组相比），而口译训练却带来了转换优势。van de Putte et al.（2018）采用 fMRI 技术比较了口译和笔译学生于训练前后在双价版本的颜色－形状转换任务上的表现，脑成像的数据也支持了口译员在任务转换能力上的优势。这三项研究的结果表明，虽然笔译和口译都需要频繁的双语转换，但笔译训练并不能像口译训练一样给认知灵活性带来同样的增强效应。这也进一步说明，口译对个体认知灵活性的增强作用不仅是频繁的双语转换引起的，还源自口译本身的高强度任务要求。然而，也有一些行为研究得到了与上述研究不一致的结果。例如，Henrard & van Daele（2017）发现，职业笔译员与职业同传译员在转换代价上并无显著差异；Babcock et al.（2017）发现，同传学员和笔译学员在前后测转换代价和混合代价的变化上也均无显著差异。

综上所述，有研究表明，口译之所以能对转换能力产生增强效应，不仅是因为需要频繁的双语转换，更重要的是，它还由口译本身的高强度任务要求所决定。但目前的研究并未对这一推断得出一致的结论，因此仍需要更多的研究来进一步确认。

9.5 小结

本章涉及心理语言学的经典内容之一"语言与思维"，但我们只在9.1 节简要总结了经典的"语言与思维"问题，即语言相对论的问题。

外语效应、双语优势和口译员优势是"语言与思维"新发展出来的研究问题。虽然外语效应的研究很热，但近年已有很全面的中文、英文综述（倪传斌，2020；Circi，2021），本章因此也只在 9.1 节做了简要的概述。双语优势和口译员优势这两方面的研究方法相似，在研究内容上有延续性，本章依据前期的研究在这两个方面进行了比较详细的阐述。关于双语优势的争议很多，将来的研究可从动态视角考虑语言经历的复杂性（如学习者的生态环境）和语言使用者的其他技能。即使是不太承认双语优势存在的研究者（如 Paap et al.，2015），他们也不否认特殊的语言经历可能会带来认知控制优势的可能。口译经历正好就是一个典型的特殊语言经历。大量实证研究证实了口译经历能够带来一定的认知控制优势，但其中的具体发展过程以及具体的运作机制（如 Dong & Li，2020）还有待进一步的研究。这方面的研究不仅有助于揭示语言经历和认知控制的关系、语言和思维的关系，还有助于揭示语言学习和口译训练的本质。

参考文献

白人立. 2005. 词汇联想反应. 外语与外语教学, (1): 28–31.

白学军, 刘娟, 臧传丽, 张慢慢, 郭晓峰, 闫国利. 2011. 中文阅读过程中的副中央凹预视效应. 心理科学进展, 19(12): 1721–1729.

白学军, 张涛, 田丽娟, 梁菲菲. 2010. 词切分对美国留学生汉语阅读影响的眼动研究. 心理研究, 3(5): 25–30.

毕鸿燕, 胡伟, 翁旭初. 2006. 汉语形声字声旁家族大小对整字发音的影响. 心理学报, 38(6): 791–797.

蔡超群, 孟迎芳. 2013. 双语词汇理解切换中非目标语言加工. 心理与行为研究, 11(1): 55–60.

蔡任栋, 董燕萍. 2012. 信息类型、编码通道与编码语言对工作记忆广度的影响——支持层级观的证据. 外语教学与研究, (3): 376–388.

曹冲, 解焱陆, 张劲松. 2018. 不同共振峰分布下元音对声调感知的影响. 清华大学学报(自然科学版), 58(4): 352–356.

曹贤文, 牟蕾. 2012. 汉语二语处理中句法启动效应的实验研究. 汉语学习, (4): 80–86.

常辉. 2014. 接口假说与接口知识习得研究——基于生成语法理论的二语习得研究. 外语与外语教学, (6): 44–49.

常辉, 郑丽娜. 2017. 儿童普通话"把"字句发展个案跟踪研究. 语言文字应用, (01): 98–106.

陈启山. 2009. 阅读理解的风景模型:整合的观点. 心理科学, 32(4): 913–915.

陈庆荣, 邓铸, 谭顶良. 2008. 汉语句子–图片信息整合的眼动测量. 心理学报, (5): 543–551.

陈士法. 2006. 从二语词汇习得看双语心理字典中的语义表征. 外国语言文学, 23(1): 6.

陈双, 陈黎静, 杨晓虹, 杨玉芳. 2015. 语篇背景在语义整合中的作用. 心理学报, 47(2): 167–167.

陈松松, 张辉. 2017. 语篇推理神经机制及其影响因素研究. 外语教学, 38(6): 24–29.

陈晓湘, 刘星, 马慧琴, 张小玲. 2021. 南方三岁以下幼儿汉语声调习得研究. 湖南大学学报（社会科学版），35(1): 109–115.

陈永明，崔耀．1997. 汉语歧义句加工．心理学报，29(1): 1–6.

陈永明，彭瑞祥．1990. 句子理解的实验研究．心理学报，(3): 225–231.

陈永香，牛杰，朱莉琪．2016. 从词汇量角度再探汉语婴儿是否存在"名词优势".心理科学，39(03): 600–605.

陈永香，朱莉琪．2014. 身体部位与早期习得的汉语动词的联结及其对动词习得年龄的影响．心理学报，46(7): 912–921.

陈钰，莫李澄，毕蓉，张丹丹．2020. 新生儿语音感知的神经基础：元分析．心理科学进展，28(8): 1273–1281.

陈钰，张丹丹．2020. 新生儿语音感知的脑机制．心理科学，43(4): 844–849.

陈玉生．2012. 双语表征研究综述．科教文汇，(28): 2.

迟慧，闫国利，许晓露，夏莹，崔磊，白学军．2014. 声旁语音信息对形声字加工的影响——来自眼动研究的证据．心理学报，46(9): 1242–1260.

戴慧琳，何晓炜．2021. 特殊型语言障碍儿童与高功能自闭症儿童对汉语特殊疑问句的理解．现代外语，44(4): 522–535.

邓丹．2019. 普通话轻声感知特性再分析．语言文字应用，(1): 66–75.

邓丹，朱琳．2020. 基于语流的普通话轻声感知研究．南开语言学刊，2: 29–37.

丁国盛．2001. 中英双语者词汇表征与加工的脑机制研究．北京：北京师范大学博士学位论文．

董燕萍，陈小聪．2020. 口译加工研究．北京：外语教学与研究出版社．

段红，文旭．2014."情绪–认知"机制与语篇生成．西南大学学报（社会科学版），40(4): 127–132+184.

范莉，宋刚．2016. 非 SVO 语序的早期习得——以"客体–动词"语序为例．外语教学与研究，48(1): 49–60+160.

范琳，刘振前．2005. 语篇阅读推理模式研究综述．解放军外国语学院学报，(5): 43–48.

范琳，王震．2017. 语篇阅读推理及语言学习者语篇推理能力的培养．当代外语研究，(6): 11–16+108.

冯杰，徐娟，伍新春．2021. 视觉经验缺失对盲人听觉词汇识别的影响．心理科学进展，(12): 2131–2146.

符荣波．2012. 英汉双向交替传译中译语停顿的对比研究．外语教学与研究，44(3): 437–447.

符荣波．2013. 口译方向性对译语非流利产出的影响．现代外语，36(02): 198–205.

高亮．2018. 构式视角下句末助词"吧"的儿童语言习得研究．语言教学与研究，

(04): 102–112.

高亮. 2019. 普通话儿童句末语气助词的习得研究. 中国语文, (06): 675–692+766–767.

龚箭, 周卫京, 纪晓丽. 2015. 噪声条件下二语辅音感知中的区别特征. 信息传递研究. 江苏科技大学学报（社会科学版）, 15(3): 31–36.

龚箭, 周卫京, 张松松. 2016. 噪声条件对二语英语辅音感知的影响. 语言教育, 4(2): 44–52.

桂诗春. 2000. 新编心理语言学. 上海：上海外语教育出版社.

郭晶晶, 陈宝国. 2009. 汉、英句法结构相似性对英语句法加工的影响. 心理科学, 32(2): 320–323.

何承恩. 2017. 训练与经验对英译中视译认知历程影响之研究：眼动与产出之整合分析[1]. 台北：台湾师范大学博士学位论文.

何美芳, 鹿士义, 张亚旭. 2019. 不同语言类型的二语学习者汉语动结式加工的眼动研究. 世界汉语教学, 33(2): 244–257.

何文广, 陈宝国. 2016. 汉语主、宾关系从句加工难度及其核心名词生命性效应. 心理科学, 39(1): 43–49.

贺荟中, 贺利中. 2005. 语篇阅读研究方法综述. 心理科学, (6): 149–151+158.

洪炜. 2012. 汉语二语者近义词语义差异与句法差异的习得研究. 语言教学与研究, (3): 18–25.

洪炜, 张晓敏, 冯聪. 2021. 不同水平汉语二语者句子阅读加工中的语义整合研究. 世界汉语教学, 35(01): 115–125.

侯友, 白学军. 2012. 词汇识别中语音激活的时间进程及作用：来自 ERP 的证据. 内蒙古师范大学学报（自然科学汉文版）, (1): 51–57.

侯友, 白学军. 2013. 词汇识别的双通道交互激活模型及 ERP 研究. 内蒙古师范大学学报（自然科学汉文版）, (1): 99–104.

胡家璇. 2014. 英中逐步口译笔记原则之眼动研究：学生口译员与专业译员之别[2]. 台北：台湾师范大学硕士学位论文.

胡睿, 肖少北. 2021. 汉语阅读中词切分研究进展. 心理学探新, 41(05): 404–410.

胡壮麟. 2021. 语言学研究的融合. 北京科技大学学报（社会科学版）, 37(1): 12–16.

---

1 原论文题名为" An integrated eye-tracking study into the cognitive process of English-Chinese sight translation: Impacts of training and experience"，此处为对应翻译。

2 原论文题名为" An eye tracking study of English-Chinese consecutive interprpreting note-taking practices: Trainees vs. professional interpreters"，此处为对应翻译。

滑慧敏，顾俊娟，林楠，李兴珊．2017．视觉词汇识别中的字符位置编码．心理科学进展，(7)：1132–1138.

黄鹤，王权红，梁珊珊，罗俊龙，钟俊．2009．视觉中文词汇识别的整体优先效应和词内核证原则：来自 ERPs 的证据．现代生物医学进展，(2)：322–326+317.

黄月圆，杨素英．2004．汉语作为第二语言的"把"字句习得研究．世界汉语教学，(1)：49–59.

贾广珍，刘友谊，舒华，方小萍．2013．生命性信息在语言加工中的作用．心理科学进展，21(8)：1371–1381.

贾月芳，陈宝国．2009．双语跨语言的句法启动．心理科学进展，17(1)：56–63.

姜自霞．2016．汉语儿童造词策略和词法意识发展．语言文字应用，(2)：117–124.

蒋楠，范莉，乔晓妹，张辉，杨枫，吴诗玉．2016．第二语言加工：学科内容、研究方法及与二语习得的关系．当代外语研究，(6)：1–8.

金晓兵．2012．双语表征的神经机制研究综述．当代外语研究，12(2)：29.

靳洪刚．1993．从汉语"把"字句看语言分类规律在第二语言习得过程中的作用．语言研究，(2)：83–91.

李大忠．1996．外国人学汉语语法偏误分析．北京：北京语言文化大学出版社.

李辉，刘海涛．2017．基于句法标注语料库的汉语儿童三词句习得研究．语言文字应用，(1)：107–116.

李金满，吴芙芸．2013．类型学概括与二语学习者汉语关系从句产出研究．外语教学与研究，45(1)：80–92.

李利，莫雷，陈卓铭，王瑞明，伍丽梅．2006．前额叶在双语词汇提取中的抑制机制——对一例前额叶损伤双语病人的研究．心理科学进展，14(5)：648–653.

李利，莫雷，王瑞明，潘敬儿．2006．双语言语产生中的词汇提取机制．心理科学进展，14(5)：648–653.

李凌，高立群．2012．句法、语义和语用对汉语句子认知加工的影响．语言教学与研究，(1)：7–14.

李荣宝．2006．跨语言句法启动及其机制．现代外语，29(3)：9.

李汝亚．2017．空论元儿童语言习得研究．外语教学与研究，49(02)：163–176+319.

李寿欣，陈慧媛，张建鹏．2013．语境位置对不同认知方式个体歧义句歧义消解的影响．心理科学，36(05)：1073–1077.

李霄翔，季月．2014．句子加工的 ERP 研究：理论与研究进展．中国外语，11(5)：25–32.

李兴珊，刘萍萍，马国杰．2011．中文阅读中词切分的认知机理述评．心理科学进展，19(04)：459–470.

李秀红，静进 . 2010. 汉语阅读脑功能磁共振的研究进展（综述）. 中国心理卫生杂志, 24(07): 557–561.

李宇明 . 2004. 儿童语言的发展 . 武汉 : 华中师范大学出版社 .

李宇明 . 2019. 人生初年 . 北京 : 商务印书馆 .

林洁绚，董燕萍 . 2011. 汉英口译中语言转换的时间起点 —— 串行加工观和并行加工观 . 外国语, 34(04): 56–63.

林洁绚，董燕萍，蔡任栋 . 2015. 口译中源语理解和语码重构在资源分配上的层级关系 . 外语教学与研究, 47(03): 447–457.

林文毅 . 2018. 篇章阅读新进展 —— 多文本阅读理解本质特征分析 . 应用心理学, 24(3): 280–288.

林文毅 . 2020. 多文本阅读理解中的认识论信念：实证进展及理论争议 . 心理科学, 43(4): 821–827.

刘猛 . 2014. 认知能力与交替传译能力的关系 —— 基于国内翻译硕士院校的实证研究 . 上海 : 上海外国语大学博士学位论文 .

刘妮娜，王霞，闫国利 . 2017. 中文阅读中副中央凹区域文本信息加工时程的眼动研究 . 心理科学, 40(6): 1289–1295.

刘巧云，陈珊珊，武慧多，张艳丽，黄昭鸣 . 2019. 学前儿童词语命名能力的发展及错误类型分析 . 听力学及言语疾病杂志, 27(6): 595–599.

刘涛，周统权，杨亦鸣 . 2011. 主语关系从句加工优势的普遍性 —— 来自汉语关系从句 ERP 研究的证据 . 语言科学, 10(1): 1–20.

刘文理，杨玉芳，伊廷伟 . 2008. 婴儿期母语音位范畴习得：来自言语知觉的证据 . 心理科学进展, 16(1): 42–49.

刘雪丽，倪传斌 . 2022. 二语对一语的影响 —— 来自一语语音加工的眼动证据 . 外语与外语教学, (1): 34–45.

刘娅莉，王玉响 . 2021. 美国华裔中文使用者量词习得研究 . 四川师范大学学报（社会科学版）, 48(3): 142–150.

刘兆敏，郭春彦 . 2013. 工作记忆和长时记忆共享信息表征的 ERP 证据 . 心理学报, 45: 3–9.

刘志方，张智君，王飞，苏志敏 . 2015. 中文词汇的视觉编码和识别难度对阅读眼动控制的影响 . 应用心理学, (1), 21–31.

刘志雅，刘芳，朱莹莹，靳凯丽 . 2015. 9–26 个月婴儿上位、基本和下位水平类别学习的发展顺序 . 心理科学, 38(06): 1384–1390.

吕纪增 . 2009. 双语表征研究视角综述 . 河南教育学院学报（哲学社会科学版）, 28(6): 87–91.

鲁忠义，马红霞. 2011. 主角情绪和时间信息对情境模型加工的影响. 心理学报，43(07): 763–770.

马炳军，常辉. 2021. 汉语二语句法加工研究：理论与实验. 当代外语研究，(3): 61–70.

马志刚，宋雅丽. 2015. 基于语段理论的汉语长、短被动句统一分析. 现代外语，38(04): 470–481+583.

莫雷，王瑞明，冷英. 2012. 文本阅读双加工理论与实验证据. 心理学报，44(5): 569–584.

倪传斌. 2020. 外语效应的表现形式、影响因素及其作用机制. 外语教学与研究，52(3): 397–408.

牛萌萌，吴一安. 2007. 关系从句挂靠偏向研究. 现代外语，(03): 271–279.

邱羽先. 2017. 原文速度对英译中同步口译产出之影响 [1]. 台北：台湾师范大学博士学位论文.

任桂琴，韩玉昌，刘颖. 2012. 句子语境中汉语词汇识别的即时加工过程. 心理科学进展，20(4): 493–503.

任宏昊. 2022. 二语语音感知及与产出的相关性研究 —— 来自日语促音习得的实验证据. 外语教学理论与实践，(3): 115–127.

尚淑怡，尤春景. 2008. 认知电位 P300 的应用及研究进展. 中国康复，23(002): 133–135.

沈德立，白学军，臧传丽，闫国利，冯本才，范晓红. 2010. 词切分对初学者句子阅读影响的眼动研究. 心理学报，42(02): 159–172.

盛亚南，吴芙芸. 2013. 指量结构与汉语关系从句共现时的不对称分布及其原因 —— 一项基于真实口语语料库的研究. 现代外语，36(02): 150–157.

石高峰，杨彩影. 2021. 汉语动词句法框架信息加工机制及二语习得研究. 语言教学与研究，(01): 33–43.

宋悉妮，徐晓晨，杨秀莉，孙桂苓，崔磊. 2022. 预期性、词频和笔画数对中文词汇识别影响的眼动研究. 心理科学，(5): 1061–1068.

汪玉霞，杨小虎，刘畅. 2019. 噪音背景下老龄化对汉语语音感知的影响. 语言文字应用，(1): 56–65.

王丹，杨玉芳. 2004. 语篇理解的表征和加工模型研究综述. 西北大学学报（哲学社会科学版），(5): 125–129.

王洪亮，绪可望. 2021. 语篇衔接与连贯认知分析理论及范式问题探究. 东北师范大学

1　原论文题名为 " The effects of input rate on the output of simultaneous interpreting from English into Chinese"，此处为对应翻译。

报（哲学社会科学版），(5): 49–55.

王慧莉，邴文铎 . 2013. 汉语关系从句使用频率与加工难度的非一致性——来自 ERP 的证据 . 外语研究，(3): 13–22.

王茜 . 2020. 二语者和母语者汉语特殊会话含意理解的实验研究 . 广州：暨南大学硕士学位论文 .

王瑞乐，李妮，陈宝国 . 2010. 句子加工中的语义 P600 效应 . 心理科学进展，18(4): 545–552.

王瑞明，莫雷 . 2011. 文本阅读中信息的协调性整合 . 心理科学进展，19(4): 471–479.

王瑞明，莫雷，李利，金花 . 2008. 文本阅读中协调性整合的发生机制 . 心理学报，40(11): 1165–1177.

王穗苹，陈烜之，杨锦绵，吴岩，王瑞明 . 2006. 阅读中文时信息整合的即时性 . 心理学报，(05): 645–653.

王小潞，程和奔 . 2021. CFL 视角下的汉字加工神经机制 . 外语学刊，(6): 94–101.

王歆捷，于晋，李辉，张珊珊，杨亦鸣 . 2015. 普通话儿童变调习得的实验研究 . 语言文字应用，(4): 121–131.

王艳霞，Ha-kyung, K., 过月，郑钦，刘晓明，肖永涛 . 2018. 刺激频率与词汇类型对不同语言能力儿童新异词汇理解的影响 . 学前教育研究，(2): 25–34.

王蕴佳，吴倩，刘思维 . 2021. 母语和非母语者对北京话相似和相异调拱声调的范畴感知 . 当代语言学，23(3): 413–432.

王震，范琳 . 2012. 语篇阅读过程词汇推理研究的进展 . 外语教学，(3): 56–60.

韦晓保，王文斌 . 2019. 维汉双语语音经验对维吾尔族儿童英语语音意识发展的预测作用 . 外语教育研究前沿，2(03): 73–79+93.

文贵良 . 2017. 十九世纪影响汉语汉字观的三大西方理论探析 . 中国文学研究，(4): 10–15.

吴菲 . 2021a. 继承语者理解和产出汉语关系从句的实验研究 . 语言文字应用，(2): 89–102.

吴菲 . 2021b. 双语儿童关系从句理解的语际影响实证研究 . 外语教学与研究，(4): 558–570+640.

吴芙芸 . 2011. 基于经验还是基于工作记忆？ —— 来自汉语新闻语料库中关系从句生命度格局的证据 . 语言科学，10 (4): 396–408.

吴芙芸，吕骏 . 2016. 汉语关系从句与指量词的位序：二语产出视角 . 汉语学习，(4): 84–94.

吴芙芸，盛亚南 . 2014. 指量词的前置优势及宾语关系从句的产出优势：汉语二语学

习者视角 . 外语教学与研究，46 (3): 401–411.

吴芙芸，盛亚南 . 2016. 试论语境条件下限定词的必要性 —— 再谈主语关系从句的加工优势 . 外国语（上海外国语大学学报）(02): 13–22.

吴晓钢 . 2021. 德语母语和二语句子产出递增加工的眼动研究 . 外语教学与研究，(3): 66–78.

吴彦文 . 2005. 歧义句意义选择中的刺激 – 反应相容性效应研究 . 上海：第十届全国心理学学术大会论文 .

吴庄 . 2017. 汉语儿童同音词习得的实验研究 . 外语教学与研究，49(02): 177–187+319.

吴庄，邵士洋 . 2019. 双语（方言）经历对儿童习得名词指称对象的影响 . 现代外语，42(03): 374–384.

肖容，陈丹怡，梁丹丹 . 2021. 汉语普通话声调 T2–T4 范畴化感知的老化效应 . 心理科学，44(5): 1097–1103.

肖容，梁丹丹，李善鹏 . 2020. 汉语普通话声调感知的老年化效应：来自 ERP 的证据 . 心理学报，52(1): 1–11.

肖巍 . 2018.《二语心理语言学研究方法》评介 . 外语测试与教学，(02): 59–63.

肖晓晖 . 2019. 论类推机制在同素异序词分化中的作用 . 福建师范大学学报（哲学社会科学版），(6): 611–613.

徐灿，杨小虎，汪玉霞，张辉，丁红卫，刘畅 . 2018. 语音型噪音对二语者汉语元音声调感知的影响 . 心理与行为研究，16(1): 22–30.

徐丹莹，陈霏 . 2019. 脑电失匹配负波客观评估人工耳蜗语音感知的综述 . 中国生物医学工程学报，38(3): 355–366.

徐浩 . 2011. 中、日、德、西英语学习者母语、二语视听工作记忆广度差异研究 . 外语教学与研究，43(4): 550–561.

徐浩 . 2014. 双语工作记忆和二语水平对跨语言句法启动效应的影响 . 外语教学与研究，4646(3): 412–422.

徐火辉 . 1990. 汉语儿童量化否定句理解的发展 . 心理学报，4: 13–18.

徐永 . 2019. 认知修辞视阈下的叙事语篇理解 . 外语教学，40(04): 45–49.

严春容 . 2011. 二语熟练程度与双语句法表征 . 闽江学院学报，32(3): 6.

闫国利，刘妮娜，梁菲菲，刘志方，白学军 . 2015. 中文读者词汇视觉信息获取速度的发展 —— 来自消失文本的证据 . 心理学报，47(03): 300–318.

阎国利，田宏杰，白学军 . 2004. 工作记忆与汉语歧义句加工的眼动研究 . 心理与行为研究，3(2): 524–528.

闫国利，熊建萍，臧传丽，余莉莉，崔磊，白学军 . 2013. 阅读研究中的主要眼动指

标评述 . 心理科学进展，(4): 589–605.

闫国利, 张兰兰, 孙莎莎, 白学军 . 2013. 汉语 "主观词" 的表征及其加工 . 心理学报，45(04): 379–390.

闫浩, 董燕萍 . 2011. 语言产出中概念通达度对位置加工的直接作用——来自汉语名词并列结构的实证证据 . 外语教学与研究，(2): 239–250.

阎浩, 董燕萍 . 2012. 汉语句子产出的心理机制研究：现状及发展方向 . 广东外语外贸大学学报，23(5): 6.

闫鹏飞 . 2020. 双语（多语）神经机制的多维度研究及发展趋势 . 外语学刊，213(2): 118–126.

杨海波, 张雪健, 周菘, 刘颖, 白学军 . 2014. 语音加工的功能性近红外脑成像研究进展 . 心理与行为研究，12(4): 566–571.

杨琨, 王敏, 魏行 . 2020. 成年学习者二语句法表征发展研究：来自结构启动的证据 . 外语教学与研究，52(6): 15.

杨丽霞, 崔耀, 陈永明 . 1999. 工作记忆、意思相对频率与汉语歧义句的加工 . 心理科学，(3): 222–225.

杨梅, 严晓朦 . 2019. 汉语关系从句加工综述 . 当代外语研究，(6): 43–53.

杨唐峰, 俞瑢 . 2011. 国内基于 ERP 和 fMRI 技术的语言研究综述 . 东华大学学报（社会科学版），11(01): 15–20.

杨小虎 . 2005. 语言理解中的抑制机制研究综述 . 当代语言学，(4): 327–337.

杨小虎, 李洋 . 2020. 老龄化与普通话声调感知 . 南京师范大学文学院学报，(3): 1–9.

杨洋 . 2012. 汉语本族语者和德语本族语者加工汉语被字句的认知神经模式对比：一项 ERP 研究 . 上海：上海外国语大学博士学位论文 .

杨一飞 . 2011. 语篇中的连接手段 . 上海：复旦大学博士学位论文 .

杨玉芳 . 2015. 心理语言学 . 北京：科学出版社 .

叶军, 郑莹, 王森 . 2020. 儿歌讹变反映的塞音、塞擦音习得问题 . 华文教学与研究，(04): 10–17.

于浩鹏, 杜娇, 何晓炜 . 2022. 汉语特殊型语言障碍儿童被动句理解研究 . 现代外语，(01): 53–65.

于浩鹏, 何晓炜, 王海燕 . 2017. 普通话特殊型语言障碍儿童关系从句产出研究 . 现代外语，40(04): 495–506+584.

于秒, 闫国利, 石锋 . 2016. 非限制竞赛还是竞争整合：来自汉语歧义加工的眼动实验证据 . 心理与行为研究，14(02): 214–218.

于谦, 黄乙玲 . 2019. 方言背景影响普通话声调范畴感知 . 语言文字应用，(3): 114–123.

于文勃，王璐，瞿邢芳，王天琳，张晶晶，梁丹丹．2021.转换概率和词长期待对语音统计学习的影响．心理学报，53(06)：565–574.

余林，舒华．1999.句子理解加工的新进展．心理科学进展，(4)：7–13.

余习德，李明，夏新懿，朱一奕，高定国．2019.儿童时间言语的发生与发展．学前教育研究，(02)：57–69.

袁博平．2012.从汉语二语习得中的界面问题看影响成人二语习得成功的因素 ——以习得汉语 wh– 词做不定代词为例．外语教学与研究，44 (6)：856–874.

袁博平．2015.汉语二语习得中的界面研究．现代外语，38(1)：58–72.

袁帅，万宏瑜．2019.方向性对视译流利度的影响．上海翻译，(1)：30–37.

岳源，张清芳．2015.汉语口语产生中音节和音段的促进和抑制效应．心理学报，47(3)：319–328.

臧传丽，张慢慢，岳音其，白学军，闫国利．2013.副中央凹信息量对中文朗读和默读的调节作用．心理与行为研究，11(04)：444–450.

曾涛．2018.汉语儿童早期范畴分类能力的发展研究．北京：中国社会科学出版社．

曾涛，李慧，李珂，何晓炜．2013.汉语普通话特殊语言障碍儿童"把"字句习得研究．华文教学与研究，(01)：10–18.

曾涛，鹿青，刘荣凤，周洁．2015.词汇飞跃的本质：命名洞察力的实证研究．心理与行为研究，13(02)：217–224.

曾涛，赵龙．2021.二语学习者暂时歧义句加工研究．外语教学，42(1)：53–58.

查芸芸，吴思娜．2012.汉语句法启动效应实验研究．语言教学与研究，(1)：13–19.

张笛．2019.普通话儿童语气词"啊"的语用习得研究．语言文字应用，(02)：94–103.

张广勇，王俊菊．2019.二语水平和量词类型对汉语量词结构习得的影响．现代外语，42(1)：98–109.

张金桥．2004.汉语空间关系复杂句心理表征项目互换效应．暨南大学华文学院学报，4：44–49.

张金桥，莫雷．2004.汉语无关联词因果复句的命题表征项目互换效应．应用心理学，10(3)：3–7.

张金桥，莫雷．2006.汉语主动句、被动句的命题表征项目顺序特点．心理学报，38(3)：317–323.

张金桥，王明月．2013.中级水平留学生汉语句子产生中的句法启动效应．华文教学与研究，(2)：51–56.

张磊，韩秀华，肖永涛，汪梅梅．2019.3—5 岁听障和健听儿童普通话双字调上声变调的比较研究．听力学与言语疾病杂志，27(1)：28–32.

张慢慢，臧传丽，徐宇峰，白学军，闫国利．2020.快速与慢速读者的中央凹加工对副中央凹预视的影响. 心理学报, 52(08): 933–945.

张清芳. 2019. 语言产生: 心理语言学的视角. 上海: 华东师范大学出版社.

张清芳, 杨玉芳. 2004. 汉语词汇产生中语义、字形和音韵激活的时间进程. 心理学报, 36(1): 1–8.

张清芳, 杨玉芳. 2006. 汉语词汇产生中词汇选择和音韵编码之间的交互作用. 心理学报, (04): 480–488.

张珊珊. 2006. 通过单词联想实验探索二语词汇的结构. 现代外语, 29(2): 164–171.

张素敏. 2019. 续译在情绪信息语篇加工中的效应. 现代外语, 42(4): 514–526.

张威. 2007. 同声传译与工作记忆关系的认知分析. 四川外语学院学报, (3): 107–114.

张秀平, 张玉萍, 杨晓虹, 杨玉芳. 2017. 语篇情绪理解及其认知神经机制. 心理科学进展, 25(8): 1289–1298.

张易. 2021. 基于图式理论的高中英语词汇记忆研究. 重庆: 西南大学硕士学位论文.

张云秋. 2014. 汉语儿童早期语言的发展. 北京: 商务印书馆

张云秋, 晁代金. 2019. 儿童句法怎样生长: 基于语言共性的习得模式构想. 首都师范大学学报（社会科学版）, (6): 127–137.

张云秋, 高亮, 王琛. 2018. 汉语双及物结构式的儿童语言习得. 当代语言学, 20(3): 334–356.

张云秋, 李若凡. 2017. 普通话儿童早期语言中的情态量级. 中国语文, (01): 74–87+127–128.

张云秋, 李若凡. 2019. 从简单句关系化的最初习得到名词短语可及性等级的解释维度. 外语教学与研究, 51(02): 285–297+321.

张云秋, 梁咏现. 2021. 儿童情态语义的早期发展及论证意义. 汉语学习, (02): 23–36.

张云秋, 徐晓炜. 2021. 早期儿童语言习得中的经验因素. 首都师范大学学报（社会科学版）, (02): 120–129.

赵晨. 2013. 中国学生英语关系从句挂靠偏向研究. 外语与外语教学, (6): 29–32.

赵晨. 2018. 二语暂时歧义句在线加工中的动词事件结构效应. 外语教学与研究, 50(3): 407–418.

赵晨, 李杰. 2022. 运动事件表达差异对英汉母语者运动事件记忆的影响. 现代外语, 45(01): 102–113.

赵宏明, 董燕萍. 2021. 口译员的认知转换优势. 心理科学进展, 29(4): 625–634.

赵黎明, 廉园, 李卫君. 2018. 口语句子产生中词汇选择的计划单元: 来自大中小学生的比较研究. 心理与行为研究, 16(6): 735–743.

赵黎明，杨玉芳. 2013. 汉语口语句子产生的语法编码计划单元. 心理学报, 6: 599–613.

赵荣，王小娟，杨剑锋. 2016. 声调在汉语音节感知中的作用. 心理学报, 48(8): 915–923.

赵小虎，杨振燕，詹松华，戴工华. 2003. 汉英双语脑活动区功能磁共振研究. 上海医学, 26(5): 46–49.

赵延鑫，陈希琢，南云. 2016. 汉语声调认知加工的脑机制及语言经验的影响. 心理科学, 39(4): 2011–2016.

赵元任. 2002. 汉字的字调跟语调. 吴宗济，赵新那主编. 赵元任语言学论文集. 北京: 商务印书馆: 734–749.

郑静宜. 2017. 华语学前儿童语音的习得. 华语文教学研究, 14(3): 109–136.

郑秋晨. 2014. 汉语元音对声调感知边界的影响. 心理学报, 46(9): 1223–1231.

郑新夷，连榕，何少颖. 2010. 国外婴儿动词习得的两种研究范式. 心理科学进展, 18(12): 1949–1957.

钟琳，胡深爱. 2021. 汉英关系从句儿童语言习得的语料库对比研究. 现代外语, 44(02): 208–220.

周国光. 2016. 汉族儿童句法习得研究. 广州：广东高等教育出版社.

周红，范琳. 2010. 语篇阅读推理研究方法述评. 解放军外国语学院学报, 33(04): 70–74.

周鹏. 2021. 儿童语言习得机制跨学科研究：进展、问题和前景. 语言战略研究, 6(01): 48–59.

周统权，郑伟，舒华，杨亦鸣. 2010. 汉语宾语关系从句加工优势论 —— 来自失语症研究的证据. 语言科学, 9(3): 225–243.

周振华，魏屹东. 2015. 记忆的认知哲学探究 —— 基于巴特莱特"图式"的分析. 人文杂志, (3): 17–21.

周治金，陈永明，陈烜之. 2003. 汉语歧义句的消解过程. 心理科学, (6): 976–978.

朱曼殊. 1986. 儿童语言发展研究. 上海：华东师范大学出版社.

朱晓平. 1991. 汉语句子语境对单词识别的效应. 心理学报, (2): 145–152.

Aaronson, D. & Ferres, S. 1983. Lexical categories and reading tasks. *Journal of Experimental Psychology Human Perception & Performance, 9*(5):675–699.

Aaronson, D. & Scarborough, H. S. 1976. Performance theories for sentence coding: Some quantitative evidence. *Journal of Experimental Psychology Human Perception & Performance, 2*(1): 56–70.

Abutalebi, J. & Green, D. W. 2007. Bilingual language production: The neurocognition of language representation and control. *Journal of Neurolinguistics, 20:* 242–275.

Abutalebi, J., Annoni, J. M., Zimine, I., Alan, J. & Mohamed, P. 2008. Language control and lexical competition in bilinguals: An event-related fMRI study. *Cerebral Cortex, 18*(7): 1496–1505.

Acheson, D. J., & MacDonald, M. C. 2009. Verbal working memory and language production: Common approaches to the serial ordering of verbal information. *Psychological Bulletin, 135:* 50–68.

Aglioti, S. & Fabbro, F. 1993. Paradoxical selective recovery in a bilingual aphasic following subcortical lesions. *Neuroreport, 4:* 1359–1362.

Agrifoglio, M. 2004. Sight translation and interpreting: A comparative analysis of constraints and failures. *Interpreting, 6*(1): 43–67.

Ahrens, B. 2005. Prosodic phenomena in simultaneous interpreting: A conceptual approach and its practical application. *Interpreting, 7*(1): 51–76.

Ahrens, B., Kalderon, E., Krick, C. M., & Reith, W. 2010. fMRI for exploring simultaneous interpreting. In D. Gile, G. Hansen, & N. K. Pokorn (Eds.), *Why Translation Studies Matters*. Amsterdam/Philadelphia: John Benjamins, 237–248.

Akamatsu, N. 1999. The effects of first language orthographic features on word recognition processing in English as a second language. *Reading and Writing, 11,* 381–403.

Akamatsu, N. 2002. A similarity in word-recognition procedures among second language readers with different first language backgrounds. *Applied Psycholinguistics, 23*(1): 117–133.

Al-Rubai'i, A. M. 2004. The effect of word order differences on English-into-Arabic simultaneous interpreters' performance. *Babel, 50*(3): 246–266.

Al-Salman, S. & Al-Khanji, R. i. 2002. The native language factor in simultaneous interpretation in an Arabic/English context. *Meta: Translators' Journal, 47*(4): 607–626.

Alcorn, S. M. 2018. *The Role of L2 Experience in L1 Phonotactic Restructuring in Sequential Bilinguals*. Doctoral dissertation, The University of Texas at Austin.

Allison, T., McCarthy, G., Nobre, A., Puce, A. & Belger, A. 1994. Human extrastriate visual cortex and the perception of faces, words, numbers, and colors. *Cerebral Cortex, 4*(5): 544–554.

Allport, A., Styles, E. A. & Hsieh, S. 1994. Shifting attentional set: Exploring the dynamic control of tasks. In Umilta, C. & Moscovitch, M. (Eds.). *Attention and Performance XV: Conscious and Nonconscious Information Processing*. Cambridge, MA:

MIT Press, 421–452.

Allum, P. H. & Wheeldon, L. R. 2007. Planning scope in spoken sentence production: The role of grammatical units. *Journal of Experimental Psychology: Learning, Memory, and Cognition*, 33: 791–810.

Allum, P. H. & Wheeldon, L. R. 2009. Scope of lexical access in spoken sentence production: Implication for the conceptual-syntactic interface. *Journal of Experimental Psychology: Learning, Memory, and Cognition*, 35: 1240–1255.

Altarriba, J., Kroll, J. F., Sholl, A. & Rayner, K. 1996. The influence of lexical and conceptual constraints on reading mixed-language sentences: Evidence from eye fixations and naming times. *Memory & Cognition*, 24: 477–492.

Altman, L. J. P. & Kemper, S. 2006. Effects of age, animacy and activation order on sentence production. *Language & Cognitive Processes*, 21(1–3): 322–354.

Alvarez, R. P., Holcomb, P. J. & Grainger, J. 2003. Accessing word meaning in two languages: An event-related brain potential study of beginning bilinguals. *Brain and Language*, 87(2): 290–304.

Ambridge, B. & Lieven, E. V. M. 2011. *Child Language Acquisition: Contrasting Theoretical Approaches*. Cambridge: Cambridge University Press.

Amos, R. M. & Pickering, M. J. 2020. A theory of prediction in simultaneous interpreting. *Bilingualism: Language and Cognition*, 23(4): 706–715.

Anderson, J. A. E., Grundy, J. G., Grady, C. L., Craik, F. I. M. & Bialystok, E. 2021. Bilingualism contributes to reserve and working memory efficiency: Evidence from structural and functional neuroimaging. *Neuropsychologia*, 163: 108071.

Anderson, J. A. E., Mak, L., Keyvani Chahi, A. & Bialystok, E. 2018. The language and social background questionnaire: Assessing degree of bilingualism in a diverse population. *Behavior Research Methods*, 50(1): 250–263.

Andrews, S. 1989. Frequency and neighborhood effects on lexical access: Activation or search?. *Journal of Experimental Psychology: Learning, Memory and Cognition*, 15: 802–814.

Andrews, S. 1992. Frequency and neighborhood effects on lexical access: Lexical similarity or orthographic redundancy?. *Journal of Experimental Psychology: Learning, Memory and Cognition*, 18: 234–254.

Andrews, S. 1997. The effects of orthographic similarity on lexical retrieval: Resolving neighborhood conflicts. *Psychonomic Bulletin & Review*, 4: 439–461.

Andrews, S. 2010. All about words: A lexicalist perspective on reading. In S. Andrews,

From Inkmarks to Ideas. London: Psychology Press, 348–378.

Andrews, S. & Bond, R. 2009. Lexical expertise and reading skill: Bottom-up and top-down processing of lexical ambiguity. *Reading and Writing*, 22(6): 687–711.

Anmarkrud, Ø., Bråten, I. & Strømsø, H. I. 2014. Multiple-documents literacy: Strategic processing, source awareness, and argumentation when reading multiple conflicting documents. *Learning and Individual Differences*, 30: 64–76.

Arai, M., van Gompel, R. P. G. & Scheepers, C. 2007. Priming ditransitive structures in comprehension. *Cognitive Psychology*, 54(3): 218–250.

Aristei, S., Melinger, A. & Rahman, R. A. 2011. Electrophysiological chronometry of semantic context effects in language production. *Journal of Cognitive Neuroscience*, 23: 1567–1586.

Armstrong, B. C., Dumay, N., Kim, W. & Pitt, M. A. 2017. Generalization from newly learned words reveals structural properties of the human reading system. *Journal of Experimental Psychology: General*, 146(2): 227.

Arnold, J., Wasow,T., Losongco, A. & Ginstrom, R. 2000. Heaviness vs. newness: The effects of complexity and information structure on constituent ordering. *Language*, 76: 28–55.

Assadollahi, R. & Pulvermüller, F. 2003. Early influences of word length and frequency: A group study using MEG. *Neuroreport*, 14(8): 1183–1187.

Athanasopoulos, P. 2006. Effects of the grammatical representation of number on cognition in bilinguals. *Bilingualism: Language and Cognition*, 9(1): 89–96.

Athanasopoulos, P. 2009. Cognitive representation of colour in bilinguals: The case of Greek blues. *Bilingualism: Language and Cognition*, 12(1): 83–95.

Athanasopoulos, P. & Kasai, C. 2011. Effects of second language on cognition in English users of L2 Japanese. *Vigo International Journal of Applied Linguistics*, 8: 13–27.

Baayen, H., Piepenbrock, R. & Rijn, H. V. 1993. The CELEX lexical database (CD-ROM). *Linguistic Data Consortium*. Philadelphia: University of Pennsylvania.

Babcock, L. & Vallesi, A. 2017. Are simultaneous interpreters expert bilinguals, unique bilinguals, or both?. *Bilingualism: Language and Cognition*, 20(2): 403–417.

Babcock, L., Capizzi, M., Arbula, S. & Vallesi, A. 2017. Short-term memory improvement after simultaneous interpretation training. *Journal of Cognitive Enhancement*, 1(3): 254–267.

Bachman, L. & Palmer, A. 1985. *Basic Concerns in Language Test Validation*. Reading, MA:

Addison Welsley.

Baddeley, A, D. 1986a. *Working Memory.* Oxford: Clarendon Press.

Baddeley, A, D. 1986b. Working memory, reading and dyslexia. *Advances in Psychology, 34:* 141–152.

Baddeley, A. D. 2000. The episodic buffer: A new component of working memory?. *Trends in Cognitive Sciences, 4*(11): 417–423.

Baddeley, A. D. 2003. Working memory and language: An overview. *Journal of Communication Disorders, 36*(3): 189–208.

Baddeley, A. D. & Hitch, G. 1974a. Working memory. In G. H. Bower (Ed.), *The Psychology of Learning and Motivation.* San Diego: Academic Press, 47–89.

Baddeley, A. D. & Hitch, G. 1974b. Working memory. *Psychology of Learning and Motivation, 8:* 47–89.

Baddeley, A., Emslie, H., Kolodny, J. & Duncan, J. 1998. Random generation and the executive control of working memory. *Quarterly Journal of Experimental Psychology Section A: Human Experimental Psychology, 51:* 819–852.

Bailey, K., West, R. & Anderson, C. A. 2010. A negative association between video game experience and proactive cognitive control. *Psychophysiology, 47*(1): 34–42.

Baker, C. I., Liu, J., Wald, L. L., Kwong, K. K., Benner, T. & Kanwisher, N. 2007. Visual word processing and experiential origins of functional selectivity in human extrastriate cortex. *Proceedings of the National Academy of Sciences, 104*(21): 9087–9092.

Baldwin, D. 1991. Infants' contribution to the achievement of joint reference. *Child Development, 62:* 875–890.

Balota, D. A. & Chumbley, J. I. 1990. Where are the effects of frequency in visual word recognition tasks? Right where we said they were! Comment on Monsell, Doyle, and Haggard (1989). *Journal of Experimental Psychology: General, 119*(2): 231–237.

Balota, D. A. & Chumbley, J. I. 1984. Are lexical decisions a good measure of lexical access? The role of word frequency in the neglected decision stage. *Journal of Experimental Psychology: Human Perception and Performance, 10:* 340–357.

Balzani, M. 1990. Le contact visuel en interprétation simultanée: Resultats d'une expérience (Français–Italien). In L. Gran & C. Taylor (Eds.), *Aspects of Applied and Experimental Research on Conference Interpretation.* Udine: Campanotto Editore, 93–100.

Bañón, J. A., Fiorentino, R. & Gabriele, A. 2014. Morpho-syntactic processing in advanced second language learners: An event-related potential investigation of the effects of L1-L2 similarity and structural distance. *Second Language Research, 30*(4): 275–306.

Bar, M. 2003. A cortical mechanism for triggering top-down facilitation in visual object recognition. *Journal of Cognitive Neuroscience, 15*(4): 600–609.

Bar, M. 2007. The proactive brain: Using analogies and associations to generate predictions. *Trends in Cognitive Sciences, 11*(7): 280–289.

Bar, M., Kassam, K. S., Ghuman, A. S., Boshyan, J., Schmid, A. M., Dale, A. M., Hämäläinen, M. S., Marinkovic, K., Schacter, D. L., Rosen, B. R. & Halgren, E. 2006. Top-down facilitation of visual recognition: Correction. *Proceedings of the National Academy of Sciences of the United States of America, 103*(8): 3007.

Barcelo, F., Suwazono, S. & Knight, R. T. 2000. Prefrontal modulation of visual processing in humans. *Nature Neuroscience, 3*: 399–403.

Barghout, A., Rosendo, L. R. & García, M. V. 2015. The influence of speed on omissions in simultaneous interpretation: An experimental study. *Babel, 61*(3): 305–334.

Barik, H. C. 1973. Simultaneous interpretation: Temporal and quantitative data. *Language and Speech, 16*(3): 237–270.

Barik, H. C. 1975. Simultaneous interpretation: Qualitative and linguistic data. *Language and Speech, 18*(3): 272–297.

Baron, J. 1979. Orthographic and word-specific mechanisms in children's reading of words. *Child Development, 50*: 60–72.

Bartłomiejczyk, M. 2006. Strategies of simultaneous interpreting and directionality. *Interpreting, 8*(2): 149–174.

Batterink, L. & Neville, H. 2013. Implicit and explicit second language training recruit common neural mechanisms for syntactic processing. *Journal of Cognitive Neuroscience, 25*(6): 936–951.

Becker, M., Schubert, T., Strobach, T., Gallinat, J. & Kühn, S. 2016. Simultaneous interpreters vs. professional multilingual controls: Group differences in cognitive control as well as brain structure and function. *Neuroimage, 134*: 250–260.

Beddor, P. S., Coetzee, A. W., Styler, W., McGowan, K. B. & Boland, J. E. 2018. The time course of individuals' perception of coarticulatory information is linked to their production: Implications for sound change. *Language, 94*(4): 931–968.

Beeman, M., Friedman, R. B., Grafman, J., Perez, E., Diamond, S. & Lindsay, M. B.

1994. Summation priming and coarse semantic coding in the right hemisphere. *Journal of Cognitive Neuroscience*, (1): 26–45.

Bélanger, N. N., Mayberry, R. I. & Rayner, K. 2013. Orthographic and phonological preview benefits: Parafoveal processing in skilled and less-skilled deaf readers. *Quarterly Journal of Experimental Psychology, 66*(11): 2237–2252.

Belke, E., Meyer, A. S. & Damian, M. F. 2005. Refractory effects in picture naming as assessed in a semantic blocking paradigm. *Quarterly Journal of Experimental Psychology Section A: Human Experimental Psychology*, 58: 667–692.

Bello, A., Capirci, O. & Volterra, V. 2004. Lexical production in children with Williams syndrome: Spontaneous use of gesture in a naming task. *Neuropsychologia, 42*(2): 201–213.

Ben-Zeev, S. 1977. The influence of bilingualism on cognitive strategy and cognitive development. *Child Development, 48*(3): 1009–1018.

Bentin, S., Mouchetant-Rostaing, Y., Giard, M. H., Echallier, J. F. & Pernier, J. 1999. ERP manifestations of processing printed words at different psycholinguistic levels: Time course and scalp distribution. *Journal of Cognitive Neuroscience, 11*(3): 235–260.

Bergelson, E. & Swingley, D. 2013. The acquisition of abstract words by young infants. *Cognition, 127*(3): 391–397.

Bergman, N. S., Darki, F. & Klingberg, T. 2014. Music practice is associated with development of working memory during childhood and adolescence. *Frontiers in Human Neuroscience, 7*: 926.

Berkum, J. V., Hagoort, P. & Brown, C. 1999. Semantic integration in sentences and discourse: Evidence from the N400. *Journal of Cognitive Neuroscience, 11*(6): 657–671.

Besner, D., Twilley, L., McCann, R. S. & Seergobin, K. 1990. On the association between connectionism and data: Are a few words necessary? *Psychological Review, 97*(3): 432–446.

Best, C. T. 1994. The emergence of native-language phonological influences in infants: A perceptual assimiliation model. *The Development of Speech Perception: The Transition from Speech Sounds to Spoken Words, 167*(224): 233–277.

Best, C. T. 1995. A direct realist perspective on cross-language speech perception. In W. Strange. (Ed.), *Speech Perception and Linguistic Experience: Theoretical and Methodological Issues in Cross-Language Speech Research*. Timonium, MD: York Press, 167–200.

Best, C. T. 2018. Speech perception in infants: Propagating the effects of language experience. In E. M. Fernández & H. S. Cairns (Eds.), *The Handbook of Psycholinguistics.* Hoboken, NJ: John Wiley & Sons, 470–490.

Best, C. T. & Tyler, M. D. 2006. Non-native and second-language speech perception: Commonalities and complementarities. In O. S. Bohn & M. J. Munro (Eds.), *Second Language Speech Learning: The Role of Language Experience in Speech Perception and Production.* Amsterdam: John Benjamins, 13–34.

Best, C. T., Goldstein, L. M., Nam, H. & Tyler, M. D. 2016. Articulating what infants attune to in native speech. *Ecological Psychology, 28*(4): 216–261.

Bevilacqua, L. 2009. The position of the verb in Germanic languages and simultaneous interpretation. *The Interpreter's Newsletter, 14*: 1–31.

Bialystok, E. & DePape, A. M. 2009. Musical expertise, bilingualism, and executive functioning. *Journal of Experimental Psychology: Human Perception and Performance, 35*(2): 565–574.

Bialystok, E. 1999. Cognitive complexity and attentional control in the bilingual mind. *Child Development, 70*: 636–644.

Bialystok, E., Klein, R., Craik, F. I. M. & Viswanathan, M. 2004. Bilingualism, aging, and cognitive control: Evidence from the Simon task. *Psychology and Aging, 19*(2): 290–303.

Biederman, I. & Tsao, Y. C. 1979. On processing Chinese ideographs and English words: Some implications from stroop-test results. *Cognitive Psychology, 11*(2): 125–132.

Bijeljacbabic, R., Biardeau, A. & Grainger, J. 1997. Masked priming in bilingual word recognition. *Memory and Cognition, 25*: 447–457.

Binder, J. R., Medler, D. A., Westbury, C. F., Liebenthal, E. & Buchanan, L. 2006. Tuning of the human left fusiform gyrus to sublexical orthographic structure. *Neuroimage, 33*(2): 739–748.

Blatter, R. & Lopez Conceiro, H. 2015. *Visual Input in Simultaneous Interpreting: The Role of Lexical Density.* Master's thesis, University of Geneva.

Bleses, D., Vach, W., Slott, M., Wehberg, S., Thomsen, P., Madsen, T. O. & Basbøll, H. 2008. The Danish communicative developmental inventories: Validity and main developmental trends. *Journal of Child Language, 35*(3): 651–669.

Bloom, P. 2000. *How Children Learn the Meanings of Words.* Cambridge, MA: MIT Press.

Blumenfeld, H. K. & Marian, V. 2013. Parallel language activation and cognitive control during spoken word recognition in bilinguals. *Journal of Cognitive Psychology, 25*: 547–567.

Bock, J. K. 1982. Toward a cognitive psychology of syntax: Information processing contributions to sentence formulation. *Psychological Review*, 89: 1–4.

Bock, J. K. 1986. Syntactic persistence in language production. *Cognitive Psychology, 18*(3): 355–387.

Bock, J. K. 1989. Close class immanence in sentence production. *Cognition, 31*: 163–186.

Bock, J. K. 1996. Language production: Methods and methodologies. *Psychinomic Bulletin & Review*, 3(4): 395–421.

Bock, J. K. & Cutting, J. C. 1992. Regulating mental energy: Performance units in language production. *Journal of Memory and Language, 31*: 99–127.

Bock, J. K. & Levelt, W. J. M. 1994. Language production: Grammatical encoding. In M. A. Gernsbacher (Ed.), *Handbook of Psycholinguistics*. Orlando: Academic Press, 945–984.

Bock, J. K. & Miller, C. A. 1991. Broken agreement. *Cognitive Psychology, 23*(1): 45–93.

Bock, J. K., Irwin, D. E., Davidson, D. J. & Levelt, W. J. M. 2003. Minding the clock. *Journal of Memory and Language, 48*(4): 653–685.

Bock, J. K. & Warren, R. K. 1985. Conceptual accessibility and syntactic structure in sentence formulation. *Cognition, 21*: 47–67.

Boersma, P. & Weeninik, D. 2018. *Praat: Doing Phonetics by Computer*. Retrieved from https://www.fon.hum.uva.nl/praat/

Boland, H. T., Hartsuiker, R. J., Pickering, M. J. & Postma, A. 2005. Repairing inappropriately specified utterances: Revision or restart?. *Psychonomic Bulletin & Review, 12*: 472–477.

Bolger D. J., Perfetti C. A. & Schneider, W. 2005. Cross-cultural effect on the brain revisited: Universal structures plus writing system variation. *Human Brain Mapping, 25*(1): 92–104.

Bond, K., Gabriele, A., Fiorentino, R. & Bañón, A. J. 2011. Individual differences and the role of the L1 in L2 processing: An ERP investigation. In *Proceedings of the 11th Generative Approaches to Second Language Acquisition Conference (GASLA 2011)*, Washington, United States.

Bonin, P. & Fayol, M. 2000. Writing words from pictures: What representations are activated, and when? *Memory & Cognition, 28*(4): 677–689.

Booth, A. E., McGregor, K. K. & Rohlfing, K. J. 2008. Socio-pragmatics and attention:

Contributions to gesturally guided word learning in toddlers. *Language Learning and Development*, 4 (3): 179–202.

Borer, H. & Wexler, K. 1987. The maturation of syntax. In T. Roeper & E. Williams (Eds.), *Parameter Setting*. Dordrecht: Springer, 123–172.

Bornkesse, I. & Schlesewsky, M. 2006. The Extended Argument Dependency Model: A neurocognitive approach to sentence comprehension across languages. *Psychological Review*, 113(4): 787–821.

Bornstein, M. H. & Hendricks, C. 2012. Basic language comprehension and production in >100,000 young children from sixteen developing nations. *Journal of Child Language*, 39(4): 899–918.

Bornstein, M. H., Cote, L. R., Maital, S., Painter, K., Park, S. Y., Pascual, L., Pêcheux, M. G., Ruel, J., Venuti, P. & Vyt, A. 2004. Cross-linguistic analysis of vocabulary in young children: Spanish, Dutch, French, Hebrew, Italian, Korean, and American English. *Child Development*, 75(4): 1115–1139.

Boroditsky, L. 2001. Does language shape thought? Mandarin and English speakers' conceptions of time. *Cognitive Psychology*, 43(1): 1–22.

Borodkin, K., Orgal, R. & Martzini, N. 2022. Vocabulary learning in a novel language: Is language similarity helpful in bilingual children?. *International Journal of Bilingual Education and Bilingualism*, 25(10): 1–12.

Bortfeld, H., Morgan, J. L., Golinkoff, R. M. & Rathbun, K. 2005. Mommy and me: Familiar names help launch babies into speech-stream segmentation. *Psychological Science*, 16(4): 298–304.

Bosma, E. & Nota, N. 2020. Cognate facilitation in Frisian–Dutch bilingual children's sentence reading: An eye-tracking study. *Journal of Experimental Child Psychology*, 189, 104699.

Botvinick, M. M., Carter, C. S., Braver, T. S., Barch, D. M. & Cohen, J. D. 2001. Conflict monitoring and cognitive control. *Psychological Review*, 108(3): 624–652.

Botvinick, M., Nystrom, L. E., Fissell, K., Carter, C. S. & Cohen, J. D. 1999. Conflict monitoring versus selection-for-action in anterior cingulate cortex. *Nature*, 402: 179–181.

Bouma, H. & Voogd, A. 1974. On the control of eye saccades in reading. *Vision Research*, 14(4): 273–284.

Braasch, J. L. G., McCabe, R. M. & Daniel, F. 2016. Content integration across multiple documents reduces memory for sources. *Reading and Writing, 29*(8): 1571–1598.

Braasch, J. L. G., Rouet, J. F., Vibert, N. & Britt, M. A. 2012. Readers' use of source information in text comprehension. *Memory & Cognition, 40*(3):450–465.

Branigan, H., Stewart, A. J. & Pickering, M. 1998. Is syntactic priming a two-way effect?. In M. A. Gernsbacher & S. J. Derry (Eds.), *Proceedings of the 20th Annual Conference of the Cognitive Science Society.* Mahwah: Publisher Lawrence Erlbaum Associates, 1206.

Bransford, J. D. & Johnson, M. K. 1972. Contextual prerequisites for understanding: Some investigations of comprehension and recall. *Journal of Verbal Learning and Verbal Behaviour, 11*: 717–726.

Bråten, I., Anmarkrud, Brandmo, C. & Strømsø, H. I. 2014. Developing and testing a model of direct and indirect relationships between individual differences, processing, and multiple-text comprehension. *Learning and Instruction, 30*: 9–24.

Bråten, I., Strømsø, H. I. & Britt, M. A. 2009. Trust matters: Examining the role of source evaluation in students' construction of meaning within and across multiple texts. *Reading Research Quarterly, 44*: 6–28.

Braver, T. S., Reynolds, J. R. & Donaldson, D. I. 2003. Neural mechanisms of transient and sustained cognitive control during task switching. *Neuron, 39*(4): 713–726.

Brem, S., Bach, S., Kucian, K., Kujala, J. V., Guttorm, T. K., Martin, E. & Richardson, U. 2010. Brain sensitivity to print emerges when children learn letter-speech sound correspondences. *Proceedings of the National Academy of Sciences, 107*(17): 7939–7944.

Brent, M. R. & Siskind, J. M. 2001. The role of exposure to isolated words in early vocabulary development. *Cognition, 81* (2): B33–B44.

Britt, M. A. & Aglinskas, C. 2002. Improving students' ability to identify and use source information. *Cognition and Instruction, 20*: 485–522.

Britt, M. A. & Rouet, J. 2012. Learning with multiple documents: Component skills and their acquisition. In J. Kirby & M. Lawson (Eds.), *Enhancing the Quality of Learning: Dispositions, Instruction, and Learning Processes.* Cambridge: Cambridge University Press, 276–314.

Brown, G. D. A., Neath, I. & Chater, N. 2007. A temporal ratio model of memory. *Psychological Review, 114*: 539–576.

Brown, P. & Levinson, S. C. 1978. Universals in language usage: Politeness phenomena. In E. N. Goody (Ed.), *Questions and Politeness: Strategies in Social Interaction.*

Cambridge: Cambridge University Press, 56–311.

Brown, R. 1973. *A First Language: The Early Stages*. Cambridge, MA: Harvard University Press.

Brown, R. W. 1957. Linguistic determinism and parts of speech. *Journal of Abnormal Psychology, 55*(1): 1–5.

Brown, R. W., Cazden, C. & Bellugi, U. 1968. The child's grammar from I to III. In J. P. Hill, (Ed.), *Minnesota Symposium on Child Psychology*. Minneapolis: University of Minnesota Press, 28-73.

Brown, R. & Bellugi, U. 1964. Three processes in the child's acquisition of syntax. *Harvard Educational Review, 34* (2): 133–151.

Brown, R. & McNeil, D. 1966. The "tip of the tongue" phenomenon. *Journal of Verbal Learning and Verbal Behavior, 5*: 325–337.

Brown-Schmidt, S. & Konopka, A. E. 2008. Little houses and casas pequeñas: Message formulation and syntactic form in unscripted speech with speakers of English and Spanish. *Cognition, 109*: 274–280.

Brown-Schmidt, S. & Tanenhaus, M. K. 2006. Watching the eyes when talking about size: An investigation of message formulation and utterance planning. *Journal of Memory and Language, 54*: 592–609.

Brownell, H. H., Potter, H. H., Bihrle, A. M. & Gardner, H. 1986. Inference deficits in right brain-damaged patients. *Brain and Language, 27*(2): 310–321.

Brysbaert, M., Stevens, M., Mandera, P. & Keuleers, E. 2016. How many words do we know? Practical estimates of vocabulary size dependent on word definition, the degree of language input and the participant's age. *Frontiers in Psychology, 7*: 1116.

Buelow, M. T., Okdie, B. M. & Cooper, A. B. 2015. The influence of video games on executive functions in college students. *Computers in Human Behavior, 45*: 228–234.

Bugos, J. A., Perlstein, W. M., McCrae, C. S., Brophy, T. S. & Bedenbaugh, P. H. 2007. Individualized piano instruction enhances executive functioning and working memory in older adults. *Aging and Mental Health, 11*(4): 464–471.

Bush, G. & Shin, L. M. 2006. The multi-source interference task: An fMRI task that reliable activates the cinglo-frontal-parietal cognitive/attention network. *Nature Protocols, 1*: 308–313.

Bush, G., Shin, L. M., Holmes, M. J., Rosen, B. R. & Vogt, B. A. 2003. The multi-source interference task: Validation study with fMRI in individual subjects. *Molecular Psychiatry, 8*: 60–70.

Bybee, J. 2001. *Phonology and Language Use*. Cambridge: Cambridge University Press.

Byers-Heinlein, K. & Lew-Williams, C. 2018. Language comprehension in monolingual and bilingual children. In E. M. Fernández & H. S. Cairns (Eds.), *The Handbook of Psycholinguistics*. Hoboken, NJ: John Wiley & Sons, 516–535.

Cabrelli, J., Luque, A. & Finestrat-Martínez, I. 2019. Influence of L2 English phonotactics in L1 Brazilian Portuguese illusory vowel perception. *Journal of Phonetics, 73*: 55–69.

Cai, Z. G., Pickering, M. J. & Branigan, H. P. 2012. Mapping concepts to syntax: Evidence from structural priming in Mandarin Chinese. *Journal of Memory and Language, 66*(4): 833–849.

Camblin, C. C., Gordon, P. C. & Swaab, T. Y. 2007. The interplay of discourse congruence and lexical association during sentence processing: Evidence from ERPs and eye tracking. *Journal of Memory and Language, 56*(1): 103–128.

Can, R. G., Schack, T. & Koester, D. 2022. Manual action re-planning interferes with the maintenance process of working memory: An ERP investigation. *Psychological Research, 87*: 1784–1805.

Cao, F., Perfetti C. A. & Philip, A. 2016. Neural signatures of the reading-writing connection: Greater involvement of writing in Chinese reading than English reading. *PLOS ONE, 11*(12): 1–23.

Capirci, O., Iverson, J. M., Pizzuto, E. & Volterra, V. 1996. Gestures and words during the transition to two-word speech. *Journal of Child Language, 23*(3): 645–673.

Caplan, D. & Waters, G. S. 1999. Verbal working memory and sentence comprehension. *Behavioral and Brain Sciences, 22*(1): 77–94.

Caravolas, M., Lervåg, A., Mousikou, P., Efrim, C., Litavský, M., Onochie-Quintanilla, E., Salas, N., Schöffelová, M., Defior, S., Mikulajová, M., Seidlová-Málková, G. & Hulme, C. 2012. Common patterns of prediction of literacy development in different alphabetic orthographies. *Psychological Science, 23*(6): 678–686.

Carbajal, G. V. & Malmierca, M. S. 2020. Novelty processing in the auditory system: Detection, adaptation or expectation?. In Bernd Fritzsch (Ed.), *The Senses: A Comprehensive Reference* (2nd ed.). San Diego: Academic Press, 749–776.

Carlson, M. T. 2018. Making room for second language phonotactics: Effects of L2 learning and environment on first language speech perception. *Language and Speech, 61*(4): 598–614.

Carlson, S. E., van den Broek, P., McMaster, K., Rapp, D. N., Bohn-Gettler, C. M.,

Kendeou, P. & White, M. J. 2014. Effects of comprehension skill on inference generation during reading. *International Journal of Disability, Development and Education, 3*: 258–274.

Carlson, S. M. & Meltzoff, A. N. 2008. Bilingual experience and executive functioning in young children. *Developmental Science, 11*(2): 282–298.

Carlson, S. M. & Moses, L. J. 2001. Individual differences in inhibitory control and children's theory of mind. *Child Development, 72*: 1032–1053.

Carpenter, P. A. & Just, M. A. 1975. Sentence comprehension: A psycholinguistic processing model of verification. *Psychological Review, 82*(1): 45–73.

Carreiras, M., Duñabeitia, J. A. & Molinaro, N. 2009. Consonants and vowels contribute differently to visual word recognition: ERPs of relative position priming. *Cerebral Cortex, 19*(11): 2659–2670.

Carreiras, M., Gillon-Dowens, M., Vergara, M. & Perea, M. 2008. Are vowels and consonants processed differently? Event-related potential evidence with a delayed letter paradigm. *Journal of Cognitive Neuroscience, 21*(2): 275–288.

Carreiras, M., Perea, M. & Grainger, J. 1997. Effects of orthographic neighborhood in visual word recognition: Cross-task comparisons. *Journal of Experimental Psychology: Learning, Memory and Cognition, 23*: 857–871.

Carreiras, M., Vergara, M. & Barber, H. 2005. Early event-related potential effects of syllabic processing during visual word recognition. *Journal of Cognitive Neuroscience, 17*(11): 1803–1817.

Carreiras, M., Vergara, M. & Perea, M. 2007. ERP correlates of transposed-letter similarity effects: Are consonants processed differently from vowels?. *Neuroscience Letters, 419*(3): 219–224.

Carreiras, M., Vergara, M. & Perea, M. 2009. ERP correlates of transposed-letter priming effects: The role of vowels versus consonants. *Psychophysiology, 46*(1): 34–42.

Carroll, D. W. 2008. *Psychology of Language* (5th ed.). Belmont: Thomson Wadsworth.

Carter, C. S., Braver, T. S. & Barch, D. M. 1998. Anterior cingulate cortex, error detection, and the online monitoring of performance. *Science, 280*: 747–749.

Carter, C. S., Macdonald, A. M. & Botvinick, M. 2000. Parsing executive processes: Strategic vs. evaluative functions of the anterior cingulate cortex. *Proceedings of the National Academy of Sciences of the United States of America, 97*: 1944–1948.

Casey, B. J., Thomas, K. M., Welsh, T. F., Badgaiyan, R. D. & Eccard, C. H. 2000.

Dissociation of response conflict, attentional selection, and expectancy with functional magnetic resonance imaging. *Proceedings of the National Academy of Sciences of the United States of America, 97*: 8728–8733.

Caza, G. A. & Knott, A. 2012. Pragmatic bootstrapping: A neural network model of vocabulary acquisition. *Language Learning & Development, 8*(2): 113–135.

Cembrani, V. 2010. *Cascaded and Thresholded Processing in Visual Word Recognition: Does the Dual Route Cascaded Model Require a Threshold?*. Doctoral dissertation, University of Trento.

Chan, T. M. 2015. *Auditory Perception and Executive Functions in Simultaneous Interpreters*. Master's thesis, University of Toronto.

Chang, C. C. & Schallert, D. L. 2007. The impact of directionality on Chinese/English simultaneous interpreting. *Interpreting, 9*(2): 137–176.

Chao, L. L. & Knight, R. T. 1998. Contribution of human prefrontal cortex to delay performance. *Journal of Cognitive Neuroscience, 10*: 167–177.

Chee, M. W. L., Caplan, D., Soon, C. S., Sriram, N., Tan, E., Thiel, T. & Weekes, B. 1999. Processing of visually presented sentences in Mandarin and English studied with fMRI. *Neuron, 23*: 127–137.

Chee, M. W. L., Tan, E. W. L. & Thiel, T. 1999. Mandarin and English single word processing studied with functional magnetic resonance imaging. *The Journal of Neuroscience, 8*(19): 3050–3056.

Chen, B., Ning, A., Bi, H., Dunlap, S. & Chen, B. G. 2008. Chinese subject-relative clauses are more difficult to process than the object-relative clauses. *Acta Psychologica, 129*(1): 61–65.

Chen, H. C. 1990. Lexical processing in a nonnative language: The effects of language proficiency and learning strategy. *Memory and Cognition, 18*: 279–288.

Chen, H. C. 1996. Chinese reading and comprehension: A cognitive psychology perspective. In M. H. Bond (Ed.), *The Handbook of Chinese Psychology*. New York: Oxford University Press, 43–62.

Chen, H. C. & Juola, J. F. 1982. Dimensions of lexical coding in Chinese and English. *Memory & Cognition, 10*(3): 216.

Chen, H. C. & Zhou, X. 1999. Processing East Asian languages: An introduction. *Language and Cognitive Processes, 14*: 425–428.

Chen, H. Y., Chang, E. C., Chen, S. H. Y., Lin, Y. C. & Wu, D. H. 2016. Functional and anatomical dissociation between the orthographic lexicon and the orthographic buffer revealed in reading and writing Chinese characters by fMRI. *NeuroImage*, *129*: 105–116.

Chen, J. & Shirai, Y. 2015. The acquisition of relative clauses in spontaneous child speech in Mandarin Chinese. *Journal of Child Language, 42* (2): 394–422.

Chen, J. Y. 2007. Do Chinese and English speakers think about time differently? Failure of replicating Boroditsky (2001). *Cognition, 104*(2): 427–436.

Chen, J. Y. & Yip, M. C. W. 2001. Processing syllabic and sub-syllabic information in Cantonese. *Journal of Psychology in Chinese Societies, 2*(2): 211–237.

Chen, J. Y., Lin, W. C. & Ferrand, L. 2003. Masked priming of the syllable in Mandarin Chinese speech production. *Chinese Journal of Psychology, 45*(1):107–120.

Chen, J. Y., Chen, T. M. & Dell, G. S. 2002. Word-form encoding in Mandarin Chinese as assessed by the implicit priming task. *Journal of Memory and Language, 46*(4): 751–781.

Chen, S., Kruger, J. L. & Doherty, S. 2021. Reading patterns and cognitive processing in an eye-tracking study of note-reading in consecutive interpreting. *Interpreting, 23*(1): 76–102.

Chen, T. M. & Chen, J. Y. 2013. The syllable as the proximate unit in Mandarin Chinese word production: An intrinsic or accidental property of the production system?. *Psychonomic Bulletin & Review, 20*(1): 154–162.

Chen, X., Wang, S. & Hartsuiker, R. J. 2022. Error-based structure prediction in language comprehension: Evidence from verb bias effects in a visual-world structural priming paradigm for Mandarin Chinese. *Journal of Experimental Psychology: Learning, Memory, and Cognition, 48*(1): 60–71.

Chen, Y. & Wong, L. L. N. 2017. Speech perception in Mandarin-speaking children with cochlear implants: A systematic review. *International Journal of Audiology, 56*(sup2): S7–S16.

Chernov, G. V. 1979. Semantic aspects of psycholinguistic research in simultaneous interpretation. *Language and Speech, 22*(3): 277–295.

Chernov, G. V. 1994. Message redundancy and message anticipation in simultaneous interpretation. In S. Lambert & B. Moser-Mercer (Eds.), *Bridging the Gap: Empirical Research in Simultaneous Interpretation*. Amsterdam/Philadelphia: John Benjamins, 139–153.

Chernov, G. V. 2004. *Inference and Anticipation in Simultaneous Interpreting*. Amsterdam/Philadelphia: John Benjamins.

Cheung, H. & Chen, H. C. 1998. Lexical and conceptual processing in Chinese-English bilinguals: Further evidence for asymmetry. *Memory and Cognition, 26*: 1002–1013.

Chincotta, D. & Underwood, G. 1998. Simultaneous interpreters and the effect of concurrent articulation on immediate memory: A bilingual digit span study. *Interpreting, 3*(1): 1–20.

Chmiel, A. 2016. Directionality and context effects in word translation tasks performed by conference interpreters. *Poznan Studies in Contemporary Linguistics, 52*(2): 269–295.

Chmiel, A. 2018. In search of the working memory advantage in conference interpreting—Training, experience and task effects. *International Journal of Bilingualism, 22*(3): 371–384.

Chmiel, A. & Lijewska, A. 2019. Syntactic processing in sight translation by professional and trainee interpreters: Professionals are more time-efficient while trainees view the source text less. *Target, 31*(3): 378–397.

Cho, J. R., McBride-Chang, C. & Park, S. G. 2008. Phonological awareness and morphological awareness: Differential associations to regular and irregular word recognition in early Korean Hangul readers. *Reading and Writing, 21*(3): 255–274.

Cholin, J., Levelt, W. J. M. & Schiller, N. O. 2006. Effects of syllable frequency in speech production. *Cognition, 99*: 205–235.

Chomsky, N. 1965. *Aspects of the Theory of Syntax*. Cambridge, MA: MIT Press.

Chomsky, N. 1981. *Lectures on Government and Binding: The Pisa Lectures*. Dordrecht: Foris.

Chomsky, N. 1986a. *Aspects of the Theory of Syntax*. Cambridge, MA: MIT Press.

Chomsky, N. 1986b. *Knowledge of Language: Its Nature, Origins, and Use*. New York: Praeger.

Christiansen, M. H., Allen, J. & Seidenberg, M. S. 1998. Learning to segment speech using multiple cues: A connectionist model. *Language and Cognitive Processes, 13* (2): 221–268.

Christianson, K., Williams, C., Zacks, R. & Ferreira, F. 2006. Younger and older adults' "good-enough" interpretations of garden-path sentences. *Discourse Process, 42*(2): 205–238.

Christoffels, I. K. & de Groot, A. M. B. 2004. Components of simultaneous interpreting: Comparing interpreting with shadowing and paraphrasing.

Bilingualism: Language and Cognition, 7(3): 227–240.

Christoffels, I. K. & de Groot, A. M. B. 2005. Simultaneous interpreting: A cognitive perspective. In J. F. Kroll & A. M. B. de Groot (Eds.), *Handbook of Bilingualism: Psycholinguistic Approaches*. New York: Oxford University Press, 454–479.

Christoffels, I. K., de Groot, A. M. B. & Kroll, J. F. 2006. Memory and language skills in simultaneous interpreters: The role of expertise and language proficiency. *Journal of Memory and Language, 54*(3): 324–345.

Christoffels, I. K., de Groot, A. M. B. & Waldorp, L. J. 2003. Basic skills in a complex task: A graphical model relating memory and lexical retrieval to simultaneous interpreting. *Bilingualism: Language and Cognition, 6*(3): 201–211.

Chu, M. & Hagoort, P. 2014. Synchronization of speech and gesture: Evidence for interaction in action. *Journal of Experimental Psychology: General, 143*(4): 1726–1741.

Chui, K. 2005. Temporal patterning of speech and iconic gestures in conversational discourse. *Journal of Pragmatics, 37*(6): 871–887.

Chui, K. 2009. Linguistic and imagistic representations of motion events. *Journal of Pragmatics, 41*(9): 1767–1777.

Circi, R., Gatti, D., Russo, V. & Vecchi, T. 2021. The foreign language effect on decision-making: A meta-analysis. *Psychonomic Bulletin & Review, 28*: 1131–1141.

Citron, F. M., Oberecker, R., Friederici, A. D. & Mueller, J. L. 2011. Mass counts: ERP correlates of non-adjacent dependency learning under different exposure conditions. *Neuroscience Letters, 487*(3): 282–286.

Clahsen, H. & Felser, C. 2006. Continuity and shallow structures in language processing. *Applied Psycholinguistics, 27*(01): 107–126.

Clahsen, H., Balkhair, L., Schutter, J. S. & Cunnings, I. 2013. The time course of morphological processing in a second language. *Second Language Research, 29*(1): 7–31.

Clahsen, H., Gerth, S., Heyer, V. & Schott, E. 2015. Morphology constrains native and non-native word formation in different ways: Evidence from plurals inside compounds. *The Mental Lexicon, 10*: 53–87.

Clahsen, H. & Felser, C. 2018. Some notes on the sallow structure hypothesis. *Studies in Second Language Acquisition, 40*(3): 693–706.

Clark, H. H. & Haviland, S. E. 1977. Comprehension and the given-new contract. In R. O. Freedle (Ed.), *Discourse Production and Comprehension*. Norwood: Ablex, 1–40.

Clayards, M. 2018. Differences in cue weights for speech perception are correlated for individuals within and across contrasts. *The Journal of the Acoustical Society of America, 144*(3): EL172–EL177.

Coady, J. & Huckin, T. 1997. *Second Language Vocabulary Acquisition: A Rationale for Pedagogy*. London: Cambridge University Press.

Cocks, N., Dipper, L., Middleton, R. & Morgan, G. 2011. The impact of aphasia on gesture production: A case of condution aphasia. *International Journal of Language and Communication Disorders, 46*(4): 423–436.

Cohen, J. D., Botvinick, M. & Carter, C. S. 2000. Anterior cingulate and prefrontal cortex: Who's in control? *Nature Neuroscience*, 3: 421–423.

Cohen, L., Dehaene, S., Naccache, L., Lehéricy, S., Dehaene-Lambertz, G., Hénaff, M. A. & Michel, F. 2000. The visual word form area: Spatial and temporal characterization of an initial stage of reading in normal subjects and posterior split-brain patients. *Brain, 123*(2): 291–307.

Cohen, L., Lehéricy, S., Chochon, F., Lemer, C., Rivaud, S. & Dehaene, S. 2002. Language-specific tuning of visual cortex? Functional properties of the visual word form area. *Brain, 125*(5): 1054–1069.

Collard, C. & Defrancq, B. 2019. Predictors of ear-voice span, a corpus-based study with special reference to sex. *Perspectives: Studies in Translation Theory and Practice, 27*(3): 431–454.

Collentine, J. & Freed, B. F. 2004. Learning context and its effects on second language acquisition. *Studies in Second Language Acquisition, 26*(2): 153–171.

Coltheart, M. 2005. Modeling reading: The dual-route approach. In M. J. Snowling & C. Hulme (Eds.), *The Science of Reading: A Handbook*. Oxford: Blackwell Publishing, 6–23.

Coltheart, M., Curtis, B., Atkins, P. & Haller, M. 1993. Models of reading aloud: Dual-route and parallel-distributed-processing approaches. *Psychological Review, 100*(4): 589–608.

Coltheart, M., Davelaar, E., Jonasson, J. T. & Besner, D. 1977. Access to the internal lexicon. In S. Dornic (Ed.), *Attention and Performance VI*. New York: Academic Press, 535–555.

Coltheart, M., Rastle, K., Perry, C., Langdon, R. & Ziegler, J. 2001. DRC: A dual route cascaded model of visual word recognition and reading aloud. *Psychological Review, 108*(1): 204.

Coltheart, V. 1993. Effects of phonological similarity and concurrent irrelevant articulation on short-term-memory recall of repeated and novel word lists. *Memory & Cognition, 21*: 539–545.

Colzato, L. S., Bajo, M. T., van der Wildenberg, W., Paolieri, D., Nieuwenhuis, S., La Heij, W. & Hommel, B. 2008. How does bilingualism improve executive control? A comparison of active and reactive inhibition mechanisms. *Journal of Experimental Psychology: Learning, Memory, and Cognition, 34*(2): 302–312.

Conway, A. R., Kane, M. J., Bunting, M. F., Hambrick, D. Z., Wilhelm, O. & Engle, R. W. 2005. Working memory span tasks: A methodological review and user's guide. *Psychonomic Bulletin and Review, 12*(5): 769–786.

Cook, A. E. & Wei, W. 2019. What can eye movements tell us about higher level comprehension?. *Vision (Basel, Switzerland), 3*(3): 45.

Cop, U., Drieghe, D. & Duyck, W. 2015. Eye movement patterns in natural reading: A comparison of monolingual and bilingual reading of a novel. *PLOS ONE, 10*(8): 1–38.

Corbetta, M., Miezin, F. M. & Dobmeyer, S. 1990. Attentional modulation of neural processing of shape, color, and velocity in humans. *Science, 248*: 1556–1559.

Cornelissen, K., Laine, M., Renvall, K., Saarinen, T., Martin, N. & Salmelin, R. 2004. Learning new names for new objects: Cortical effects as measured by magnetoencephalography. *Brain and Language, 89*(3): 617–622.

Cornelissen, K., Laine, M., Tarkiainen, A., Jaervensivu, T., Martin, N. & Salmelin, R. 2003. Adult brain plasticity elicited by anomia treatment. *Journal of Cognitive Neuroscience, 15*(3): 444–461.

Costa, A. 2005. Lexical access in bilingual production. In J. F. Kroll & A. M. B. De Groot (Eds.), *Handbook of Bilingualism: Psycholinguistic Approaches*. New York: Oxford University Press.

Costa, A. & Caramazza, A. 1999. Is lexical selection in bilingual speech production language-specific? Further evidence from Spanish-English and English-Spanish bilinguals. *Bilingualism: Language and Cognition, 2*(3): 231–244.

Costa, A., Foucart, A., Hayakawa, S., Aparici, M., Apesteguia, J., Heafner, J. & Keysar, B. 2014. Your morals depend on language. *PLOS ONE, 9*(4): e94842.

Costa, A., Hernandez, M. & Sebastian-Galles, N. 2008. Bilingualism aids conflict resolution: Evidence from the ANT task. *Cognition, 106*: 59–86.

Costa, A., Miozzo, M. & Caramazza, A. 1999. Lexical selection in bilinguals: Do words in the bilingual's two lexicons compete for selection? *Journal of Memory and*

Language, 41: 365–397.

Costa, A. & Santesteban, M. 2004. Lexical access in bilingual speech production: Evidence from language switching in highly proficient bilinguals and L2 learners. *Journal of Memory and Language, 50*: 491–511.

Costa, A., Santesteban, M. & Ivanova, I. 2006. How do highly proficient bilinguals control their lexicalization process? Inhibitory and language-specific selection mechanisms are both functional. *Journal of Experimental Psychology: Learning, Memory, and Cognition, 32*(5): 1057–1074.

Coughlin, C. E. & Tremblay, A. 2013. Proficiency and working memory based explanations for non-native speakers' sensitivity to agreement in sentence processing. *Applied Psycholinguistics, 34*(3): 615–646.

Coulson, S., King, J. W. & Kutas, M. 1998. Expect the unexpected, event-related brain response to morphosyntactic violations. *Language and Cognitive Processes, 13*(1): 21–58.

Cowan, N. 1998. *Attention and Memory: An Integrated Framework*. New York: Oxford University Press.

Cowan, N. 1999. An embedded-processes model of working memory. In A. Miyake & P. Shah (Eds.), *Models of Working Memory: Mechanisms of Active Maintenance and Executive Control* (Vol. 20). Cambridge: Cambridge University Press, 506.

Crain, S. & Fodor, J. 1993. Competence and performance in child language. In E. Dromi (Eds.), *Language and Cognition: A Developmental Perspective*. Norwood, NJ: Ablex, 141–171.

Crinion, R., Turner, A., Grogan, T., Hanakawa, T., Noppeney, U., Devlin, J. T., Aso, T., Urayama, S., Fukuyama, H. & Stockton, K. 2006. Language control in the bilingual brain. *Science, 312*(5779): 1537–1540.

Cui, Y. Q. 2013. L2 processing of relative clauses in Mandarin. *Arizona Working Papers in SLA & Teaching, 20*: 20–39.

Cunillera, T., Toro, J, M. & Sebastian-Galles, N. 2006. The effects of stress and statistical cues on continuous speech segmentation: An event-related brain potential study. *Brain Research, 123*(1): 168–178.

Curtis, C. E. & D'Esposito, M. 2003. Persistent activity in the prefrontal cortex during working memory. *Trends in Cognitive Sciences, 7*: 415–423.

D'Esposito, M., Detre, J. A. & Alsop, D. C. 1995. The neural basis of central execution systems of working memory. *Nature, 378*: 279–281.

Dalrymple-Alford, E. C. 1985. Language switching during bilingual reading. *British Journal of Psychology, 76*: 111–122.

Dambacher, M., Kliegl, R., Hofmann, M. & Jacobs, A. M. 2006. Frequency and predictability effects on event-related potentials during reading. *Brain Research, 1084*(1): 89–103.

Daneman, M. & Carpenter, P. A. 1980. Individual differences in working memory and reading. *Journal of Verbal Learning and Verbal Behavior, 19*: 450–466.

Daneman, M. & Green, I. 1986. Individual differences in comprehending and producing words in context. *Journal of Memory and Language, 25*(1): 1–18.

Daneman, M. & Hannon, B. 2007. What do working memory span tasks like reading span really tell us? In N. Osaka, R. Logie & M. D'Esposito (Eds.), *The Cognitive Neuroscience of Working Memory*. Oxford: Oxford University Press.

Daneman, M. & Merikle, P. M. 1996. Working memory and language comprehension: A meta-analysis. *Psychonomic Bulletin and Review, 3*(4): 422–433.

Darò, V. & Fabbro, F. 1994. Verbal memory during simultaneous interpretation: Effects of phonological interference. *Applied Linguistics, 15*(4): 365–381.

Darò, V., Lambert, S. & Fabbro, F. 1996. Conscious monitoring of attention during simultaneous interpretation. *Interpreting, 1*(1): 101–124.

Davis, C. J. 2012. Developing a universal model of reading necessitates cracking the orthographic code. *Behavioral and Brain Sciences, 5*: 283.

De Avila, E. A. & Duncan, S. E. 1980. The language minority child: A psychological, linguistic, and social analysis. In J. Alatis (Ed.), *Current Issues in Bilingual Education*. Washington: Georgetown University Press, 104–137.

De Bot, K. 1992. A bilingual production model: Levelt's "speaking" model adapted. *Applied Linguistics, 13*: 1–24.

De Bot, K. 2000. Simultaneous interpreting as language production. In B. E. Dimitrova & K. Hyltenstam (Eds.), *Language Processing and Simultaneous Interpreting: Interdisciplinary Perspectives*. Amsterdam/Philadelphia: John Benjamins, 65–88.

De Groot, A. M. B. 1997. The cognitive study of translation and interpretation: Three approaches. In J. H. Danks, G. M. Shreve, S. B. Fountain & M. K. McBeath (Eds.), *Cognitive Processes in Translation and Interpreting*. Thousand Oaks: Sage, 25–56.

De Groot, A. M. B. & Kroll, J. F. (Eds.), 1997. Lexical and conceptual memory in the bilingual mapping form to meaning in two languages. *Tutorials in Bilingualism: Psycholinguistic Perspectives*. Mahwah: Lawrence Erlbaum Associates.

De Houwer, A. 2005. Early bilingual acquisition. In J. F. Kroll & A. M. B. De Groot (Eds.), *Handbook of Bilingualism: Psycholinguistic Approaches*. Oxford: Oxford University Press, 30–48.

De León Rodríguez, D., Buetler, K. A., Eggenberger, N., Preisig, B. C., Schumacher, R., Laganaro, M., Nyffeler, T., Annoni, J. M. & Müri, R. M. 2016. The modulation of reading strategies by language opacity in early bilinguals: An eye movement study. *Bilingualism: Language and Cognition, 19*(3): 567–577.

De Marchena, A. & Eigsti, I. M. 2010. Conversational gestures in autism spectrum disorders: Asycnrhony but not decreased frequency. *Autism Research, 3*: 311–322.

De Ruiter, J. P. 1998. *Gesture and Speech Production*. Doctoral dissertation, Radboud University, Nijmegen.

De Ruiter, J. P. 2000. The production of gesture and speech. In D. McNeill (Ed.), *Language and Gesture*. Cambridge: Cambridge University Press, 248–311.

De Villiers, J. G. & De Villiers, P. A. 1973. A cross-sectional study of the acquisition of grammatical morphemes in child speech. *Journal of Psycholinguistic Research, 2* (3): 267–278.

DeCasper, A. J., Lecanuet, J., Busnel, M., Granier-Deferre, C. & Maugeais, R. 1994. Fetal reactions to recurrent maternal speech. *Infant Behavior and Development, 17* (2): 159–164.

Dechert, H. W. & Raupach, M. 2011. *Temporal Variables in Speech: Studies in Honour of Frieda Goldman-Eisler*. Berlin: De Gruyter.

DeDe, G., Caplan, D., Kemtes, K. & Waters, G. 2004. The relationship between age, verbal working memory, and language comprehension. *Psychology and Aging, 19*(4): 601–616.

Deese, J. 1965. *The Structure of Associations in Language and Thought*. Baltimore: John Hopkins Press.

Dehaene, S. & Cohen, L. 2011. The unique role of the visual word form area in reading. *Trends in Cognitive Sciences, 15*(6): 254–262.

Dehaene, S., Cohen, L., Sigman, M. & Vinckier, F. 2005. The neural code for written words: A proposal. *Trends in Cognitive Sciences, 9*(7): 335–341.

Dehaene, S., Le Clec' H. G., Poline, J. B., Le Bihan, D. & Cohen, L. 2002. The visual word form area: A prelexical representation of visual words in the fusiform gyrus. *Neuroreport, 13*(3): 321–325.

Dehaene-Lambertz, G. & Baillet, S. 1998. A phonological representation in the infant brain. *Neuroreport, 9*(8): 1885–1888.

Dekydtspotter, L. & Renaud, C. 2009. On the contrastive analysis of features in second language acquisition: Uninterpretable gender on past participles in English-French processing. *Second Language Research, 25*(2): 255–267.

Dell, G. S. 1986. A spreading-activation theory of retrieval in sentence production. *Psychological Review, 93*(3): 283.

Dell, G. S. 1988. The retrieval of phonological forms in production: Tests of predictions from a connectionist model. *Journal of Memory and Language, 27*: 124–142.

Dell, G. S., Burger, L. K. & Svec, W. R. 1997. Language production and serial order: A functional analysis and a model. *Psychological Review, 104*(1): 123–147.

DeLuca, V., Rothman, J., Bialystok, E. & Pliatsikas, C. 2019. Redefining bilingualism as a spectrum of experiences that differentially affects brain structure and function. *Proceedings of the National Academy of Sciences of the United States of America, 116*(15): 7565–7574.

DeLuca, V., Rothman, J., Bialystok, E. & Pliatsikas, C. 2020. Duration and extent of bilingual experience modulate neurocognitive outcomes. *NeuroImage, 204*: 116222.

Desmet, T. & Declercq, M. 2006. Cross-linguistic priming of syntactic hierarchical configuration information. *Journal of Memory and Language, 54*(4): 610–632.

Desmet, T. & Duyck, W. 2010. Bilingual language processing. *Language & Linguistics Compass, 1*(3): 168–194.

Deutsch, A., Frost, R., Pelleg, S., Pollatsek, A. & Rayner, K. 2003. Early morphological effects in reading: Evidence from parafoveal preview benefit in Hebrew. *Psychonomic Bulletin & Review, 10*(2): 415–422.

Deutsch, A., Frost, R., Pollatsek, A. & Rayner, K. 2005. Morphological parafoveal preview benefit effects in reading: Evidence from Hebrew. *Language and Cognitive Processes, 20*(1–2): 341–371.

Diamond, A. 2002. Normal development of prefrontal cortex from birth to young adulthood: Cognitive functions, anatomy, and biochemistry. In D. T. Stuss & R. T. Knight (Eds.), *Principles of Frontal Lobe Function*. New York: Oxford University Press, 466–503.

Diamond, A. 2013. Executive functions. *Annual Review of Psychology, 64*: 135–168.

Diaz-Lago, M. & Matute, H. 2019. Thinking in a foreign language reduces the causality bias. *Quarterly Journal of Experimental Psychology, 72*: 41–51.

Díaz-Galaz, S. & Torres, A. 2019. Comprehension in interpreting and translation: Testing the phonological interference hypothesis. *Perspectives, 27*(4): 622–638.

Díaz-Galaz, S., Padilla, P. & Bajo, M. T. 2015. The role of advance preparation in simultaneous interpreting: A comparison of professional interpreters and interpreting students. *Interpreting, 17*(1): 1–25.

Dick, A. S., Solodkin, A. & Small, S. L. 2010. Neural development of networks for audiovisual speech comprehension. *Brain and Language, 114*(2):101–114.

Diego, D., Balaguer, R., Toro, J. M. & Rodriguez-Fornells, A. 2007. Different neurophysiological mechanisms underlying word and rule extraction from speech. *PLOS ONE, 2*(11): e1175.

Dijk, T. & Kintsch, W. 1983. *Strategy of Discourse Comprehension*. New York: Academic Press.

Dijkstra, T. & Van Heuven, W. J. B. 1998. The BIA model and bilingual word recognition. *Localist Connectionist Approaches to Human Cognition*. Mahwah, NJ: Lawrence Erlbaum Associates.

Dijkstra, T. & Van Heuven, W. J. B. 2002. Modeling bilingual word recognition: Past, present and future. *Bilingualism: Language and Cognition, 5*(3): 219–224.

Dilkina, K., McClelland, J. L. & Plaut, D. C. 2008. A single-system account of semantic and lexical deficits in five semantic dementia patients. *Cognitive Neuropsychology, 25*(2): 136–164.

Dillinger, M. 1994. Comprehension during interpreting: What do interpreters know that bilinguals don't. In S. Lambert & B. Moser-Mercer (Eds.), *Bridging the Gap: Empirical Research in Simultaneous Interpretation*. Amsterdam/Philadelphia: John Benjamins, 155–189.

Ding, Y. 2015. *The Effect of Domain Knowledge on Consecutive Interpreting Performance: An Experimental Study with Student Interpreters*. Auckland: University of Auckland.

Donato, V. 2003. Strategies adopted by student interpreters in SI: A comparison between the English-Italian and the German-Italian language-pairs. *The Interpreters' Newsletter, 12*: 101–134.

Dong, Y. 2023. The unique bilingual profile of translators and interpreters. In A. Ferreira & J. W. Schwieter (Eds.), *The Routledge Handbook of Translation, Interpreting, and Bilingualism*. London: Routledge.

Dong, Y. & Li, P. 2015. The cognitive science of bilingualism. *Language and Linguistics Compass, 9*(1): 1–13.

Dong, Y. & Li, P. 2020. Attentional control in interpreting: A model of language control and processing control. *Bilingualism: Language and Cognition, 23*(4): 716–728.

Dong, Y. & Lin, J. 2013. Parallel processing of the target language during source language comprehension in interpreting. *Bilingualism: Language and Cognition, 16*(3): 682–692.

Dong, Y. & Liu, Y. 2016. Classes in translating and interpreting produce differential gains in switching and updating. *Frontiers in Psychology, 7*: 1297.

Dong, Y., Liu, Y. & Cai, R. 2018. How does consecutive interpreting training influence working memory: A longitudinal study of potential links between the two. *Frontiers in Psychology, 9*: 875.

Dong, Y. & Xie, Z. 2014. Contributions of second language proficiency and interpreting experience to cognitive control differences among young adult bilinguals. *Journal of Cognitive Psychology, 26*(5): 506–519.

Dong, Y. & Zhong, F. 2017. Interpreting experience enhances early attentional processing, conflict monitoring and interference suppression along the time course of processing. *Neuropsychologia, 95*: 193–203.

Dong, Y. & Zhong, F. 2019. The intense bilingual experience of interpreting and its neurocognitive consequences. In J. Schwieter & M. Paradis (Eds.), *The Handbook of the Neuroscience of Multilingualism*. Hoboken, NJ: Wiley-Blackwell, 685–700.

Donovan, C. 2004. European Masters Project Group: Teaching simultaneous interpretation into a B language: Preliminary findings. *Interpreting, 6*(2): 205–216.

Dove, A., Pollmann, S., Schubert, T., Wiggins, C. J. & Cramon, D. 2000. Prefrontal cortex activation in task switching: An event-related fMRI study. *Cognitive Brain Research, 9*: 103–109.

Dowens, M. G., Guo, T., Guo, J., Barber, H. & Carreiras, M. 2011. Gender and number processing in Chinese learners of Spanish—Evidence from Event Related Potentials. *Neuropsychologia, 49*(7): 1651–1659.

Dowens, M. G., Vergara, M., Barber, H. A. & Carreiras, M. 2010. Morphosyntactic processing in late second-language learners. *Journal of Cognitive Neuroscience, 22*(8): 1870–1887.

Dragsted, B. & Hansen, I. G. 2009. Exploring translation and interpreting hybrids. The case of sight translation. *Meta: Translators' Journal, 54*(3): 588–604.

Dreher, J. C., Koechlin, E., Ali, S. O. & Grafman, J. 2002. The roles of timing and task order during task switching. *NeuroImage, 17*: 95–109.

Duff, S. A., Morris, R. K. & Rayner, K. 1998. Lexical ambiguity and fixation times in reading. *Journal of Memory and Language*, 27: 429–446.

Duffy, S. A. & Keir, J. A. 2004. Violating stereotypes: Eye movements and comprehension processes when text conflicts with world knowledge. *Memory & Cognition*, 32(4): 551–559.

Dufour, R. & Kroll, J. F. 1995. Matching words to concepts in two languages: A test of the concept mediation model of bilingual representation. *Memory and Cognition*, 23: 166–180.

Duñabeitia, J. A. & Carreiras, M. 2011. The relative position priming effect depends on whether letters are vowels or consonants. *Journal of Experimental Psychology: Learning, Memory, and Cognition*, 37(5): 1143.

Duñabeitia, J. A., Dimitropoulou, M., Grainger, J., Hernández, J. A. & Carreiras, M. 2012. Differential sensitivity of letters, numbers, and symbols to character transpositions. *Journal of Cognitive Neuroscience*, 24(7): 1610–1624.

Duñabeitia, J. A., Perea, M. & Carreiras, M. 2009. There is no clam with coats in the calm coast: Delimiting the transposed-letter priming effect. *Quarterly Journal of Experimental Psychology*, 62(10): 1930–1947.

Duncan, J. 2006. EPS Mid-Career Award 2004: Brain mechanisms of attention. *The Quarterly Journal of Experimental Psychology (Colchester)*, 59(1): 2–27.

Duncan, S. 2006. Co-expressivity of speech and gesture: Manner of motion in Spanish, English, and Chinese. *Proceedings of the 27th Berkeley Linguistic Society Annual Meeting*. Berkeley: Berkeley University Press, 353–370.

Duncan, T. S. & Paradis, J. 2016. English language learners' nonword repetition performance: The influence of age, L2 vocabulary size, length of L2 exposure, and L1 phonology. *Journal of Speech, Language, and Hearing Research*, 59(1): 39–48.

Dunlosky, J. & Rawson, K. A. (Eds.). 2019. *The Cambridge Handbook of Cognition and Education*. Cambridge: Cambridge University Press.

Dunn, L. M. & Dunn, D. M. (Eds.). 2007. *PPVT-4: Peabody Picture Vocabulary Test*. Minneapolis: Pearson.

Dussias, P. E. 1997. Sentence matching and the functional head constraint in Spanish/ English code-switching. *Spanish Applied Linguistics*, 1: 114–150.

Dussias, P. E. 2001. Psycholinguistic complexity in code-switching. *International Journal of Bilingualism*, 5: 87–100.

Dussias, P. E. 2003. Syntactic ambiguity resolution in L2 learners: Some effects of bilinguality on L1 and L2 processing strategies. *Studies in Second Language Acquisition, 25*: 529–557.

Dussias, P. E. & Pinar, P. 2010. Effects of reading span and plausibility in the reanalysis of wh-gaps by Chinese-English second language speakers. *Second Language Research, 26*(4): 443–472.

Dussias, P. E. & Scaltz, T. R. C. 2008. Spanish-English L2 speakers use of subcategorization bias information in the resolution of temporary ambiguity during second language reading. *Acta Psychologica, 128*: 501–513.

Duyck, W., Van Assche, E., Drieghe, D. & Hartsuiker, R. J. 2007. Visual word recognition by bilinguals in a sentence context: Evidence for nonselective lexical access. *Journal of Experimental Psychology: Learning, Memory, and Cognition, 33*: 663–679.

Dye, C. 2011. Reduced auxiliaries in early child language: Converging observational and experimental evidence from French. *Journal of Linguistics, 47*: 301–339.

Eberhard, K. M., Cutting, J. C. & Bock, K. 2005. Making syntax of sense: Number agreement in sentence production. *Psychological Review, 112*(3): 531–559.

Egidi, G. & Caramazza, A. 2014. Mood-dependent integration in discourse comprehension: Happy and sad moods affect consistency processing via different brain networks. *NeuroImage, 103*: 20–32.

Egidi, G. & Gerrig, R. J. 2009. How valence affects language processing: Negativity bias and mood congruence in narrative comprehension. *Memory & Cognition, 37*(5): 547–555.

Egidi, G. & Nusbaum, H. C. 2012. Emotional language processing: How mood affects integration processes during discourse comprehension. *Brain and Language, 122*(3): 199–210.

Eimas, P. D., Siqueland, E. R., Jusczyk, P. & Vigorito, J. 1971. Speech perception in infants. *Science, 171*(3968): 303–306.

Elmer, S. 2016. Broca pars triangularis constitutes a "hub" of the language-control network during simultaneous language translation. *Frontiers in Human Neuroscience, 10*: 491.

Eriksen, B. A. & Eriksen, C. W. 1974. Effects of noise letters upon the identification of a target letter in a nonsearch task. *Perception Psychophysics, 16*: 143–149.

Esaulova, Y., Penke, M. & Dolscheid, S. 2019. Describing events: Changes in eye movements and language production due to visual and conceptual properties of scenes. *Frontiers in Psychology, 10*: 835.

Escudero, P. 2005. *Linguistic Perception and Second Language Acquisition: Explaining the Attainment of Optimal Phonological Categorization.* Doctoral dissertation, University of Utrecht.

Escudero, P. & Boersma, P. 2004. Bridging the gap between L2 speech perception research and phonological theory. *Studies in Second Language Acquisition, 26*(4): 551–585.

Espi-Sanchis, G. & Cockcroft, K. 2021. Working memory and multilingualism: Balanced language proficiency predicts verbal working memory. *International Journal of Bilingual Education and Bilingualism, 25*(8): 2976–2990.

Estes, K. G. & Hurley, K. 2013. Infant-directed prosody helps infants map sounds to meanings. *Infancy, 18*(5): 797–824.

Eysenck, M. W. & Keane, M. T. 2015. *Cognitive Psychology: A Student's Handbook.* London: Psychology Press.

Fabbro, F. 2001. The bilingual brain: Cerebral representation of languages. *Brain and Language, 79*: 211–222.

Fabbro, F., Skrap, M. & Aglioti, S. 2000. Pathological switching between languages after frontal lesions in a bilingual patient. *Journal of Neurology Neurosurgery and Psychiatry, 68*: 650–652.

Falque, A., Jordanis, M., Landre, L., de Sousa, P. L., Mondino, M., Furcieri, E. & Blanc, F. 2022. Neural basis of impaired narrative discourse comprehension in prodromal and mild dementia with lewy bodies. *Frontiers in Aging Neuroscience, 14*: 1–9.

Fan, J., Flombaum, J. I. & McCandliss, B. D. 2003. Cognitive and brain consequences of conflict. *NeuroImage, 18*(1): 42–57.

Fan, J., McCandliss, B. D., Sommer, T., Raz, A. & Posner, M. 2002. Testing the efficiency and independence of attentional networks. *Journal of Cognitive Neuroscience, 14*(3): 340–347.

Farhood, Z., Nguyen, S. A., Miller, S. C., Holcomb, M. A., Meyer, T. A. & Rizk, H. G. 2017. Cochlear implantation in inner ear malformations: Systematic review of speech perception outcomes and intraoperative findings. *Otolaryngology—Head and Neck Surgery, 156*(5): 783–793.

Federmeier, K. D., Van Petten, C., Schwartz, T. J. & Kutas, M. 2003. Sounds, words, sentences: Age-related changes across levels of language processing. *Psychology and Aging, 18*(4): 858–872.

Feeney, A., Hola, A., Liversedge, S. P., Findlay, J. M. & Metcalf, R. 2000. How people extract information from graphs: Evidence from a sentence-graph verification paradigm. *Theory and Application of Diagrams*, Proceedings, 149–161.

Felser, C. & Cunnings, I. 2012. Processing reflexives in English as a second language: The role of structural and discourse-level constraints. *Applied Psycholinguistics, 33*: 571–603.

Feng, Q. & Busà, M. G. 2022a. Acquiring Italian stop consonants: A challenge for Mandarin Chinese-speaking learners. *Second Language Research, 39*(3): 759–783.

Feng, Q. & Busà, M. G. 2022b. Mandarin Chinese-speaking learners' acquisition of Italian consonant length contrast. *System, 111*, 102938.

Fenson, L., Marchman, V. A., Thal, D. J., Dale, P. S., Steven Reznick, J. & Bates, E. (Eds.). 2007. *MacArthur-Bates Communicative Development Inventories* (2nd ed.). Baltimore: Brookes.

Ferguson, H. J. & Sanford, A. J. 2008. Anomalies in real and counterfactual worlds: An eye-movement investigation. *Journal of Memory and Language, 58*: 609–626.

Fernald, A. & Morikawa, H. 1993. Common themes and cultural variations in Japanese and American mothers' speech to infants. *Child Development, 64*(3): 637–656.

Fernández, E. M. & Cairns, H. S. 2010. *Fundamentals of Psycholinguistics*. Hoboken, NJ: Wiley-Blackwell.

Fernández, E. M. & Cairns, H. S. 2018. *The Handbook of Psycholinguistics*. Hoboken, NJ: Wiley-Blackwell.

Ferrand, L. & Grainger, J. 1994. Effects of orthography are independent of phonology in masked form priming. *The Quarterly Journal of Experimental Psychology, 47*(2): 365–382.

Ferrand, L., Segui, J. & Grainger, J. 1996. Masked priming of word and picture naming: The role of syllabic units. *Journal of Memory and Language, 35*: 708–723.

Ferrand, L., Segui, J. & Humphreys, G. W. 1997. The syllable's role in word naming. *Memory and Cognition, 25*(4): 458–470.

Ferraro, F. R. & Hansen, C. L. 2002. Orthographic neighborhood size, number of word meanings, and number of higher frequency neighbors. *Brain and Language, 82*: 200–205.

Ferreira, F. 2000. Syntax in language production: An approach using tree adjoining grammars. In L. R. Wheeldon (Ed.), *Aspects of Language Production*. Philadelphia: Psychology Press, 291–330.

Ferreira, F. 2003. The misinterpretation of noncanonical sentences. *Cognitive Psychology, 47*: 164–203

Ferreira, F., Anes, M. D. & Horine, M. D. 1996. Exploring the use of prosody during language comprehension using the auditory moving window technique. *Journal of Psycholinguistic Research, 25*: 273–290.

Ferreira, F. & Clifton, C. 1986. The independence of syntactic processing. *Journal of Memory and Language, 25*(3): 348–368.

Ferreira, F. & Patson, N. D. 2007. The "good enough" approach to language comprehension. *Language and Linguistics Compass, 1*(1–2): 71–83.

Ferreira, F. & Swets, B. 2002. How incremental is language production? Evidence from the production of utterances requiring the computation of arithmetic sums. *Journal of Memory and Language, 46*: 57–84.

Ferstl, E. C. & von Cramon, D. Y. 2001. The role of coherence and cohesion in text comprehension: An event-related fMRI study. *Cognitive Brain Research, 3*: 325–340.

Ferstl, E. C., Neumann, J., Bogler, C. & Cramon, D. 2008. The extended language network: A meta-analysis of neuroimaging studies on text comprehension. *Human Brain Mapping, 29*(5): 581–593.

Feyereisen, P. 1997. The competition between gesture and speech production in dual-task paradigms. *Journal of Memory and Language, 36*(1): 13–33.

Filik, R. 2008. Contextual override of pragmatic anomalies: Evidence from eye movements. *Cognition, 106*: 1038–1046.

Filik, R., Hunter, C. M. & Leuthold, H. 2015. When language gets emotional: Irony and the embodiment of affect in discourse. *Acta Psychologica, 156*: 114–125.

Filik, R. & Leuthold, H. 2008. Processing local pragmatic anomalies in fictional contexts: Evidence from the n400. *Psychophysiology, 45*(4): 554–558.

Finkbeiner, S. 2003. Bilingual lexical memory: Towards a psycholinguistic model of adult L2 lexical acquisition, representation, and processing. *Dissertation Abstracts International: Section B: The Sciences and Engineering, 63*(12-b): 6114.

Finkbeiner, M., Almeida, J., Janssen, N. & Caramazza, A. 2006. Lexical selection in bilingual speech production does not involve language suppression. *Journal of Experimental Psychology: Learning, Memory and Cognition, 32*(5): 1075–1089.

Finkbeiner, M., Forster, K., Nicol, J. & Nakamura, K. 2004. The role of polysemy in masked semantic and translation priming. *Journal of Memory and Language, 51*(1): 15–22.

Flege, J. E. 1987. The production of "new" and "similar" phones in a foreign language: Evidence for the effect of equivalence classification. *Journal of Phonetics, 15*: 47–65.

Flege, J. E. 1991. Perception and production: The relevance of phonetic input to L2 phonological learning. In T. Huebner & C. A. Ferguson (Eds.), *Cross Currents in Second Language Acquisition and Linguistic Theory*. Amsterdam: John Benjamins, 249–289.

Flege, J. E. 1995. Second language speech learning: Theory, findings and problems. In W. Strange (Ed.), *Speech Perception and Linguistic Experience: Issues in Cross-Language Research*. Timonium: York Press, 233–277.

Flege, J. E. & Bohn, O. S. 2021. The revised Speech Learning Model. In R. Wayland (Ed.), *Second Language Speech Learning: Theoretical and Empirical Progress*. Cambridge: Cambridge University Press, 3–83.

Flege, J. E. & MacKay, I. R. A. 2004. Perceiving vowels in a second language. *Studies in Second Language Acquisition, 26*(1): 1–34.

Foote, R. 2011. Integrated knowledge of agreement in early and late English-Spanish bilinguals. *Applied Psycholinguistics, 32*: 187–220.

Ford, M. 1982. Sentence planning units: Implications for the speaker's representation of meaningful relations underlying sentences. In J. Bresnan (Ed.), *The Mental Representation of Grammatical Relations*. Cambridge, MA: MIT Press, 797–827.

Ford, M. & Holmes, V. M. 1978. Planning units and syntax in sentence production. *Cognition, 6*: 35–53.

Forster, K. I. & Davis, C. 1984. Repetition priming and frequency attenuation in lexical access. *Journal of Experimental Psychology: Learning, Memory, and Cognition, 10*(4): 680.

Forster, K. I. & Shen, D. 1996. No enemies in the neighborhood: Absence of inhibitory neighborhood effects in lexical decision and semantic categorization. *Journal of Experimental Psychology: Learning, Memory and Cognition, 22*(3): 696–713.

Foss, D. J. 1969. Decision processes during sentence comprehension: Effects of lexical item difficulty and position upon decision times. *Journal of Verbal Learning & Verbal Behavior, 8*(4): 457–462.

Foucart, A. & Frenck-Mestre, C. 2011. Grammatical gender processing in L2: Electrophysiological evidence of the effect of L1–L2 syntactic similarity. *Bilingualism: Language and Cognition, 14*(3): 379–399.

Foucart, A. & Frenck-Mestre, C. 2012. Can late L2 learners acquire new grammatical features? Evidence from ERPs and eye-tracking. *Journal of Memory and Language*, *66*(1): 226–248.

Fowler, C. A. 1986. An event approach to the study of speech perception from a direct-realist perspective. *Journal of Phonetics*, *14*(1): 3–28.

Fowler, C. A. 1987. Perceivers as realists, talkers too: Commentary on papers by Strange, Diehl et al., and Rakerd and Verbrugge. *Journal of Memory and Language*, *26*(5): 574–587.

Fowler, C. A. 1996. Listeners do hear sounds, not tongues. *Journal of Acoustical Society of America*, *99*(3): 1730–1741.

Franceschini, R., Zappatore, D. & Nitsch, C. 2003. Lexicon in the brain: What neurobiology has to say about languages. In J. Cenoz, B. Hufeisen, U. Jessner (Eds.), *Multilingual Lexicon*. Dordrecht: Kluwer Academic Publishers, 153–166.

Frazier, L. 1987. Sentence processing: A tutorial review. In M. Coltheart (Ed.), *The Psychology of Reading*. Hillsdale: Erlbaum, 559–586.

Frazier, L. & Clifton, Jr. C. 1996. *Construal*. Boston: MIT Press.

Frazier, L. & Fodor, J. D. 1978. The sausage machine: A new two-stage model of the parser. *Cognition*, 6: 291–325.

Frazier, L. & Rayner, K. 1982. Making and correcting errors during sentence comprehension: Eye movements in the analysis of structurally ambiguous sentences. *Cognitive Psychology*, *14*: 178–210.

Freed, B. F., Segalowitz, N. & Dewey, D. P. 2004. Context of learning and second language fluency in French: Comparing regular classroom, study abroad, and intensive domestic immersion programs. *Studies in Second Language Acquisition*, *26*(2): 275–301.

Frenck-Mestre, C. & Pynte, J. 1997. Syntactic ambiguity resolution while reading in second and native languages. *The Quarterly Journal of Experimental Psychology*, *50*: 119–148.

Frenck-Mestre, C., Foucart, A., Carrasco-Ortiz, H. & Herschensohn, J. 2009. Processing of grammatical gender in French as a first and second language: Evidence from ERPs. *Eurosla Yearbook*, *9*(1): 76–106.

Friederici, A. D. 2002. Towards a neural basis of auditory sentence processing. *Trends in Cognitive Sciences*, 6: 78–84.

Friederici, A. D. 2011. The brain basis of language processing: From structure to function. *Physiological Reviews*, *91* (4): 1357–1392.

Friederici, A. D. 2012a. The cortical language circuit: From auditory perception to sentence comprehension. *Trends in Cognitive Sciences, 16*(5): 262–268.

Friederici, A. D. 2012b. Language development and the ontogeny of the dorsal pathway. *Frontiers in Evolutionary Neuroscience, 4*(3): 1–7.

Friederici, A. D., Bahlmann, J., Heim, S., Schubotz, R. I. & Anwander, A. 2006. The brain differentiates human and non-human grammars: Functional localization and structural connectivity. *Proceedings of the National Academy of Sciences of the United States of America, 103*(7): 2458–2463.

Friedman, N. P. & Miyake, A. 2004. The relations among inhibition and interference control functions: A latent-variable analysis. *Journal of Experimental Psychology, 133*(1): 101–135.

Friedrich, M. & Friederici, A. D. 2005. Phonotactic knowledge and lexical-semantic processing in one-year-olds: Brain responses to words and nonsense words in picture contexts. *Journal of Cognitive Neuroscience, 17*(11): 1785–1802.

Friese, U., Rutschmann, R., Raabe, M. & Schmalhofer, F. 2008. Neural indicators of inference processes in text comprehension: An event-related functional magnetic resonance imaging study. *Journal of Cognitive Neuroscience, 11*: 2110–2124.

Frisch, S. & Schlesewsky, M. 2001. The n400 reflects problems of thematic hierarchizing. *Neuroreport, 12*(15): 3391–3394.

Fritz, I., Kita, S., Littlemore, J. & Krott, A. 2019. Information packaging in speech shapes information packaging in gesture: The role of speech planning units in the coordination of speech-gesture production. *Journal of Memory and Language, 104*: 56–69.

Fromkin, V. A. 1971. The non-anomalous nature of anomalous utterances. *Language, 47*: 27–52.

Fromkin, V. A. 1973. *Speech Errors as Linguistic Evidence*. The Hague: Mouton.

Frost, R. 1994. Prelexical and postlexical strategies in reading: Evidence from a deep and a shallow orthography. *Journal of Experimental Psychology: Learning, Memory, and Cognition, 20*(1): 116.

Frost, R. 1998. Toward a strong phonological theory of visual word recognition: True issues and false trails. *Psychological Bulletin, 123*(1): 71.

Frost, R. 2012a. A universal approach to modeling visual word recognition and reading: Not only possible, but also inevitable. *Behavioral and Brain Sciences, 35*(5): 310.

Frost, R. 2012b. Towards a universal model of reading. *Behavioral and Brain Sciences*, *35*(5): 263–279.

Frost, R., Katz, L. & Bentin, S. 1987. Strategies for visual word recognition and orthographical depth: A multilingual comparison. *Journal of Experimental Psychology: Human Perception and Performance*, *13*(1): 104.

Frost, R. & Keuleers, E. 2013. What can we learn from monkeys about orthographic processing in humans? A reply to Ziegler et al. *Psychological Science*, *24*(9): 1868–1869.

Gabriele, A., Fiorentino, R. & Bañón, J. A. 2013. Examining second language development using event-related potentials: A cross-sectional study on the processing of gender and number agreement. *Linguistic Approaches to Bilingualism*, *3*(2): 213–232.

Gandour, J. T. 1978. The perception of tone. In V. A. Fromkin (Ed.), *Tone: A Linguistic Survey*. New York: Academic Press, 41–76.

Ganushchak, L. Y., Konopka, A. E. & Chen, Y. 2017. Accessibility of referent information influences sentence planning: An eye-tracking study. *Frontiers in Psychology*, *8*(250): 1–12.

Garavan, H., Ross, T. J., Li, S. J. & Stein, E. A. 2000. A parametric manipulation of central executive functioning. *Cerebral Cortex*, *10*: 585–592.

Garbin, G., Sanjuan, A., Forn, C., Bustamante, J. C., Rodríguez-Pujadas, A., Belloch, V., Hernandez, M., Costa, A. & Ávila, C. 2010. Bridging language and attention: Brain basis of the impact of bilingualism on cognitive control. *NeuroImage*, *53*(4): 1272–1278.

García, A. M. 2015. Psycholinguistic explorations of lexical translation equivalents: Thirty years of research and their implications for cognitive translatology. *Translation Spaces*, *4*(1): 9–28.

Garrett, M. 1980. Levels of processing in sentence production. *Language Production, Vol. 1. Speech and Talk*. London: Academic Press, 177–220.

Garrett, M. 1988. Processes in language production. In F. J. Newmeyer (Ed.), *Linguistics: The Cambridge Survey. Vol. III. Biological and Psychological Aspects of Language*. Cambridge, MA: Harvard University Press.

Garrett, M. F. 1975. The analysis of sentence production. In G. Bower (Ed.), *Psychology of Learning and Motivation*. Amsterdam: Academic Press, 133–177.

Garrett, M. F. 1976. Syntactic processing in sentence production. In E. Walker & R. Wales (Eds.), *New Approaches to Language Mechanisms*. Amsterdam: Academic Press,

231–256.

Garrod, S. & Pickering, M. J. 2004. Why is conversation so easy? *Trends in Cognitive Sciences, 8*(1): 8–11.

Gascoigne, C. 2001. Lexical and conceptual representations in more- and less-skilled bilinguals: The role of cognates. *Foreign Language Annals, 34*: 446–452.

Gaskell, M. G. & Dumay, N. 2003. Lexical competition and the acquisition of novel words. *Cognition, 89*: 105–132.

Gazzaley, A., Cooney, J. W., McEvoy, K. & Knight, R, T. 2005. Top-down enhancement and suppression of the magnitude and speed of neural activity. *Journal of Cognitive Neuroscience, 17*: 507–517.

Gazzaley, A., Rissman, J., Cooney, J., Rutman, A., Seibert, T., Clapp, W. & D'Esposito, M. 2007. Functional interactions between prefrontal and visual association cortex contribute to top-down modulation of visual processing. *Cerebral Cortex, 17*: i125–i135.

Gernsbacher, M. A. 1983. *Memory for the Orientation of Pictures in Nonverbal Stories: Parallels and Insights into Language Processing*. Doctoral dissertation, University of Texas, Austin.

Gernsbacher, M. A. 1990. *Language Comprehension as Structure Building*. Mahwah: Lawrence Erlbaum Associates.

Gernsbacher, M. A. 1996. The Structure-Building Framework: What it is, what it might also be, and why. In B. K. Britton & A. C. Graesser (Eds.), *Models of Understanding Text*. Mahwah: Lawrence Erlbaum Associates, 289–311.

Gernsbacher, M. A. & Faust, M. E. 1991. The mechanism of suppression: A component of general comprehension skill. *Journal of Experimental Psychology Learning Memory & Cognition, 17*(2): 245–262.

Gernsbacher, M. A., Hargreaves, D. J. & Beeman, M. 1989. Building and accessing clausal representations: The advantage of first mention versus the advantage of clause recency. *Journal of Memory and Language, 28*(6): 735–755.

Gerrig, R. J. 1986. Process and products of lexical access. *Language and Cognitive Processes, 1*(3): 187–195.

Gertner, Y. & Fisher, C. 2012. Predicted errors in children's early sentence comprehension. *Cognition, 124*(1): 85–94.

Gerver, D. 1969/2002. The effects of source language presentation rate on the performance of simultaneous conference interpreters. In F. Pöchhacker & M.

Shlesinger (Eds.), *The Interpreting Studies Reader*. London: Routledge, 52–66.

Gerver, D. 1971. *Aspects of Simultaneous Interpretation and Human Information Processing*. Doctoral dissertation, University of Oxford, UK.

Gerver, D. 1974. Simultaneous listening and speaking and retention of prose. *Quarterly Journal of Experimental Psychology, 26*(3): 337–341.

Gerver, D. 1976. Empirical studies of simultaneous interpretation: A review and a model. In R. B. W. Anderson & R. W. Brislin (Eds.), *Translation: Applications and Research*. New York: Gardner, 165–207.

Giaquinto, S., Ranghi, F. & Butler, S. 2007. Stability of word comprehension with age: An electrophysiological study. *Mechanisms of Aging and Development, 128*(11): 628–636.

Gibson, E. 1998. Linguistic complexity: Locality of syntactic dependencies. *Cognition, 68*(1): 1–76.

Gibson, E. 2000. The dependency locality theory: A distance-based theory of linguistic complexity. In A. Marantz, Y. Miyashita & W. O'Neil (Eds.), *Image, Language, Brain*. Cambridge: MIT Press, 95–126.

Gibson, E. & Wu, H. H. Iris. 2013. Processing Chinese relative clauses in context. *Language and Cognitive Processes, 12*(28): 125–155.

Gibson, T. A., Oller, D. K., Jarmulowicz, L. & Ethington, C. A. 2012. The receptive-expressive gap in the vocabulary of young second-language learners: Robustness and possible mechanisms. *Bilingualism: Language and Cognition, 15*(1): 102–116.

Gieshoff, A. C. 2018. *The Impact of Audio-Visual Speech Input on Work-Load in Simultaneous Interpreting*. Doctoral dissertation, Universität Mainz.

Gilbert, S. J. & Burgess, P. W. 2008. Executive function. *Current Biology, 18*(3): 110–114.

Gile, D. 1991. Methodological aspects of interpretation (and translation) research. *Target, 3*(2): 153–174.

Gile, D. 1997. Conference interpreting as a cognitive management problem. In J. H. Danks, G. M. Shreve, S. B. Fountain & M. K. McBeath (Eds.), *Cognitive Processes in Translation and Interpreting*. Thousand Oaks: Sage, 196–214.

Gile, D. 2009. *Basic Concepts and Models for Interpreter and Translator Training* (Revised edition*)*. Amsterdam/Philadelphia: John Benjamins.

Glaser, W. R. & Dungelhoff, F. J. 1984. The time course of picture-word interference. *Journal of Experimental Psychology: Human Perception and Performance, 10*(5): 640–654.

Gleitman, L. R., Cassidy, K., Nappa, R., Papafragou, A. & Trueswell, J. C. 2005. Hard words. *Language Learning and Development, 1* (1): 23–64.

Gleitman, L. R., January, D., Nappa, R. & Trueswell, J. C. 2007. On the give and take between event apprehension and utterance formulation. *Journal of Memory and Language, 57* (4): 544–569.

Glezer, L. S., Jiang, X. & Riesenhuber, M. 2009. Evidence for highly selective neuronal tuning to whole words in the "visual word form area". *Neuron, 62* (2): 199–204.

Godfroid, A. 2020. *Eye Tracking in Second Language Acquisition and Bilingualism*. New York: Routledge.

Goldman, S. R., Braasch, J. L. G., Wiley, J., Graesser, A. C. & Brodowinska, K. 2012. Comprehending and learning from Internet sources: Processing patterns of better and poorer learners. *Reading Research Quarterly, 47*: 356–381.

Goldman S. R. & Saul, E. U. 1990. Flexibility in text processing: A strategy competition model. *Learning and Individual Differences, 2* (2): 181–219.

Goldman-Eisler, F. 1972. Segmentation of input in simultaneous translation. *Journal of Psycholinguistic Research, 1* (2): 127–140.

Golfinopoulos, E., Tourville, J. A. & Guenther, F. H. 2010. The integration of large-scale neural network modeling and functional brain imaging in speech motor control. *NeuroImage, 52*: 862–874.

Golinkoff, R. M. & Hirsh-Pasek, K. 2006. Baby wordsmith: From associationist to social sophisticate. *Current Directions in Psychological Science, 15* (1): 30–33.

Golinkoff, R. M., Hirsh-Pasek, K., Bailey, L. M. & Wenger, N. R. 1992. Young children and adults use lexical principles to learn new nouns. *Developmental Psychology, 28* (1): 99–108.

Gooding, D. C., Braun, J. G. & Studer, J. A. 2006. Attentional network task performance in patients with schizophrenia-spectrum disorders: Evidence of a specific deficit. *Schizophrenia Research, 88* (1–3): 169–178.

Gorba, C. 2019. Bidirectional influence on L1 Spanish and L2 English stop perception: The role of L2 experience. *The Journal of the Acoustical Society of America, 145* (6): 587–592.

Gorba, C. & Cebrian, J. 2021. The role of L2 experience in L1 and L2 perception and production of voiceless stops by English learners of Spanish. *Journal of Phonetics, 88*: 101094.

Grönholm, P., Rinne, J. O. & Vorobyev, V. 2005. Learning to name unfamiliar objects: A PET activation study. *Cognitive Brain Research, 25*: 359–371.

Graesser, A., Singer, M. & Trabasso, T. 1994. Constructing inferences during narrative text comprehension. *Psychological Review, 101*(3): 371–395.

Grainger, J. & Beauvillain, C. 1987. Language blocking and lexical access in bilinguals. *Quarterly Journal of Experimental Psychology, 39*: 295–319.

Grainger, J. & Beauvillain, C. 1988. Associative priming in bilinguals: Some limits of interlingual facilitation effects. *Canadian Journal of Psychology, 42*: 261–273.

Grainger, J. & Dijkstra, T. 1992. On the representation and use of language information in bilinguals. In R. J. Harris (Ed.), *Cognitive Processing in Bilinguals*. Amsterdam: Elsevier Science.

Grainger, J. & Jacobs, A. M. 1996. Orthographic processing in visual word recognition: A multiple read-out model. *Psychological Review, 103*: 518–565.

Grainger, J., Dufau, S., Montant, M., Ziegler, J. C. & Fagot, J. 2012. Orthographic processing in baboons (papio papio). *Science, 336*(6078): 245–248.

Grassmann, S., Stracke, M. & Tomasello, M. 2009. Two-year-olds exclude novel objects as potential referents of novel words based on pragmatics. *Cognition, 112*(3): 488–493.

Green, D. W. 1986. Control, activation, and resource: A framework and a model for the control of speech in bilinguals. *Brain and Language, 27*: 210–223.

Green, D. W. 1998. Mental control of the bilingual lexico-semantic system. *Bilingualism: Language and Cognition, 1*: 67–81.

Green, D. W. & Abutalebi, J. 2013. Language control in bilinguals: The adaptive control hypothesis. *Journal of Cognitive Psychology, 25*(5): 515–530.

Greene, D. J., Barnea, A., Herzberg, K., Rassis, A., Neta, M., Raz, A. & Zaidel, E. 2008. Measuring attention in the hemispheres: The lateralized attention network test (LANT). *Brain and Cognition, 66*(1): 21–31.

Grice, H. P. 2002. Logic and conversation. In D. J. Levitin (Ed.), *Foundations of Cognitive Psychology: Core Readings*. Cambridge: MIT Press, 719–732.

Grieve, R. & Wales, R. J. 1973. Passives and topicalization. *British Journal of Psychology, 64*(2): 173–182.

Griffin, Z. M. & Bock, K. 2000. What the eyes say about speaking. *Psychological Science, 11*: 274–279.

Griffin, Z. M. & Ferreira, V. S. 2006. Properties of spoken language production. In M. J. Traxler & M. A. Gernsbacher (Eds.), *The Handbook of Psycholinguistics* (2nd ed.). Amsterdam: Elsevier, 21–59.

Grosjean, F. 1997a. Processing mixed languages: Issues, findings and models. In K. De Groot & J. F. Kroll (Eds.), *Tutorials in Bilingualism: Psycholinguistic Perspectives*. Mahwah: Lawrence Erlbaum Associates, 225–254.

Grosjean, F. 1997b. The bilingual individual. *Interpreting, 2*(1): 163–187.

Grosjean, F. 2013. Bilingualism: A short introduction. In F. Grosjean & P. Li (Eds.), *The Psycholinguistics of Bilingualism*. Hoboken: John Wiley & Sons, 5–25.

Grosjean, F. & Miller, J. L. 1994. Going in and out of languages: An example of bilingual flexibility. *Psychological Science, 5*: 201–206.

Grunden, N., Piazza, G., García-Sánchez, C. & Calabria, M. 2020. Voluntary language switching in the context of bilingual aphasia. *Behavioral Sciences, 10*(9): 141.

Gu, F., Zhang, C., Hu, A. & Zhao, G. 2013. Left hemisphere lateralization for lexical and acoustic pitch processing in Cantonese speakers as revealed by mismatch negativity. *NeuroImage, 83*: 637–645.

Guenther, F. H. 2006. Cortical interaction underlying the production of speech sounds. *Journal of Communication Disorders, 39*: 350–365.

Guo, C., Lawson, A. L., Qin, Z. & Yang, J. 2010. Brain potentials distinguish new and studied objects during working memory. *Human Brain Mapping, 29*(4): 441–452.

Guo, X. & Chen, X. 2022. Perception of English stress of synthesized words by three Chinese dialect groups. *Frontiers in Psychology, 13*: 179.

Haberlandt, K. 1984. Components of sentence and word reading times. In D. E. Kieras & M. A. Just (Eds.), *New Methods in Reading Comprehension Research*. Mahwah: Lawrence Erlbaum Associates, 219–252.

Hadar, U., Burstein, A., Krauss, R. & Soroker, N. 1998. Ideational gestures and speech in brain-damaged subjects. *Language and Cognitive Processes, 13*(1): 59–76.

Hadar, U. & Krauss, R. K. 1999. Iconic gestures: The grammatical categories of lexical affilates. *Journal of Neurolinguistics, 12*: 1–12.

Hadjichristidis, C., Geipel J. & Keysar, B. 2019. The influence of native language in shaping judgment and choice. *Progress in Brain Research, 247*: 253–272.

Hadland, K. A., Rushworth, M. F. S., Passingham, R. E., Jahanshahi, M. & Rothwell, J. C. 2001. Interference with performance of a response selection task that has no working memory component: An rTMS comparison of the dorsolateral prefrontal and medial frontal cortex. *Journal of Cognitive Neuroscience, 13*: 1097–1108.

Hafri, A. & Firestone, C. 2021. The perception of relations. *Trends in Cognitive Sciences, 25*(6): 475–492.

Hafri, A., Papafragou, A. & Trueswell, J. C. 2012. Getting the gist of events: Recognition of two-participant actions from brief displays. *Journal of Experimental Psychology General, 142* (3): 880.

Hafri, A., Trueswell, J. C. & Strickland, B. 2018. Encoding of event roles from visual scenes is rapid, spontaneous, and interacts with higher-level visual processing. *Journal of Vision, 17*: 1094.

Hagoort, P. 2005. On Broca, brain, and binding: A new framework. *Trends in Cognitive Sciences, 9*(9): 416–423.

Hagoort, P. 2013. MUC (Memory, Unification, Control) and beyond. *Frontiers in Psychology, 4*: 41.

Hald, L. A., Steenbeek-Planting, E. G. & Hagoort, P. 2007. The interaction of discourse context and world knowledge in online sentence comprehension: Evidence from the N400. *Brain Research, 1146*: 210–218.

Hale, J. 2001. A probabilistic Earley parser as a psycholinguistic model. *Proceedings of NAACL* (Vol. 2). Stroudsburg, PA: Association for Computational Linguistics, 159–166.

Hamada, M. 2017. L2 word recognition: Influence of L1 orthography on multi-syllabic word recognition. *Journal of Psycholinguistic Research, 46*(5): 1101–1118.

Hamada, M. & Koda, K. 2008. Influence of first language orthographic experience on second language decoding and word learning. *Language Learning, 58*(1): 1–31.

Hamada, M. & Koda, K. 2011. The role of the phonological loop in English word learning: A comparison of Chinese ESL learners and native speakers. *Journal of Psycholinguistic Research, 40*(2): 75–92.

Hämäläinen, M., Hari, R., Ilmoniemi, R. J., Knuutila, J. & Lounasmaa, O. V. 1993. Magnetoencephalography—theory, instrumentation, and applications to non-invasive studies of the working human brain. *Reviews of Modern Physics, 65*(2): 413.

Han, C. & Riazi, M. 2017. Investigating the effects of speech rate and accent on simultaneous interpretation: A mixed-methods approach. *Across Languages and Cultures, 18*(2): 237–259.

Hao, Y. 2012. Second language acquisition of Mandarin Chinese tones by tonal and non-tonal language speakers. *Journal of Phonetics, 40*(2): 269–279.

Hao, Y. 2018. Second language perception of Mandarin vowels and tones. *Language and Speech, 61*(1): 135–152.

Harley, T. A. 2014. *The Psychology of Language: From Data to Theory* (4th ed.). London/

New York: Psychology Press, 258–284.

Harm, M. W. & Seidenberg, M. S. 2004. Computing the meanings of words in reading: Cooperative division of labor between visual and phonological processes. *Psychological Review, 111*(3): 662.

Harnishfeger, K. K. & Bjorklund, D. F. 1993. *The Ontogeny of Inhibition Mechanisms: A Renewed Approach to Cognitive Development*. New York: Springer.

Hart, B. & Risley, T. R. 1995. *Meaningful Differences in the Everyday Experience of Young American Children*. Baltimore: Brookes.

Hartsuiker, R. J. & Barkhuysen, P. N. 2006. Language production and working memory: The case of subject-verb agreement. *Language and Cognitive Processes, 21* (3): 181–204.

Hartsuiker, R. J. & Bernolet, S. 2017. The development of shared syntax in second language learning. *Bilingualism Language & Cognition, 20*(02): 219–234.

Hartsuiker, R. J. & Kolk, H. H. J. 2001. Error monitoring in speech production: A computational test of the perceptual loop theory. *Cognitive Psychology, 42*: 113–157

Hartsuiker, R. J. & Westenberg, C. 2000. Word order priming in written and spoken sentence production. *Cognition, 75*(2): B27–B39.

Hartsuiker, R. J., Pickering, M. J. & Veltkamp, E. 2004. Is syntax separate or shared between languages?: Cross-linguistic syntactic priming in Spanish-English bilinguals. *Psychological Science, 15*(6): 409–414.

Hauk, O., Davis, M. H., Ford, M., Pulvermüller, F. & Marslen-Wilson, W. D. 2006. The time course of visual word recognition as revealed by linear regression analysis of ERP data. *NeuroImage, 30*(4): 1383–1400.

Haviland, S. E. & Clark, H. H. 1974. What's new? Acquiring new information as a process in comprehension. *Journal of Verbal Learning & Verbal Behavior, 74*: 512–521.

He, W., Xu, N. & Ji, R. 2017. Effects of age and location in Chinese relative clauses processing. *Journal of Psycholinguistic Research, 46*(5): 1067–1086.

Heider, E. 1972. Universals in color naming and memory. *Journal of Experimental Psychology, 93*(1): 10–20.

Helenius, P., Tarkiainen, A., Cornelissen, P., Hansen, P. & Salmelin, R. 1999. Dissociation of normal feature analysis and deficient processing of letter-strings in dyslexic adults. *Cerebral Cortex, 9*(5): 476–483.

Henderson, J. M., Weeks, P. A. & Hollingworth, A. 1999. The effects of semantic consistency on eye movements during complex scene viewing. *Journal of*

Experimental Psychology: Human Perception & Performance, 25(1): 210–228.

Henrard, S. & Van Daele, A. 2017. Different bilingual experiences might modulate executive tasks advantages: Comparative analysis between monolinguals, translators, and interpreters. *Frontiers in Psychology, 8*: 1870.

Heredia, R. R., Cieślicka, A. B. & García, O. 2010a. *Bilingual Exhaustive Language Activation: Homograph and Cognate Processing.* The 53rd Annual CUNY Conference on Human Sentence Processing, New York, USA.

Heredia, R. R., Cieślicka, A. B. & García, O. 2010b. *Bilingual Sentence Processing: Multiple Language Activation.* The 51st Annual Meeting of the Psychonomic Society, St. Louis, USA.

Heredia, R. R., Martínez, K. M., Clark, D. & Moreno, M. 2003. *Processing Code-switched Sentences in Spanish-English Bilinguals: Context and Word Frequency Effects.* The XIII Congress of the European Society for Cognitive Psychology, Granada, Spain.

Hermans, D., Bongaerts, T., De Bot, K. & Schreuder, R. 1998. Producing words in a foreign language: Can speakers prevent interference from their first language? *Bilingualism: Language and Cognition, 1*: 213–229.

Hernandez, A. E. & Kohnert, K. J. 1999. Aging and language switching in bilinguals. *Aging, Neuropsychology and Cognition, 6*: 69–83.

Hernandez, A. E. & Li, P. 2007. Age of acquisition: Its neural and computational mechanisms. *Psychological Bulletin, 133*(4): 638–650.

Hernandez, A. E. & Meschyan, G. 2006. Executive function is necessary to enhance lexical processing in a less proficient L2: Evidence from fMRI during picture naming. *Bilingualism Language & Cognition*, (9): 177–188.

Hernandez, A. E., Dapretto, M., Mazziotta, J. & Bookheimer, S. 2001. Language switching and language representation in Spainish-English bilinguals: An fMRI Study. *NeuroImage, 14*: 510–520.

Hernandez, A. E., Martinez, A. & Kohnert, K. 2000. In search of the language switching: An fMRI study of picture naming in Spanish-English bilinguals. *Brain and Language, 73*: 421–431.

Hervais-Adelman, A. & Babcock, L. 2020. The neurobiology of simultaneous interpreting: Where extreme language control and cognitive control intersect. *Bilingualism: Language and Cognition, 23*(4): 740–751.

Hervais-Adelman, A., Moser-Mercer, B. & Golestani, N. 2015. Brain functional plasticity associated with the emergence of expertise in extreme language control.

NeuroImage, *114*: 264–274.

Hervais-Adelman, A., Moser-Mercer, B., Michel, C. M. & Golestani, N. 2015. fMRI of simultaneous interpretation reveals the neural basis of extreme language control. *Cerebral Cortex*, *25*(12): 4727–4739.

Hilchey, M. D. & Klein, R. M. 2011. Are there bilingual advantages on non-linguistic interference tasks? Implications for the plasticity of executive control processes. *Psychonomic Bulletin & Review*, *18*(4): 625–658.

Hillenbrand, J. 1984. Speech perception by infants: Categorization based on nasal consonant place of articulation. *The Journal of the Acoustical Society of America*, *75*(5): 1613–1622.

Hillyard, S. A., Hink, R. F., Schwent, V. L. & Picton, T. W. 1973. Electrical signs of selective attention in human brain. *Science*, *182*(4108): 171–180.

Hinton, G. E. & Salakhutdinov, R. R. 2006. Reducing the dimensionality of data with neural networks. *Science*, *313*(5786): 504–507.

Hintzman, D. L. 2001. Similarity, global matching, and judgments of frequency. *Memory & Cognition*, *29*: 547–556.

Hirsch, C. & Wexler, K. 2006. Children's passives and their resulting interpretation. In K. U. Deen, J. Nomura, B. Schulz & B. D. Schwartz (Eds.), *The Proceedings of the Inaugural Conference on Generative Approaches to Language Acquisition North America* (*Vol.* 4). Honolulu: University of Connecticut Occasional Papers in Linguistics, 125–136.

Hirsch, C. & Wexler, K. 2007. The late development of raising: What children seem to think about seem. In W. D. Davies & S. Dubinsky (Eds.), *New Horizons in the Analysis of Control and Raising*. Dordrecht: Springer, 35–70.

Hirsch, C., Orfitelli, R., & Wexler, K. 2008. The acquisition of raising reconsidered. In A. Gavarró & M. J. Freitas (Eds.), *Language Acquisition and Development: Proceedings of GALA 2007*. Cambridge: Cambridge Scholars Press, 256–261.

Hirsh-Pasek, K. & Golinkoff, R. M. 1996. *The Origins of Grammar: Evidence from Comprehension*. Cambridge, MA: MIT Press.

Hochreiter, S. & Schmidhuber, J. 1997. Long short-term memory. *Neural Computation*, *9*(8): 1735–1780.

Hodzik, E. & Williams, J. N. 2017. Predictive processes during simultaneous interpreting from German into English. *Interpreting*, *19*(1): 1–20.

Hoekstra, T. & Hyams, N. 1998. Aspects of root infinitives. *Lingua*, *106* (1–4): 81–112.

Hohne, E. & Jusczyk, P. W. 1994. Two-month-old infants' sensitivity to allophonic differences. *Perception and Psychophysics*, *56*(6): 613–623.

Holcomb, P. J. & Grainger, J. 2007. Exploring the temporal dynamics of visual word recognition in the masked repetition priming paradigm using event-related potentials. *Brain Research*, *1180*: 39–58.

Hollenbeck, A. R. & Small, A. C. 1986. Fundamental research and research fundamentals: A response to Pasnak's comments. *Teaching of Psychology*, *13*(1): 31–32.

Hollich, G., Hirsh-Pasek, K. & Golinkoff, R. M. 2000. The emergentist coalition model. *Monographs of the Society for Research in Child Development*, *65*(3): 17–29.

Holt, L. L. & Lotto, A. J. 2002. Behavioral examinations of the level of auditory processing of speech context effects. *Hearing Research*, *167*(1–2): 156–169.

Hopp, H. 2006. Syntactic features and reanalysis in near-native processing. *Second Language Research*, *22*(3): 369–397.

Hopp, H. 2014. Working memory effects in the L2 processing of ambiguous relative clauses. *Language Acquisition*, *21*(3): 250–278.

Horchak, O. V., Giger, J.-C. & Pochwatko, G. 2014. Discourse comprehension and simulation of positive emotions. *Psicológica*, *35*: 17–37.

Houghton, G. & Zorzi, M. 2003. Normal and impaired spelling in a connectionist dual-route architecture. *Cognitive Neuropsychology*, *20*(2): 115–162.

Houston, D., Jusczyk, P. W., Kuijpers, C., Coolen, R. & Cutler, A. 2000. Cross-language word segmentation by 9-month olds. *Psychonomic Bulletin & Review*, *7*(3): 504–509.

Houston, D., Santelmann, L. & Jusczyk, P. 2004. English-learning infants' segmentation of trisyllabic words from fluent speech. *Language and Cognitive Processes*, *19*(1): 97–136.

Howard, D., Nickels, L., Coltheart, M. & Cole-Virtue, J. 2006. Cumulative semantic inhibition in picture naming: Experimental and computational studies. *Cognition*, *100*: 464–482.

Howe, M. L. & Pasnak, R. 1993. *Emerging Themes in Cognitive Development, Vol. 1. Foundations; Vol. 2. Competencies*. New York: Springer-Verlag Publishing.

Hsiao, P. F. 2003. *The syntax and processing of relative clauses in Mandarin Chinese*. Doctoral dissertation, Massachusetts Institute of Technology.

Hsu, C. H., Lin, S. K., Hsu, Y. Y. & Lee, C. Y. 2014. The neural generators of the mismatch responses to Mandarin lexical tones: An MEG study. *Brain Research*,

1582: 154–166.

Hu, S., Gavarró, A. & Guasti, M. T. 2016. Children's production of head-final relative clauses: The case of Mandarin. *Applied Psycholinguistics, 37* (2): 323–346.

Huang, L. & Pashler, H. 2012. Boolean map approach to visual attention. In M. I. Posner (Ed.), *Cognitive Neuroscience of Attention* (2nd ed.). New York: Guilford, 29–46.

Huettig, F. & Hartsuiker, R. J. 2010. Listening to yourself is like listening to others: External, but not internal, verbal self-monitoring is based on speech perception. *Language and Cognitive Processes, 25*: 347–374.

Hunter, C. R. & Pisoni, D. B. 2021. Some neuromyths and challenging questions about cochlear implants. In J. S. Pardo, L. C. Nygaard, R. E. Remez & David B. Pisoni (Eds.), *The Handbook of Speech Perception* (2nd ed.). Hoboken: Wiley-Blackwell, 540–569.

Hurtado, N., Marchman, V. A. & Fernald, A. 2008. Does input influence uptake? Links between maternal talk, processing speed and vocabulary size in Spanish-learning children. *Developmental Science, 11* (6): F31–F39.

Hwang, H. & Kaiser, E. 2014. The role of verb in grammatical function assignment in English and Korean. *Journal of Experimental Psychology: Learning, Memory, and Cognition, 40*: 1363–1376.

Hwang, H. & Kaiser, E. 2015. Accessibility effects on production vary cross-linguistically: Evidence from English and Korean. *Journal of Memory and Language, 84*: 190–204.

Hyams, N. 1986. *Language Acquisition and the Theory of Parameters*. Dordrecht: Reidel.

Hyams, N. & Orfitelli, R. 2018. The acquisition of syntax. In E. M. Fernández & H. S. Cairns (Eds.), *The Handbook of Psycholinguistics*. Hoboken: John Wiley & Sons, 593–614.

Hyams, N. & Wexler, K. 1993. On the grammatical basis of null subjects in child language. *Linguistic Inquiry, 24*(3): 421–459.

Hyönä, J., Tommola, J. & Alaja, A.-M. 1995. Pupil dilation as a measure of processing load in simultaneous interpretation and other language tasks. *The Quarterly Journal of Experimental Psychology, Section A: Human Experimental Psychology, 48*(3): 598–612.

Idemaru, K., Holt, L. L. & Seltman, H. 2012. Individual differences in cue weights are stable across time: The case of Japanese stop lengths. *The Journal of the Acoustical Society of America, 132*(6): 3950–3964.

Illes, J., Francis, W. S., Desmond, J. E., Gabrieli, J. D. E., Glover, G. H., Poldrack, R., Lee, C. J. & Wagner, A. D. 1999. Convergent cortical representation of semantic processing in bilinguals. *Brain and Language, 70*: 347–363.

Iluz-Cohen, P. & Armon-Lotem, S. 2013. Language proficiency and executive control in bilingual children. *Bilingualism: Language and Cognition, 16*(4): 884–899.

Isham, W. P. 1994. Memory for sentence form after simultaneous interpretation: Evidence both for and against deverbalization. In S. Lambert & B. Moser-Mercer (Eds.), *Bridging the Gap: Empirical Research in Simultaneous Interpretation*. Amsterdam/Philadelphia: John Benjamins, 191–211.

Ishkhanyan, B., Boye, K. & Mogensen, J. 2019. The meeting point: Where language production and working memory share resources. *Journal of Psycholinguistic Research, 48*(1): 61–79.

Ivaz, L., Griffin, K. & Duñabeitia, J. 2019. Self-bias and the emotionality of foreign languages. *Quarterly Journal of Experimental Psychology, 72*: 76–89.

Iverson, J. M, & Goldin-Meadow, S. 2005. Gesture paves the way for language development. *Psychological Science, 16*(5): 367–371.

Jackson, C. N. & Roberts, L. 2010. Animacy affects the processing of subject-object ambiguities in the second language: Evidence from self-paced reading with German second language learners of Dutch. *Applied Psycholinguistics, 31*: 671–691.

Jackson, G. M., Swainson, R. A., Cunnington, M. R. & Jackson, S. R. 2001. ERP correlates of executive control during repeated language switching. *Bilingualism: Language and Cognition, 4*: 169–178.

Jackson, G. M., Swainson, R. A., Cunnington, M. R. & Jackson, S. R. 2004. ERP correlates of a receptive language switching task. *Quarterly Journal of Experimental Psychology, 57A*(2): 223–240.

Jaeger, T. F. & Norcliffe, E. J. 2010. The cross-linguistic study of sentence production. *Language & Linguistics Compass, 3*(4): 866–887.

Jaeggi, S. M., Buschkuehl, M., Jonides, J. & Shah, P. 2011. Short- and long-term benefits of cognitive training. *Proceedings of the National Academy of Sciences of the United States of America, 108*(25): 10081–10086.

Jakobsen, A. L. & Jensen, K. T. H. 2008. Eye movement behaviour across four different types of reading task. In S. Göpferich, A. L. Jakobsen & I. M. Mees (Eds.), *Looking at Eyes: Eye-Tracking Studies of Reading and Translation Processing*. Copenhagen: Samfundslitteratur, 103–124.

Jakobson, R. 2014. *Child Language, Aphasia and Phonological Universals*. Berlin/New York: De Gruyter Mouton.

Jared, D. & Kroll, J. F. 2001. Do bilinguals activate phonological representations in one or both of their languages when naming words? *Journal of Memory and Language, 44*: 2–31.

Jegerski, J. & Van Patten, B. 2014. *Research Methods in Second Language Psycholinguistics*. New York: Routledge.

Jenkins, J. J. 1970. The 1952 Minnesota word association norms. In L. Postman & G. Keppel (Eds.), *Norms of Word Association*. London: Academic Press, 1–38.

Jennings, F., Randall, B. & Tyler, L. 1997. Graded effects of verb subcategory preferences on parsing: Support for constraint-satisfaction models. *Language and Cognitive Processes, 12*(4): 485–504.

Jiang, N. 2004. Morphological insensitivity in second language processing. *Applied Psycholinguistics, 25*: 603–634.

Jiang, N. 2007. Selective integration of linguistic knowledge in adult second language learning. *Language Usage Learning, 57*: 1–33.

Johnson-Laird, P. N. 1975. Models of deduction. In R. J. Falmagne (Ed.), *Reasoning: Representation and Process in Children and Adults*. London: Psychology Press, 7–54.

Jörg, U. 1997. Bridging the gap: Verb anticipation in German-English simultaneous interpreting. In M. Snell-Hornby, Z. Jettmarová & K. Kaindl (Eds.), *Translation as Intercultural Communication*. Amsterdam/Philadelphia: John Benjamins, 217–228.

Jost, L. B., Radman, N., Buetler, K. A. & Annoni, J.-M. 2018. Behavioral and electrophysiological signatures of word translation processes. *Neuropsychologia, 109*: 245–254.

Juliano, C. & Tanenhaus, M. K. 1993. Contingent frequency effects in syntactic ambiguity resolution. *Proceedings of the 15th Annual Meeting of Cognitive Science Society 15*. Hillsdale: Lawrence Erlbaum Associates, 593–598.

Jusczyk, P. W., Houston, D. M. & Newsome, M. 1999. The beginnings of word segmentation in English-learning infants. *Cognitive Psychology, 39* (3–4): 159–207.

Just, M. A. & Carpenter, P. A. 1980. A theory of reading: From eye fixations to comprehension. *Psychological Review, 87*(4): 329–354.

Just, M. A., Carpenter, P. A. & Woolley, J. D. 1982. Paradigms and processes in reading comprehension. *Journal of Experimental Psychology: General, 3*: 228–238.

Kaan, E., Kheder, S., Kreidler, A., Tomić, A. & Valdes Kroff, J. R. 2020. Processing code-switches in the presence of others: An ERP study. *Frontiers in Psychology, 11:* 1288.

Kämmerer, Y. & Gerjets, P. 2014. Source evaluations and source references when reading and summarizing science-related information from multiple web pages. *Unterrichtswissenschaft, s*(1): 7–23.

Kamusella, T. 2008. *The Politics of Language and Nationalism in Modern Central Europe.* London: Palgrave Macmillan.

Kanwisher, N. G. 1987. Repetition blindness: Type recognition without token individuation. *Cognition, 27*(2): 117–143.

Kanwisher, N. G. & Potter, M. C. 1990. Repetition blindness: Levels of processing. *Journal of Experimental Psychology: Human Perception and Performance, 16*(1): 30–47.

Kaplan, R. B. 1966. Cultural thought patterns in inter-cultural education. *Language Learning, 16*(1–2): 1–20.

Kapnoula, E. E. 2016. *Individual differences in speech perception: Sources, functions, and consequences of phoneme categorization gradiency.* Doctoral dissertation, The University of Iowa.

Karimi, H. & Ferreira, F. 2016. Good-enough linguistic representations and online cognitive equilibrium in language processing. *The Quarterly Journal of Experimental Psychology, 69*(5): 1013–1040.

Katz, L. & Frost, R. 1992. The reading process is different for different orthographies: The orthographic depth hypothesis. In R. Frost & L. Katz (Eds.), *Orthography, Phonology, Morphology, and Meaning.* Amsterdam: North-Holland, 67–84.

Kawakami, A. 1994. The effect of proficiency in a second language on lexical-conceptual representation. *Japanese Journal of Psychology, 64*: 426–433.

Keating, G. D. 2009. Sensitivity to violations of gender agreement in native and non-native Spanish: An eye-movement investigation. *Language Learning, 59*(3): 503–535.

Keenan, E. L. & Comrie, B. 1977. Noun phrase accessibility and universal grammar. *Linguistic Inquiry, 8*(1): 63-99.

Kehoe, M. & Girardier, C. 2020. What factors influence phonological production in French-speaking bilingual children, aged three to six years?. *Journal of Child Language, 47*(5): 945–981.

Keil, K., Baldo, J., Kaplan, E., Kramer, J. & Delis, D. C. 2005. Role of frontal cortex in inferential reasoning: Evidence from the Word Context Test. *Journal of the International Neuropsychological Society,* (4): 426–433.

Kellerman, E. & van Hoof, A.-M. 2003. Manual accents. *IRAL, 41*(3): 251–269.

Kellogg, R. T., Olive, T. & Piolat, A. 2007. Verbal, visual, and spatial working memory in written language production. *Acta Psychologica (Amst), 124*(3): 382–397.

Kempen, G. & Hoenkamp, E. 1987. An incremental procedural grammar for sentence formulation. *Cognitive Science, 11*(2): 201–258.

Kempen, G. & Huijbers, P. 1983. The lexicalization process in sentence production and naming: Indirect election of words. *Cognition, 14* (2): 185–209.

Kemper, S. & Sumner, A. 2001. The structure of verbal abilities in young and older adults. *Psychology and Aging, 16*(2): 312–322.

Kendon, A. 1980. Gesticulation and speech: Two aspects of the process of utterance. In M. R. Key (Ed.), *The Relation Between Verbal and Nonverbal Communication*. The Hague: Mouton, 207–227.

Kent, G. & Rosanoff, A. 1910. A study of association in insanity. *American Journal of Insanity, 67*: 37–96.

Kessler, B. & Treiman, R. 2001. Relationships between sounds and letters in English monosyllables. *Journal of Memory and Language, 44*(4): 592–617.

Keysar, B., Hayakawa, S. & An, S. 2012. The foreign-language effect: Thinking in a foreign tongue reduces decision biases. *Psychological Science, 23*: 661–668.

Khare, V., Verma, A., Kar, B., Srinivasan, N. & Brysbaert, M. 2012. Bilingualism and the increase attentional blink effect: Evidence that the differences between monolinguals and bilinguals generalizes to different levels of second language proficiency. *Psychological Research, 77*(6): 728–737.

Khateb, A., Abutalebid, J. & Michel, C. M. 2007. Language selection in bilinguals: A spatio-temporal analysis of electric brain activity. *International Journal of Psychophysiology, 65*: 201–213.

Kherif, F., Josse, G. & Price, C. J. 2011. Automatic top-down processing explains common left occipito-temporal responses to visual words and objects. *Cerebral Cortex, 21*(1): 103–114.

Kim, D. & Clayards, M. 2019. Individual differences in the relation between perception and production and the mechanisms of phonetic imitation. *Language, Cognition and Neuroscience, 34*(6): 729–786.

Kim, K. H., Relkin, N. R. & Lee, K. M. 1997. Distinct cortical areas associated with native and second languages. *Nature, 388*: 171–174.

Kim, S. Y. & Bolger, D. J. 2016. The role of subsyllabic units in the visual word recognition of Korean monosyllabic words: A masked priming study. *Journal of Cognitive Science, 17*(3): 343–359.

Kim, W., Pitt, M. A. & Myung, J. I. 2013. How do PDP models learn quasiregularity? *Psychological Review, 120*(4): 903.

King, J. & Just, M. A. 1991. Individual differences in syntactic processing: The role of working memory. *Journal of Memory and Language*, 30: 580–602.

Kintsch, W. & Dijk, T. V. 1978. Towards a model of text comprehension and production. *Psychological Review, 85*(5): 363–394.

Kintsch, W. 1988. The use of knowledge in discourse processing: A construction-integration model. *Psychological Review, 95*: 163–182.

Kintsch, W. 1998. Comprehension: A paradigm for cognition. New York: Cambridge University Press.

Kintsch, W., Welsch, D., Schmalhofer, F. & Zimny, S. 1990. Sentence memory: A theoretical analysis. *Journal of Memory and Language, 29*: 133–159.

Kita, S. 2000. How representational gestures help speaking. In D. McNeill (Ed.), *Language and Gesture*. Cambridge: Cambridge University Press, 162–185.

Kita, S. 2003. *Pointing: Where Language, Culture, and Cognition Meet*. Mahwah: Lawrence Erlbaum Associates.

Kita, S. 2009. Cross-cultural variation of speech-accompanying gesture: A review. *Language and Cognitive Processes, 24*(2): 145–167.

Kita, S. & Özyürek, A. 2003. What does cross-linguistic variation in semantic coordination of speech and gesture reveal? Evidence for an interface representation of spatial thinking and speaking. *Journal of Memory and Language, 48*: 16–32.

Klaus, J., Mädebach, A., Oppermann, F. & Jescheniak, J. D. 2017. Planning sentences while doing other things at the same time: Effects of concurrent verbal and visuospatial working memory load. *The Quarterly Journal of Experimental Psychology, 70*(4): 811–831.

Klein, D., Milner, B., Zatorre, R. J., Meyer, E. & Evans, A. C. 1995. The neural substrates underlying word generation: A bilingual functional-imaging study. *Processings of the National Academy of Sciences USA, 92*: 2899–2903.

Klein, D., Zatorre, R. J. & Milner, B. 1994. Left putaminal activation when speaking a second language: Evidence from PET. *NeuroReport, 5*(17): 2295–2297.

Klonowicz, T. 1990. A psychophysiological assessment of simultaneous interpreting: The interaction of individual differences and mental workload. *Polish Psychological*

Bulletin, 21(1): 37–48.

Klonowicz, T. 1994. Putting one's heart into simultaneous interpretation. In S. Lambert & B. Moser-Mercer (Eds.), *Bridging the Gap: Empirical Research in Simultaneous Interpretation*. Amsterdam/Philadelphia: John Benjamins, 213–224.

Knight, R. T., Scabini, D. & Woods, D. L. 1989. Prefrontal cortex gating of auditory transmission in humans. *Brain Research, 504*: 338–342.

Knoeferle, P. & Crocker, M. W. 2006. The coordinated interplay of scene, utterance, and world knowledge: Evidence from eye tracking. *Cognitive Science, 30*(3): 481–529.

Koch, I. 2007. Anticipatory response control in motor sequence learning: Evidence from stimulus-response compatibility. *Human Movement Science, 26*(2): 257–274.

Kolers, P. A. 1963. Interlingual word associations. *Journal of Verbal Learning and Verbal Behavior, 2*(4): 291–300.

Kolers, P. A. 1966. Reading and talking bilingually. *American Journal of Psychology, 3*: 357–376.

Kong, E. J. & Edwards, J. 2016. Individual differences in categorical perception of speech: Cue weighting and executive function. *Journal of Phonetics, 59*: 40–57.

Konishi, S., Jimura, K., Asari, T. & Miyashita, Y. 2003. Transient activation of superior prefrontal cortex during inhibition of cognitive set. *Journal of Neuroscience, 23*: 7776–7782.

Konishi, T. 1993. The semantics of grammatical gender: A cross-cultural study. *Journal of Psycholinguistic Research, 22*(5): 519–534.

Konopka, A. E. 2012. Planning ahead: How recent experience with structures and words changes the scope of linguistic planning. *Journal of Memory and Language, 66*(1): 143–162.

Konopka, A. E. 2019. Encoding actions and verbs: Tracking the time-course of relational encoding during message and sentence formulation. *Journal of Experimental Psychology Learning Memory and Cognition, 45* (8):1486–1510.

Konopka, A. E. & Brown-Schmidts, S. 2014. Message encoding. In M. Goldrick, V. Ferreira & M. Miozzo (Eds.), *The Oxford Handbook of Language Production*. Oxford: Oxford University Press, 3–20.

Konopka, A. E. & Meyer, A. S. 2014. Priming sentence planning. *Cognitive Psychology, 73*: 1–40.

Konopka, A. E., Meyer, A. & Forest, T. A. 2018. Planning to speak in L1 and L2. *Cognitive Psychology, 102*: 72–104.

Kootstra, G. J., van Hell, J. G. & Dijkstra, T. 2010. Syntactic alignment and shared word order in code-switched sentence production: Evidence from bilingual monologue and dialogue. *Memory & Language, 63*(2): 210–231.

Köpke, B. & Nespoulous, J.-L. 2006. Working memory performance in expert and novice interpreters. *Interpreting, 8*(1): 1–23.

Korpal, P. 2016. Interpreting as a stressful activity: Physiological measures of stress in simultaneous interpreting. *Poznan Studies in Contemporary Linguistics, 52*(2): 297–316.

Korpal, P. & Stachowiak-Szymczak, K. 2019. Combined problem triggers in simultaneous interpreting: Exploring the effect of delivery rate on processing and rendering numbers. *Perspectives: Studies in Translation Theory and Practice, 28*(1): 126–143.

Koshkin, R., Shtyrov, Y., Myachykov, A. & Ossadtchi, A. 2018. Testing the efforts model of simultaneous interpreting: An ERP study. *PLOS ONE, 13*(10): 206129.

Kotz, S. A. & Friederici, A. D. 2003. Electrophysiology of normal and pathological language processing. *Journal of Neurolinguistics, 16*(1): 43–58.

Kovelman, I., Baker, S. A. & Petitto, L. A. 2008. Bilingual and monolingual brains compared: A functional magnetic resonance imaging investigation of syntactic processing and a possible "neural signature" of bilingualism. *Journal of Cognitive Neuroscience, 20*(1): 153–169.

Kovelman, I., Shalinsky, M. H., Berens, M. S. & Petitto, L. A. 2008. Shining new light on the brain's "bilingual signature": A functional near infrared spectroscopy investigation of semantic processing. *NeuroImage, 39*(3): 1457–1471.

Krashen, S. D., Long, M. A. & Scarcella, R. C. 1979. Age, rate and eventual attainment in second language acquisition. *TESOL Quarterly, 13*(4): 573–582.

Krauss, R. K. 1999. Iconic gestures: The grammatical categories of lexical affilates. *Journal of Neurolinguistics, 12*(1): 1–12.

Krifka, M. 1992. Thematic relations as links between nominal reference and temporal constitution. In I. Sag & A. Szabolsci (Eds.), *Lexical Matters*. Stanford: CSLI.

Kroll, J. F. & Gollan, T. H. 2014. Speech planning in two languages: What bilinguals tell us about language production. In V. Ferreira, M. Goldrick & M. Miozzo (Eds.), *The Oxford Handbook of Language Production*. Oxford: Oxford University Press, 165–181.

Kroll, J. F. & Stewart, E. 1994. Category interference in translation and picture naming: Evidence for asymmetric connections between bilingual memory representations. *Journal of Memory and Language, 33*: 149–174.

Kroll, J. F. & Tokowicz, N. 2005. Models of bilingual representation and processing: Looking back and to the future. In J. F. Kroll & A. M. B. De Groot (Eds.), *Handbook of Bilingualism: Psycholinguistic Approaches*. New York: Oxford University Press.

Kroll, J. F. & Stewart, E. 1994. Category interference in translation and picture naming: Evidence for asymmetric connections between bilingual memory representations. *Journal of Memory and Language, 33*(2): 149–174.

Kronbichler, M., Hutzler, F., Wimmer, H., Mair, A., Staffen, W. & Ladurner, G. 2004. The visual word form area and the frequency with which words are encountered: Evidence from a parametric fMRI study. *NeuroImage, 21*(3): 946–953.

Kropotov, J. D. 2009. Methods: Neuronal networks and event-related potentials. In J. D. Kropotov (Ed.), *Quantitative EEG, Event-Related Potentials and Neurotherapy*. San Diego: Academic Press, 325–365.

Krueger, C., Holditch-Davis, D., Quint, S. & DeCasper, A. 2004. Recurring auditory experience in the 28- to 34-week-old fetus. *Infant Behavior and Development, 27* (4): 537–543.

Kruse, H., Pankhurst, J. & Smith, M. S. 1987. A multiple word association probe in second language acquisition research. *Studies in Second Language Acquisition, 9*:141–154.

Ktori, M., Mousikou, P. & Rastle, K. 2018. Cues to stress assignment in reading aloud. *Journal of Experimental Psychology: General, 147*(1): 36.

Kuhl, P. K. 1979. Speech perception in early infancy: Perceptual constancy for spectrally dissimilar vowel categories. *The Journal of the Acoustical Society of America, 66*(6): 1668–1679.

Kuhl, P. K. 1991. Human adults and human infants show a "perceptual magnet effect" for the prototypes of speech categories, monkeys do not. *Perception & Psychophysics, 50*(2): 93–107.

Kuhl, P. K. 1993. Innate predispositions and the effects of experience in speech perception: The native language magnet theory. In B. de Boysson-Bardies, S. de Schonen, P. Jusczyk, P. McNeilage & J. Morton (Eds.), *Developmental Neurocognition: Speech and Face Processing in the First Year of Life*. Dordrecht: Springer, 259–274.

Kuhl, P. K. 2011. Early language learning and literacy: Neuroscience implications for education. *Mind, Brain, and Education, 5*: 128–142.

Kuhl, P. K. & Iverson, P. 1995. Linguistic experience and the "Perceptual Magnet

Effect." In W. Strange (Ed.), *Speech Perception and Linguistic Experience: Issues in Cross-Language Research*. Timonium: York Press, 121–124.

Kuhl, P. K., Conboy, B. T., Coffey-Corina, S., Padden, D., Rivera-Gaxiola, M. & Nelson, T. 2008. Phonetic learning as a pathway to language: New data and native language magnet theory expanded (NLM-e). *Philosophical Transactions of the Royal Society*, *363*(1493): 979–1000.

Kuhl, P. K., Tsao, F. & Liu, H. 2003. Foreign language experience in infancy: Effects of short-term exposure and social interaction on phonetic learning. *PNAS*, *100*: 9096–9101.

Kuhl, P. K., Williams, K. A., Lacerda, F., Stevens, K. N. & Lindblom, B. 1992. Linguistic experience alters phonetic perception in infants by 6 months of age. *Science*, *255* (5044): 606–608.

Kurby, C. A., Britt, M. A. & Magliano, J. P. 2005. The role of top-down and bottom-up processes in between-text integration. *Reading Psychology*, *26*(4–5): 335–362.

Kureta, Y., Fushimi, T. & Tatsumi, I. F. 2006. The functional unit in phonological encoding: Evidence for moraic representation in native Japanese speakers. *Journal of Experimental Psychology: Learning, Memory, and Cognition*, 32 (5): 1102–1119.

Kureta, Y., Fushimi, T., Sakuma, N. & Tatsumi, I. F. 2014. Orthographic influences on the word-onset phoneme preparation effect in native Japanese speakers: Evidence from the word-form preparation paradigm. *Japanese Psychological Research*, 57 (1): 50–60.

Kurz, I. 1995. Watching the brain at work—An exploratory study of EEG changes during simultaneous interpreting (SI). *The Interpreters' Newsletter, 6*(2): 3–16.

Kurz, I. & Färber, B. 2003. Anticipation in German-English simultaneous interpreting. *Forum, 1*(2): 123–150.

Kutas, M. & Hillyard, S. A. 1980. Reading senseless sentences: Brain potentials reflect semantic incongruity. *Science, 207*(4427): 203–205.

Kveraga, K., Boshyan, J. & Bar, M. 2007. Magnocellular projections as the trigger of top-down facilitation in recognition. *Journal of Neuroscience, 27*(48): 13232–13240.

Kwok, R. K. W. & Ellis, A. W. 2014. Visual word learning in adults with dyslexia. *Frontiers in Human Neuroscience, 8*: 264.

Kwok, R. K. W. & Ellis, A. W. 2015. Visual word learning in skilled readers of English. *Quarterly Journal of Experimental Psychology, 68*(2): 326–349.

Kwok, R. K. W., Cuetos, F., Avdyli, R. & Ellis, A. W. 2017. Reading and lexicalization in opaque and transparent orthographies: Word naming and word learning in English and Spanish. *Quarterly Journal of Experimental Psychology, 70*(10): 2105–2129.

La Heij, W. 2005. Selection processes in monolingual and bilingual lexical access. In J. F. Kroll & A. M. B. de Groot (Eds.), *Handbook of Bilingualism*. Oxford: Oxford University Press.

Ladefoged, P. & Johnson, K. 2001. *A Course in Phonetics* (6th ed.). Boston: Wadsworth Cengage Learning.

Laine, M. 2000. The learning brain. *Brain and Language, 71*: 132–134.

Lakoff, G. 1987. *Women, Fire, and Dangerous Things: What Categories Reveal About the Mind*. Chicago: The University of Chicago Press.

Lamberger-Felber, H. 2001. Text-oriented research into interpreting: Examples from a case study. *Journal of Linguistics*, 26: 39–64.

Lambert, S. 1988. Information processing among conference interpreters: A test of the depth-of-processing hypothesis. *Meta: Translators' Journal, 33*(3): 377–387.

Lambert, S. 1993. The effect of ear of information reception on the proficiency of simultaneous interpretation. *Meta: Translators' Journal, 38*(2): 198–211.

Lambert, S. 2004. Shared attention during sight translation, sight interpretation and simultaneous interpretation. *Meta: Translators' Journal, 49*(2): 294–306.

Lambert, S., Darò, V. & Fabbro, F. 1995. Focalized attention on input vs. output during simultaneous interpretation: Possibly a waste of effort!. *Meta: Translators' Journal, 40*(1): 39–46.

Lample, G. & Conneau, A. 2019. *Cross-lingual language model pretraining*. Proceedings of the 33rd International Conference on Neural Information Processing Systems, Red Hook, USA. (634): 7059–7069.

Lample, G., Conneau, A. & Denoyer, L. 2018. *Word translation without parallel data*. Proceedings of the 2018 Conference on Empirical Methods in Natural Language Processing, 177–187.

Lan, Y. 2020. *Perception of English fricatives and affricates by advanced Chinese learners of English*. Proceedings of the Annual Conference of the International Speech Communication Association, INTERSPEECH, Shanghai, China.

Lan, Y. J., Fang, S. Y., Legault, J. & Li, P. 2015. Second language acquisition of Mandarin Chinese vocabulary: Context of learning effects. *Educational Technology Research and Development, 63*(5): 671–690.

Landau, B., Smith, L. B. & Jones, S. S. 1988. The importance of shape in early lexical learning. *Cognitive Development, 3* (3): 299–321.

Lasky, R. E., Syrdal-Lasky, A. & Klein, R. E. 1975. VOT discrimination by four to six and a half month old infants from Spanish environments. *Journal of Experimental Child Psychology, 20* (2): 215–225.

Laver, J. 1980. Monitoring systems in the neurolinguistic control of speech production. In V. A. Fromkin (Ed.), *Errors in Linguistic Performance: Slips of the Tongue, Ear, Pen, and Hand*. New York: Academic Press, 287–305.

Lawson, E. A. 1967. Attention and simultaneous translation. *Language and Speech, 10*(1): 29–35.

Lederer, M. 2003. *Translation: The Interpretive Model* (N. Larche, Trans.). Manchester: St Jerome.

Lee, T.-H. 1999a. Simultaneous listening and speaking in English into Korean simultaneous interpretation. *Meta: Translators' Journal, 44*(4): 560–572.

Lee, T.-H. 1999b. Speech proportion and accuracy in simultaneous interpretation from English into Korean. *Meta: Translators' Journal, 44*(2): 260–267.

Lee, T.-H. 2002. Ear voice span in English into Korean simultaneous interpretation. *Meta: Translators' Journal, 47*(4): 596–606.

Legault, J., Zhao, J., Chi, Y. A., Chen, W., Klippel, A. & Li, P. 2019. Immersive virtual reality as an effective tool for second language vocabulary learning. *Languages, 4*(1): 13.

Lehman-Blake, M. T. & Tompkins, C. A. 2001. Predictive inferencing in adults with right hemisphere brain damage. *Journal of Speech, Language, and Hearing Research,* (3): 639–654.

Lenneberg, E. H. 1967. The biological foundations of language. *Hospital Practice, 2*(12): 59–67.

León, I., Díaz, J. M., de Vega, M. & Hernández, J. A. 2010. Discourse-based emotional consistency modulates early and middle components of event-related potentials. *Emotion, 10*(6): 863–873.

Leonard, C. L., Baum, S. R. & Pell, M. D. 2001. The effect of compressed speech on the ability of right-hemisphere-damaged patients to use context. *Cortex, 37*(3): 327–344.

Leung, K. K. W. 2022. *Perception-production relationship of lexical tones*. Doctoral dissertation, Simon Fraser University.

Leung, K. K. W. & Wang, Y. 2020. Production-perception relationship of Mandarin tones as revealed by critical perceptual cues. *The Journal of the Acoustical Society of America, 147*(4): EL301–EL306.

Levelt, W. 2000. Speech production. In E. K. Alan (Ed.), *Encyclopedia of Psychology.* Washington: APA and Oxford University Press, 432–433.

Levelt, W. J. M. 1983. Monitoring and self-repair in speech. *Cognition, 14*(1): 41–104.

Levelt, W. J. M. 1989. *Speaking: From Intention to Articulation.* Cambridge: The MIT Press.

Levelt, W. J. M. & Cutler, A. 1983. Prosodic marking in self-repair. *Journal of Semantics,* 2: 205–217.

Levelt, W. J. M. & Maassen, B. 1981. Lexical search and order of mention in sentence production. In W. Klein & W. J. M. Levelt (Eds.), *Crossing the Linguistic Boundaries.* Dordrecht: Reidel, 221–252.

Levelt, W. J. M., Richardson, G. & La Heij, W. 1985. Pointing and voicing in deictic expressions. *Journal of Memory and Language, 24*(2): 133–164.

Levelt, W. J. M., Schriefers, H., Vorberg, D., Meyer, A. S., Pechman, T. & Havinga, J. 1991. The time course of lexical access in speech production: A study of picture naming. *Psychological Review, 98*(1): 122–142.

Levelt, W., Roclofs, A. & Meyer, A. 1999. A theory of lexical access in speech production. *Behavioral and Brain Sciences,* 22: 1–75.

Levine, D., Strother-Garcia, K., Hirsh-Pasek, K. & Golinkoff, R. M. 2018. Names for things... and actions and events: Following in the footsteps of Roger Brown. In E. M. Fernández & H. S. Cairns (Eds.), *The Handbook of Psycholinguistics.* Hoboken, NJ: John Wiley & Sons, 536–566.

Li, A. & Fan, S. 2015. *Correlates of Chinese neutral tone perception in different contexts.* Proceedings of the 18th International Congress of Phonetic Sciences, Glasgow, UK.

Li, A., Gao, J., Jia, Y. & Wang, Y. 2014. *Pitch and duration as cues in perception of neutral tone under different contexts in Standard Chinese.* Signal and Information Processing Association Annual Summit and Conference (APSIPA), Siem Reap, Cambodia.

Li, C., Wang, M. & Davis, J. A. 2017. The phonological preparation unit in spoken word production in a second language. *Bilingualism: Language and Cognition, 20*(2): 351–366.

Li, C., Wang, M. & Idsardi, W. 2015. The effect of orthographic form-cuing on the phonological preparation unit in spoken word production. *Memory & Cognition,*

43(4): 563–578.

Li, C., Wang, M., Kim, S. Y., Bolger, D. J. & Wright, K. 2021. Phonological preparation in Korean: Phoneme, or syllable or another unit? *Language and Speech, 65*(2): 337–353.

Li, M., Wang, W., Tao, S., Dong, Q. & Guan, J. 2016. Mandarin Chinese vowel-plus-tone identification in noise: Effects of language experience. *Hearing Research, 331*: 109–118.

Li, C., Kronrod, Y. & Wang, M. 2020. The influence of first language on phonological preparation in spoken word production in second language. *Linguistic Approach of Bilingualism, 10* (1): 109–151.

Li, P. 1996. Spoken word recognition of code-switched words by Chinese-English bilinguals. *Journal of Memory and Language, 35*(6): 757–774.

Li, P. & Dong, Y. 2020. Language experience and cognitive control: A dynamic perspective. *Psychology of Learning and Motivation, 72*: 27–52.

Li, P., Sepanski, S. & Zhao, X. 2006. Language history questionnaire: A Web-based interface for bilingual research. *Behavior Research Methods, 38*(2): 202–210.

Li, P. & Zhao, X. 2017. Computational modeling. In A. M. de Groot & P. Hagoort (Eds.), *Research Methods in Psycholinguistics and the Neurobiology of Language: A Practical Guide*. Hoboken, NJ: John Wiley & Sons, 208–229.

Li, X., Yang, Y. & Ren, G. 2009. Immediate integration of prosodic information from speech and visual information from pictures in the absence of focused attention: A mismatch negativity study. *Neuroscience,161*(1): 59–66.

Liang, J., Fang, Y., Lv, Q. & Liu, H. 2017. Dependency distance differences across interpreting types: Implications for cognitive demand. *Frontiers in Psychology, 8*: 2132.

Libben, M. R. & Titone, D. A. 2009. Bilingual lexical access in context: Evidence from eye movements during reading. *Journal of Experimental Psychology: Learning, Memory, and Cognition, 35*: 381–390.

Liberman, A. M. 1983. What a perception-production link does for language. *The Behavioral and Brain Sciences, 2*: 216.

Liberman, A. M. 1985. The motor theory of speech perception revised. *Cognition, 21*: 1–36.

Lieven, E. V. M. & Tomasello, M. 2008. Children's first language acquisition from a usage-based perspective. In P. Robinson & N. C. Ellis (Eds.), *Handbook of Cognitive Linguistics and Second Language Acquisition*. New York: Routledge, 168–196.

Lijewska, A. & Chmiel, A. 2015. Cognate facilitation in sentence context—Translation production by interpreting trainees and non-interpreting trilinguals. *International Journal of Multilingualism, 12*(3): 358–375.

Lim, J. H. & Christianson, K. 2013a. Second language sentence processing in reading for comprehension and translation. *Bilingualism: Language and Cognition, 16*(3): 518–537.

Lim, J. H. & Christianson, K. 2013b. Integrating meaning and structure in L1–L2 and L2–L1 translations. *Second Language Research, 29*(3): 233–256.

Lin, D., McBride-Chang, C., Shu, H., Zhang, Y., Li, H., Zhang, J., Aram, D. & Levin, I. 2010. Small wins big: Analytic pinyin skills promote Chinese word reading. *Psychological Science, 21*(8): 1117–1122.

Lin, I.-H. I., Chang, F.-l. A. & Kuo, F.-l. 2013. The impact of non-native accented English on rendition accuracy in simultaneous interpreting. *Translation & Interpreting, 5*(2): 30–44.

Lin, X., Lei, V. L. C., Li, D. & Yuan, Z. 2018. Which is more costly in Chinese to English simultaneous interpreting, "pairing" or "transphrasing"? Evidence from an fNIRS neuroimaging study. *Neurophotonics, 5*(2): 25010.

Lin, Y., Lv, Q. & Liang, J. 2018. Predicting fluency with language proficiency, working memory, and directionality in simultaneous interpreting. *Frontiers in Psychology, 9*: 1543.

Linck, J. A., Hoshino, N. & Kroll, J. F. 2008. Cross-language lexical processes and inhibitory control. *The Mental Lexicon, 3*(3): 349–374.

Lindsley, J. R. 1975. Producing simple utterances: How far ahead do we plan?. *Cognitive Psychology, 7*(1): 1–19.

Ling, W. & Grüter, T. 2020. From sounds to words: The relation between phonological and lexical processing of tone in L2 Mandarin. *Second Language Research, 38*(2): 289–313.

Liu, C., Jiao, L., Wang, Z., Wang, M., Wang, R. & Wu, Y. J. 2019. Symmetries of bilingual language switch costs in conflicting versus non-conflicting contexts. *Bilingualism: Language and Cognition, 22*(3): 624–636.

Liu, H. M., Chen, Y. & Tsao, F. M. 2014. Developmental changes in mismatch responses to Mandarin consonants and lexical tones from early to middle childhood. *PLOS ONE, 9*(4): e95587.

Liu, H., Bates, E. & Li, P. 1992. Sentence interpretation in bilingual speakers of

English and Chinese. *Applied Psycholinguistics*, *13*: 451–484.

Liu, L. Peng, D. Ding, G. Jin, Z. Zhang, L. Li, K. & Chen, C. 2006. Dissociation in the neural basis underlying Chinese tone and vowel production. *NeuroImage*, *29*(2): 515–523.

Liu, X. 2020. *Effects of the second language on the first: Based on Chinese EFL leanrers' phonological perception and production*. Doctoral dissertation, Nanjing Normal University, Nanjing, China.

Liu, X., Banich, M. T., Jacobson, B. L. & Tanabe, J. L. 2004. Common and distinct neural substrates of attentional control in an integrated Simon and spatial Stroop task as assessed by event-related fMRI. *NeuroImage*, *22*(3): 1097–1106.

Liversedge, S. P., Gilchrist, I. D. & Everling, S. 2011. *Oxford Handbook of Eye Movements*. Oxford: Oxford University Press.

Loebell, H. & Bock, K. 2003. Structural priming across languages. *Linguistics*, *41*(5): 791–824.

Logan, G. D. & Cowan, W. B. 1984. On the ability to inhibit thought and action: A theory of an act of control. *Psychological Review*, *91*: 295–327.

Logothetis, N. K. 2008. What we can do and what we cannot do with fMRI. *Nature*, *453*(7197): 869–878.

Long, M. H. 1990. The least a second language acquisition theory needs to explain. *TESOL Quarterly*, *24*(4): 649–666.

Lucas. M. M., Tanenhaus, M. K. & Carlson, G. N. 1990. Levels of representation in the interpretation of anaphoric reference and instrument inference. *Memory & Cognition*, 18: 611–631.

Luk, G., de Sa, E. & Bialystok, E. 2011. Is there a relation between onset age of bilingualism and enhancement of cognitive control?. *Bilingualism: Language and Cognition*, *14*(4): 588–595.

Lv, Q. & Liang, J. 2019. Is consecutive interpreting easier than simultaneous interpreting?—A corpus-based study of lexical simplification in interpretation. *Perspectives: Studies in Translation Theory and Practice*, *27*(1): 91–106.

Lytle, S. R. & Kuhl, P. K. 2018. Social interaction and language acquisition: Toward a neurobiological view. In E. M. Fernández & H. S. Cairns (Eds.), *The Handbook of Psycholinguistics*. Hoboken, NJ: John Wiley & Sons, 168–196.

Ma, X., Li, D. & Hsu, Y. Y. 2020. Exploring the impact of word order asymmetry on cognitive load during Chinese–English sight translation: Evidence from eye-movement data. *Target, 33*(1): 103–131.

MacDonald, M. C. 1994. Probabilistic constraints and syntactic ambiguity resolution. *Language and Cognitive Processes, 9*: 157–201.

MacDonald, M. C. 2016. Speak, act, remember the language-production basis of serial order and maintenance in verbal memory. *Current Directions in Psychological Science, 25*(1): 47–53.

MacDonald, M. C. & Christiansen, M. H. 2002. Reassessing working memory: Comment on Just and Carpenter (1992) and Just and Carpenter (1996). *Psychological Review, 109*(1): 35–54.

MacDonald, M. C., Pearlmutter, N. J. & Seidenberg, M. S. 1994. Lexical nature of syntactic ambiguity resolution. *Psychological Review, 101*: 676–703.

Macedonia, M. 2014. Bringing back the body into the mind: Gestures enhance word learning in foreign language. *Frontiers in Psychology, 5*: 1467.

Macedonia, M. & Knösche, T. R. 2011. Body in mind: How gestures empower foreign language learning. *Mind, Brain, and Education, 5*(4): 196–211.

Machin, S. J., McNally, S. & Viarengo, M. 2016. *"Teaching to Teach" Literacy*. London: London School of Economics Centre for Economic Performance Discussion Paper No. 1425.

Macizo, P. & Bajo, M. T. 2004. When translation makes the difference: Sentence processing in reading and translation. *Psicológica, 25*(2): 181–205.

Macizo, P. & Bajo, M. T. 2006. Reading for repetition and reading for translation: Do they involve the same processes? *Cognition, 99*(1): 1–34.

MacKay, D. G. & Miller, M. D. 1994. Semantic blindness: Repeated concepts are difficult to encode and recall under time pressure. *Psychological Science, 5*(1): 52–55.

Mackenzie, H., Curtin, S. & Graham, S. A. 2012a. 12-month-olds' phonotactic knowledge guides their word-object mappings. *Child Development, 83* (4): 1129–1136.

Mackenzie, H., Curtin, S. & Graham, S. A. 2012b. Class matters: 12-month-olds' word-object associations privilege content over function words. *Developmental Science, 15* (6): 753–761.

Mackintosh, J. 1985. The Kintsch and Van Dijk model of discourse comprehension and production applied to the interpretation process. *Meta, 30*(1): 37–43.

MacLean, M. H. & Arnell, K. M. 2012. A conceptual and methodological framework for measuring and modulating the attentional blink. *Attention, Perception & Psychophysics, 74*(6): 1080–1097.

MacLeod, C. M. & MacDonald, P. A. 2000. Interdimensional interference in the Stroop effect: Uncovering the cognitive and neural anatomy of attention. *Trends of Cognitive Science, 4*: 383–391.

Macnamara, J., Krauthammer, M. & Bolgar, M. 1968. Language switching in bilinguals as function of stimulus and response uncertainty. *Journal of Experimental Psychology, 78*(2): 208–215.

Macnamara, J. & Kushnir, S. 1971. Linguistic independence in bilinguals: The input switch. *Journal of Verbal Learning and Verbal Behaviour, 10*: 480–487.

MacRae, K., Spivey-knowlton, M. J. & Tanenhaus, M. K. 1998. Modeling the influence of thematic fit (and other constrains) in on-line sentence comprehension. *Journal of Memory and Language, 38*: 283–312.

MacWhinney, B. 1997. Second language acquisition and the competition model. In A. M. B. de Groot & J. F. Kroll (Eds.), *Tutorials in Bilingualism: Psycholinguistic Perspectives*. New York: Psychology Press.

MacWhinney, B. 2012. The logic of unified model. In S. Gass & A. Mackey (Eds.), *The Routledge Handbook of Second Language Acquisition*. New York: Routledge, 211–227.

MacWhinney, B. & Pléh, C. 1988. The processing of restrictive relative clauses in Hungarian. *Cognition, 29*(2): 95–141.

Maess, B., Friederici, A. D., Damian, M., Meyer, A. S. & Levelt, W. J. M. 2002. Semantic category interference in overt picture naming: Sharpening current density localization by PCA. *Journal of Cognitive Neuroscience, 14*: 455–462.

Maguire, M. J., Hirsh-Pasek, K. & Golinkoff, R. M. 2006. A unified theory of word learning: Putting verb acquisition in context. In K. Hirsh-Pasek & R. M. Golnikoff (Eds.), *Action Meets Word: How Children Learn Verbs*. New York: Oxford University Press.

Mahowald, K., James, A., Futrell, R. & Gibson, E. 2016. A meta-analysis of syntactic priming in language production. *Journal of Memory and Language, 91*: 5–27.

Mak, W. M. & Sanders, T. 2013. The role of causality in discourse processing: Effects of expectation and coherence relations. *Language and Cognitive Processes, 28*(9):1414–1437.

Malaia, E., Wilbur, R. & Weber-Fox, C. 2009. ERP evidence for telicity effects on syntactic processing in garden-path sentences. *Brain and Language, 108*: 145–158.

Malaia, E., Wilbur, R. & Weber-Fox, C. 2012. Effects of verbal event structure on online thematic role assignment. *Journal of Psycholinguist Research, 41*: 323–345.

Maloney, E. A., Risko, E. F., O'Malley, S. & Besner, D. 2009. Tracking the transition from sublexical to lexical processing: On the creation of orthographic and phonological lexical representations. *Quarterly Journal of Experimental Psychology, 62*(5): 858–867.

Mar, R. A. 2004. The neuropsychology of narrative: Story comprehension, story production and their interrelation. *Neuropsychologia, 42*(10): 1414–1434.

Marcus, G. F. 1996. Why do children say "breaked"?. *Current Directions in Psychological Science, 5*(3): 81–85.

Marian, V., Bartolotti, J., Daniel, N. L. & Hayakawa, S. 2021. Spoken words activate native and non-native letter-to-sound mappings: Evidence from eye tracking. *Brain and Language, 223*: 105045.

Marian, V., Blumenfeld, H. K. & Kaushanskaya, M. 2007. The Language Experience and Proficiency Questionnaire (LEAP-Q): Assessing language profiles in bilinguals and multilinguals. *Journal of Speech, Language, and Hearing Research, 50*(4): 940–967.

Marian, V. & Spivey, M. 1999. *Activation of Russian and English cohorts during bilingual spoken word recognition.* Proceedings of the Twenty-first Annual Conference of the Cognitive Science Society.

Marinis, T. 2003. Psycholinguistic techniques in second language research. *Second Language Research, 19*: 144–161.

Markey, M. 2022. Learning a foreign language in immersion and second language acquisition contexts—students' multilingual experiences with French in Ireland. *Journal of Immersion and Content-Based Language Education, 10*(1): 33–61.

Markman, E. M. & Hutchinson, J. E. 1984. Children's sensitivity to constraints on word meaning: Taxonomic versus thematic relations. *Cognitive Psychology, 16* (1): 1–27.

Markman, E. M. & Wachtel, G. F. 1988. Children's use of mutual exclusivity to constrain the meanings of words. *Cognitive Psychology, 20* (2): 121–157.

Markson, L., Diesendruck, G. & Bloom, P. 2008. The shape of thought. *Developmental Science, 11*(2): 204–208.

Marslen-Wilson, W. D. 1975. Sentence perception as an interactive parallel process. *Science, 189*(4198): 226–228.

Marslen-Wilson, W. D. 1987. Functional parallelism in spoken word-recognition. *Cognition, 25*: 71–102.

Marslen-Wilson, W. & Tyler, L. K. 1975. Processing the structure of sentence perception. *Nature*, 257: 784–786.

Marslen-Wilson, W. D. & Welsh, A. 1978. Processing interactions and lexical access during word recognition in continuous speech. *Cognitive Psychology*, *10*: 29–63.

Martin, R. C., Crowther, J. E., Knight, M., Tamborello, F. P. & Yang, C. 2010. Planning in sentence production: Evidence for the phrase as a default planning scope. *Cognition*, *116*: 177–192.

Martin, R. C., Yan, H. & Schnur, T. T. 2014. Working memory and planning during sentence production. *Acta Psychologica*, *152*: 120–132.

Martin-Rhee, M. M. & Bialystok, E. 2008. The development of two types of inhibitory control in monolingual and bilingual children. *Bilingualism: Language and Cognition*, *11*(1): 81–93.

Martinez, I. M. & Shatz, M. 1996. Linguistic influences on categorization in preschool children: A cross-linguistic study. *Journal of Child Language*, *23*(3): 529–545.

Mason, R. A. & Just, M. A. 2006. Neuroimaging contributions to the understanding of discourse processes. In M. Traxler & M. Gernsbacher (Eds.), *Handbook of Psycholinguistics* (2nd ed.). New York: Academic Press, 765–799.

Masur, E. F. 1997. Maternal labelling of novel and familiar objects: Implications for children's development of lexical constraints. *Journal of Child Language*, *24*(2): 427–439.

Mata, A., Schubert, A.-L. & Ferreira, M. B. 2014. The role of language comprehension in reasoning: How "good-enough" representations induce biases. *Cognition*, *133*(2): 457–463.

Maurer, U., Brandeis, D. & McCandliss, B. D. 2005. Fast, visual specialization for reading in English revealed by the topography of the N170 ERP response. *Behavioral and Brain Functions*, *1*(1): 1–12.

Mayor, J. & Plunkett, K. 2011. A statistical estimate of infant and toddler vocabulary size from CDI analysis. *Developmental Science*, *14* (4): 769–785.

McCann, R. S. & Besner, D. 1987. Reading pseudohomophones: Implications for models of pronunciation assembly and the locus of word-frequency effects in naming. *Journal of Experimental Psychology: Human Perception and Performance*, *13*(1): 14.

McClelland, J. L. & Elman, J. L. 1986. The TRACE model of speech perception. *Cognitive Psychology*, *18*, 1–86.

McDonald, J. L. & Heilenman, L. K. 1992. Changes in sentence processing as second language proficiency increases. In R. J. Harris (Ed.), *Cognitive Processing in Bilinguals*. Amsterdam: Elsevier, 325–336.

McClelland, J. L. & Rumelhart, D. E. 1981. An interactive activation model of context effects in letter perception: An account of basic findings. *Psychological Review*, *88*(5): 375.

McKee, C., McDaniel, D. & Garrett, M. F. 2018. Children's performance abilities: Language production. In E. M. Fernández & H. S. Cairns (Eds.), *The Handbook of Psycholinguistics*. Hoboken, NJ: John Wiley & Sons, 491–515.

McKoon, G. & Ratcliff, R. 1992. Inference during reading. *Psychological Review, 99*(3): 440–466.

McLaughlin, J., Osterhout, L. & Kim, A. 2004. Neural correlates of second-language word learning: Minimal instruction produces rapid change. *Nature Neuroscience*, *7*(7): 703–704.

McMurray, B. & Hollich, G. 2009. Core computational principles of language acquisition: Can statistical learning do the job?. *Developmental Science, 12*(3): 365–368.

McNeill, D. 1992. *Hand and Mind*. Chicago: The University of Chicago Press.

McNeill, D. 2005. *Gesture and Thought*. Chicago: The University of Chicago Press.

McNeill, D. 2015. Gesture in linguistics. *International Encyclopedia of the Social & Behavioral Sciences* (2nd ed.) (Vol. 10). Oxford: Elsevier, 109–120.

McNeill, D. & Duncan, S. D. 2000. Growth points in thinking-for-speaking. In D. McNeill (Ed.), *Language and Gesture*. Cambridge: Cambridge University Press, 141–161.

Mead, P. 2000. Control of pauses by trainee interpreters in their A and B languages. *The Interpreters' Newsletter, 10*(200): 89–102.

Meadow, S. 2016. Does language shape silent gesture?. *Cognition, 148*: 10–18.

Meara, P. 1980. Vocabulary acquisition: A neglected aspect of language learning. *Language Teaching and Linguistics Abstracts, 13*: 221–246.

Meara, P. 1983. *Word Associations in a Foreign Language: A Report on the Birkbeck Vocabulary Project*. Birkbeck College, London University.

Meara, P. 1992. Vocabulary in a second language. *Reading in a Foreign Language, 3*: 761–837.

Medina, T. N., Snedeker, J., Trueswell, J. C. & Gleitman, L. R. 2011. How words can and cannot be learned by observation. *Proceedings of the National Academy of Sciences, 108* (22): 9014–9019.

Mehler, J., Jusczyk, P., Lambertz, G., Halsted, N., Bertoncini, J. & Amici-Tison, C. 1988. A precursor of language acquisition in young infants. *Cognition, 29* (2): 143–178.

Meisel, J. M. 2018. Bilingual acquisition: A morphosyntactic perspective on simultaneous and early successive language development. In E. M. Fernández & H. S. Cairns (Eds.), *The Handbook of Psycholinguistics*. Hoboken, NJ: John Wiley & Sons, 635–652.

Mellinger, C. D. & Hanson, T. A. 2019. Meta-analyses of simultaneous interpreting and working memory. *International Journal of Research and Practice in Interpreting, 21*(2): 165–195.

Mercier, J., Pivneva, I. & Titone, D. 2013. Individual differences in inhibitory control relate to bilingual spoken word processing. *Bilingualism: Language and Cognition, 17*: 89–117.

Meringer, R. & Mayer, K. 1895. *Versprechen und Verlesen*. Berlin: De Gruyter.

Mestres, A., Rodriguez-Fornells, A. & Munte, T. F. 2007. Watching the brain during meaning acquisition. *Cerebral Cortex, 17*(8): 1858–1866.

Meuleman, C. & Van Besien, F. 2009. Coping with extreme speech conditions in simultaneous interpreting. *Interpreting, 11*(1): 20–34.

Meuter, R. F. I. & Allport, A. 1999. Bilingual language switching in naming: Asymmetrical costs of language selection. *Journal of Memory and Language, 40*(1): 25–40.

Meyer, A. S. 1990. The time course of phonological encoding in language production: The encoding of successive syllables of a word. *Journal of Memory and Language, 29* (5): 524–545.

Meyer, A. S. 1996. Lexical access in phrase and sentence production: Results from picture–word interference experiments. *Journal of Memory and Language, 35*: 477–496.

Meyer, A. S. 1997. Conceptual influences on grammatical planning units. *Language and Cognitive Processes, 12*: 859–864.

Meyer, A. S., Roelofs, A. & Brehm, L. 2019. Thirty years of Speaking: An introduction to the Special Issue. *Language, Cognition and Neuroscience, 34*(9): 1073–1084.

Meyer, A. S., Sleiderink, A. M. & Levelt, W. J. M. 1998. Viewing and naming objects: Eye movements during noun phrase production. *Cognition, 66*: B25–B33.

Meyer, A. S. & van der Meulen, F. F. 2000. Phonological priming effects on speech onset latencies viewing times in object naming. *Psychonomic Bulletin & Review,*

7(2): 314–319.

Meyer, D. E., Evans, J. F., Lauber, E. J., Rubinstein, J. & Koeppe, R. A. 2003. *Activation of brain mechanisms for executive mental processes in cognitive task switching.* Poster presented at the Fourth Annual Meeting of the Cognitive Neuroscience Society, Boston, USA.

Mikolov, T., Sutskever, I., Chen, K., Corrado, G. & Jeffrey, D. 2013. *Distributed representations of words and phrases and their compositionality.* Proceedings of the 26th International Conference on Neural Information Processing Systems, Vol. 2: 3111–3119.

Miller, G. A. 1995. WordNet: A lexical database for English. *Communications of the ACM, 38*(11): 39–41.

Miller, K. M. 1970. Free-association responses of English and Australian students to 100 words from the Kent-Rosanoff Word Association Test. In L. Postman & G. Keppel (Eds.), *Norms of Word Association.* London: Academic Press, 41–53.

Mitterer, H. & Cutler, A. 2006. Speech perception. In K. Brown (Ed.), *Encyclopedia of Language and Linguistics* (2nd ed.). Amsterdam: Elsevier Science, 770–782.

Miyake, A., Friedman, N. P., Emerson, M. J., Witzki, A. H., Howerter, A. & Wager, T. D. 2000. The unity and diversity of executive functions and their contributions to complex "Frontal Lobe" tasks: A latent variable analysis. *Cognitive Psychology, 41*(1): 49–100.

Mokari, P. G. & Werner, S. 2018. Individual variability in cue weighting for first-language vowels. *Loquens, 4*(2): e044.

Moll, H. & Tomasello, M. 2007. How 14- and 18-month-olds know what others have experienced. *Developmental Psychology, 43*: 309–317.

Momma, S., Slevc, L. R. & Phillips, C. 2018. Unaccusativity in sentence production. *Linguistic Inquiry, 49*(1): 181–194.

Momma, S., Slevc, L. R. & Phillips, C. 2016. The timing of verb selection in Japanese sentence production. *Journal of Experimental Psychology: Learning, Memory and Cognition, 42*(5): 813–824.

Monica, L., Do, E. & Kaiser. 2019. Subjecthood and linear order in linguistic encoding: Evidence from the real-time production of wh-questions in English and Mandarin Chinese. *Journal of Memory and Language, 105*: 60–75.

Moradzadeh, L., Blumenthal, G. & Wiseheart, M. 2015. Musical training, bilingualism, and executive function: A closer look at task switching and dual-task performance.

Cognitive Science, 39(5): 992–1020.

Morales, J., Padilla, F., Gómez-Ariza, C. J. & Bajo, M. T. 2015. Simultaneous interpretation selectively influences working memory and attentional networks. *Acta Psychologica, 155*: 82–91.

Moran, J. & Desimone, R. 1985. Selective attention gates visual processing in the extrastriate cortex. *Science, 229*: 782–784.

Moreno, E. M., Rodriguez-Fornells, A. & Laine, M. 2008. Event-related potentials (ERPs) in the study of bilingual language processing. *Journal of Neurolinguistics, 21*(6): 477–508.

Morgan-Short, K., Faretta-Stutenberg, M. & Bartlett-Hsu, L. 2015. Contributions of event-related potential research to issues in explicit and implicit second language acquisition. In P. Rebuschat (Ed.), *Implicit and Explicit Learning of Languages*. Amsterdam: John Benjamins, 349–384.

Morgan-Short, K., Finger, I., Grey, S. & Ullman, M. T. 2012. Second language processing shows increased native-like neural responses after months of no exposure. *PLOS ONE, 7*(3): e32974.

Morgan-Short, K., Sanz, C., Steinhauer, K. & Ullman, M. T. 2010. Second language acquisition of gender agreement in explicit and implicit training conditions: An event-related potential study. *Language Learning, 60*(1): 154–193.

Morgan-Short, K., Steinhauer, K. Sanz, C. & Ullman, M. T. 2012. Explicit and implicit second language training differentially affect the achievement of native-like brain activation patterns. *Journal of Cognitive Neuroscience, 24*(4): 933–947.

Moro, A. 1997. *The Raising of Predicates: Predicative Noun Phrases and the Theory of Clause Structure*. Cambridge: Cambridge University Press.

Morsella, E. & Miozzo, M. 2002. Evidence for a cascade model of lexical access in speech production. *Journal of Experimental Psychology: Learning, Memory, and Cognition, 28*: 555–563.

Moser-Mercer, B., Künzli, A. & Korac, M. 1998. Prolonged turns in interpreting: Effects on quality, physiological and psychological stress (Pilot study). *Interpreting, 3*(1): 47–64.

Mousikou, P., Sadat, J., Lucas, R. & Rastle, K. 2017. Moving beyond the monosyllable in models of skilled reading: Mega-study of disyllabic non-word reading. *Journal of Memory and Language, 93*: 169–192.

Mueller, J. L. 2005a. Electrophysiological correlates of second language processing.

Second Language Research, 21(2): 152–174.

Mueller, J. L. 2005b. *Mechanisms of Auditory Sentence Comprehension in First and Second Language: An Electrophysiological Miniature Grammar Study*. Max Planck Institute for Human Cognitive and Brain Sciences.

Mueller, J. L., Oberecker, R. & Friederici, A. D. 2009. Syntactic learning by mere exposure—An ERP study in adult learners. *BMC Neuroscience, 10*(1): 1–9.

Muljani, D., Koda, K. & Moates, D. R. 1998. The development of word recognition in a second language. *Applied Psycholinguistics, 19*(1): 99–113.

Muñoz, C. & Singleton, D. 2011. A critical review of age-related research on L2 ultimate attainment. *Language Teaching, 44*(1): 1–35.

Muñoz, M. L., Marquardt, T. P. & Copland, G. 1999. A comparison of the code-switching patterns of aphasic and neurologically normal bilingual speakers of English and Spanish. *Brain and Language, 66*: 249–274.

Murfitt, T. & McAllister, J. 2001. The effect of production variables in monolog and dialog on comprehension by novel listeners. *Language and Speech, 44*: 325–350.

Myers, J. L. & O'Brien, E, J. 1998. Accessing the discourse representation during reading. *Discourse Processes, 26*(283): 131–157.

Naigles, L. 1990. Children use syntax to learn verb meanings. *Journal of Child Language, 17* (2): 357–374.

Nalmon, G., Rohaidah, K., Zuraini, S. & Noor, A. D. 2021. The effects of reading strategy awareness on L2 comprehension performance among the Rungus in North Borneo. *Advances in Language and Literary Studies, 12*(4): 128–139.

Napier, J., Rohan, M. & Slatyer, H. 2005. Perceptions of bilingual competence and preferred language direction in Auslan/English interpreters. *Journal of Applied Linguistics, 2*(2): 185–218.

Navarrete, E. & Costa, A. 2005. Phonological activation of ignored pictures: Further evidence for a cascade model of lexical access. *Journal of Memory and Language, 53*: 359–377.

Nazir, T. A., Ben-Boutayab, N., Decoppet, N., Deutsch, A. & Frost, R. 2004. Reading habits, perceptual learning, and recognition of printed words. *Brain and Language, 88*(3): 294–311.

Nichols, E. S. & Joanisse, M. F. 2016. Functional activity and white matter microstructure reveal the independent effects of age of acquisition and proficiency on second-language learning. *NeuroImage, 143*: 15–25.

Nicodemus, B. & Emmorey, K. 2013. Direction asymmetries in spoken and signed language interpreting. *Bilingualism: Language and Cognition, 16*(3): 624–636.

Nicodemus, B. & Emmorey, K. 2015. Directionality in ASL-English interpreting: Accuracy and articulation quality in L1 and L2. *Interpreting, 17*(2): 145–166.

Nieuwland, M. S. 2013. "If a lion could speak…": Online sensitivity to propositional truth-value of unrealistic counterfactual sentences. *Journal of Memory and Language, 68*: 54–67.

Nieuwland, M. S. & Martin, A. E. 2011. If the real world were irrelevant, so to speak: The role of propositional truth-value in counterfactual sentence comprehension. *Cognition, 122*: 102–109.

Nieuwland, M. S. & van Berkum, J. J. A. 2006. When peanuts fall in love: N400 evidence for the power of discourse. *Journal of Cognitive Neuroscience, 18*: 1098–1111.

Nobre, A. C., Allison, T. & McCarthy, G. 1994. Word recognition in the human inferior temporal lobe. *Nature, 372*(6503): 260–263.

Nooteboom, S. G. 1980. Speaking and unspeaking: Detection and correction of phonological and lexical errors in spontaneous speech. In V. A. Fromkin (Ed.), *Errors in Linguistic Performance*. New York: Academic Press, 87–95.

Norcliffe, E., Konopka, A. E., Brown, P. & Levinson, S. C. 2015. Word order affects the time course of sentence formulation in Tzeltal. *Language, Cognition and Neuroscience, 30*(9): 1187–1208.

Norman, D. A. & Shallice, T. 1986. Attention to action: Willed and automatic control of behaviour. In R. J. Davidson, G. E. Schwarts & D. Shapiro (Eds.), *Consciousness and Self-regulation: Advances in Research and Theory*. New York: Plenum Press, 1–18.

Norris, D., McQueen, J. M. & Cutler, A. 2000. Merging information in speech recognition: Feedback is never necessary. *Behavioral and Brain Sciences, 23*(3): 299–325.

Norris, J. M. & Ortega, L. 2000. Effectiveness of L2 instruction: A research synthesis and quantitative meta-analysis. *Language Learning, 50*: 417–528.

Norris, J. M. & Ortega, L. 2003. Defining and measuring SLA. In C. J. Doughty & M. H. Long (Eds.), *The Handbook of Second Language Acquisition*. Oxford: Blackwell Publishing, 716–761.

Norris, J. M., Plonsky, L., Ross, S. J. & Schoonen, R. 2015. Guidelines for reporting quantitative methods and results in primary research. *Language Learning, 65*(2): 470–476.

O'Brien E. J., Albrecht, J. E., Hakala, C. M. & Rizzella, M. L. 1995. Activation and suppression of antecedents during reinstatement. *Journal of Experimental Psychology: Learning, Memory, and Cognition, 21*(3): 626–634.

O'Brien, E. J., Duffy, S. A. & Myers, J. L. 1986. Anaphoric inference during reading. *Journal of Experimental Psychology: Learning, Memory, and Cognition, 12*(3): 346–352.

O'Brien, E. J., Shank, D., Myers, J. L. & Rayner, K. 1988. Elaborative inferences during reading: Do they occur on-line? *Journal of Experimental Psychology: Learning, Memory, and Cognition, 14*(3): 410–420.

O'Bryan, E. 2003. *Event Structure in Language Comprehension*. Doctoral dissertation, University of Arizona, USA.

O'Grady, W. 1997. *Syntactic Development*. Chicago: University of Chicago Press.

Oléron, P. & Nanpon, H. 1965. Recherches sur la traduction simultanée. *Journal de Psychologie Normale et Pathologique, 62*(1): 73–94.

Oller, J. W. & Nagato, N. 1974. The long-term effect of FLES: An experiment. *The Modern Language Journal, 58*(1/2): 15–19.

Oomen, C. C. E. & Postma, A. 2001a. Effects of divided attention on the production of filled pauses and repetitions. *Journal of Speech Language and Hearing Research, 44*: 997–1004.

Oomen, C. C. E. & Postma, A. 2001b. Effects on time pressure on mechanisms of speech production and self-monitoring. *Journal of Psycholinguistic Research, 30*: 163–184.

Oomen, C. C. E. & Postma, A. 2002. Limitations in processing resources and speech monitoring. *Language and Cognitive Processes, 17*: 163–184.

Oomen, C. C. E., Postma, A. & Kolk, H. H. J. 2005. Speech monitoring in aphasia: Error detection and repair behaviour in a patient with Broca's aphasia. In R. J. Hartsuiker, R. Bastiaanse, A. Postma & F. Wijnen (Eds.), *Phonological Encoding and Monitoring in Normal and Pathological Speech*. Hove: Psychology Press, 209–225.

Opitz, B. & Friederici, A. D. 2004. Brain correlates of language learning: The neuronal dissociation of rule-based versus similarity-based learning. *Journal of Neuroscience, 24*(39): 8436–8440.

Orfitelli, R. 2012. "Experiencing" a slight delay: Intervening arguments and the acquisition of subject-to-subject raising. In A. K. Biller, E. Y. Chung & A. E. Kimball (Eds.), *BUCLD 36: Proceedings of the 36th Annual Boston University Conference on Language Development*. Somerville: Cascadilla Press, 374–386.

Orfitelli, R. & Hyams, N. 2012. Children's grammar of null subjects: Evidence from comprehension. *Linguistic Inquiry, 43* (4): 563–590.

Orita, M. 2002. Word associations of Japanese EFL learners and native speakers: Shifts in response type distribution and the associative development of individual words. *Annual Review of English Language Education in Japan, 13*: 111–120.

O'Seaghdha, P. G., Chen, J. Y. & Chen, T. M. 2010. Proximate units in word production: Phonological encoding begins with syllables in Mandarin Chinese but with segments in English. *Cognition, 115*(2): 282–302.

Osterhout, I. & Holcomb, P. J. 1992. Event-related brain potentials elicited by syntactic anomaly. *Journal of Memory and Language, 31*(6): 785–806

Osterhout, L., Holcomb, P. & Swinney, D. A. 1994. Brain potentials elicited by garden-path sentences: Evidence of the application of verb information during parsing. *Journal of Experimental Psychology: Learning, Memory, and Cognition, 20*(4): 786.

Osterhout, L., McLaughlin, J., Pitkanen, I., Frenck-Mestre, C. & Molinaro, N. 2006. Novice learners, longitudinal designs, and event-related potentials: A means for exploring the neurocognition of second language processing. *Language Learning, 56*: 199–230.

Oyama, S. 1976. A sensitive period for the acquisition of a non-native phonological system. *Journal of Psycholinguistic Research, 5*(3): 261–283.

Özçalişkan, S. 2016. Do gestures follow speech in bilinguals' description of motion? *Bilingualism, 19*(3): 644–653.

Özdemir, R., Roelofs, A. & Levelt, W. J. M. 2007. Perceptual uniqueness point effects in monitoring internal speech. *Cognition, 105*: 457–465.

Özyürek, A., Kita, S., Allen, S., Brown, A., Furman, R. & Ishizuka, T. 2008. Development of cross-linguistic variation in speech and gesture: Motion events in English and Turkish. *Developmental Psychology, 44*(4): 1040–1054.

Özyürek, A., Kita, S., Allen, S., Furman, R. & Brown, A. 2005. How does linguistic framing of events influence co-speech gestures?: Insights from crosslinguistic variations and similarities. *Gesture, 5*(1–2): 219–240.

Paap, K. R. & Greenberg, Z. I. 2013. There is no coherent evidence for a bilingual advantage in executive processing. *Cognitive Psychology, 66*(2): 232–258.

Paap, K. R., Johnson, H. A. & Sawi, O. 2015. Bilingual advantages in executive functioning either do not exist or are restricted to very specific and undetermined circumstances. *Cortex, 69*: 265–278.

Padilla, F., Bajo, M. T. & Macizo, P. 2005. Articulatory suppression in language interpretation: Working memory capacity, dual tasking and word knowledge. *Bilingualism: Language and Cognition, 8*(3): 207–219.

Palmer, S. D., Hooff, J. C. V. & Havelka, J. 2010. Language representation and processing in fluent bilinguals: Electrophysiological evidence for asymmetric mapping in bilingual memory. *Neuropsychologia, 48*(5): 1426–1437.

Paradis, M. 1989. Bilingual and polyglot aphasia. In F. Boller & J. Grafman (Eds.), *Handbook of Neuropsychology*. Amsterdam: Elsevier, 117–140.

Paradis, M. 1994. Toward a neurolinguistic theory of simultaneous translation: The framework. *International Journal of Psycholinguistics, 10*(3): 319–335.

Paradis, M. 1995. *Aspects of Bilingual Aphasia*. Tarrytown: Pergamon.

Parsons, H. M. 1978. Human factors approach to simultaneous interpretation. In D. Gerver & H. W. Sinaiko (Eds.), *Language Interpretation and Communication*. New York: Plenum Press, 315–321.

Pashler, M. C. & Baylis, G. 1991. Procedural learning: II. Intertrial repletion effects in speeded choice tasks. *Journal of Experimental Psychology: Learning, Memory and Cognition, 17*: 33–48.

Patkowski, M. S. 1980. The sensitive period for the acquisition of syntax in a second language. *Language Learning, 30*(2): 449–468.

Paul, H. 1886/1970. The sentence as the expression of the combination of several ideas. In A. L. Blumenthal (Ed. & Trans.), *Language and Psychology: Historical Aspects of Psycholinguistics*. New York: John & Sons, 34–37.

Paulesu, E., McCrory, E., Fazio, F., Menoncello, L., Brunswick, N., Cappa, S. F., Cotelli, M., Cossu, G., Corte, F. & Lorusso, M. L. 2000. A cultural effect on brain function. *Nature Neuroscience, 3*(1): 91–96.

Pavlović, N. 2007. Directionality in translation and interpreting practice: Report on a questionnaire survey in Croatia. *Forum, 5*(2): 79–99.

Pawley, A. 1987. Encoding events in Kalam and English: Different logics for reporting experience. In R. S. Tomlin (Ed.), *Coherence and Grounding in Discourse*. Amsterdam: John Benjamins, 329–360.

Pawley, A. 2010. Event representation in serial verb constructions. In J. Bohnemeyer & E. Pederson (Eds.), *Event Representation in Language and Cognition*. Cambridge: Cambridge University Press, 13–42.

Payne, B. R., Ng, S., Shantz, K. & Federmeier, K. D. 2020. Event-related brain potentials in multilingual language processing: The N's and P's. In Kara D.

Federmeier & H.-W. Huang (Eds.), *The Psychology of Learning and Motivation*. Vol. 72 (1st ed.). New York: Academic Press, 75–118.

Payne, B. R., Grison, S., Gao, X., Christianson, K., Morrow, D. G. & Stine-Morrow, E. A. L. 2014. Aging and individual differences in binding during sentence understanding: Evidence from temporary and global syntactic attachment ambiguities. *Cognition, 130*(2): 157–173.

Pederson, E., Danziger, E., Wilkins, D. G., Levinson, S. C., Kita, S. & Senft, G. 1998. Semantic typology and spatial conceptualization. *Language, 74*(3): 557–589.

Pelucchi, B., Hay, J. F. & Saffran, J. R. 2009. Statistical learning in a natural language by 8-month-old infants. *Child Development, 80* (3): 674–685.

Pennington, J., Socher, R. & Manning, C. 2014. *Glove: Global vectors for word representation*. In Proceedings of the 2014 Conference on Empirical Methods in Natural Language Processing (EMNLP), 1532–1543.

Perani, D. 2005. The neural basis of language talent in bilinguals. *Trends in Cognitive Sciences, 9*(5): 211–213.

Perani, D., Dehaene, S., Grassi, F., Cohen, L., Cappa, S. F., Dupoux, E., Fazio, F. & Mehler, J. 1996. Brain processing of native and foreign languages. *NeuroReport, 7*: 2439–2444.

Perani, D., Paulesu, E. & Galles-Sebastian, N. 1998. The bilingual brain: Proficiency and age of acquisition of the second language. *Brain, 121*: 1841–1852.

Perea, M. & Rosa, E. 2002. Does "whole-word shape" play a role in visual word recognition? *Perception and Psychophysics, 64*: 785–794.

Perea, M., Carreiras, M. & Grainger, J. 2004. Blocking by word frequency and neighborhood density in visual word recognition: A task-specific response criteria account. *Memory and Cognition, 32*(7): 1090–1102.

Perea, M., Rosa, E. & Gómez, C. 2003. Influence of neighborhood size and exposure duration on visual-word recognition: Evidence with the yes/no and the go/no-go lexical decision task. *Perception and Psychophysics, 65*: 273–286.

Perfetti, C. A. & Zhang, S. 1991. Phonological processes in reading Chinese characters. *Journal of Experimental Psychology: Learning, Memory, and Cognition, 17*(4): 633.

Perfetti, C. A., Liu, Y. & Tan, L. H. 2005. The lexical constituency model: Some implications of research on Chinese for general theories of reading. *Psychological Review, 112*(1): 43.

Perner, J. & Lang, B. 1999. Development of theory of mind and executive control. *Trends in Cognitive Science*, 3: 337.

Perry, C., Ziegler, J. C. & Zorzi, M. 2007. Nested incremental modeling in the development of computational theories: The CDP+ model of reading aloud. *Psychological Review*, 114(2): 273.

Pessoa, L., Kastner, S. & Ungerleider, L. G. 2003. Neuroimaging studies of attention: From modulation of sensory processing to top-down control. *Journal of Neuroscience*, 23: 3990–3998.

Peterson, B. S., Skudlarski, P., Gatenby, J. C., Zhang, H., Anderson, A. W. & Gore, J. C. 1999. An fMRI study of Stroop word-color interference: Evidence for cingulate subregions subserving multiple distributed attentional systems. *Biology Psychiatry*, 45: 1237–1258.

Peterson, R. R. & Savoy, P. 1998. Lemma selection and phonological encoding during language production: Evidence for cascaded processing. *Journal of Experimental Psychology: Learning, Memory, and Cognition*, 24(3): 539–557.

Petite, C. 2005. Evidence of repair mechanisms in simultaneous interpreting: A corpus-based analysis. *Interpreting*, 7(1): 27–49.

Philipp, M., Bornkessel-Schlesewsky, I., Bisang, W. & Schlesewsky, M. 2008. The role of animacy in the real time comprehension of Mandarin Chinese: Evidence from auditory event-related brain potentials. *Brain and Language*, 105: 112–133.

Phillips, N. A., Klein, D., Mercier, J. & De Boysson, C. 2006. ERP measures of auditory word repetition and translation priming in bilinguals. *Brain Research*, 1125(1): 116–131.

Pinget, A. F., Kager, R. & Van de Velde, H. 2020. Linking variation in perception and production in sound change: Evidence from Dutch obstruent devoicing. *Language and Speech*, 63(3): 660–685.

Pivneva, I., Mercier, J. & Titone, D. 2014. Executive control modulates cross-language lexical activation during L2 reading: Evidence from eye movements. *Journal of Experimental Psychology: Learning, Memory, and Cognition*, 40: 787–796.

Plaut, D. C. 1996. Relearning after damage in connectionist networks: Toward a theory of rehabilitation. *Brain and Language*, 52(1): 25–82.

Plaut, D. C. 2002. Graded modality-specific specialisation in semantics: A computational account of optic aphasia. *Cognitive Neuropsychology*, 19(7): 603–639.

Plaut, D. C. & Behrmann, M. 2011. Complementary neural representations for faces and words: A computational exploration. *Cognitive Neuropsychology, 28*(3–4): 251–275.

Plevoets, K. & Defrancq, B. 2018. The cognitive load of interpreters in the European Parliament: A corpus-based study of predictors for the disfluency uh(m). *Interpreting, 20*(1): 1–28.

Plonsky, L. (Ed.). 2015. *Advancing Quantitative Methods in Second Language Research*. New York: Routledge, 23.

Polinsky, M. & Kagan, O. 2007. Heritage languages: In the "wild" and in the classroom. *Language and Linguistics Compass, 1*(5): 368–395.

Politzer, R. L. 1978. Paradigmatic and syntagmatic asssociations of first year French students. In V. Honsa & J. Hardman-de-Bantista (Eds.), *Papers on Linguistics and Child Language Research*. The Hague: De Gruyter, 203–210.

Pollatsek, A., Perea, M. & Binder, K. 1999. The effects of neighborhood size in reading and lexical decision. *Journal of Experimental Psychology: Human Perception and Performance, 25*: 1142–1158.

Poplack, S. 1980. Sometimes I'll start a sentence in Spanish y termino en espaol: Toward a typology of code-switching 1. *Linguistics, 18*(7–8): 581–618.

Posner, M. I. 2012. *Attention in a Social World*. Oxford: Oxford University Press.

Postma, A. 2000. Detection of errors during speech production: A review of speech monitoring models. *Cognition, 77*: 97–131.

Potter, M. C., So, K. F., Von Eckardt, B. & Feldman, L. B. 1984. Lexical and conceptual representation in beginning and proficient bilinguals. *Journal of Verbal Learning & Verbal Behavior, 23*(1): 23–38.

Poulisse, N. 1999. Slips of the tongue: Speech errors in first and second language production. *Blackwell Publishers Ltd, 54*(2): 136–149.

Poulisse, N. & Bongaerts, T. 1994. First language use in second language production. *Applied Linguistics, 15*: 36–57.

Prat, C. S., Mason, R. A. & Just, M. A. 2011. Individual differences in the neural basis of causal inferencing. *Brain & Language,* (1): 1–13.

Price, C. J. 2012. A review and synthesis of the first 20 years of PET and fMRI studies of heard speech, spoken language and reading. *Neuroimage, 62*(2): 816–847.

Price, C. J. & Devlin, J. T. 2003. The myth of the visual word form area. *NeuroImage, 19*(3): 473–481.

Price, C. J. & Devlin, J. T. 2011. The interactive account of ventral occipitotemporal contributions to reading. *Trends in Cognitive Sciences, 15*(6): 246–253.

Price, C. J., Green, D. W. & Von Studuitz, R. E. 1999. A functional imaging study of translation and language swithing. *Brain, 122*: 2221–2235.

Prior, A. & Bentin, S. 2008. Word associations are formed incidentally during sentential semantic integration. *Acta Psychologica, 127*(1): 57–71.

Prior, A. & Gollan, T. H. 2011. Good language-switchers are good task-switchers: Evidence from Spanish–English and Mandarin–English bilinguals. *Journal of the International Neuropsychological Society, 17*(4): 682–691.

Pritchard, S. C., Coltheart, M., Marinus, E. & Castles, A. 2018. A computational model of the self-teaching hypothesis based on the dual-route cascaded model of reading. *Cognitive Science, 42*(3): 722–770.

Pritchard, S. C., Coltheart, M., Palethorpe, S. & Castles, A. 2012. Nonword reading: Comparing dual-route cascaded and connectionist dual-process models with human data. *Journal of Experimental Psychology: Human Perception and Performance, 38*(5): 1268.

Pritchett, B. L. 1992. Grammatical competence and parsing performance. Chicago: University of Chicago Press.

Proverbio, A. M., Leoni, G. & Zani, A. 2004. Language switching mechanisms in simultaneous interpreters: An ERP study. *Neuropsychologia, 42*: 1636–1656.

Pruden, S. M., Hirsh-Pasek, K. & Hennon, G. E. A. 2010. The birth of words: Ten-month-olds learn words through perceptual salience. *Child Development, 77*(2): 266–280.

Pullum, G. & Scholz, B. 2002. Empirical assessment of stimulus poverty arguments. *The Linguistic Review, 18*(1–2): 9–50.

Zhang, Q., Ding, J., Zhang, Z., Yang, X. & Yang, Y. 2021. The effect of congruent emotional context in emotional word processing during discourse comprehension. *Journal of Neurolinguistics, 59*: 100989.

Quam, C. & Creel, S. C. 2017. Tone attrition in Mandarin speakers of varying English proficiency. *Journal of Speech, Language, and Hearing Research, 60*: 293–305.

Quine, V. O. 1960. *Word and Object.* Cambridge, MA: MIT Press.

Rabbitt, P. M. A. 1968. Repetition effects and signal classification strategies in serial choice response tasks. *Quarterly Journal of Experimental Psychology, 20A*: 232–240.

Radach, R. & Kennedy, A. 2013. Eye movements in reading: Some theoretical context. *Quarterly Journal of Experimental Psychology, 66*: 429–452.

Randall, M. 1980. Word association behavior in learners of English as a second language. *Polyglot, 2*(2): 1–26.

Ransdell, S., Hawkins, C. & Adams, R. 2001. Models, modeling, and the design of the study. *International Journal of Educational Research, 35*(4): 365–372.

Rastle, K. & Brysbaert, M. 2006. Masked phonological priming effects in English: Are they real? Do they matter? *Cognitive Psychology, 53*(2): 97–145.

Rastle, K. & Coltheart, M. 1999. Serial and strategic effects in reading aloud. *Journal of Experimental Psychology: Human Perception and Performance, 25*(2): 482.

Rauschecker, A. M., Bowen, R. F., Parvizi, J. & Wandell, B. A. 2012. Position sensitivity in the visual word form area. *Proceedings of the National Academy of Sciences, 109*(24): E1568–E1577.

Rayner, K. 1998. Eye movements in reading and information processing: 20 years of research. *Psychological Bulletin, 124*(3): 372.

Rayner, K. 2009. Eye movements and attention in reading, scene perception, and visual search. *Quarterly Journal of Experimental Psychology, 62*(8):1457–1506.

Rayner, K., Li, X. & Pollatsek, A. 2007. Extending the E-Z Reader model to Chinese reading. *Cognitive Science, 31*(6): 1021–1033.

Rayner, K., Pollatsek, A., Ashby, J. & Clifton, C. Jr. 2012. *Psychology of Reading* (2nd ed.). New York: Psychology Press.

Rennert, S. 2008. Visual input in simultaneous interpreting. *Meta: Translators' Journal, 53*(1): 204–217.

Riccardi, A. 1996. Language-specific strategies in simultaneous interpreting. In C. Dollerup & V. Appel (Eds.), *Teaching Translation and Interpreting 3: New Horizons*. Amsterdam/Philadelphia: John Benjamins, 213–222.

Rinne, J. O., Tommola, J., Laine, M., Krause, B. J., Schmidt, D., Kaasinen, V., Teräs, M., Sipilä, H. & Sunnari, M. 2000. The translating brain: Cerebral activation patterns during simultaneous interpreting. *Neuroscience Letters, 294*(2): 85–88.

Rizzi, L. 1990. *Relativized Minimality*. Cambridge, MA: MIT Press.

Rizzi, L. 1994. Early null subjects and root null subjects. In T. Hoesktra & B. Schwartz (Eds.), *Language Acquisition Studies in Generative Grammar*. Amsterdam: John Benjamins, 151–176.

Rizzi, L. 2005. On the grammatical basis of language development: A case study. In G. Cinque & R. Kayne (Eds.), *The Oxford Handbook of Comparative Syntax*. New York: Oxford University Press, 70–109.

Roberts, L. & Felser, C. 2011. Plausibility and recovery from garden-paths in second-language sentence processing. *Applied Psycholinguistics*, 32: 299–331.

Roden, I., Grube, D., Bongard, S. & Kreutz, G. 2013. Does music training enhance working memory performance? Findings from a quasi-experimental longitudinal study. *Psychology of Music*, 42(2): 284–298.

Rodriguez-Fornells, A., Rotte, M. & Heinze, H. J. 2002. Brain potential and functional MRI evidence for how to handle two languages with one brain. *Nature, 415*: 1026–1029.

Rodriguez-Fornells, A., Van der Lugt, A., Rotte, M., Britti, B., Heinze, H. J. & Muente, T. F. 2005. Second language interferes with word production in fluent bilinguals: Brain potential and functional imaging evidence. *Journal of Cognitive Neuroscience, 17*: 422–433.

Roelofs, A. 2008. Tracing attention and the activation flow in spoken word planning using eye movements. *Journal of Experimental Psychology: Learning, Memory and Cognition*, 34: 353–368.

Roelofs, A., Meyer, A. S. & Levelt, W. J. 1996. Interaction between semantic and orthographic factors in conceptually driven naming: Comment on Starreveld and La Heij (1995). *Journal of Experimental Psychology: Learning Memory and Cognition* 22(1): 246–251.

Rogers, R. D. & Monsell, S. 1995. Costs of a predictable switch between simple cognitive tasks. *Journal of Experimental Psychology: General, 124*: 207–231.

Rogers, R. D., Sahakian, B. J. & Hodges, J. R. 1998. Dissociating executive mechanisms of task control following frontal lobe damage and Parkinson's disease. *Brain, 121*: 815–842.

Rogers, T. T., Ralph, M. A., L. Garrard, P., Bozeat, S., McClelland, J. L., Hodges, J. R. & Patterson, K. 2004. Structure and deterioration of semantic memory: A neuropsychological and computational investigation. *Psychological Review, 111*(1): 205–235.

Rosch, E. & Mervis, C. B. 1975. Family resemblances: Studies in the internal structure of categories. *Cognitive Psychology, 7* (4): 573-605.

Rose, J. 2006. *Independent Review of the Teaching of Early Reading*. Nottingham: DFES Publications.

Roseberry, S., Hirsh-Pasek, K. & Golinkoff, R. M. 2014. Skype me! Socially contingent interactions help toddlers learn language. *Child Development, 85* (3): 956–970.

Rosinski, R. R. 1977. Picture-word interference is semantically based. *Child Development*,

48: 643–647.

Rossi, S., Gugler, M. F. , Friederici, A. D. & Hahne, A. 2006. The impact of proficiency on syntactic second-language processing of German and Italian: Evidence from event-related potentials. *Journal of Cognitive Neuroscience, 18*(12): 2030–2048.

Rowe, K. 2006. Teaching reading: Findings from the national inquiry. *Research Developments, 15*(15): 2.

Rowe, M. L. 2012. A longitudinal investigation of the role of quantity and quality of child-directed speech in vocabulary development. *Child Development, 83*(5): 1762–1774.

Rueda, M. R., Posner, M. I. & Rothbart, M. K. 2005. The development of executive attention: Contributions to the emergence of self-regulation. *Developmental Neuropsychology, 28*(2): 573–594.

Ruff, C. C., Woodward, T, S., Laurens, K. R. & Liddle, P. F. 2001. The role of the anterior cingulate cortex in conflict processing: Evidence from reverse stroop interference. *NeuroImage, 14*: 1150–1158.

Ruiz, C., Paredes, N., Macizo, P. & Bajo, M. T. 2008. Activation of lexical and syntactic target language properties in translation. *Acta Psychologica, 128*(3): 490–500.

Ruíz, J. O. & Macizo, P. 2019. Lexical and syntactic target language interactions in translation. *Acta Psychologica, 199*: 1–10.

Rumelhart, D. E. & McClelland, J. L. 1982. An interactive activation model of context effects in letter perception: II. The contextual enhancement effect and some tests and extensions of the model. *Psychological Review, 89*(1): 60.

Rumelhart, D. E., McClelland, J. L. & PDP Research Group. 1988. *Parallel Distributed Processing*. New York: IEEE, 354–362.

Rumelhart, D. E. & Ortony, A. 1997. The representation of knowledge in memory. In R. C. Anderson, R. Spiro & W. Montague (Eds.), *Schooling and the Acquisition of Knowledge*. Hillsdale: Lawrence Erlbaum, 99–135.

Sabatini, E. 2000. Listening comprehension, shadowing and simultaneous interpretation of two "non-standard" English speeches. *Interpreting, 5*(1): 25–48.

Saffran, J. R. 2001. Words in a sea of sounds: The output of infant statistical learning. *Cognition, 81* (2): 149–169.

Saffran, J. R. 2002. Constraints on statistical language learning. *Journal of Memory and Language, 47* (1): 172–196.

Saffran, J. R. 2003. Statistical language learning: Mechanisms and constraints. *Current*

Directions in Psychological Science, 12 (4): 110–114.

Saffran, J. R., Aslin, R. N. & Newport, E. L. 1996. Statistical learning by 8-month-old infants. *Science, 274* (5294): 1926–1928.

Saito, K. 2023. How does having a good ear promote successful second language speech acquisition in adulthood? Introducing auditory precision hypothesis-L2. *Language Teaching, 56*(4): 522–538.

Sakai, K. L. 2005. Language acquisition and brain development. *Science, 310*: 815–819.

Salmon, N. & Pratt, H. 2002. A comparison of sentence- and discourse-level semantic processing: An ERP study. *Brain and Language, 83*(3): 367–383.

Salvatierra, J. L. & Rosselli, M. 2010. The effect of bilingualism and age on inhibitory control. *International Journal of Bilingualism, 15*(1): 26–37.

Sanders, L. D., Newport, E. L. & Neville, H. J. 2002. Segmenting nonsense: An event-related potential index of perceived onsets in continuous speech. *Nature Neuroscience, 5*(7): 700–703.

Santilli, M., Vilas, M. G., Mikulan, E., Caro, M. M., Muñoz, E., Sedeño, L., Ibáñez, A. & García, A. M. 2019. Bilingual memory, to the extreme: Lexical processing in simultaneous interpreters. *Bilingualism: Language and Cognition, 22*(2): 331–348.

Sanz, C. & Morgan-Short, K. 2005. Explicitness in pedagogical interventions: Input, practice and feedback. In Cristina Sanz (Ed.), *Mind and Context in Adult Second Language Acquisition: Methods, Theory, and Practice*. Washington, DC: Georgetown University Press, 234.

Sauppe, S. 2017. Word order and voice influence the timing of verb planning in German sentence production. *Frontiers in Psychology, 8*: 1648.

Saville-Troike, M. & Barto, K. (Eds.). 2016. *Introducing Second Language Acquisition*. Cambridge: Cambridge University Press.

Saxton, M. 2010. *Child Language: Acquisition and Development*. London: Sage.

Scarborough, H. S. 1990. Index of productive syntax. *Applied Psycholinguistics, 11* (1): 1–22.

Schauenburg, G., Conrad, M., von Scheve, C., Barber, H. A., Ambrasat, J., Aryani, A., et al. 2019. Making sense of social interaction: Emotional coherence drives semantic integration as assessed by event-related potentials. *Neuropsychologia, 125*: 1–13.

Schiller, N. O. 1998. The effect of visually masked syllable primes on the naming latencies of words and pictures. *Journal of Memory and Language, 39*: 484–507.

Schiller, N. O. 2000. Single word production in English: The role of subsyllabic units during phonological encoding. *Journal of Experimental Psychology: Learning, Memory, and Cognition*, *26*(2): 512–528.

Schiller, N. O., Costa, A. & Colom, E. A. 2002. Phonological encoding of single words: In search of the lost syllable. In C. Gussenhoven & N. Warner (Eds.), *Papers in Laboratory Phonology 7*. Berlin: Mouton de Gruyter, 35–59.

Schlenck, K. J., Huber, W. & Willmes, K. 1987. Prepairs and repairs: Different monitoring functions in aphasic language production. *Brain and Language*, *30*: 226–244.

Schmitt, N. 1998. Quantifying word association responses: What is nativelike? *System*, *26*: 389–401.

Schmitz, J., Díaz, B., Fernández Rubio, K. & Sebastian-Galles, N. 2018. Exploring the relationship between speech perception and production across phonological processes, language familiarity, and sensory modalities. *Language, Cognition and Neuroscience*, *33*(5): 527–546.

Schoonbaert, S., Hartsuiker, R. J. & Pickering, M. J. 2007. The representation of lexical and syntactic information in bilinguals: Evidence from syntactic priming. *Journal of Memory and Language*, *56*(2): 153–171.

Schotter, E. R., Angele, B. & Rayner, K. 2012. Parafoveal processing in reading. *Attention Perception & Psychophysics*, *74*(1): 5–35.

Schriefers, H., Meyer, A. S. & Levelt, W. J. M. 1990. Exploring the time course of lexical access in language production: Picture-word interference studies. *Journal of Memory and Language*, 29 (1): 86–102.

Schriefers, H., Teruel, E. & Meinshausen, R. M. 1998. Producing simple sentences: Results from picture-word interference. *Journal of Memory and Language*, *39*(4): 609–632.

Schroeder, S. R., Marian, V., Shook, A. & Bartolotti, J. 2016. Bilingualism and musicianship enhance cognitive control. *Neural Plasticity*, *2016*: 4058620.

Schulz, B. 2011. Syntactic creativity in second language English: Wh-scope marking in Japanese-English interlanguage. *Second Language Research*, *27*(3): 313–341.

Schwanenflugel, P. J. & LaCount, K. L. 1988. Semantic relatedness and the scope of facilitation for upcoming words in sentences. *Journal of Experimental Psychology: Learning, Memory, and Cognition*, *14*(2): 344–354.

Schwartz, A. I. & Kroll, J. F. 2006. Bilingual lexical activation in sentence context.

Journal of Memory and Language, 55: 197–212.

Sears, C. R., Hino, Y. & Lupker, S. J. 1995. Neighborhood frequency and neighborhood size effects in visual word recognition. *Journal of Experimental Psychology: Human Perception and Performance, 21*: 876–900.

Seeber, K. G. 2001. Intonation and anticipation in simultaneous interpreting. *Cahiers de Linguistique Française, 23*: 61–97.

Seeber, K. G. & Kerzel, D. 2012. Cognitive load in simultaneous interpreting: Model meets data. *International Journal of Bilingualism, 16*(2): 228–242.

Seeber, K. G., Keller, L. & Hervais-Adelman, A. 2020. When the ear leads the eye— The use of text during simultaneous interpretation. *Language, Cognition and Neuroscience, 35*(10): 1480–1494.

Segalowitz, N. & Freed, B. F. 2004. Context, contact, and cognition in oral fluency acquisition: Learning Spanish in at home and study abroad contexts. *Studies in Second Language Acquisition, 26*(2): 173–199.

Seidenberg, M. S. 1985. The time course of phonological code activation in two writing systems. *Cognition, 19*(1): 1–30.

Seidenberg, M. S. & McClelland, J. L. 1989. A distributed, developmental model of word recognition and naming. *Psychological Review, 96*(4): 523.

Seidenberg, M. S. & McClelland, J. L. 1990. More words but still no lexicon: Reply to Besner et al. (1990). *Psychological Review, 97*(3): 447–452.

Seleskovitch, D. & Lederer, M. 1984. *Interpréter Pour Traduire*. Paris: Didier Érudition.

Sera, M. D., Berge, C. A. H. & Pintado, J. D. C. 1994. Grammatical and conceptual forces in the attribution of gender by English and Spanish speakers. *Cognitive Development, 9*(3): 261–292.

Sereno, S. C. & Rayner, K. 2003. Measuring word recognition in reading: Eye movements and event-related potentials. *Trends in Cognitive Sciences, 7*(11): 489–493.

Setton, R. 1999. *Simultaneous Interpretation: A Cognitive-pragmatic Analysis*. Amsterdam: John Benjamins.

Seyfeddinipur, M., Kita, S. & Indefrey, P. 2008. How speakers interrupt themselves in managing problems in speaking: Evidence from self-repairs. *Cognition, 108*: 837–842.

Seymour, P. H., Aro, M. Erskine, J. M. 2003. Foundation literacy acquisition in European orthographies. *British Journal of Psychology, 94*(2): 143–174.

Shadle, C. H. 2006. Phonetics, acoustic. In K. Brown (Ed.), *Encyclopedia of Language &*

Linguistics (2nd ed.). Amsterdam: Elsevier Science, 442–460.

Shao, Z., Roelofs, A. & Meyer, A. S. 2012. Sources of individual differences in the speed of naming objects and actions: The contribution of executive control. *Quartly Jornal of Experimental Psychology (Hove)*, *65* (10): 1927–1944.

Share, D. L. 1995. Phonological recoding and self-teaching: Sine qua non of reading acquisition. *Cognition*, *55*(2): 151–218.

Share, D. L. 2008. Orthographic learning, phonological recoding, and self-teaching. *Advances in Child Development and Behavior, 36*: 31–82.

Sharkey, A. & Sharkey, N. E. 1992. Weak contextual constraints in text and word priming. *Journal of Memory and Language, 31*(4): 543–572.

Shen, G. & Froud, K. 2016. Categorical perception of lexical tones by English learners of Mandarin Chinese. *The Journal of the Acoustical Society of America, 140*(6): 4396–4403.

Shen, G. & Froud, K. 2018. Electrophysiological correlates of categorical perception of lexical tones by English learners of Mandarin Chinese: An ERP study. *Bilingualism: Language and Cognition, 22*(2): 253–265.

Shin, J. A. & Christianson, K. 2007. Cross-linguistic syntactic priming in Korean-English biligual production. *Biligualism: Language and Cognition*, (2).

Shook, A. & Marian, V. 2013. The bilingual language interaction network for comprehension of speech. *Bilingualism: Language and Cognition, 16*: 304–324.

Shreve, G. M., Lacruz, I. & Angelone, E. 2010. Cognitive effort, syntactic disruption, and visual interference in a sight translation task. In G. M. Shreve & E. Angelone (Eds.), *Translation and Cognition*. Amsterdam/Philadelphia: John Benjamins, 63–84.

Shultz, A. A., Francis, A. L. & Llanos, F. 2012. Differential cue weighting in perception and production of consonant voicing. *The Journal of the Acoustical Society of America, 132*(2): EL95–EL101.

Siakaluk, P. D., Sears, C. R. & Lupker, S. J. 2002. Orthographic neighborhood effects in lexical decision: The effects of nonword orthographic neighborhood size. *Journal of Experimental Psychology: Human Perception and Performance, 28*: 661–681.

Sieborger, F. T., Ferstl, E. C. & von Cramon, D. Y. 2007. Making sense of nonsense: An fMRI study of task induced inference processes during discourse comprehension. *Brain Research*, (1166): 77–91.

Silverberg, S. & Samuel, A.G. 2004. The effect of age of second language acquisition on representation and processing of second language words. *Journal of Memory and Language, 51*: 381–398.

Simmonds, A. J., Wise, R. & Robert, L. 2011. Two tongues, one brain: Imaging bilingual speech production. *Frontiers in Psychology*, (2): 166.

Simon, J. R. & Berbaum, K. 1990. Effect of conflicting cues on information processing: The "Stroop effect" vs the "Simon Effect". *Acta Psychologica*, 73: 159–170.

Simos, P. G., Breier, J. I., Fletcher, J. M., Foorman, B. R., Castillo, E. M. & Papanicolaou, A. C. 2002. Brain mechanisms for reading words and pseudowords: An integrated approach. *Cerebral Cortex*, 12(3): 297–305.

Simos, P. G., Fletcher, J. M., Bergman, E., Breier, J. I., Foorman, B. R., Castillo, E. M., Davis, R. N., Fitzgerald, M. & Papanicolaou, A. C. 2002. Dyslexia-specific brain activation profile becomes normal following successful remedial training. *Neurology*, 58(8): 1203–1213.

Simos, P. G., Fletcher, J. M., Sarkari, S., Billingsley, R. L., Denton, C. & Papanicolaou, A. C. 2007. Altering the brain circuits for reading through intervention: A magnetic source imaging study. *Neuropsychology*, 21(4): 485.

Simos, P. G., Fletcher, J. M., Sarkari, S., Billingsley, R. L., Francis, D. J., Castillo, E. M., Pataraia, E., Denton, C. & Papanicolaou, A. C. 2005. Early development of neurophysiological processes involved in normal reading and reading disability: A magnetic source imaging study. *Neuropsychology*, 19(6): 787.

Singer, M. & Ferreira, F. 1983. Inferring consequences in story comprehension. *Journal of Verbal Learning and Verbal Behavior*, (22): 437–448.

Singer, M., Graesser, A. C. & Trabasso, T. 1994. Minimal or global inference during reading. *Journal of Memory and Language*, 33(4): 421–441.

Singh, L., Nestor, S., Parikh, C. & Yull, A. 2009. Influences of infant-directed speech on early word recognition. *Infancy*, 14(6): 654–666.

Singleton, D. 1999. *Exploring the Second Language Mental Lexicon*. Cambridge: Cambridge University Press.

Siok, W. T., Perfetti, C. A., Jin, Z. & Tan, L. H. 2004. Biological abnormality of impaired reading is constrained by culture. *Nature*, 431(7004): 71–76.

Slagter, H. A., Lutz, A., Greischar, L. L., Francis, A. D., Nieuwenhuis, S., Davis, J. M. & Davidson, R. J. 2007. Mental training affects distribution of limited brain resources. *PLoS Biology*, 5(6): e138.

Slevc, L. R. 2011. Saying what's on your mind: Working memory effects on sentence production. *Journal of Experimental Psychology: Learning, Memory and Cognition*, 37(6): 1503–1514.

Slevc, L. R., Davey, N. S., Buschkuehl, M. & Jaeggi, S. M. 2016. Tuning the mind: Exploring the connections between musical ability and executive functions. *Cognition, 152*: 199–211.

Slobin, D. I. 1996a. From "thought and language" to "thinking for speaking." In J. Gumperz & S. Levinson (Eds.), *Rethinking Linguistic Relativity*. Cambridge: Cambridge University Press, 70–96.

Slobin, D. I. 1996b. Grammatical transformations and sentence comprehension in childhood and adulthood. *Journal of Verbal Learning and Verbal Behavior, 5* (3): 219–227.

Slobin, D. I. 2000. A dynamic approach to linguistic relativity and determinism. In S. Niermeier & R. Dirven (Eds.), *Evidence for Linguistic Relativity*. Amsterdam/Philadelphia: John Benjamins, 107–138.

Slobin, D. I. 2003. Language and thought online: Cognitive consequences of linguistics relativity. In D. Gentner & S. Goldin-Meadow (Eds.), *Language in Mind*. Massachusetts: The MIT Press, 157–192.

Slobin, D. I. 2006. What makes manner of motion salient? Explorations in linguistic typology, discourse, and cognition. In M. Hickmann & S. Robert (Eds.), *Space in Languages: Linguistic Systems and Cognitive Categories*. Amsterdam/Philadelphia: John Benjamins, 59–81.

Smith, L. B. & Yu, C. 2008. Infants rapidly learn word-referent mappings via cross-situational statistics. *Cognition, 106* (3): 1558–1568.

Smith, M. & Wheeldon, L. 1999. High level processing scope in spoken sentence production. *Cognition, 73*: 205–246.

Snodgrass, J. G. & Mintzer, M. 1993. Neighborhood effects in visual word recognition: Facilitatory or inhibitory?. *Memory and Cognition, 21*: 247–266.

Sohn, M. H., Ursu, S., Anderson, J. R., Stenger, V. A. & Carter, C. S. 2000. The role of prefrontal cortex and posterior parietal cortex in task switching. *Proceedings of National Academy of Science, U.S.A., 97*(24): 13448–13453.

Solomyak, O. & Marantz, A. 2010. Evidence for early morphological decomposition in visual word recognition. *Journal of Cognitive Neuroscience, 22*(9): 2042–2057.

Song, S. & Cheung, A. K. F. 2019. Disfluency in relay and non-relay simultaneous interpreting: An initial exploration. *Forum, 17*(1): 1–19.

Sorace, A. 2011. Pinning down the concept of "interface" in bilingualism. *Linguistic Approaches to Bilingualism, 1*(1): 1–33.

Sorace, A. & Filiaci, F. 2006. Anaphora resolution in near-native speakers of Italian.

Second Language Research, 22(3): 339–368.

Spada, N. & Tomita, Y. 2010. Interactions between type of instruction and type of language feature: A meta-analysis. *Language Learning, 60*: 263–308.

Spector, A. & Biederman, I. 1976. Mental set and mental shift revisited. *American Journal of Psychology, 89*: 669–679.

Spencer, L. H. & Hanley, J. R. 2004. Learning a transparent orthography at five years old: Reading development of children during their first year of formal reading instruction in Wales. *Journal of Research in Reading, 27*(1): 1–14.

Sperber, D. & Wilson, D. 1995. *Relevance: Communication and Cognition (2nd ed.).* Oxford: Blackwell Publishing.

Spivey, M. J. & Tanenhaus, M. K. 1998. Syntactic ambiguity resolution in discourse: Modeling the effects of referential context and lexical frequency. *Journal of Experimental Psychology: Learning, Memory, and Cognition, 24*(6): 1521–1543.

Stachowiak-Szymczak, K. 2019. *Eye Movements and Gestures in Simultaneous and Consecutive Interpreting.* Cham: Springer.

Stachowiak-Szymczak, K. & Korpal, P. 2019. Interpreting accuracy and visual processing of numbers in professional and student interpreters: An eye-tracking study. *Across Languages and Cultures, 20*(2): 235–251.

Stam, G. 2006. Thinking for speaking about motion: L1 and L2 speech and gesture. *IRAL, 44*(2): 145–171.

Stefanini, S., Bello, A., Caselli, M. C., Iverson, J. M. & Volterra, V. 2009. Co-speech gestures in a naming task: Developmental data. *Language and Cognitive Processes, 24*(2): 168–189.

Stevens, J. S., Gleitman, L. R., Trueswell, J. C. & Yang, C. 2017. The pursuit of word meanings. *Cognitive Science, 41* (S4): 638–676.

Stins, J. F., Polderman, J. C. & Boomsma, D. I. 2005. Response interference and working memory in 12-year-old children. *Child Neuropsychology, 11*(2): 191–201.

Strafella, A. P. & Paus, T. 2000. Modulation of cortical excitability during action observation: A transcranial magnetic stimulation study European. *Neuroreport, 11* (10): 2289–2292.

Strange, W. 2011. Automatic selective perception (ASP) of first and second language speech: A working model. *Journal of Phonetics, 39*(4): 456–466.

Streeter, L. A. 1976. Language perception of 2-month-old infants shows effects of both innate mechanisms and experience. *Nature, 259*(5538): 39–41.

Strobach, T., Frensch, P. A. & Schubert, T. 2012. Video game practice optimizes executive control skills in dual-task and task switching situations. *Acta Psychologica, 140*(1): 13–24.

Stroop, J. R. 1935. Studies of interference in serial verbal reactions. *Journal of Experimental Psychology, 18*: 643–662.

Suh, S. Y. & Trabasso, T. 1993. Inferences during reading: Converging evidence from discourse analysis, talk-aloud protocols and recognition priming. *Journal of Memory and Language, 32*(3): 279–300.

Sullivan, M. D., Prescott, Y., Goldberg, D. & Bialystok, E. 2016. Executive control processes in verbal and nonverbal working memory: The role of aging and bilingualism. *Linguistic Approaches to Bilingualism, 6*(1): 147–170.

Sun, Y., Kyaw, W. T., Zhang, J. & Sagisaka, Y. 2018. *Analysis of L2 learners' progress of distinguishing Mandarin Tone 2 and Tone 3*. Proceedings of the Annual Conference of the International Speech Communication Association, INTERSPEECH, Hyderabad, India.

Sundara, M., Polka, L. & Baum, S. 2006. Production of coronal stops by simultaneous bilingual adults. *Bilingualism: Language and Cognition, 9*(1): 97–114.

Swets, B., Jacovina, M. E. & Gerrig, R. J. 2013. Effects of conversational pressures on speech planning. *Discourse Processes, 50*(1): 23–51.

Swets, B., Jacovina, M. E. & Gerrig, R. J. 2014. Individual differences in the scope of speech planning: Evidence from eye movements. *Language and Cognition, 6*: 12–44.

Swingley, D., Pinto, J. P. & Fernald, A. 1999. Continuous processing in word recognition at 24 months. *Cognition, 71* (2): 73–108.

Syrett, K. & Lidz, J. 2010. 30-month-olds use the distribution and meaning of adverbs to interpret novel adjectives. *Language Learning & Development, 6* (4): 258–282.

Szwed, M., Vinckier, F., Cohen, L., Dehaene, S. & Frost, R. 2012. Towards a universal neurobiological architecture for learning to read. *Behavioral and Brain Sciences, 35*(5): 308.

Taeschner, T. 2012. *The Sun Is Feminine: A Study on Language Acquisition in Bilingual Children* (Vol. 13). Berlin: Springer Science & Business Media.

Talmy, L. 2000. *Toward a Cognitive Semantics, Vol II: Typology and Process in Concept Structuring*. Cambridge: The MIT Press.

Tamati, T. N., Pisoni, D. B. & Moberly, A. C. 2022. Speech and language outcomes in adults and children with cochlear implants. *Annual Review of Linguistics, 8*: 299–319.

Tamis-LeMonda, C. S., Kuchirko, Y. & Song, L. 2014. Why is infant language learning facilitated by parental responsiveness? *Current Directions in Psychological Science*, 23(2): 121–126.

Tan, L. H., Laird, A. R., Li, K., & Fox, P. T. 2005. Neuroanatomical correlates of phonological processing of Chinese characters and alphabetic words: A meta-analysis. *Human Brain Mapping*, 25(1): 83–91.

Tanaka, M. N., Branigan, H. P., Mclean, J. F. & Pickering, M. J. 2011. Conceptual influences on word order and voice in sentence production: Evidence from Japanese. *Journal of Memory and Language*, 65(3): 318–330.

Tanner, D., Inoue, K. & Osterhout, L. 2014. Brain-based individual differences in online L2 grammatical comprehension. *Bilingualism: Language and Cognition*, 17(2): 277–293.

Tanner, D., McLaughlin, J., Herschensohn, J. & Osterhout, L. 2013. Individual differences reveal stages of L2 grammatical acquisition: ERP evidence. *Bilingualism: Language and Cognition*, 16(2): 367–382.

Tanner, D., Grey, S. & van Hell, J. G. 2017. Dissociating retrieval interference and reanalysis in the P600 during sentence comprehension. *Psychophysiology*, 54(2): 248–259.

Tao, L., Marzecová, A., Taft, M., Asanowicz, D. & Wodniecka, Z. 2011. The efficiency of attentional networks in early and late bilinguals: The role of age of acquisition. *Frontiers in Psychology*, 2: 123.

Tarkiainen, A., Cornelissen, P. L. & Salmelin, R. 2002. Dynamics of visual feature analysis and object-level processing in face versus letter-string perception. *Brain*, 125(5): 1125–1136.

Tarkiainen, A., Helenius, P., Hansen, P. C., Cornelissen, P. L. & Salmelin, R. 1999. Dynamics of letter string perception in the human occipitotemporal cortex. *Brain*, 122(11): 2119–2132.

Taylor, J. K. & Burke, D. M. 2002. Asymmetric aging effects on semantic and phonological processes: Naming in the picture-word interference task. *Psychology and Aging*, 17: 662–676.

Taylor, S. F., Kornblum, S. & Lauber, E. J. 1997. Isolation of specific interference processing in the Stroop task: PET activation studies. *NeuroImage*, 6: 81–92.

Thibadeau, R., Just, M. A. & Carpenter, P. A. 1982. A model of the time course and content of reading. *Cognitive Science*, 6(2): 157–203.

Thierry, G., Athanasopoulos, P., Wiggett, A., Dering, B. & Kuipers, J. R. 2009. Unconscious effects of language-specific terminology on preattentive color perception. *Proceedings of the National Academy of Sciences, 106*(11): 4567–4570.

Thiessen, E. D. & Saffran, J. R. 2003. When cues collide: Use of stress and statistical cues to word boundaries by 7- to 9-month-old infants. *Developmental Psychology, 39* (4): 706–716.

Thomas, M. S. C. & Allport, A. 2000. Language switching costs in bilingual word recognition. *Journal of Memory and Language, 43*: 44–66.

Thurlow, R. 1990. Reinstatements and eleborative inferences during the reading of narratives. *Bulletin of the Psychonomic Society, 28*(6): 480–480.

Timarová, Š., Čeňková, I., Meylaerts, R., Hertog, E., Szmalec, A. & Duyck, W. 2014. Simultaneous interpreting and working memory executive control. *Interpreting, 16*(2): 139–168.

Timmermans, M., Schriefers, H., Sprenger, S. & Dijkstra, T. 2012. Describing simple events: The dynamics of incremental grammatical encoding. *Journal of Cognitive Psychology, 24*(4): 441–456.

Tissi, B. 2000. Silent pauses and disfluencies in simultaneous interpretation: A descriptive analysis. *The Interpreters' Newsletter, 10*(4): 103–127.

Titone, D., Libben, M., Mercier, J., Whitford, V. & Pivneva, I. 2011. Bilingual lexical access during L1 sentence reading: The effects of L2 knowledge, semantic constraint, and L1-L2 intermixing. *Journal of Experimental Psychology: Learning, Memory, and Cognition, 37*: 1412–1431.

Togato, G., Paredes, N., Macizo, P. & Bajo, T. 2017. Syntactic processing in professional interpreters: Understanding ambiguous sentences in reading and translation. *Applied Linguistics, 38*(4): 581–598.

Toma, C. & Toshima, T. 1989. Developmental change in cognitive organization underlying Stroop tasks of Japanese orthographies. *International Journal of Psychology, 24*(1–5): 547–559.

Tomasello, M. 2006. Why don't apes point?. In N. J. Enfield & S. C. Levinson (Eds.), *Roots of Human Sociality: Culture, Cognition and Interaction*. Oxford: Berg, 506–530.

Tomlin, R. 1997. Mapping conceptual representations into linguistic representations: The role of attention in grammar. In J. Nuyts & E. Pederson (Eds.), *Language and Conceptualization*. Cambridge: Cambridge University Press, 162–189.

Tommola, J., Laine, M., Sunnari, M. & Rinne, J. O. 2000. Images of shadowing and interpreting. *Interpreting, 5*(2): 147–167.

Tompkins, C. A., Bloise, C. G., Timko, M. L. & Baumgaertner, A. 1994. Working memory and inference revision in brain-damaged and normally aging adults. *Journal of Speech and Hearing Research*, (4): 896–912.

Tong, X., Shen, W., Li, Z., Xu, M., Pan, L. & Tong, X. 2020. Phonological, not semantic, activation dominates Chinese character recognition: Evidence from a visual world eye-tracking study. *Quarterly Journal of Experimental Psychology, 73*(4): 617–628.

Travis, F., Harung, H. S. & Lagrosen, Y. 2011. Moral development, executive functioning, peak experiences and brain patterns in professional and amateur classical musicians: Interpreted in light of a Unified Theory of Performance. *Consciousness and Cognition, 20*(4): 1256–1264.

Traxler, M. J. 2005. Plausibility and verb subcategorization preference in temporarily ambiguous sentences. *Journal of Psycholinguistic Research, 34*: 1–30.

Traxler, M. J. 2012. *Introduction to Psycholinguistics: Understanding Language Science.* Hoboken, NJ: Wiley-Blackwell.

Traxler, M. J., Pickering, M. J. & Clifton, C. 1998. Adjunct Attachment Is Not a Form of Lexical Ambiguity Resolution. *Journal of Memory and Language, 39*(4): 558–592.

Treiman, R. & Bourassa, D. C. 2000. The development of spelling skill. *Topics in Language Disorders, 20*(3): 1–18.

Tremblay, P., Brisson, V. & Deschamps, I. 2021. Brain aging and speech perception: Effects of background noise and talker variability. *NeuroImage, 227*(2021): 117675.

Trueswell, J. C., Medina, T. N., Hafri, A. & Gleitman, L. R. 2013. Propose but verify: Fast mapping meets cross-situational word learning. *Cognitive Psychology, 66* (1): 126–156.

Trueswell, J., Tanenhaus, M. & Garnsey, S. 1994. Semantic influences on parsing: Use of thematic role information in syntactic ambiguity resolution. *Journal of Memory and Language, 33*: 285–318.

Tsao, F.-M., Liu, H.-M. & Kuhl, P. K. 2006. Perception of native and non-native affricate-fricative contrasts: Cross-language tests on adults and infants. *The Journal of the Acoustical Society of America, 120* (4): 2285–2294.

Tucker, B. V, Ford, C. & Hedges, S. 2021. Speech aging: Production and perception. *Wiley Interdisciplinary Reviews: Cognitive Science, 12*(5): e1557.

Tulving, E. 1972. Episodic and semantic memory. In E. Tulving & W. Donaldson (Eds.),

Organization of Memory. New York: Academic Press.

Tydgat, I., Diependaele, K., Hartsuiker, R. J. & Pickering, M. J. 2012. How lingering representations of abandoned context words affect speech production. *Acta Psychologica, 140*: 218–229.

Tydgat, I., Stevens, M., Hartsuiker, R. J. & Pickering, M. J. 2011. Deciding where to stop speaking. *Journal of Memory and Language, 64*: 359–380.

Tyler, L. K. & Marlen-Wilson, W. D. 1997. The on-line effects of semantic context on syntactic processing. *Journal of Verbal Learning and Verbal Behavoir, 16*(6): 683–692.

Tzeng, Y., Broek, P., Kendeou, P. & Lee, C. 2005. The computational implementation of the landscape model: Modeling inferential processes and memory representations of text comprehension. *Behavior Research Methods, 37*(2): 277–286.

Tzou, Y.-Z., Eslami, Z. R., Chen, H.-C. & Vaid, J. 2012. Effect of language proficiency and degree of formal training in simultaneous interpreting on working memory and interpreting performance: Evidence from Mandarin–English speakers. *International Journal of Bilingualism, 16*(2): 213–227.

Tzur, B. & Frost, R. 2007. SOA does not reveal the absolute time course of cognitive processing in fast priming experiments. *Journal of Memory and Language, 56*(3): 321–335.

Ud Deen, K. 2018. The acquisition of morphology. In E. M. Fernández & H. S. Cairns (Eds.), *The Handbook of Psycholinguistics*. Hoboken, NJ: John Wiley & Sons, 567–592.

Ullman, M. T. 2001. The neural basis of lexicon and grammar in first and second language: The declarative/procedural model. *Bilingualism: Language and Cognition, 4*: 105–122.

Underwood, G., Crundall, D. & Hodson, K. 2005. Evidence of the processing of gist from eye movements. *Perception, 34*: 1069–1082.

Underwood, G., Jebbett, L. & Roberts, K. 2004. Inspecting picture for information to verify a sentence: Eye movements in general coding and in focused search. *Quarterly Journal of Experimental Psychology, 57*(1):165–182.

Van Assche, E., Duyck, W. & Hartsuiker, R. J. 2012. Bilingual word recognition in a sentence context. *Frontiers in Psychology, 3*: 174.

van Berkum, J. J., Zwitserlood, P., Hagoort, P. & Brown, C. M. 2003. When and how do listeners relate a sentence to the wider discourse? Evidence from the N400 effect. *Cognitive Brain Research, 17*(3): 701–718.

van Berkum, J. J., Hagoort, P. & Brown, C. M. 1999. Semantic integration in sentences and discourse: Evidence from the N400. *Journal of Cognitive Neuroscience, 11*(6): 657–671.

van Besien, F. 1999. Anticipation in simultaneous interpretation. *Meta: Translators' Journal, 44*(2): 250–259.

van de Putte, E., De Baene, W., García-Pentón, L., Woumans, E., Dijkgraaf, A. & Duyck, W. 2018. Anatomical and functional changes in the brain after simultaneous interpreting training: A longitudinal study. *Cortex, 99*: 243–257.

van den Broek, P. W., Rohleder, L. & Narvaez, D. 1996. Causal inferences in the comprehension of literary texts. In R. J. Kreuz & M. S. McNealy (Eds.), *Empirical Approaches to Literature and Aesthetics*. Mahwah: Lawrence Erlbaum Associates, 179–200.

van den Broek, P., Young, M., Tzeng, Y. & Linderholm, T. 1999. The landscape model of reading: Inferences and the online construction of memory representation. In H. van Oostendorp & S. R. Goldman (Eds.), *The Construction of Mental Representations During Reading*. Mahwah: Lawrence Erlbaum Associates, 71–98.

van Dijk, R., Boers, E., Christoffels, I. & Hermans, D. 2011. Directionality effects in simultaneous language interpreting: The case of sign language interpreters in the Netherlands. *American Annals of the Deaf, 156*(1): 47–55.

van Gompel, R. P. G., Pickering, M. J. & Traxler, M. J. 2000. Unrestricted race: A new model of syntactic ambiguity resolution. In A. Kennedy, R. Radach, D. Heller, J. Pynte (Eds.), *Reading as a Perceptual Process*. Oxford: North-Holland, 621–648.

van Gompel, R. P. G., Pickering, M. J. & Traxler, M. J. 2001. Reanalysis in sentence processing: Evidence against current constraint-based and two-stage models. *Journal of Memory and Language, 45*(2): 225–258.

van Hell, J. G. & de Groot, A. M. B. 1998. Disentangling context availability and concreteness in lexical decision and word translation. *The Quarterly Journal of Experimental Psychology Section A: Human Experimental Psychology, 51*(1): 41–63.

Van Heuven, W. J. B., Dijkstra, A. & Grainger, J. 1998. Orthographic neighborhood effects in bilingual word recognition. *Journal of Memory and Language, 39*: 458–483.

Van Hout, R., Kuiken, F., Hulk, A. & Towell, R. 2004. The interface between syntax and the lexicon in second language acquisition. Amsterdam: John Benjanins.

Van Leussen, J. & Escudero, P. 2015. Learning to perceive and recognize a second language: The L2LP model revised. *Frontiers in Psychology, 6*: 1–12.

van Moort, M., Koornneef, A. & van den Broek, P. 2020. Differentiating text-based and knowledge-based validation processes during reading: Evidence from eye movements. *Discourse Processes, 58*(1): 22–41.

van Oostendorp, H. & Goldman, S. R. (Eds.). 1999. *The Construction of Mental Representations During Reading*. Mahwah: Lawrence Erlbaum Associates.

van Paridon, J., Roelofs, A. & Meyer, A. S. 2019. A lexical bottleneck in shadowing and translating of narratives. *Language, Cognition and Neuroscience, 34*(6): 803–812.

Van Wijk, C. & Kempen, G. 1987. A dual system for producing self-repairs in spontaneous speech: Evidence from experimentally elicited corrections. *Cognitive Psychology, 19*: 403–440.

Vandijk, T. A. & Kintsch, W. (Eds.). 1983. *Strategies of Discourse Comprehension*. New York: Academic Press.

Vasic, N. & Wijnen, F. 2005. Stuttering as a monitoring deficit. In R. J. Hartsuiker, R. Bastiaanse, A. Postma & F. Wijnen (Eds.), *Phonological Encoding and Monitoring in Normal and Pathological Speech*. Hove: Psychology Press, 226–247.

Vaswani, A., Shazeer, N., Parmar, N., Uszkoreit, J., Jones, L., Gomez, A. N., Kaiserm L. & Polosukhin, I. 2017. *Attention is all you need*. Proceedings of the 31st International Conference on Neural Information Processing Systems, 5998–6008.

Velan, H. & Frost, R. 2011. Words with and without internal structure: What determines the nature of orthographic and morphological processing? *Cognition, 118*(2): 141–156.

Veríssimo, J., Heyer, V., Jacob, G. & Clahsen, H. 2017. Selective effects of age of acquisition on morphological priming: Evidence for a sensitive period. *Language Acquisition, 25*(3): 315–326.

Verdonschot, R. G., Han, J. I. & Kinoshita, S. 2021. The proximate unit in Korean speech production: Phoneme or syllable?. *Quarterly Journal of Experimental Psychology, 74*(1): 187–198.

Verdonschot, R. G., Kiyama, S., Tamaoka, K., Kinoshita, S., La Heij, W. & Schiller, N. O. 2011. The functional unit of Japanese word naming: Evidence from masked priming. *Journal of Experimental Psychology: Learning, Memory, and Cognition, 37*(6): 1458–1473.

Verdonschot, R. G., Lai, J., Chen, F., Tamaoka, K. & Schiller, N. O. 2015. Constructing initial phonology in Mandarin Chinese: Syllabic or subsyllabic? A masked priming investigation. *Japanese Psychological Research, 57*(1): 61–68.

Verdonschot, R. G., Tokimoto, S. & Miyaoka, Y. 2019. The fundamental phonological unit of Japanese word production: An EEG study using the picture–word interference paradigm. *Journal of Neurolinguistics, 51*: 184–193.

Verhoef, K., Roelofs, A. & Chwilla, D. J. 2009. Role of inhibition in language switching: Evidence from event-related brain potentials in overt picture naming. *Cognition, 110*(1): 84–99.

Vigliocco, G., Vinson, D. P., Paganelli, F. & Dworzynski, K. 2005. Grammatical gender effects on cognition: Implications for language learning and language use. *Journal of Experimental Psychology: General, 134*(4): 501–520.

Virginia, V. 2015. Bilingualism and cognition. *Bilingualism: Language and Cognition, 18*(1): 3–24.

Virtue, S. & Sundermeier, B. 2016. What can neuroimaging research tell us about inference generation during text comprehension?. *Language and Linguistics Compass*, (6): 257–271.

Von Studnitz, R. E. & Green, D. W. 1997. Lexical decision and language switching. *International Journal of Bilingualism, 1*: 3–24.

Von Studnitz, R. E. & Green, D. W. 2002. The cost of switching language in a semantic categorization task. *Bilingualism: Language and Cognition, 5*: 241–251.

Wagner, V., Jescheniak, J. D. & Schriefers, H. 2010. On the flexibility of grammatical advance planning during sentence production: Effects of cognitive load on multiple lexical access. *Journal of Experimental Psychology: Learning, Memory, and Cognition, 36*: 423–440.

Walter, J. B., Heuven, V. & Dijkstra, T. 2010. Language comprehension in the bilingual brain: fMRI and ERP support for psycholinguistic models. *Brain Research Review*, (3): 1–19.

Wang, B. & Li, T. 2015. An empirical study of pauses in Chinese-English simultaneous interpreting. *Perspectives: Studies in Translation Theory and Practice, 23*(1): 124–142.

Wang, J. 1988. Do phonological and semantic processings of kanji finish at the same time?. *Shinrigaku Kenkyu: The Japanese Journal of Psychology, 59*(4): 252–255.

Wang, J. & Napier, J. 2015. Directionality in signed language interpreting. *Meta: Translators' Journal, 60*(3): 518–541.

Wang, M., Koda, K. & Perfetti, C. A. 2003. Alphabetic and nonalphabetic L1 effects in English word identification: A comparison of Korean and Chinese English L2 learners. *Cognition, 87*(2): 129–149.

Wang, X. & Chen, J. 2019. *English speakers' perception of Mandarin consonants: The effect of phonetic distances and L2 experience*. Proceedings of the 19th International Congress of Phonetic Sciences, Melbourne, Australia.

Wang, Y., Kuhl, P. K., He, L. & Qi, D. 2008. Sustained and transient brain activations in bilingual control. *The Journal of the Acoustical Society of America, 123*(5): 3890.

Wang, Y., Xue, G., Chen, C., Xue, F. & Dong, Q. 2007. Neural bases of asymmetric language switching in second-language learners: An ERP-fMRI study. *NeuroImage, 35*: 862–870.

Warren, T., McConnell, K. & Rayner, K. 2008. Effects of context on eye movements when reading about possible and impossible events. *Journal of Experimental Psychology: Learning, Memory, and Cognition, 34*, 1001–1010.

Wartenburger, I. 2003. Early setting of grammatical processing in the bilingual brain. *Neuron, 37*(1): 159–170.

Waters, G. S. & Caplan, D. 1996. The capacity theory of sentence comprehension: Critique of Just and Carpenter (1992). *Psychological Review, 103*(4): 761–772

Waxman, S., Fu, X., Arunachalam, S., Leddon, E., Geraghty, K. & Song, H. J. 2013. Are nouns learned before verbs? Infants provide insight into a long-standing debate. *Child Development Perspectives, 7* (3): 155–159.

Weber, C., Hahne, A., Friedrich, M. & Friederici, A. D. 2004. Discrimination of word stress in early infant perception: Electrophysiological evidence. *Cognitive Brain Research, 18* (2): 149–161.

Weber-Fox, C. M. & Neville, H. J. 1996. Maturational constraints on functional specializations for language processing: ERP and behavioral evidence in bilingual speakers. *Journal of Cognitive Neuroscience, 8*: 231–256.

Weiss, S. & Mueller, H. M. 2003. The contribution of EEG coherence to the investigation of language. *Brain and Language, 85*(2): 325–343.

Welsh, E. 1988. *Second language lexical networks*. Master's thesis, University of London, UK.

Wen, H. & Dong, Y. 2019. How does interpreting experience enhance working memory and short-term memory: A meta-analysis. *Journal of Cognitive Psychology, 31*(8): 769–784.

Werker, J. F. 1989. Becoming a native listener. *American Psychologist, 77* (1): 54–59.

Werker, J. F. 1991. The ontogeny of speech perception. In I. G. Mattingly & M. Studdert-Kennedy (Eds.), *Modularity and the Motor Theory of Speech Perception.*

Hillsdale: Lawrence Erlbaum Associates, 91–109.

Werker, J. F. 2018. Perceptual beginnings to language acquisition. *Applied Psycholinguistics, 39*: 703–728.

Werker, J. F. & Lalonde, C. E. 1988. Cross-language speech perception: Initial capabilities and developmental change. *Developmental Psychology, 24*(5): 672–683.

Werker, J. F. & Tees, R. C. 1984. Cross-language speech perception: Evidence for perceptual reorganization during the first year of life. *Infant Behavior and Development, 7*(1): 49–63.

Werker, J. F., Gilbert, J. H. V., Humphrey, K. & Tees, R. C. 1981. Developmental aspects of cross-language speech perception. *Child Development, 52*(1): 348–355.

Wessel-Tolvig, B. & Paggio, P. 2016. Revisiting the thinking-for-speaking hypothesis: Speech and gesture representation of motion in Danish and Italian. *Journal of Pragmatics, 99*: 39–61.

Wheeldon, L. R. & Levelt, W. 1995. Monitoring the time course of phonological encoding. *Journal of Memory and Language, 34*(3): 311–334.

Wheeldon, L. R., Ohlson, N., Ashby, A. & Gator, S. 2013. Lexical availability and advanced planning in spoken sentence production. *Quarterly Journal of Experimental Psychology, 36*: 423–440.

White, E. J., Genesee, F. & Steinhauer, K. 2012. Brain responses before and after intensive second language learning: Proficiency-based changes and first language background effects in adult learners. *PLOS ONE, 7*(12): e52318.

Wiener, S. 2017. *Changes in early L2 cue-weighting of non-native speech: Evidence from learners of Mandarin Chinese.* Proceedings of the Annual Conference of the International Speech Communication Association, INTERSPEECH, Stockholm, Sweden.

Wiener, S. 2019. Statistical regularities affect the perception of second language speech: Evidence from adult classroom learners. *Language Learning, 69*(3): 527–558.

Wilson, F. 2009. *Processing at the syntax-discourse interface in second language acquisition.* Doctoral Dissertation, University of Edinburg, Edinburgh.

Wilson, S. P. & Kipp, K. 1998. The development of efficient inhibition: Evidence from directed-forgetting tasks. *Developmental Review, 18*(1): 86–123.

Wilss, W. 1978. Syntactic anticipation in German-English simultaneous interpreting. In D. Gerver & H. W. Sinaiko (Eds.), *Language Interpretation and Communication.* Boston: Springer, 343–352.

Wineburg, S. S. 1991. Historical problem solving: A study of the cognitive processes used in the evaluation of documentary and pictorial evidence. *Journal of Educational Psychology, 83*: 73–87.

Wiseheart, M., Viswanathan, M. & Bialystok, E. 2016. Flexibility in task switching by monolinguals and bilinguals. *Bilingualism: Language and Cognition, 19*(1): 141–146.

Wong, A. C. N., Qu, Z., McGugin, R. W. & Gauthier, I. 2011. Interference in character processing reflects common perceptual expertise across writing systems. *Journal of Vision, 11*(1): 1–13.

Woutersen, M., De Bot, K. & Welstens, B. 1995. The bilingual lexicon: Modality effects in processing. *Journal of Psycholinguistic Research, 24*: 289–298.

Wu, X., Kawase, S. & Wang, Y. 2017. Effects of acoustic and linguistic experience on Japanese pitch accent processing. *Bilingualism: Language and Cognition, 20*(5): 931–946.

Wu, Y. J., Cristino, F., Leek, C. & Thierry, G. 2013. Non-selective lexical access in bilinguals is spontaneous and independent of input monitoring: Evidence from eye tracking. *Cognition, 129*(2): 418–425.

Xu, J., Kemeny, S., Park, G., Frattali, C. & Braun, A. 2005. Language in context: Emergent features of word, sentence, and narrative comprehension. *NeuroImage,* (3): 1002–1015.

Xu, Y. 2014. Processing relative clauses in Chinese as second language. *Second Language Research, 30*: 439–461.

Yamaguchi, S. & Knight, R. T. 1990. Gating of somatosensory input by human prefrontal cortex. *Brain Research, 521*: 281–288.

Yang, C. 2004. Universal grammar, statistics, or both. *Trends in Cognitive Sciences, 8*(10): 451–456.

Yang, C. (Ed.). 2021. *The Acquisition of Chinese as a Second Language Pronunciation: Segments and Prosody*. Singapore: Springer.

Yang, J. & Li, P. 2019. Mechanisms for auditory perception: A neurocognitive study of second language learning of Mandarin Chinese. *Brain Sciences, 9*: 139.

Yang, W., Chan, A., Chang, F. & Kidd, E. 2020. Four-year-old Mandarin-speaking children's online comprehension of relative clauses. *Cognition, 196*: 104103.

Yang, Y. & Chen, X. 2019. Within-organ contrast in second language perception: The perception of Russian initial /r-l/ contrast by Chinese learners. *The Journal of the Acoustical Society of America, 146*(2): EL117–EL123.

Yang, Y., Chen, X. & Xiao, Q. 2022. Cross-linguistic similarity in L2 speech learning:

Evidence from the acquisition of Russian stop contrasts by Mandarin speakers. *Second Language Research, 38*(1): 3–29.

Ye, Z., Luo, Y. J., Friederici, A. D. & Zhou, X. 2006. Semantic and syntactic processing in Chinese sentence comprehension: Evidence from event-related potentials. *Brain Research, 1071*:186–196.

Yeari, M. & van den Broek, P. 2011. A cognitive account of discourse understanding and discourse interpretation: The landscape model of reading. *Discourse Studies, 13*(5): 635–643.

Yin, B. & Kaiser, E. 2013. Second language learners' knowledge of syntax in the acquisition of aspectual semantics. *Procedia—Social and Behavioral Sciences, 97*: 454–463.

Yoon, H.-K., Bolger, D. J., Kwon, O.-S. & Perfetti, C. A. 2002. Subsyllabic units in reading: A difference between Korean and English. In L. Verhoeven, C. Elbro, & P. Reitsma (Eds.), *Precursors of Functional Literacy* (Volume 11). Amsterdam Benjamins: 139–163.

Yoon, J., Campanelli, L., Goral, M., Marton, K., Eichorn, N. & Obler, L. K. 2015. The effect of plausibility on sentence comprehension among older adults and its relation to cognitive functions. *Experimental Aging Research, 41*(3): 272–302.

You, W., Zhan, Q. & Verdonschot, R. G. 2012. Masked syllable priming effects in word and picture in Chinese. *PLOS ONE*, 7 (10): 46595.

Yu, A. C. L. & Lee, H. 2014. The stability of perceptual compensation for coarticulation within and across individuals: A cross-validation study. *The Journal of the Acoustical Society of America, 136*(1): 382–388.

Yu, A. C. L. & Zellou, G. 2019. Individual differences in language processing: Phonology. *Annual Review of Linguistics, 5*: 131–150.

Yu, C. & Smith, L. B. 2007. Rapid word learning under uncertainty via crosssituational statistics. *Psychological Science, 18*(5): 414–420.

Yu, C. & Smith, L. B. 2012. Embodied attention and word learning by toddlers. *Cognition, 125* (2): 244–262.

Yu, K., Chen, Y., Li, L., Zhou, Y., Wang, R., Zhang, Y. & Li, P. 2019. Effects of native language experience on Mandarin lexical tone processing in proficient second language learners. *Psychophysiology, 56*(1): e13448.

Yuan, B. 1999. Acquiring the unaccusative/unergative distinction in a second language: Evidence from English-speaking learners of L2 Chinese. *Linguistics, 37*:

275–296.

Yuan, B. 2007. Behaviours of wh-words in English speakers' L2 Chinese wh-questions: Evidence of no variability, temporary variability and persistent variability in L2 grammars. *Bilingualism: Language and Cognition, 10*: 277–298.

Yuan, B. 2010. Domain-wide or variable-dependent vulnerability of the semantics-syntax interface in L2 acquisition? Evidence from wh-words used as existential polarity words in L2 Chinese grammars. *Second Language Research, 26*: 219–260.

Yuan, B. & Dugarova, E. 2012. Wh-topicalization at the syntax-discourse interface in English speakers' L2 Chinese grammars. *Studies in Second Language Acquisition, 34*: 533–560.

Yuan, S. & Fisher, C. 2009. "Really? she licked the baby?": Two-year-olds learn combinatorial facts about verbs by listening. *Psychological Science, 20* (5): 619–626.

Yudes, C., Macizo, P. & Bajo, T. 2011. The influence of expertise in simultaneous interpreting on non-verbal executive processes. *Frontiers in Psychology, 2*: 309.

Yum, Y. N., Law, S., Mo, K. N. & Lau, D. 2016. Electrophysiological evidence of sublexical phonological access in character processing by L2 Chinese learners of L1 alphabetic scripts. *Cognitive, Affective & Behavioral Neuroscience, 16*(2): 339–352.

Yurovsky, D., Fricker, D. C., Yu, C. & Smith, L. B. 2014. The role of partial knowledge in statistical word learning. *Psychonomic Bulletin & Review, 21* (1): 1–22.

Zanto, T. P., Rubens, M. T., Thangavel, A. & Gazzaley, A. 2011. Causal role of the prefrontal cortex in top-down modulation of visual processing and working memory. *Nature Neuroscience, 14*(5): 656–661.

Zatorre, R. J., Meyer, E., Gjedde, A. & Evans, A. C. 1996. PET studies of phonetic processing of speech: Review, replication and reanalysis. *Cereb Cortex, 6*: 21–30.

Zeng, T., Li, Y. & Wu, M. 2020. Syntactic and semantic processing of passive BEI sentences in Mandarin Chinese: Evidence from event-related potentials. *Neuroreport, 31*(13): 979–984.

Zhang, Y., Yu, J. & Boland, J. E. 2010. Semantics does not need a processing license from syntax in reading Chinese. *Journal of Experimental Psychology: Learning, Memory, and Cognition, 36*(3): 765–781.

Zhao, C. & Hu, B. 2018. The role of event structure in language production: Evidence from structural priming in Chinese motion event descriptions. *Lingua, 208*: 61–81.

Zhao, H. & Dong, Y. 2020. The early presence and developmental trend of interpreter advantages incognitive flexibility: Effects from task differences and L2 proficiency.

Translation, Cognition & Behavior, 3(2): 241–262.

Zhao, L. M., Alario, F. X. & Yang, Y. F. 2015. Grammatical planning scope in sentence production: Further evidence for the functional phrase hypothesis. *Applied Psycholinguistics, 36*(5): 1059–1075.

Zhao, L. M. & Yang, Y. F. 2013. Grammatical planning scope in sentence production: Evidence from Chinese sentences. *Acta Psychologica Sinica, 45*: 599–613.

Zhao, L. M. & Yang, Y. F. 2016. Lexical planning in sentence production is highly incremental: Evidence from ERPs. *PLOS ONE, 11*: e0146359.

Zhao, R., Fan, R., Liu, M., Wang, X. & Yang, J. 2017. Rethinking the function of brain regions for reading Chinese characters in a meta-analysis of FMRI studies. *Journal of Neurolinguistics, 44*: 120–133.

Zhao, R., Jiao, L., Wang, M. & Wei, H. 2022. The influence of L2 experience on L1 speech perception: Evidence from Mandarin–English bilinguals. *International Journal of Bilingualism, 27*(5): 533–547.

Zheng, B., Báez, S., Su, L., Xiang, X., Weis, S., Ibáñez, A. & García, A. M. 2020. Semantic and attentional networks in bilingual processing: fMRI connectivity signatures of translation directionality. *Brain and Cognition, 143*: 105584.

Zheng, X. & Lemhöfer, K. 2019. The "semantic P600" in second language processing: When syntax conflicts with semantics. *Neuropsychologia, 127*: 131–147.

Zhou, H., Rossi, S. & Chen, B. 2017. Effects of working memory capacity and tasks in processing L2 complex sentence: Evidence from Chinese-English Bilinguals. *Frontiers in Psychology, 8*: 595.

Zhu, X., Damian, M. F. & Zhang, Q. 2015. Seriality of semantic and phonological processes during overt speech in Mandarin as revealed by event-related brain potentials. *Brain and Language, 144*: 16–25.

Zhu, X., Zhang, Q. & Damian, M. F. 2016. Additivity of semantic and phonological effects: Evidence from speech production in Mandarin. *Quarterly Journal of Experimental Psychology, 69*(11): 2285–2304.

Ziegler, J. C. & Goswami, U. 2005. Reading acquisition, developmental dyslexia, and skilled reading across languages: A psycholinguistic grain size theory. *Psychological Bulletin, 131*(1): 3.

Ziegler, J. C., Bertrand, D., Tóth, D., Csépe, V., Reis, A., Faísca, L., Saine, N., Lyytinen, H., Vaessen, A. & Blomert, L. 2010. Orthographic depth and its impact on universal predictors of reading: A cross-language investigation. *Psychological*

Science, 21(4): 551–559.

Ziegler, J. C., Dufau, S., Montant, M., Hannagan, T., Fagot, J. & Grainger, J. 2013. What can we learn from humans about orthographic processing in monkeys? A reply to Frost and Keuleers. Psychological Science, 24(9): 1870–1871.

Ziegler, J. C., Perry, C. & Zorzi, M. 2014. Modelling reading development through phonological decoding and self-teaching: Implications for dyslexia. Philosophical Transactions of the Royal Society B: Biological Sciences, 369(1634): 20120397.

Ziegler, J. C., Perry, C., Jacobs, A. M. & Braun, M. 2001. Identical words are read differently in different languages. Psychological Science, 12(5): 379–384.

Zimmerman, F. J., Christakis, D. A. & Meltzoff, A. N. 2007. Associations between media viewing and language development in children under age 2 years. Journal of Pediatrics, 151 (4): 364–368.

Zinszer, B. D., Chen, P., Wu, H. & Shu, H. 2015. Second language experience modulates neural specialization for first language lexical tones. Journal of Neurolinguistics, 33: 50–66.

Zorzi, M. 2010. The connectionist dual process (CDP) approach to modelling reading aloud. European Journal of Cognitive Psychology, 22(5): 836–860.

Zwaan, R. A., Magliano, J. P. & Graesser, A. C. 1995. Dimensions of situation model construction in narrative comprehension. Journal of Experimental Psychology: Learning, Memory and Cognition, 21: 386–397.

Zwaan, R. & Rapp, D. N. 2006. Discourse comprehension. In M. A. Gernsbacher & M. J. Traxler (Eds.), Handbook of Psycholinguistics. Amsterdam: Elsevier, 725–764.

Zwaan, R. A., Langston, M. C. & Graesser, A. C. 1995. The construction of situation models in narrative comprehension: An event-indexing model. Psychological Science, 6(5): 292–297.